*F*ontane*a*na
Band 13
Herausgegeben von der Theodor Fontane Gesellschaft e.V.
und dem Theodor-Fontane-Archiv

Theodor Fontane

Berlin, Brandenburg, Preußen,
Deutschland, Europa und die Welt

Herausgegeben von

Hanna Delf von Wolzogen
Richard Faber
Helmut Peitsch

Königshausen & Neumann

Bibliografische Information der Deutschen Nationalbibliothek

Die Deutsche Nationalbibliothek verzeichnet diese Publikation in der Deutschen Nationalbibliografie; detaillierte bibliografische Daten sind im Internet über http://dnb.d-nb.de abrufbar.

© Verlag Königshausen & Neumann GmbH, Würzburg 2014
Gedruckt auf säurefreiem, alterungsbeständigem Papier
Umschlag: Patricia Müller | www.weitekreise.de
Umschlagabbildung unter Verwendung einer Manuskriptseite von Theodor Fontane
[im Besitz des Theodor-Fontane-Archivs]
Bindung: Zinn – Die Buchbinder GmbH, Kleinlüder
Alle Rechte vorbehalten
Dieses Werk, einschließlich aller seiner Teile, ist urheberrechtlich geschützt.
Jede Verwertung außerhalb der engen Grenzen des Urheberrechtsgesetzes ist ohne Zustimmung des Verlages unzulässig und strafbar. Das gilt insbesondere für Vervielfältigungen, Übersetzungen, Mikroverfilmungen und die Einspeicherung und Verarbeitung in elektronischen Systemen.
Printed in Germany
ISBN 978-3-8260-5494-5
www.koenigshausen-neumann.de
www.libri.de
www.buchhandel.de
www.buchkatalog.de

Inhaltsverzeichnis

Vorwort 7

Einleitung

Rolf Parr
Kleine und große Weltentwürfe. Theodor Fontanes mentale Karten 17

Roland Berbig
1. Mai bis 8. Mai 1858. Eine globale Woche in Fontanes
Lebenschronik 41

Michael Maurer
Lieux de mémoire: Fontanes Schottland-Reise (*Jenseit des Tweed*) 59

I

Milena Bauer
Bewegte Nähe. Der Topos der Landpartie bei Theodor Fontane 81

Hubert Cancik
Theodor Fontanes „Semnonen-Vision": „Von der Müggel aus
die Welt zu erobern" 97

Rainer E. Zimmermann
Fontanes konkrete Utopie eines Brandenburgisch Preußen 121

Michael Kohlstruck
Die alte Grafschaft Ruppin – ein zeitgenössischer Erinnerungsort
mit langer Tradition 139

II

Richard Faber
Märkerin Effi Briest und Schwabingerin Fanny Reventlow
im Vergleich. Ein erster Versuch 148

Olaf Briese
Feldzüge mit dem Zug. Eisenbahn als Knotenpunkt in Fontanes
Frankreichpanorama „Aus den Tagen der Occupation" 167

Thomas Schröder
Gebrochene Verhältnisse. Theodor Fontanes Eheromane
Unwiederbringlich und *Effi Briest* gegenüber Gustave Flauberts
Madame Bovary und Lew Tolstois *Anna Karenina* 191

III

Jens Flemming
„Ich liebe sie, weil sie ritterlich und unglücklich sind".
Theodor Fontane, die Polen und das Polnische 207

Julia-Karin Patrut und Franziska Schößler
Labor Österreich-Ungarn: Nation und imaginäre Fremdheit
in Fontanes Roman *Graf Petöfy* 225

Norbert Mecklenburg
Zwischen Redevielfalt und Ressentiment. Die ‚dritte Konfession'
in Fontanes *Mathilde Möhring* 245

Vorwort

„Im Norden der Grafschaft Ruppin ... zieht sich ... eine mehrere Meilen lange Seenkette ... Einer der Seen ... heißt ‚der *Stechlin*' ... Alles still hier. Und doch, von Zeit zu Zeit wird es an eben dieser Stelle lebendig. Das ist, wenn es weit draußen in der Welt ... zu rollen und zu grollen beginnt ... Dann regt sich's auch *hier*, und ein Wasserstrahl springt auf und sinkt wieder in die Tiefe. Das wissen alle, die den Stechlin umwohnen, und wenn sie davon sprechen, so setzen sie wohl auch hinzu: ‚Das mit dem Wasserstrahl, das ist nur das Kleine, das beinah Alltägliche; wenn's aber draußen was Großes gibt, wie vor hundert Jahren in Lissabon, dann brodelt's hier nicht bloß und sprudelt und strudelt, dann steigt statt des Wasserstrahls ein roter Hahn auf und kräht laut in die Lande hinein.'"

Diese Eingangspassage des „Stechlin" ist eine der berühmtesten Stellen im umfangreichen Gesamtwerk des berlin-brandenburgischen Dichters Fontane, der nach 1870/71 zum ersten unter den preußisch-deutschen seiner Generation aufstieg, auch deshalb weil er im besten Sinne Heimatdichter war, zugleich aber, weit über Brandenburg-Preußen hinaus, gesamtdeutsch und europäisch, ja global interessiert war – so wie gleich zu Beginn des Romans „Der Stechlin" geradezu programmatisch.

Der vorliegende, im wesentlichen auf einer Potsdamer Ringvorlesung des Sommersemesters 2013 fußende Sammelband folgt diesem Programm bereits in seinem Titel, um nach dem Erweis seiner generellen Welthaltigkeit Fontanes Werk in immer weiteren Kreisen zu rekonstruieren, zu analysieren, hie und da auch zu dekonstruieren, ja zu kritisieren – obgleich fast nie ohne rettende Absicht.

Fontanesches Zentrum ist Berlin, Stadt und Dorf zugleich. Von hier aus werden Landpartien in die nächste, brandenburgische Gegend unternommen und historische Tiefenbohrungen durchgeführt, bis in die vermeintlich urgermanische Frühgeschichte zurück. Fontane war durchaus Lokalpatriot, bis hin zum Entwurf der konkreten Utopie eines Brandenburgisch Preußen. Doch war er dabei alles andere als ein bornierter Provinzler. Schon seine „Wanderungen durch die Mark Brandenburg" waren nicht zuletzt Eisenbahnreisen, die ihn schließlich auch weite Teile des übrigen Deutschland und Europa kennenlernen ließen.

Unser Sammelband präsentiert neben Berlin-Brandenburg und München-Schwabing Frankreich, Österreich-Ungarn, Polen und Schottland als wesentliche Schauplätze Fontanescher Dichtung, des Reise- und Romanschriftstellers nicht weniger als des Balladendichters. Eingeleitet wird der Band von einem kultur- und sozialgeographischen Beitrag des

Duisburg-Essener Diskursanalytikers Rolf Parr und einer mikrochronologischen Betrachtung des Berliner Literaturhistorikers Roland Berbig:

„Mit der neueren Sozialgeographie lassen sich die in den Texten Fontanes entworfenen raum-kulturellen Ordnungen als ‚Konstruktionen von Weltausschnitten' verstehen, also als ‚mental maps' im Sinne kognitiver Anschauungsformen. Gemeint sind damit diejenigen Raster des raumbezogenen Ordnens und Anordnens, die gegenüber der geographischen Realität meist vereinfachende und zugleich individuell akzentuierte Repräsentationen der ‚Welt in unseren Köpfen' darstellen. Teils nebeneinander, teils sich überlappend finden sie sich bei Fontane als soziale, ökonomische, historische, regionale, nationale und schließlich auch globale ‚kognitive Karten'." (Parr)

Berbig hebt speziell auf Fontanes globale Interessen ab, indem er sie für eine einzige, jedoch (über-)repräsentative Woche des Jahres 1858 rekonstruiert, in der der Berlin-Brandenburger in dem ihm bereits vertraut gewordenen London lebte, dort journalistisch recherchierte und formulierte: Fontane blickt in nur einer Londoner Woche zurück auf den Krimkrieg, kommentiert den gerade in Afghanistan für Großbritannien desaströs verlorenen Krieg und nimmt den deutsch-dänischen Krieg samt seiner eigenen Kriegsberichterstatter-Tätigkeit implizit vorweg.

Von London aus fährt Fontane im August desselben Jahres 1858 mit seinem Freund Bernhard von Lepel für 16 Tage nach Schottland. Über die Reise durch dieses von England deutlich verschiedene Land veröffentlichte er einige Artikel in Zeitungen und Zeitschriften, vor allem aber zwei Jahre später das Reisebuch mit dem Titel „Jenseit des Tweed. Bilder und Briefe aus Schottland". Ihm widmet sich der Aufsatz des Jenaer Kulturhistorikers Michael Maurer, der einige ihm für das ganze Buch besonders aufschlussreich erscheinende Stellen interpretiert. Stets auf den Spuren des literarischen „Strategen" Fontane, der sich selbst und seiner „Finessen" sehr bewusst war und nicht zuletzt deshalb, weil er in nicht geringem Maße Literatur aus und über Literatur produzierte: Nicht so sehr das reale, gar moderne Schottland ist Gegenstand von „Jenseit des Tweed", sondern das romantische Schottland einer jahrhundertealten Schottland-*Poesie*:

„Fontane beschreibt in Edinburgh Old Toldbooth, obwohl dies vor seiner Zeit schon abgerissen worden war (1817), weil es nun einmal der Schauplatz von Scotts *The Heart of Midlothian* gewesen war. Von Stirling aus besuchen die beiden Freunde Loch Katrine, motiviert durch Sir Walter Scotts *The Lady of the Lake*. Wegen Walter Scott ist ihm auch Melrose Abbey wichtig; pointiert schliesst die Reise mit einem Besuch in Abbotsford in den Borders, am Wohnsitz des Schriftstellers."

Für Maurer lässt sich Fontanes Schottland-Reise und ihre Schilderung in „Jenseit des Tweed" – Parr pointierend – als eine literarische Geographie beschreiben, „die wesentlich an Dichtungen Anhalt findet", freilich nur dann, wenn über der Reinszenierung der schottischen *lieux de mémoire* das Persönliche, Hochsubjektive des Reiseberichts nicht übersehen wird. Jedenfalls lieferte genau die Verbindung von beidem das Muster, welches Fontane in den „Wanderungen durch die Mark Brandenburg" anwenden und weiter perfektionieren sollte.

※※※

Die Mannheimer Literaturwissenschaftlerin Milena Bauer widmet sich Fontanes Berlin-Brandenburg, indem sie sich der unmittelbaren Umgebung des alten Berlin zuwendet, in die aus der Großstadt heraus immer wieder Landpartien unternommen werden – in den „Wanderungen durch die Mark Brandenburg" und in den zahlreich überlieferten Briefen, aber auch in nicht wenigen Romanen des dann selbst in der preußisch-deutschen Hauptstadt ansässigen Dichters. Wenn auch noch so diskret, sind sie alle nicht zuletzt Liebesromane und deshalb auch ihre Landpartien voll „amouröser Potentiale": die fontanesche Landpartie konstituiere aufgrund der sie auszeichnenden „bewegten Nähe" einen „Möglichkeitsraum", der gerade auch die Anbahnung von Liebesverhältnissen entscheidend vorantreibe, unabhängig davon, dass dieser Raum – kulturgeografisch betrachtet – eine Reduktionsform des Idyllischen darstellt.

Natur ganz anderer als nur reduzierter Art imaginiert Fontane in seinem späten – Carl Blechens Landschaftsgemälde „Blick von den Müggelbergen bei Köpenick" verpflichteten – Gedicht „Auf der Kuppel der Müggelberge", auch „Semnonen-Vision" überschrieben, wodurch eine früh- bis urgeschichtliche Zeitangabe zur brandenburgischen Ortsangabe hinzutritt, erneut auf den Berliner Stadtrand zielend. Dieses Gedicht wird vom Tübinger Kulturwissenschaftler Huber Cancik vor allem von seinem Schlussvers her und auf ihn hin interpretiert: „Von der Müggel aus die Welt zu erobern", wobei selbstverständlich die, die sie erobern (sollen), an sich interessieren: die spätantik-germanischen, also ‚urmärkischen' Semnonen – lange vor den hochmittelalterlichen Deutschen, die die Markgrafschaft Brandenburg erst nach Unterwerfung der slawischen Wenden begründen werden.

Der Altphilologe Cancik präsentiert die antiken, seit dem Renaissancehumanismus immer wieder hin- und hergewendeten Zeugnisse über die Semnonen: der Transfer der humanistischen Entdeckungen in die Brandenburger Regionalgeschichte sei „prompt" gewesen und habe durch die ‚neugermanischen' Gebrüder Grimm seine auch für Fontane kanonische Form gefunden, bevor dann die Nazis im Blick auf die in „Germania" umzubenennende Hauptstadt ihres „Dritten Reiches" den Semnonen-

Mythos blutig reaktivierten. Sie wollten tatsächlich „Von der Müggel aus die Welt ... erobern"!

Und Fontane? Welchen Status besitzt diese von ihm aufgebrachte Formel bei ihm selbst? Immerhin versuchte schon das zweite Reich spätestens mit dem Regierungsantritt Wilhelms II. *Welt*politik zu betreiben: Welche Stellung nahm Fontane also in den Jahren 1890–98 ganz konkret zur Kolonial- und Flottenpolitik des Kaiserreichs ein? Die „Semnonenvision" lässt die Antwort auf abgründige Weise offen.

Der Münchener Kulturwissenschaftler Rainer E. Zimmermann vermag unter besonderem Rekurs auf die auch von Cancik herangezogenen „Wanderung durch die Mark Brandenburg" und den historischen Roman „Vor dem Sturm" Fontane zunächst Konstruktives, jedenfalls Kontrafaktisches abzugewinnen: die „konkrete (Gegen-)*Utopie* eines Brandenburgisch Preußen", wobei das Attribut vorherrscht. In nicht geringem Maße sucht bei Fontane das Brandenburgisch-Regionale das Preußisch-Staatliche zu relativieren, wenn nicht zu konterkarieren. Mit Zimmermanns eigenen Worten: „Es ist Preußen, das vor dem Hintergrund einer angedeuteten (insofern virtuellen) Alternative *scheitert*." Doch, Pointe der Pointe, auch das fontanesche Projekt kann nicht gelingen, weil es halbherzig ist und bleibt: Im Notfall, der bereits 1813 gegeben war, verlangt es zwingend eine republikanische „Systemüberschreitung nach vorn ... und keine Rückkehr in ein hypothetisches Goldenes Zeitalter der aristokratisch verwalteten Region", wie in „Vor dem Sturm" angepeilt.

Der Berliner Zeithistoriker Michael Kohlstruck belegt exemplarisch, worauf bereits Zimmermann hingewiesen hat: die Dienste, die speziell die fontaneschen „Wanderungen" nach der Wende 1989 für die Regionalisierung des wiederbegründeten Landes Brandenburg leisteten. Ausgangspunkt von Kohlstrucks historisch-soziologischer Betrachtung ist der Untertitel der im Landkreis Ostprignitz-Ruppin erscheinenden Tageszeitung „Ruppiner Anzeiger": „Zeitung für die alte Grafschaft Ruppin" – eine Herrschaft, die es, nicht nur als solche, seit 1524 nicht mehr gegeben hat, deren Name und ‚Aura' aber nicht zuletzt dank des gebürtigen Neu-Ruppiner Fontane bereits in der Mitte des 19. Jahrhunderts ihr Revival erlebte.

Fontane war es generell darum gegangen, „das vermeintlich kärgliche Naturerleben in der Mark kulturgeschichtlich aufzuhübschen und mittels erschöpfender Adelshistorien zu poetisieren" – ein Anliegen, das man gerade Kohlstrucks Überzeugung nach auch positiver fassen kann, und in zeithistorischer Perspektive mehr denn je: Die Region Ruppin kann sich „auf eine alte Selbständigkeit gegenüber ‚Brandenburg' berufen, die im Rückblick eines halben Milleniums als eine alte Ebenbürtigkeit interpretiert werden kann: Ruppin war Ruppin und – anders als andere heutige Landesteile – kein Teil der Mark. So unterläuft die Erinnerung an die 1524 erloschene Herrschaft die Probleme des Preußengedächtnisses und lässt noch innerhalb des Bundeslandes Brandenburg den Hauch eines besonderen Ranges spüren." (Darüber freut sich nicht nur der Tourismus ...)

***

Der Berliner Kultursoziologe Richard Faber vergleicht versuchsweise die nicht *nur* fiktive Märkerin Effi Briest mit der realhistorischen Publizistin und auch *autobiographischen* Romancière Fanny Reventlow: einer München-Schwabingerin comme il faut. Durch diese von Haus aus schleswig-holsteinische Gräfin und via Schwabinger Bohème ein Stück weit zur Pariserin Gewordenen weitet sich auch Fontanes nordostdeutscher Horizont. Der Vergleich Briest – Reventlow gibt Faber Anlass, Fontanes eigene Stellungnahmen zu Bayern im allgemeinen und München im besonderen zu präsentieren – alle im Vergleich mit Preußen zustande gekommen, aber zu seinen Ungunsten ausgefallen.

Fontane ist selbstverständlich auch im Hinblick auf Bayern und München, gar Schwabing und Paris kein ‚Radikalinski', doch ist der gemäßigt Liberale – gerade was Fragen der Kunst und ‚Sittlichkeit' angeht – ein Stück weit Verbündeter der nun wirklich radikalemanzipatorischen Reventlow, „Königin der Bohème" geheißen. Oder anders formuliert: Fontane sympathisiert nicht zuletzt dort mit seiner Effi, wo ihr Charakter und Leben denen Reventlows ein Stück weit nahekommen: wo Charakter und Leben der beiden immerhin vergleichbar miteinander sind. Dass Konträres bis Kontradiktorisches vorherrscht, im tragischen Falle von Effi ein rigides Preußen schlussendlich triumphiert – keine Frage, doch eben zum großen, auch politischen Leidwesen Fontanes (wie Faber bereits 2013 in seinem Aufsatz „Resignierte Auflösung und Erstarrung. Zu Theodor Fontanes Historischem Preußen-Roman ‚Geert Instetten' alias *Effi Briest*" gezeigt hat).

Der Berliner Kulturwissenschaftler Olaf Briese arbeitet die fundamentale Bedeutung der Eisenbahn(reisen) für das Fontanesche Gesamtwerk heraus, vor allem für seine „Osterreise durch Nordfrankreich und Elsaß-Lothringen 1871", überschrieben mit: „Aus den Tagen der Occupation". Briese spricht von Fontanes „Frankreichpanorama", das er würdigt wie folgt: „Das Buch war zeitgeschichtlich nicht ohne Verdienste ... Ebenso begeistert wie pflichtschuldig bot es Patriotismen, und es kolportierte auch nicht wenige Nationalstereotypen. Aber es warnte auch vor sich überhebenden deutschen Nationalismen, und es warnte vor einer übertriebenen politischen und finanziellen Demütigung Frankreichs als Quelle neuer kommender Konflikte."

Das Paris der Commune aufzusuchen, scheute der absolut gegenrevolutionäre Fontane freilich wie der Teufel das Weihwasser. Briese: „Wäre er doch ... nach Paris gefahren! Hätte er doch aus dem Herzen des Taifuns berichtet!" Und: Auch die so bedeutende zeitgenössische Literatur französischer Sprache lässt Fontane in diesem einmal mehr literaturgesättigten Buch völlig links liegen: „Victor Hugo, Honoré de Balzac, Gustave Flaubert, Émile Zola – sie kommen in dem historistisch überdehnten Werk nicht vor. Sie schienen ... in diesen Reiseschilderungen, die immer auch Kunstschilderungen sind, nicht zu existieren."

Unbeschadet dessen können speziell Fontanes Eheromane, vor allem „Effi Briest" – nicht einfach zu ihren Ungunsten – mit Gustave Flauberts „Madame Bovary" verglichen werden, wie der sich an Briese anschließende Beitrag des Mainzer Komparatisten Thomas Schröder belegt, „Gebrochene Verhältnisse" überschrieben. Freilich, sieht man – was an sich unstatthaft – von den verschiedenen sozialen Verhältnissen ab, dann sind „Madame Bovary" und vor allem die von Schröder zusätzlich herangezogene „Anna Karenina" des russischen Romanciers Lew Tolstoi avancierter als Fontanes „Unwiederbringlich" oder auch „Effi Briest". Nicht zufällig kann Schröder im Falle Flauberts Jean Paul Sartre und in dem Tolstois Georg Lukács, vor allem aber den Metamarxisten Walter Benjamin als Kronzeugen für deren bleibend revolutionäres Potential heranziehen.

***

Fontanes kritisches Verhältnis zum zaristischen Russland seiner Zeit wäre eigens darzustellen. Wir müssen wie bei vielen anderen einschlägigen Fragestellungen passen, doch „Theodor Fontane, die *Polen* und das *Polnische*" sind Thema unseres Kollegen Jens Flemming: Der Kasseler Neuzeithistoriker verweist auf das Zusammenspiel von preußisch-deutscher Sozial- und ‚Volkstumspolitik' gegenüber den polnischen „Reichsfeinden", die der Nachsozialisation bedürftig erschienen, so defizitär wie die „polnische Wirtschaft" – nicht nur ökonomisch verstanden – von den dünkelhaften Wilhelminen angesehen wurde. Im äußersten Fall waren sie germanomanische Rassisten voller antislawischer Vorurteile; „die polnische Wirtschaft" war nur eine der Nationalstereotypien, die zur Rechtfertigung so extensiver wie intensiver Diskriminierungs- und /oder Germanisierungspolitik im Schwange waren.

Fontane selbst war kein Polenhasser, doch auch er war voller Ambivalenzen, Widersprüche, vielleicht Wandlungen, vielleicht Rückwärtsbewegungen in seinen Einstellungen „den Polen" gegenüber, wobei sich seine Motive nur schwer enträtseln lassen.

Die Trierer Literaturwissenschaftlerinnen Julia-Karin Patrut und Franziska Schößler verbreitern und vertiefen Flemmings Stereotypien-Analyse im besonderen Hinblick auf das Völker-„Labor" Österreich-

Ungarn, wobei auch der „interkulturelle Roman" *Graf Petöfy* Brandenburg-Preußen keineswegs außen vorlässt; schließlich ist seine weibliche Hauptfigur eine pommersche Pastorentochter. Doch, wie keines seiner Prosawerke sonst, formuliert dieser zu Unrecht wenig beachtete Roman „einen umfassenden Einspruch gegen die Idee der Nation als Einheit, als homogenisierende Schutzdichtung und als Diskurs imaginärer Gemeinschaften, der Unterschiede zu nivellieren versucht. Bei Fontane dominieren" – jedenfalls in *Graf Petöfy* – „die Mischungen und Maskeraden, die nationale Zugehörigkeiten als Inszenierung ausstellen".

Getoppt wird die extensive Differentialanalyse des Ethnischen in *Graf Petöfy* durch die außerordentlich wichtige Rolle die „‚Zigeuner'-Figuren" in ihm spielen; sie bilden den Kulminationspunkt des (nicht nur) Fontaneschen Orientalismus. Osten heißt dank ‚der Zigeuner' nicht nur Ost(mittel)europa, sondern – gerade für Fontane – auch ein Stück weit asiatischer Orient, ohne dass ‚die Zigeuner' dadurch solch extreme Ressentiments auf sich zögen wie – nicht zuletzt in den Augen des späten Fontane – ‚die Juden'. An seinem zuweilen sogar rassistischen Antisemitismus gibt es spätestens seit Michael Fleischers bahnbrechender Studie von 1998 keinen Zweifel mehr. Nur scheinbar paradox wird dies gerade vom – Fontanes „Vielstimmigkeit" nachdrücklich feiernden – Norbert Mecklenburg auch für die Belletristik nachgewiesen.

Des Kölner Literaturwissenschaftlers Beleg ist nicht zufällig Fontanes letzter, wenig beachteter Kleinbürger-Roman „Mathilde Möhring" und die in ihm häufig verwendete Formel von der „dritten Konfession". Sie diente in den letzten Jahrzehnten des Kaiserreichs als typisch verschleiernde und diskriminierende, feindselig-ironische Anspielung auf das Judentum, und in dieser Weise verwendet sie gezielt auch Fontane. Er lehnte die Formel von der „dritten Konfession" zweifelsfrei ab, stellte er doch deren rechtliche Grundlage, die Gleichberechtigung der Juden (nicht nur in religionibus) so nach- wie ausdrücklich in Frage. Er *bekämpfte* sie, wie unentschieden in vielen anderen Fragen auch immer.

***

Unserem Sammelband fehlt jeder Anspruch auf Vollständigkeit, um Repräsentativität bemüht er sich jedoch und – um Gerechtigkeit. Nicht nur für Mecklenburg bedeutet „gerechte Kritik", Fontanes „vielstimmige Kunst angemessen zu würdigen, ohne aber dort wegzusehen, wo sie nicht ausreicht, Vorurteile zu brechen". Das Werk des keineswegs durchgängig kosmopolitischen Berlin-Brandenburgers besitzt auch Unrettbares. – Hanna Delf von Wolzogen und Richard Faber werden in Kürze einen zweiten „Fontane"-Band vorlegen, gleichfalls betreut vom Verlag Königshausen & Neumann. Dieses Sammelwerk trägt den Titel: „Fontane. Dichter, Romancier und Kritiker" und enthält Beiträge von: Maria Brosig, Ralf Georg Czapla, Hanna Delf von Wolzogen, Sabine Engel, Justus Fetscher, Achim Geisenhanslüke, Rüdiger Görner, Manuel Koeppen, Elmar Locher, Lothar Müller, Barbara Naumann, Madleen Podewski, Brunhilde Wehinger und Wolf von Wolzogen *über*: den Balladendichter, Causeur, Romancier und Theaterkritiker Fontane, seine Kunst-, Liebes-, Moral- und Todesdiskurse, und schließlich ihre literarische und filmische: ihre kreative Rezeption im 20. (und 21.) Jahrhundert.

Hier und heute bedanken wir uns bei den MitautorInnen des vorliegenden Bandes für ihre große Mühe, bei den Mitarbeitern der Universität Potsdam und des Theodor-Fontane-Archivs für technische und organisatorische Hilfestellung und besonders bei der Stiftung Preußische Seehandlung, der Universität Potsdam und dem Theodor-Fontane-Archiv für die fördernde Unterstützung von Vorlesungsreihe und Buch.

Berlin/Potsdam Mai 2014

    Hanna Delf von Wolzogen, Richard Faber, Helmut Peitsch

Einleitung

Rolf Parr

Kleine und große Weltentwürfe.

Theodor Fontanes mentale Karten[1]

I. Konstruktionen geografisch-kultureller Ordnungen

Jedem, der auch nur einen einzigen Text Theodor Fontanes ein wenig genauer gelesen hat, wird schnell aufgefallen sein, dass darin immer wieder mal kleinere, mal größere Ordnungsraster entworfen werden, die sich dadurch auszeichnen, dass sie gleichermaßen geografisch wie kulturell angelegt sind, was den Effekt mit sich bringt, dass die kulturell-sozialen Ordnungsraster nicht mehr von den räumlichen zu trennen sind, sondern vielmehr die einen als Manifestationen der jeweils anderen gelesen werden müssen. Das beginnt in den frühen Prosatexten mit der Entgegensetzung von Zentrum und Peripherie, Metropole und Provinz, Berlin und Mark Brandenburg und endet in jenem komplexen, weltumspannenden System von erzählerisch entfalteten Räumen und Kartografien, wie sie der Roman »Der Stechlin« entwickelt, in dem nahezu alle für Fontanes Schreiben relevanten geografisch-kulturellen Ordnungsraster noch einmal zusammengeführt und untereinander in Beziehung gesetzt sind. Solche Entwürfe von Räumen und räumlichen Zusammenhängen sind »in literarischen Texten nicht nur Ort der Handlung, sondern stets auch kultureller Bedeutungsträger«, sodass »vorherrschende Normen, Werthierarchien, kursierende Kollektivvorstellungen von Zentralität und Marginalität, von

---

[1] Dieser Beitrag versucht eine Reihe von Arbeiten, die an anderer Stelle bereits veröffentlicht wurden und hier passagenweise wieder aufgegriffen werden, zu bündeln, weiterzuführen und in einen gemeinsamen Fragehorizont zu stellen. Dazu gehören Rolf Parr: Die nahen und die fernen Räume. Überlagerungen von Raum und Zeit bei Theodor Fontane und Wilhelm Raabe. In: Roland Berbig/Dirk Göttsche (Hg.): Metropole, Provinz und Welt. Raum und Mobilität in der Literatur des Realismus. Berlin: De Gruyter 2013 (Schriften der Theodor Fontane Gesellschaft, Bd. 9), S. 53–76. – Ders.: »Der Deutsche, wenn er nicht besoffen ist, ist ein ungeselliges und furchtbar eingebildetes Biest.« – Fontanes Sicht der europäischen Nationalstereotypen. In: Hanna Delf von Wolzogen (Hg.) in Zusammenarbeit mit Helmuth Nürnberger: Theodor Fontane. Am Ende des Jahrhunderts. Internationales Symposium des Theodor-Fontane-Archivs zum 100. Todestag Theodor Fontanes, 13.–17. September 1998 in Potsdam. 3 Bde. Würzburg: Königshausen & Neumann 2000, Bd. I, S. 211–226. – Ders.: Kongobecken, Lombok und der Chinese im Hause Briest. Das ›Wissen um die Kolonien‹ und das ›Wissen aus den Kolonien‹ bei Theodor Fontane. In: Konrad Ehlich (Hg.): Fontane und die Fremde, Fontane und Europa. Würzburg: Königshausen & Neumann 2002, S. 212–228.

Eigenem und Fremdem sowie Verortungen des Individuums zwischen Vertrautem und Fremdem [...] im Raum eine konkrete anschauliche Manifestation« erhalten.²

Mit der neueren Sozialgeographie lassen sich diese in den Texten Fontanes entworfenen raum-kulturellen Ordnungen als ›Konstruktionen von Weltausschnitten‹ verstehen, also als ›mental maps‹ im Sinne kognitiver Anschauungsformen. Gemeint sind damit diejenigen Raster des raumbezogenen Ordnens und Anordnens, die gegenüber der geografischen Realität meist vereinfachende und zugleich individuell akzentuierte Repräsentationen der »Welt in unseren Köpfen« darstellen.³ Teils nebeneinander, teils sich überlappend finden sie sich bei Fontane als soziale, ökonomische, historische, regionale, nationale und schließlich auch globale ›kognitive Karten‹.

Nun könnte man meinen, dass man es bei diesen ›mentalen Karten‹ mit einem in sich logischen System zu tun hat, das man nur einmal, beispielsweise für einen einzelnen Roman, rekonstruieren müsste, um damit gleich den ›ganzen Fontane‹ mit allen seinen Texten ›geknackt‹ zu haben. Gerade das ist aber nicht der Fall, denn Fontanes geografisch-kulturelle Konstruktionen sind vielfach nur für eine kleinere Passage oder einen Nebengedanken konstitutiv, mal aber auch für die Anlage eines ganzen Romans, und gelegentlich übergreifen sie sogar mehrere Texte oder ganze Werkgruppen. Hinzu kommt, dass Fontanes mentale Karten über die lange Zeitspanne seines Schreibens hinweg alles andere als konstant geblieben sind, sodass man auch ihre Entwicklungen und Veränderungen mit bedenken muss.

Bisweilen variieren diese imaginierten Karten auch noch je nach Textsorte: In den Romanen sind sie anders strukturiert als in den Gedichten, in den Reiseberichten anders als in den Briefen, das heißt, sie können untereinander durchaus Friktionen aufweisen und sich widersprechen. Und schließlich werden die ›mental maps‹ auch durch Fontane selbst immer wieder relativiert, unterlaufen und, kaum dass sie entwickelt sind, auch schon wieder dekonstruiert. Das geschieht meist dadurch, dass ihre Konstruiertheit demonstrativ vorgezeigt wird, etwa indem Elemente aus einem Ordnungssystem in ein anderes gestellt werden bzw. indem der Blickwinkel, aus dem ein solches Raster entworfen ist, verändert wird und mit dieser Veränderung auch das jeweilige Ordnungsgefüge insgesamt als konstruiert sichtbar wird.

---

[2] Wolfgang Hallet/Birgit Neumann: Raum und Bewegung in der Literatur: Zur Einführung. In: Dies. (Hg.): Raum und Bewegung in der Literatur. Die Literaturwissenschaften und der Spatial Turn. Bielefeld: Transcript 2009, S. 11–32, hier 11.
[3] Roger M. Downs/David Stea: Kognitive Karten. Die Welt in unseren Köpfen. New York: Harper & Row 1982 (UTB).

II. Fontanes kartografischer ›Basisbaukasten‹

Doch auch wenn die räumlich-kulturellen Ordnungsraster bei Fontane hinsichtlich ihrer Inhalte und der damit verbundenen Wertungen höchst verschieden ausgerichtet sind, bleiben sie ihrer Struktur nach in mancherlei Hinsicht doch durchaus vergleichbar, denn alle Fontane'schen ›mental maps‹ basieren letzten Endes auf kombinierten Sets von topografischen und nicht-topografischen Gegensätzen wie ›gebildet‹ versus ›nicht gebildet‹, ›Norden‹ versus ›Süden‹, ›Ferne‹ versus ›Nähe‹, ›bekannt‹ versus ›fremd‹, ›alt‹ versus ›neu‹, ›Kultur haben‹ versus ›keine Kultur haben‹, die sich als ein struktureller ›Basisbaukasten‹ rekonstruieren lassen, mit dem Fontane immer wieder arbeitet.

Im Folgenden werde ich zunächst ein kleines und vielfach ergänzungsbedürftiges (aber auch ergänzungsfähiges) Panorama der ›Bausteine mentaler Ordnungsraster bei Fontane vorstellen, das lediglich als ein erster Aufriss zu verstehen ist. Dabei gehe ich vom Kleinen zum Großen vor, denn bisweilen bedarf es bei Fontane nur eines einzigen Satzes oder einer einzigen Formulierung, um damit bereits eine rudimentäre mentale Karte eines gegliederten Raumes zu evozieren.

II.1 Topografisch-kulturelle Gegensätze

Als erstes Beispiel kann die frühe Erzählung »Zwei Poststationen« von 1843 dienen, die mit einer scheinbar lapidaren Prognose beginnt: »Bald wird ein Eisenbahn-Netz den gebildeten Theil Europa's umschlingen [...].« Allein schon damit wird ein weitreichendes Ordnungsraster für ganz Europa entworfen, nämlich seine Differenzierung in einen gebildeten und einen ungebildeten Teil. Eine solche gleichermaßen semantische wie räumliche Binäropposition kann dann im Text paradigmatisch erweitert werden, indem weitere Gegensatzpaare an sie angeschlossen werden, etwa das von ›Lokomotive und Kutsche‹ sowie von ›Fortschritt und Rückschritt‹, letzteres geografisch festgemacht an Mecklenburg und Pommern sowie landsmannschaftlich an den Kaschuben:

> Bald wird ein Eisenbahn-Netz den gebildeten Theil Europa's umschlingen; schon in diesem Augenblicke sind der Segnungen unzählige, welche die Menschheit der großartigsten Erfindung unserer Tage verdankt; und dennoch lassen sich heisre Stimmen [h]ören, die diesen neuen Triumph des menschlichen Geistes verwünschen, und für die »deutsche Postschnecke« in die Schranken treten. – Die Entrüstung jedes Kärrner's und Lohnkutscher's will ich mit Freuden verzeihn; zum Lachen aber ist es, wenn man aufrichtigen Herzen's das allmälige Schwinden der Postwagen-Poësie

beweint, und die schönen Tage meklenburgischer Rädermaschinen, die den Namen eines Postwagens usurpirten, zurückerfleht [...].

Im Uebrigen geb' ich allen Feinden des Fortschritt's die tröstliche Versicherung, daß es im Lande der Kaschuben, in Hinterpommern und weiter westwärts bis an die Ufer der Elbe noch manches paradiesische Plätzchen giebt, aus denen die Lokomotive, dieser flammende Cherubim, die ersten Postwagen noch nicht vertrieben, und ihrer Romantik ein so weites Feld gelassen hat, als es in unsrer, an Räuberbanden gar ärmlichen Zeit, noch irgendwie möglich ist.[4]

Ein hier sichtbar werdendes erstes Verfahren des Fontane'schen Schreibens (siehe Schema 1) ist es, von einer gemischt *topologisch-topografischen* Opposition auszugehen (›gebildetes versus ungebildetes Europa‹; in geografischer Hinsicht ›West versus Ost‹),[5] diese Ausgangsopposition durch weitere *kulturelle* Gegensatzpaare aufzuladen (›Fortschritt versus Rückschritt‹, ›Lokomotive versus Postkutsche‹, ›nicht poetisch versus poetisch‹) und das Ganze dann noch einmal in einer wiederum *topografischen* Opposition zu bündeln (›gebildeter Teil Europas‹ versus ›Mecklenburg und Pommern‹).

[erster Schritt]	›gebildetes Europa‹ ↓	versus	›ungebildetes Europa‹ ↓
	›Fortschritt‹ ›West‹		›Rückschritt‹ ›Ost‹

---

[4] Theodor Fontane: Zwei Post-Stationen. GBA. Das erzählerische Werk. Bd. 18, S. 41–59, hier 41. – Sofern die entsprechenden Bände vorliegen, werden die Werke Fontanes im Folgenden unter der Sigle »GBA« sowie unter Angabe der Abteilung nach der Großen Brandenburger Ausgabe zitiert.

[5] Die Unterscheidung zwischen ›topologisch‹ und ›topografisch‹ übernehme ich von Jurij M. Lotman: Die Struktur literarischer Texte. München: Fink 1972, S. 311–329. – Für die Konstitution semantischer Teil-Räume nimmt Lotman an, dass sich bei literarischen Texten noch vor jeglichem Bezug auf konkrete Topografien (also Räume im engeren geografischen Sinne) zunächst einmal *topologische semantische Gegensätze* feststellen lassen, das heißt solche, die semantische Achsen konstituieren wie ›innen/außen‹, ›links/rechts‹, ›oben/unten‹ und ›hoch/tief‹. Diese toplogischen Gegensätze können zudem mit wertenden semantischen Oppositionspaaren verknüpft sein, wie ›wertvoll/wertlos‹, ›vertraut/fremd‹, ›gut/böse‹ oder ›alt/jung‹. Beide, die topologischen Achsen wie auch die semantisch wertenden Gegensatzpaare können mit *topografischen (also räumlichen) Elementen im engeren Sinne* wie beispielsweise ›Stadt/Land‹, ›Berg/Tal‹, ›Himmel/Bergwerk‹ verknüpft werden. Dadurch erhalten sie einen gewissen Grad an Konkretion, der bei Rekurs auf empirisch tatsächlich vorhandene Räume Effekte von Realismus hervorbringen kann.

[zweiter Schritt]	›Lokomotive‹ ›nicht poetisch‹	versus	›Postkutsche‹ ›poetisch‹
	↓		↓
[dritter Schritt]	›gebildeter Teil Europas‹	versus	›Mecklenburg u. Pommern‹

Schema 1

Gegensatzpaare, wie die hier entworfenen, können auch ineinander geschachtelt werden. In einem Brief Fontanes an den Verleger Wilhelm Hertz von Mai 1894, in dem er auf die kolonialen Gräueltaten der preußischer Militärs eingeht, stellt er ›Regionalität‹ gegen ›Militarismus‹ und ›Kolonialismus‹ (letzterer im folgenden Zitat an den Namen der Kolonialbeamten Leist und Wehlan festgemacht), ein Gegensatz, der dann noch einmal von der ›Nationalität‹ Preußens (»in der Wolle gefärbter Preuße«) in die ›Globalität‹ der Welt (»die Anderen«) hinein geöffnet wird:

> Welch Glück, daß wir noch ein außerpreußisches Deutschland haben. Oberammergau, Bayreuth, München, Weimar, – das sind die Plätze, daran man sich erfreuen kann. Bei Strammstehn und Finger an der Hosennaht, bei Leist und Wehlan wird mir schlimm. Und dabei bin ich in der Wolle gefärbter Preuße. Was müssen erst die Andern empfinden![6]

Ob Fontane selbst mit der Permutationsprobe, Berlin gegen Oberammergau oder gar Berlin gegen Bayreuth glücklich geworden wäre, mag dahin gestellt sein.

II.2 Differenzierende Analogierelationen

Ein *zweites* Verfahren der Konstitution von ›mental maps‹ bei Fontane, aus dem dann auch komplexere Kartografien entstehen können, ist es, Fremdes und Bekanntes durch Vergleich bzw. durch wechselseitiges Abbilden aufeinander in Analogierelationen zu setzen. Dieses Verfahren findet sich sehr häufig in den Reiseberichten und Reisetagebüchern, aber auch in den Romanen, so etwa in »Die Poggenpuhls«. Als Leopold Pog-

---

[6] Theodor Fontane: Briefe. Hg. von Otto Drude und Helmuth Nürnberger. Bd. 1–5. München: Hanser 1976 (Theodor Fontane. Werke, Schriften und Briefe. Hg. von Walter Keitel u. Helmuth Nürnberger. Bd. 4), S. 356.

genpuhl im Gespräch mit Friederike, der Haushälterin der Familie, deutlich machen will, wie es wäre, wenn er als verschuldeter Offizier nach Afrika ginge, setzt er »Bukoba«, die Stadt am Victoriasee, in Analogie zu einer deutschen Stadt: »[...] und wenn ich in Bukoba bin, – das ist so'n Ort zweiter Klasse, also so wie Potsdam [...].«[7] Das Fremde wird hier durch den Vergleich mit dem Bekannten anschaulich gemacht, womit zugleich Verbindungslinien bzw. Verbundräume entstehen (›Potsdam ist so wie Bukoba‹) und damit erste Bausteine für komplexere mentale Karten.

Gehäuft findet sich dieses Verfahren in den »Reisetagebüchern«, in denen bei der 1864 unternommenen »Reise nach Schleswig-Holstein« über Jütland fast schon im für Fontane später typischen Kalauerstil festgestellt wird: »[...] mehr Agrikultur als Kultur; Holstein, Schleswig, Jütland sind die drei Mecklenburge der cimbrischen Halbinsel«.[8] Weiter wird 1874 über Niederbayern zu Beginn der »Reise nach Italien« konstatiert, dass es »anfänglich höchstens Gegend à la Luckenwalde« sei, und dass Bayern erst »bei Rosenheim« schöner werde.[9]

Gerade auch in den Tagebüchern der beiden Reisen nach Frankreich setzt Fontane – Gotthart Erler hat darauf hingewiesen – »wohin er auch kommt, französische Land- und Ortschaften in Parallele zu deutschen«: Reims vergleicht er »mit Mainz, Metz mit Leipzig, die Place Broglie in Straßburg mit der Straße Unter den Linden in Berlin, Amiens mit Erfurt, die Gemüse-Kultur um Amiens mit dem Spreewald«. Damit kommt Fontane – wie Erler weiter feststellt – nicht nur »der Vorstellungskraft seiner Leser« entgegen, sondern durch die »Betonung des Ähnlichen« wird zugleich auch »die Vorstellung vom unzivilisierten ›Feindesland‹« Frankreich ausgehebelt.[10] Punktuell werden aber umgekehrt auch die Differenzen betont und zwar vielfach durch regelrechte Permutationsproben: Innerhalb eines Ordnungsrasters wird ein Element an eine andere Stelle verschoben, funktioniert dort aber nicht recht. So heißt es in den Tagebüchern der zweiten Reise nach Frankreich:

> Dann in das »Theater de Saint-Denis«. Ein großer Saal. [...]
> *Demoiselle Marietta*, eine Art Demoiselle »Therese« aus den Pariser *Cafés chantants* war die Hauptheldin. Sie sang *Le Trou*, eine Art Bravourstück, mit Gegensätzen von Wehmuth und Wuth. Talentvoll; aber alles drückt doch einen allgemeinen Verfall aus, und es ist schmachvoll solche Sachen nach Berlin hin zu verpflanzen. Wir

---

[7] Theodor Fontane: Die Poggenpuhls. Roman. GBA. Das erzählerische Werk. Bd. 16, S. 37.
[8] Theodor Fontane: Die Reisetagebücher. GBA. Tage- und Reisetagebücher. Bd. 3, S. 45.
[9] Ebd., S. 301.
[10] Gotthart Erler: Einleitung. In: Ebd., S. XII–XXVIII, hier XXVIII.

passen nicht dazu; an Sünde und Gemeinheit leisten wir vielleicht so ziemlich dasselbe, aber es fehlt doch bei uns noch die <u>öffentliche Anerkennung</u> der Schweinerei und ein gewisses künstlerisches Raffinement im Vortrag derselben.[11]

Es muss aber nicht immer das jeweils Fremde mit dem Eigenen verglichen werden, sondern das Fremde kann auch von einem dritten Ort aus in den Blick genommen werden. So macht Fontane gerade in seinen Reisetexten das Spezifische eines anderen Landes, einer Landschaft oder Stadt immer wieder durch Vergleiche mit England deutlich, sodass Italien auf dem Umweg über England für Preußen/Deutschland anschaubar gemacht wird. Und für England selbst wird im Tagebuch Fontanes 1844 auf Ägypten zurückgegriffen: »Seit Jahren blickt' ich auf England wie die Juden in Ägypten auf Kanaan.«[12]

Beides, der Vergleich mit Eigenem und der mit etwas Drittem, können auch kombiniert werden, so etwa, wenn das Tagebuch der Reise nach Italien an anderer Stelle notiert: »Mit dem Omnibus, an *Santa Maria Novella* und seinen zwei Obelisken vorbei, bis zur *Porta Prato* gefahren. Spaziergang bis zu ›*Le Cascine*‹, die halb *Rotten Row* im Hyde-Park, halb unsre Hofjäger Allee sind.«[13] Weiter werden solche Vergleiche nicht nur herangezogen, wenn es etwas Positives zu sagen gilt, sondern auch dann angestellt, wenn es um negative Erfahrungen geht. Über eine zu teuer bezahlte Kutschenfahrt heißt es beispielsweise:

> Einen Fiacre genommen [...]. Für 4 Stunden – von denen höchstens <u>eine</u> gefahren – statt 5 bis 6 Franken, <u>zwölf</u>. Die Antwort des frechen Hundes blieb: »*lo ha no tarifa.*« Es ist wie bei uns; sowie ein Unglücklicher von der großen Hôtel-Straße herunter ist, will sich jeder Werneuchner oder Alt-Landsberger in 5 Minuten an ihm bereichern.[14]

Noch etwas komplexer sieht es aus, wenn das Fremde selbst in Form einer mehrgliedrigen Topografie eingeführt wird, wie in der folgenden Passage aus Fontanes längerem Aufsatz über »Willibald Alexis«:

> Am Meer und im Gebirge, im Glühen des Gletschers und im Leuchten des Golfs, erobert man sich die Fähigkeit, einen im Dämmer ruhenden, von Mummeln überwachsenen Havelsee und

---

11 Fontane: Reisetagebücher (s. Anm. 8), S. 195f.
12 Theodor Fontane: Erste Reise nach England. In: Ders.: Erinnerungen, ausgewählte Schriften und Kritiken. Bd. 3: Reiseberichte und Tagebücher. Zweiter Teilband. Tagebücher. (Theodor Fontane. Werke, Schriften und Briefe. Abteilung III). München: Hanser 1997, S. 769–816, hier 781. – Vgl. dazu Stefan Neuhaus: 3.4.2 Bücher über Großbritannien. In: Christan Grawe/Helmuth Nürnberger (Hg.): Fontane-Handbuch. Stuttgart: Kröner 2000, S. 806–818.
13 Fontane: Reisetagebücher (s. Anm. 8), S. 329.
14 Ebd., S. 382.

die im roten Gewölk dastehende Kiefernheide in ihrem Zauber zu verstehen.[15]

Neu ist hier, dass das Analogieverfahren in umgekehrter Richtung praktiziert und das Bekannte erst durch das Fremde anschaubar und in seiner Spezifik wahrnehmbar gemacht wird, wobei natürlich von Beginn an auf den Effekt gesetzt wird, dass preußisch-brandenburgische Leser auch in der umgekehrten Richtung denken können, nämlich von der eigenen Erfahrung des roten Gewölks über einem Havelsee zu Meeren, Gebirgen, Gletschern und Golf. Alle diese abstrakt bleibenden Orte bilden auch hier wieder eine komplexe Kartografie, und zwar eine, bei der die Paare wechselseitig aufeinander abgebildet werden können: Am Meer ist das Leuchten ebenso erfahrbar wie im Gebirge; das Glühen des Gletschers entspricht dem Leuchten des Golfs.

Wir haben es hier also schon mit einer Kombination aus Oppositionspaaren (›Gletscher‹ versus ›Meer‹) und Analogien (beide ›glühen‹) zu tun. Dadurch entstehen Spiegelachsen rund um eine hier noch nicht ausgefüllte ›Mitte‹, an deren Endpunkten jeweils Ähnliches zu finden ist (wenn manchmal auch mit umgekehrtem Vorzeichen). Nahezu alle ›mental maps‹ bei Fontane sind durch solche Achsenspiegelungen gekennzeichnet, durch die vielfach eine – meist positiv bewertete – ›Mitte zwischen zwei Extremen‹ konstituiert wird. Genau das geschieht in »Schach von Wuthenow« beim Salongespräch im Hause Carayon, in dem Preußen zwischen Hannover und Braunschweig auf der einen, Polen auf der anderen Seite platziert wird:

> »Alles was zum welfischen Löwen oder zum springenden Roß hält, will sich nicht preußisch regieren lassen. Und ich verdenk' es Keinem. Für die Polen reichten wir allenfalls aus. Aber die Hannoveraner sind feine Leute.«
> »Ja, das sind sie«, bestätigte Frau v. Carayon, während sie gleich danach hinzufügte: »Vielleicht auch etwas hochmütig.«
> »Etwas!« lachte Bülow. »Oh, meine Gnädigste, wer doch allzeit einer ähnlichen Milde begegnete. Glauben Sie mir, ich kenne die Hannoveraner seit lange, hab' ihnen in meiner Altmärker-Eigenschaft so zu sagen von Jugend auf über den Zaun gekuckt und darf Ihnen danach versichern, daß alles das, was mir England so zuwider macht, in diesem welfischen Stammlande doppelt anzutreffen ist. [...]«[16]

---

[15] Theodor Fontane: Willibald Alexis. In: Ders.: Aufsätze, Kritiken, Erinnerungen. Bd. 1: Aufsätze und Aufzeichnungen. (Theodor Fontane. Werke, Schriften und Briefe. Abteilung III). München: Hanser 1969, S. 407–462, hier 411.

[16] Theodor Fontane: Schach von Wuthenow. Erzählung aus der Zeit des Regiments Gendarmes. GBA. Das erzählerische Werk. Bd. 5, S. 6f.

Spätestens mit diesem Nachsatz, ist die Mitte zwischen Polen und Hannover bzw. England für Preußen selbst positiv besetzt, und zwar ohne dies de facto thematisiert zu haben.

II.3 Verzeitlichung des Räumlichen

Als *drittes* Verfahren wichtig für Fontane ist weiter dasjenige, Oppositionen nicht nur räumlich, sondern auch auf einer zeitlichen Achse zu konstituieren, etwa in Form des Gegensatzes ›alt‹ versus ›neu‹. Auf diese Weise können räumliche Binäroppositionen und die aus ihnen resultierenden mentalen Karten eine zusätzliche zeitliche Dimension erhalten. Häuser beispielsweise werden bei Fontane nicht einfach nur bewohnt, sondern sind fast immer Endpunkte einer historischen Entwicklung, ebenso wie die darin wohnenden Menschen (jedenfalls dann, wenn sie ›von Adel‹ sind). In »Effi Briest« beispielsweise fällt der »Sonnenschein« nicht einfach nur auf das »von der Familie von Briest« bewohnte Herrenhaus, sondern auf die »Front des schon seit Kurfürst Georg Wilhelm von der Familie von Briest bewohnten Herrenhauses«.[17] Ganz ähnlich beginnt auch »Graf Petöfy«:

> In einer der Querstraßen, die vom »Graben« her auf den Josephsplatz und die Augustinerstraße zuführen, stand das *in den Prinz Eugen-Tagen erbaute* Stadthaus der Grafen von Petöfy mit seinem Doppeldach und seinen zwei vorspringenden Flügeln.
> [...]
> Die beiden letzten Petöfys, Graf Adam und seine Schwester Judith, eine seit vielen Jahren verwitwete Gräfin von Gundolskirchen, bewohnten das Palais in getrennter Wirthschaftsführung [...].[18]

Die räumliche Gegenwart erhält ihre Legitimation also aus der Vergangenheit, als deren momentaner Endpunkt sie sich darstellt.

Weicht eine Figur in einem der Fontane'schen Romane von dieser Regel, die Gegenwart als Endpunkt einer Entwicklungslinie zu betrachten, ab, dann stellt das einen enormer Bruch dar, wie im Falle des Schlossneubaus von Graf Holk in »Unwiederbringlich«. Vom neuen, an anderer Stelle als zuvor und zudem in importiertem italienisch-griechischem Stil gebauten Schloss heißt es dementsprechend, dass es »nicht immer auf dieser Düne gestanden habe«, während das »alte« und »eigentliche« Schloss Holkenäs für eine historische Traditionslinie steht, denn es geht »ebenso wie die Kirche [...] bis ins vierzehnte Jahrhundert zurück«.[19] Das Nach-

---

[17] Theodor Fontane: Effi Briest. Roman. GBA. Das erzählerische Werk. Bd. 15, S. 5.
[18] Theodor Fontane: Graf Petöfy. Roman. GBA. Das erzählerische Werk. Bd. 7, S. 5.
[19] Theodor Fontane: Unwiederbringlich. GBA. Das erzählerische Werk. Bd. 13, S. 6.

einander des diachron Verschiedenen manifestiert sich auf der Karte des Räumlichen also als synchroner Gegensatz. Für Holk selbst fallen Zeit und Raum aber auch noch auf ganz andere Weise zusammen, nämlich indem der neue Wohnsitz ihn, wie sein Schwager Arne konstatiert,[20] um fünfzehn Jahre verjüngt. Das aber ist ein geradezu gegenhistorisches Programm.

II.4 Ver-Räumlichung historischen Wissens

Eine Variante der historisch überdeterminierten Topografien bilden diejenigen von Denkmälern, Gräbern, Straßennamen, historisch bedeutsamen Orten und Regionen sowie ihre Kodierung durch historische Ereignisse und die Namen historischer Figuren oder durch Jahreszahlen mit besonderer historischer Signifikanz. In ihrer Gesamtheit stellen sie historisierende Übersemantisierungen von Räumen dar, Topografien also, in denen Zeitliches zugleich auch räumlich wird. Sie sichern jene historischen Rückbindungen, ja geradezu Rückversicherungen ab, die den für Kontinuität so wichtigen preußischen Werte- und Normenkanon selbst da noch behaupten, wo er bereits gefährdet oder gar im Verschwinden begriffen ist. Man denke nur an die Vielzahl der Gedenktage, die allein schon in »Effi Briest« ins Spiel gebracht werden: Die Aussteuer Effis wird am Tag von Sedan verhandelt; auf dem Weg nach Kessin wird in Berlin das Panorama der Schlacht bei St. Privat besichtigt; die Tochter wird am Napoleonstag, dem 15. August, getauft, sodass damit für einen preußischen Staatsdiener wie Innstetten eigentlich schon alles verdorben ist. Wulf Wülfing hat diese historisierende ›mental map‹ sehr überzeugend und im Detail analysiert.[21]

Es scheint also kaum etwas an Orten oder auch Gegenständen zu geben, das Fontane in seinem Katalog der im Raum und als mentale Karte darstellbaren »lieux de mémoire«[22] nicht hätte gebrauchen und nicht in eine historisierende Ahnenreihe stellen können. Denn werden Räume und Namen mit historisch signifikanten Jahreszahlen kurzgeschlossen, dann stabilisiert das ein Denken, bei dem das ›hic‹ und das ›nunc‹ immer nur

---

[20] »Ich glaube, Holk, als Du hier einzogst, hast Du Dir fünfzehn Jahre Leben zugelegt« (ebd., S. 12).
[21] Vgl. dazu Wulf Wülfing: Nationale Denkmäler und Gedenktage bei Theodor Fontane. Zur Beschreibung, Funktion und Problematik der preußisch-deutschen Mythologie in kunstliterarischen Texten. In: Wulf Wülfing/Karin Bruns/Rolf Parr: Historische Mythologie der Deutschen 1798–1918. München: Wilhelm Fink Verlag 1991, S. 210–230.
[22] Zum Konzept vgl. Pierre Nora: Erinnerungsorte Frankreichs. München: Beck 2005. – Vgl. für Deutschland auch Étienne François/Hagen Schulze (Hg.): Deutsche Erinnerungsorte. Band I–III. München: Beck 2001ff.

den momentanen raum-zeitlichen Endpunkt einer längeren historischen und damit vielfach auch geneaologischen Entwicklung darstellt. Das aber musste im 19. Jahrhundert konsequenterweise zu einer Aufwertung des beständigen Regionalen gegenüber dem unbeständigen Metropolitanen und auch gegenüber dem Einbruch der kolonialen Welt in beide führen.

Die diachrone wie synchrone Verzeitlichung des Räumlichen im Sinne von Historisierung scheint also geradezu ein Erfordernis des Erzählens im bürgerlichen Realismus zu sein. Nahezu durchgängig weisen die mentalen Kartografien Fontanes daher auch eine historisierend-zeitliche Dimension auf, sodass man es mit Kartografien zu tun hat, die sich aus Raum/Zeit-Überlagerungen speisen. Sie prägen sich den mental maps Fontanes vor allem über die historisch signifikanten Daten, Namen und Orte sowie historisch überdeterminierte Topografien ein.

II.5 Die Karte räumlich-sozialer Hierarchien

In der Reihenfolge vom Kleinen zum Großen gehört zu den räumliche Denkmodelle bildenden ›mental maps‹ bei Fontane weiter die in der Forschung bereits vielfach diagnostizierte, sich wechselseitig stabilisierende Semantik von Räumen und sozialen Hierarchien. So werden bei Fontane die Berliner Stadtviertel, Straßen, Häuser und Etagen sowie all dies zusammenfassend die Adressen immer wieder auf die Charaktere einzelner Figuren, aber auch auf übergreifende soziale Stratifikationen abgebildet, was man sich sehr schnell an den Roman-Anfängen klar machen kann:[23] »Der Commercienrat Van der Straaten, Große Petristraße 4, war einer der vollgiltigsten Financiers der Hauptstadt«;[24] »Möhrings wohnten Georgenstraße 19 dicht an der Friedrichsstraße«;[25] »In der Invalidenstraße sah es aus wie gewöhnlich«;[26] »Die Poggenpuhls [...] wohnten [...] in einem [...] noch ziemlich mauerfeuchten Neubau der Großgörschen-

---

[23] Vgl. zu dieser Frage des ›Ortes‹ im übertragenen Sinne Bettina Plett: Der Platz, an den man gestellt ist. Ein Topos Fontanes und seine bewußtseinsgeschichtliche Topographie. In: Delf von Wolzogen: Theodor Fontane. Am Ende des Jahrhunderts (s. Anm. 1), Bd. II, S. 97–107; sowie Klaus Scherpe: Ort oder Raum? Fontanes literarische Topographie. In: Ebd., Bd. III, S. 161–169, hier 165f.: »Die gezielten individualpsychologischen und sozialen *Plazierungen* geben der Erzählung [»Irrungen, Wirrungen«, R.P.] zunächst einmal die von jedermann identifizierbare Façon. Markante *De-Plazierungen* geben sodann den Figuren ihre unverwechselbaren Konturen.«

[24] Theodor Fontane: L'Adultera. Novelle. GBA. Das erzählerische Werk. Bd. 4, S. 5.

[25] Theodor Fontane: Mathilde Möring. Roman. GBA. Das erzählerische Werk. Bd. 20, S. 5.

[26] Theodor Fontane: Stine. Roman. GBA. Das erzählerische Werk. Bd. 11, S. 5.

straße«;²⁷ »An dem Schnittpunkte von Kurfürstendamm und Kurfürstenstraße, schräg gegenüber dem ›Zoologischen‹, befand sich in der Mitte der 70er Jahre noch eine große, feldeinwärts sich erstreckende Gärtnerei, deren kleines, dreifenstriges, in einem Vorgärtchen um etwa hundert Schritte zurückgelegenes Wohnhaus, trotz aller Kleinheit und Zurückgezogenheit, von der vorübergehenden Straße her sehr wohl erkannt werden konnte«;²⁸ »An einem der letzten Maitage [...] bog ein zurückgeschlagener Landauer vom Spittelmarkt her in die Kur- und dann in die Adlerstraße ein und hielt gleich danach vor einem, trotz seiner Front von nur fünf Fenstern, ziemlich ansehnlichen, im übrigen aber altmodischen Hause«.²⁹ Wie wichtig Fontane solche Straßenangaben sind, zeigt auch das Fragment »Allerlei Glück«, das in groben Zügen den Plot des geplanten Romans erzählt, gleich zu Beginn auf die wertende Lokalisierung durch einen Straßennamen aber nicht verzichtet: »Doktorwagen hält vor einem Hause in der Dessauerstraße, wo sie hübsch wird.«³⁰ Mit der Differenzierung »wo sie hübsch wird« wird auch hier wieder eine Grenze gezogen, mit der implizit zwei in Opposition zueinander stehende Teilräume etabliert sind, der ›hübsche‹ und der ›häßliche‹ Teil der Dessauerstraße.

Über die per Straßennamen aufgerufenen Wohnlagen können sogar kleine Binnenerzählungen in den Romanen generiert werden. Als Frau von Gundermann im »Stechlin« auf »Czakos Achselklappen« den »Namenszug des Regiments Alexander« erkennt (Regiment steht ja in Preußen immer auch für einen Stand*ort* und damit indirekt für eine Adresse), erzählt sie die Geschichte ihres Lebenswegs in kurzen, letztlich auf Adressen reduzierten Sätzen: »›Gott ..., Alexander. Nein, ich sage. Mir war aber doch auch gleich so. Münzstraße. Wir wohnten ja Linienstraße, Ecke der Weinmeister – das heißt, als ich meinen Mann kennen lernte. Vorher draußen, Schönhauser Allee‹«.³¹

Was nahezu jeder Fontane'sche Roman zu Beginn und immer dann, wenn neue Figuren eingeführt werden, an integrierter räumlicher und sozialer Platzierung qua Adressen durchspielt, findet sich im »Stechlin« dann als Lebensweisheit prägnant durch den Berliner Hausbesitzer Schickedanz formuliert: »Hausname, Straßenname, das ist überhaupt das

---

27 Theodor Fontane: Die Poggenpuhls (s. Anm. 7), S. 5.
28 Theodor Fontane: Irrungen, Wirrungen. Roman. GBA. Das erzählerische Werk. Bd. 10, S. 5.
29 Theodor Fontane: Frau Jenny Treibel oder »Wo sich Herz zum Herzen find't«. Roman. GBA. Das erzählerische Werk. Bd. 14.
30 Theodor Fontane: Allerlei Glück. In: Prosafragmente und Entwürfe. Frankfurt a.M., Berlin: Ullstein (Theodor Fontane. Sämtliche Romane, Erzählungen, Gedichte, Nachgelassenes. Hg. von Walter Keitel und Helmut Nürnberger. Werke und Schriften, Bd. 26), S. 45–103, hier 45.
31 Theodor Fontane: Der Stechlin. Roman. GBA. Das erzählerische Werk. Bd. 17, S. 35.

Beste. Straßenname dauert noch länger als Denkmal.«[32] Hinzu kommt bei Fontane allerdings noch das Stockwerk, das es als Kriterium allererst erlaubt, die Abstufungen in den bisweilen gar nicht mal so ›feinen Unterschieden‹ deutlich zu machen, wie die Prosafragmente »Berliner Umzug« und »Die Drei-Treppen-hoch-Leute« zeigen, denn »je höhere Treppen man steigt, desto mehr kommt man auf der Rangleiter nach unten«.[33]

Fontane entwirft also auf dem Weg über Adressen und Straßen soziale Hierarchien, die die literarisch erzählten Räume strukturieren und in ihrer Gesamtheit kognitive Karten darstellen, die im Falle der Adressen sogar über das Gesamtwerk hinweg gültig sind, sodass man es allein schon über die sogenannten ›Berliner Romane‹ hinweg mit einer recht differenzierten sozial-geografischen Kartografie in literarischer Form zu tun hat. Allerdings hält sich Fontane auch hier eine Hintertür offen, um nicht wirklich festgelegt zu sein. Denn die beiden Ordnungsraster von Adresse und Stockwerk stehen in keinem eindeutigen Hierarchieverhältnis zueinander. Ob ›Großgörschenstraße Belle Etage‹ besser ist als ›Große Petristraße Dachgeschoss‹ oder gerade nicht, das gibt Fontanes mentale Berlin-Karte nicht her.

II.6 Kartografien regionaler und nationaler Stereotype

Eine komplexere mentale Karte Fontanes stellen regionale und nationale Stereotype dar, über die Fontane so etwas wie eine geografische Metastruktur für seine Romanwelt gewinnt. Darin lassen sich geografische Verbundräume der ›Naturalität‹ (von Skandinavien über Russland, Polen, Bayern und Österreich bis Ungarn reichend) und als deren Komplement Räume der ›Steifheit, Nüchternheit und Kulturalität‹ (von England über Hamburg und Hannover bis Holland) unterscheiden. In toto sichert das der Mark Brandenburg und speziell noch einmal Berlin eine favorisierte Mittelstellung im Schnittpunkt der beiden damit konstituierten Achsen. Nimmt man das demgegenüber gängige System der europäischen Nationalstereotype als Folie,[34] dann lässt sich über dessen literarische Weiter-

---

[32] Ebd., S. 140.
[33] Theodor Fontane: Die Drei-Treppen-hoch-Leute. In: Ders.: Prosafragmente und Entwürfe (s. Anm. 30), S. 279–280, hier 279; ders.: Berliner Umzug. In: Ebd., S. 280–282.
[34] Jürgen Link: Anhang: Nationale Konfigurationen, nationale »Charakter-Dramen«. In: Ders./Wulf Wülfing (Hg.): Nationale Mythen und Symbole in der zweiten Hälfte des 19. Jahrhunderts. Strukturen und Funktionen von Konzepten nationaler Identität. Stuttgart: Klett-Cotta 1991 (Sprache und Geschichte, Bd. 16), S. 53–71. – Vgl. auch Ute Gerhard/Jürgen Link: Zum Anteil der Kollektivsymbolik an den Nationalstereotypen. In: Ebd., S. 16–52.

verarbeitung bei Fontane sagen: Er spielt, kalkuliert, bricoliert *im* System der Nationalstereotype *mit* den Nationalstereotypen seiner Zeit, wertet sie punktuell um und hat so die Möglichkeit, sie in neuen, interessanten Konstellationen aufeinandertreffen zu lassen.

Solche Systeme von Nationalstereotypen finden sich bei Fontane nun auf zwei Ebenen: einer regionalen und einer gesamteuropäischen der Nationen (mit Ausblicken auch auf andere Kontinente). Auf *regionaler Ebene* werden die preußisch-deutschen Landsmannschaften systematisiert und zugleich um eine symbolische Mitte gruppiert, wobei ziemlich genau das herauskommt, was Tante Adelheid ihrem Neffen Woldemar von Stechlin als Orientierung für die Brautwahl an die Hand gibt, nämlich eine verbalisierte und narrativ expandierte West/Ost-Achse rechts und links um die bestmögliche Mitte:

> Ich habe sie von allen Arten gesehen. Da sind zum Beispiel die rheinischen jungen Damen, also die von Köln und Aachen; nun ja, die mögen ganz gut sein, aber sie sind katholisch, und wenn sie nicht katholisch sind, dann sind sie was andres, wo der Vater erst geadelt wurde. Neben den rheinischen haben wir dann die westfälischen. Über die ließe sich reden. Aber Schlesien. Die schlesischen Herrschaften [...] sind alle so gut wie polnisch und leben von Jesu [...]. Und dann sind da noch weithin die preußischen, das heißt die ostpreußischen, wo schon alles aufhört. [...] Und nun wirst Du fragen, warum ich gegen andre so streng und so sehr für unsere Mark bin, ja speziell für unsere Mittelmark. Deshalb, mein lieber Woldemar, weil wir in unsrer Mittelmark nicht bloß äußerlich in der Mitte liegen, sondern weil wir auch in allem die rechte Mitte haben und halten.[35]

Die (satirisch inszenierte) Romanfigur der Tante Adelheid thematisiert hier nichts anderes als das zu Anfang schon beschriebene Fontane'sche Verfahren der Achsenspiegelung, und zwar auch hier wieder mit dem von vornherein kalkulierten Effekt, die ›Mitte‹ der Mark Brandenburg besonders positiv erscheinen zu lassen. Aber auch für diese regionale Ebene gilt, dass solche Typologien immer kontextbezogen entworfen werden und keineswegs ein für allemal festgeschrieben sind. So räsoniert Fontane in »Aus den Tagen der Okkupation« über die Bereitwilligkeit der verschiedenen Volksgruppen, dem Reisenden Auskunft zu geben und kommt dabei zu einer ganz anderen Anordnung:

> Die angenehmsten nach dieser Seite hin (Deutschland verzeihe mir) waren die Franzosen! Sie ließen einen nie im Stich; – dazu: was sie irgend wissen *konnten*, das wußten sie auch. Nie stupide. Manche waren *sehr* reserviert, aber auch die reserviertesten immer

---

[35] Fontane: Der Stechlin (s. Anm. 31), S. 188f.

noch artig. Ich entsinne mich nicht, daß mir jemals Antwort oder Auskunft verweigert worden wäre.
Nach ihnen waren die Schlesier und Sachsen die zugänglichsten. Die letzteren (d.h. die *Königlich* Sächsischen) würden in allem was politesse angeht, vielleicht noch *vor* den Franzosen zu nennen sein, wenn sie nicht durch zwei kleine Schwächen diesen Vorrang wieder in Zweifel gestellt hätten. Diese zwei Schwächen bestanden darin, daß sie es sich einerseits nicht leicht versagten, ein Wort über Leipzig, wenn auch nur den bloßen Namen, mit einfließen zu lassen, und daß sie zweitens selbst *dann* noch Auskunft zu geben beflissen waren, wenn sie diese Auskunft beim besten Willen nicht geben konnten.
Zu den Artigen gehörten übrigens, überraschender Weise, auch die Bayern, *immer vorausgesetzt, dass sie einen verstanden.*
Die Rheinländer – darin den Berlinern ziemlich ähnlich – verdunkelten ihre sonstigen Tugenden durch eine etwas unbequeme Cordialität und gehörten einerseits zur Gruppe der an sich selbst glaubenden Biedermänner, andererseits zu der Intimitäts-Familie der Arm- und Axelklopfer. Es gab für sie kein Noli me tangere.
Die Westfalen, Pommern und Württemberger erwiesen sich meistens nüchtern, aber nicht unfreundlich; wohingegen die Mecklenburger und Hanseaten (17. Division), um das mildeste zu sagen, in der Nüchternheit etwas weit gingen. Es war, als ob sie immer schon ärgerlich wären, daß sie so viel hatten marschieren müssen und nur, wenn ein ›plattdütscher‹ Klang oder ein ›messingsches‹ Zitat aus Onkel Bräsig gleichzeitig an ihr Ohr schlug, verklärten sich ihre Züge auf eine flüchtige Minute.[36]

Ist das die regionale, so geht es auf gesamteuropäischer Ebene um das System der europäischen Nationalstereotype insgesamt. Allerdings bleibt eine systematische Exploration der Nationalstereotype, die eine ganze Reihe von Nationen einschließt, bei Fontane eher die Ausnahme und wird – wenn sie denn vorkommt – eher referierend importiert als selbst entwickelt. Exemplarisch ist hier die in »Kriegsgefangen« wiedergegebene Stelle aus dem englischen Schul- und Kinderbuch »Peter Parley's Reise um die Welt, oder was zu wissen not tut«:

Der *Holländer* wäscht sich viel und kaut Tabak; der *Russe* wäscht sich wenig und trinkt Branntwein; der *Türke* raucht und ruft Allah. Wie oft habe ich über Peter Parley gelacht. Im Grunde genommen stehen wir aber allen fremden Nationen gegenüber mehr oder weniger auf dem Peter-Parley-Standpunkt; es sind immer nur ein, zwei Dinge, die uns, wenn wir den Namen eines fremden Volkes

---

[36] Theodor Fontane: Aus den Tagen der Okkupation. In: Theodor Fontane. Sämtliche Werke. Hg. von Walter Keitel. Abt. 3: Aufsätze, Kritikern, Erinnerungen, Bd. 4. München: Hanser 1973, S. 691–976, hier 783. Vgl. dazu auch Erler: Einleitung (s. Anm. 10), S. XXVIf.

hören, sofort entgegentreten: ein langer Zopf, oder Schlitzaugen, oder ein Nasenring.[37]

Durch solches Referieren werden die in Umlauf befindlichen Stereotype aktualisiert, ohne dass dies jedoch direkt auf das Konto Fontanes ginge. Das macht es ihm möglich, sowohl Kritik an solchen Zuschreibungen zu üben, als auch selbst von ihnen abzuweichen, etwa indem er verschiedene Figuren in seinen Romanen je andere Nationenbilder entwickeln lässt, was beispielsweise die ganz unterschiedlichen Englandbewertungen im Gesamtwerk erklärt; ein Verfahren, das man im »Stechlin« – Günter Häntzschel hat darauf hingewiesen – beim Englandgespräch im Salon der Familie Barby findet.[38]

In geografisch-kartografischer Hinsicht ist Fontanes ›mental map‹ der europäischen Nationalstereotype wiederum durch eine Reihe von Achsenspiegelungen rechts und links um eine symbolische ›Mitte‹ gekennzeichnet. So sind Frankreich und Polen hinsichtlich solcher Merkmale wie ›Spieler sein‹, ›unberechenbar sein‹, ›leichtfertig sein‹ tendenziell austauschbar. Eine zweite Spiegelachse ist die nord-südliche der ›Vitalität‹, wobei der Süden tendenziell ›vitaler‹ ist. So erscheint Österreich – in Verlängerung Bayerns – geradezu als Hort der ›Natürlichkeit‹ bzw. ›Vitalität‹ und auch Russland ist im Vergleich mit Preußen-Deutschland ein ›Naturvolk‹. Sowohl die Nord/Süd- als auch die West/Ost-Achse sind dabei nach dem Modell von Zentrum und Peripherie angelegt, wobei Skandinavien jedoch nicht einfach nur die noch deutlicher ausgeprägte Variante des angenommenen norddeutschen ›Wesens‹ darstellt, sondern mit der ›Reinheit‹ dieser Ausprägung die ›Natürlichkeit‹ Bayerns und Österreichs im Norden spiegeln kann. Die Nord-Süd-Achse wird also nicht strikt durchgehalten. Auch Hamburg fällt heraus und wird – wie in »Schach von Wuthenow« und »Frau Jenny Treibel«[39] – England zugeschlagen.

Diese Anordnung der Nationalstereotype ergibt insgesamt so etwas wie ein geografisches Mapping semantischer Verbundräume oder, wenn man so will, ein Bild von Fontanes literaturinterner Raumpolitik am Leitfaden der Nationenbilder. Auch wenn solche ›mental maps‹ der europäischen Nationalstereotype in den einzelnen Texten Fontanes nur punktuell realisiert werden, bleiben sie doch auch insgesamt im einzelnen Text wirksam, da das System der den Nationen zugeschriebenen Merkmale und

---

[37] Ders.: Kriegsgefangen. Erlebtes 1870. Frankfurt a.M., Berlin: Ullstein 1980 (Theodor Fontane. Erinnerungen, ausgewählte Schriften und Kritiken. Hg. von Walter Keitel und Helmuth Nürnberger. Werke und Schriften, Bd. 36), S. 16.

[38] Günter Häntzschel: Die Inszenierung von Heimat und Fremde in Theodor Fontanes Roman »Der Stechlin«. In: Ehlich: Fontane und die Fremde (s. Anm. 1), S. 157–166, hier 163.

[39] Fontane: Frau Jenny Treibel (s. Anm. 29).

Charaktere auf Distinktionen beruht (den schon von einer Nation eingenommenen Platz kann keine zweite Nation einnehmen) und im Hintergrund stets präsent ist.

II.7 Mentale Karten des Zusammenspiels von regionalen und globalen Räume

Eine zweite, komplexere mentale Karte Fontanes stellt in globaler Perspektive diejenige der Kolonien und ihre Rückwirkung auf Berlin, Brandenburg und Preußen dar, also der Anschluss der Regionalität an die ›Welträume‹ und umgekehrt der ›Welträume‹ an die Regionalität. Die ›Fernrohreffekte‹, die die geografische wie mentale Ferne in die Nähe hineinholen, also den Raum der Welt gleichsam in den der Provinz (auch dann, wenn diese innerhalb der Metropole angesiedelt ist), können dabei als Überlagerungen zweier ›mental maps‹ verstanden werden. In »Die Poggenpuhls« beispielsweise werden die Fernrohreffekte auf dem Weg der Symbolisierung erzielt, so im Gespräch Leopold Poggenpuhls mit der Haushälterin Friederike über die Möglichkeit, seine prekäre finanzielle Situation durch Heirat zu lösen, womit man »mit einemmal raus« ist.

>»[...] Wenn es aber nichts wird, na, dann Friederike, dann müssen die Schwarzen ran, das heißt die richtigen Schwarzen, die wirklichen, dann muß ich nach Afrika.«
>»Gott, Leochen! Davon hab' ich ja gerade dieser Tage gelesen. Du meine Güte, die machen ja alles tot und schneiden uns armen Christenmenschen die Hälse ab.«

Die Transformation von ›Ferne‹ in eine die Personen unmittelbar betreffende ›Nähe‹ wird im Folgenden dann durch uneigentliche Verwendung des zunächst noch durchaus wörtlich gemeinten ›Hälse-Abschneidens‹ erzielt: »Das tun sie hier auch; überall dasselbe.« Das zumindest als realistisch imaginierte ›Hälse abschneiden‹ in Afrika wird übertragen auf die Situation des Schuldners Leo und von diesem auf den mit dem Bild ›Halsabschneider‹ gar nicht explizit genannten, wohl aber gemeinten heimischen Finanzmarkt. Das Prinzip des Rückbezugs von Ferne auf Nähe (wenn man es genau nimmt auch wieder eine Form von Achsenspiegelung) intensiviert Leo noch einmal, indem er spezifisch Afrikanisches zunächst auf den Mittelpunkt eines jeden preußischen Offizierskasinos, den Billardtisch, umlenkt, um von da aus die imaginäre Freiheit in den Kolonien wieder auf die ihm konkret in Berlin drohende Schuldhaft zu beziehen:

>»Ja, das ist richtig. Aber dafür hat man auch alles frei, und wenn man einen Elefanten schießt, da hat man gleich Elfenbein so viel man will, und kann sich ein Billard machen lassen. Und glaube mir,

so was Freies, das hat schließlich auch sein Gutes. Hast du 'mal von Schuldhaft gehört? Natürlich hast du. Nu sieh, so was wie Schuldhaft giebt es da gar nicht, weil es keine Schulden und keine Wechsel gibt und keine Zinsen und keinen Wucher [...].«[40]

Ist in Fontanes »Die Poggenpuhls« die Provinz, in die die (koloniale) Welt per Fernrohreffekt hineingeholt und in Nähe konvertiert wird, noch als prekär gewordene Idylle innerhalb der Metropole Berlin angesiedelt, so ist sie im »Stechlin« auch räumlich davon abgerückt, bei Beibehaltung der medialen Verkürzungen von Raum und Zeit (etwa durch das Telefonieren des Stechlinsees mit Java und Island). Etwas anders aber als in den »Poggenpuhls«, in denen das ferne Afrika in die Berliner Küche geholt wird, wird die Welt im »Stechlin« nicht nur durch ›Fernrohreffekte‹ an die Nähe angeschlossen, sondern auch umgekehrt der See an die ferne Welt, denn er »hat Weltbeziehungen, vornehme, geheimnisvolle«.[41] Dominant aber bleibt die umgekehrte Richtung, was sich im letzten Drittel des 19. Jahrhunderts als Überlagerung der nahen durch die fernen Räume manifestiert, denn die Elemente aus und die Bezüge auf die Kolonien bilden eine nahezu stets präsente zweite Raumkonstruktion, mit Mohrenfiguren vor Kolonialwarenläden, Straußenfedermode, roten Ampeln als Beleuchtung im Schlafzimmer und exotischen Pflanzen. Diese zweite Ebene der Raumkonstruktion und ebenso die Fernrohreffekte lassen die Figuren bei Fontane fast schon als ›Immobilien‹ erscheinen, die nicht in die Welt hinaus müssen, sondern diese zu sich hineinholen können bzw. sich ihr ›anschließen‹. Dadurch gewinnen sie einen zweiten Referenzraum, ohne den ersten verlassen zu müssen.

Heimat in Deutschland und Fremde in Afrika bzw. den Kolonien sind zwar weiterhin ganz verschiedene topografische Räume, hinsichtlich der mit ihnen jeweils verknüpften semantischen Paradigmen weisen sie aber deutliche Parallelen auf. Von daher stellen sich auch die Transferbewegungen zwischen ihnen letztlich als alles andere denn als Grenzübertritte dar, sondern sind dann ›nur noch‹ Bewegungen in ein- und demselben semantischen Raum. In spielerisch-kondensierter Form macht dies Fontanes Gedicht »Afrikareisender« deutlich, in dem Kamerun und Berlin, Gelbfieber und industrielle Umweltverschmutzung, Nähe und Ferne zu Äquivalenten werden:

„... Meine Herren, was soll dieser ganze Zwist,
Ob der Kongo gesund oder ungesund ist?
Ich habe drei Jahre, von Krankheit verschont,
Am Grünen und Schwarzen Graben gewohnt,
Ich habe das Prachtstück unserer Gossen,

---

[40] Fontane: Die Poggenpuhls (s. Anm. 7), S. 37.
[41] Ders.: Der Stechlin (s. Anm. 31), S. 159.

Die Panke, dicht an der Mündung genossen
Und wohne nun schon im fünften Quartal
Noch immer lebendig am Kanal.
Hier oder da, nah oder fern,
Macht keinen Unterschied, meine Herrn,
Und ob *Sie's* lassen oder tun,
Ich geh morgen nach Kamerun."[42]

Das alles ist aber – in expandierter und kunstvoll durchgespielter Form – nichts anderes als die Kombination von Analogien herstellen, Achsenspiegelungen entwerfen, Mitten besetzen, Permutationsproben durchführen, um damit die Konstruiertheit der mentalen Karten deutlich zu machen und sie zumindest punktuell auch zu dekonstruieren, also nichts anderes als das Arsenal der zu Beginn herausgearbeiteten Grundelemente der kleine und großen Weltentwürfe Fontanes.

III. Ein Basisbaukasten und seine Anwendung

Alle diese Verfahren – wenn man so will Fontanes Basisbaukasten für ›mental maps‹, also kulturell überdeterminierte Topografien, – kommen auf verschiedenen Ebenen zum Tragen, und zwar bei der regionalen mentalen Kartografie ›Berlin/Brandenburg/Preußen‹, auf einer europäischen Ebene in Form einer Karte der Zuschreibungen von Nationalstereotypen und in globaler Perspektive als räumliche und kulturelle Verortung des Kolonialismus bzw. Imperialismus, wobei sich – das sei noch einmal betont – die einzelnen Ordnungsraster durchaus überlagern können. Und auch hier gilt wieder, dass die auf den verschiedenen Ebenen entworfenen ›mentalen Karten‹ alles andere als konsequent und durchgehend logisch angelegt sind, sondern immer wieder Friktionen hervorbringen und Widersprüche aufweisen, was sich daraus erklärt, dass sie fast immer kontextbezogen, also ›aus dem Moment heraus für den jeweiligen Textzusammenhang‹ gebildet werden.

An einer Reihe von Texten, wie unter anderem dem Roman »Unwiederbringlich«, lässt sich sogar zeigen, dass Fontane bisweilen von einer solchen ›Karte‹ in die nächste springt, ohne die vorherige schon konsequent zu Ende gedacht zu haben, von der Opposition ›altes‹ versus ›neues‹ Schloss zur Semantisierung von Schleswig und Dänemark, in Dänemark dann zu einer imaginierten Karte, die entlang des Gegensatzes von ›Kultur‹ und ›Natur‹, von ›Hofetikette‹ versus ›Selbstbestimmung‹ eine Abstufung von Landschaften und in sich gegliederten Räumen vor-

---

[42] Theodor Fontane: Afrikareisender. In: Theodor Fontane. Gedichte. Hg. von Joachim Krüger und Anita Golz. Bd. I–III. Berlin: Aufbau-Verlag 1989, hier Bd. I, S. 47. Vgl. auch den Kommentar S. 489f.

nimmt; und innerhalb der Dänemarkpassagen entwickelt der Gegensatz von Europa und China noch einmal eine ganz anders perspektivierte geografische Anschauung von der Welt.

Insgesamt erlaubt der aus allen diesen aufgezeigten Elementen resultierende ›Basisbaukasten‹ für mentale Karten eine ungeheure Flexibilität und Variationsbreite, die Fontane durchaus nutzt, um sich nicht auf bestimmte Positionen und Perspektiven festlegen zu lassen. Differenzen lassen sich dabei aber hinsichtlich der Textgattungen und -genres beobachten. So kommen die autobiographischen Texte Fontanes wie »Meine Kinderjahre« oder »Von Zwanzig bis Dreißig«[43] weitgehend ohne die aufgezeigten Verfahren der Konstruktion von räumlich-geografischen (›topologisch-topographischen‹) ›mental maps‹ aus, was sich dadurch erklärt, dass konkrete Örtlichkeiten in der Regel auf Biographisches bezogen sind und eher Eindeutigkeit (nicht unbedingt ›Richtigkeit‹) verlangen. Diese Perspektive wird in »Meine Kinderjahre« schon an den Kapitelüberschriften deutlich, die von »*Unsere* Ruppiner Tage«, »*Unsere* Übersiedlung nach Swinemünde«, »*Unser* Haus«, »Was *wir* in Haus und Stadt erlebten« usw. sprechen.[44]

In den Erzählungen und Romanen schließlich wird das, was sich im Falle der Reisetexte in Form von auch rhetorisch zugespitzten und explizit formulierten Gegensatzpaaren findet, auf sehr viel größerem Raum narrativ entfaltet, sodass die ›mental maps‹ nicht in so großer Dichte und Prägnanz wie in den Reisetexten anzutreffen sind, ihrer Struktur nach den Reisetexten aber durchaus ähnlich sind. Man denke nur an die mit schöner Regelmäßigkeit in den Berliner Romanen wiederkehrenden Ausflüge ins ländliche Umland, die im narrativen Nacheinander der Romane die Stadt als topografisch-kulturellen Raum überschreiten, damit aber stets auch einen synchronen räumlich-kulturellen Gegensatz als Karte einer zugleich geografischen wie kulturellen Ordnung etablieren.

Literatur

Downs, Roger M./Stea, David: Kognitive Karten. Die Welt in unseren Köpfen. New York: Harper & Row 1982 (UTB).
Ehlich, Konrad (Hg.): Fontane und die Fremde, Fontane und Europa. Würzburg: Königshausen & Neumann 2002.

---

[43] Theodor Fontane: Meine Kinderjahre. Autobiographischer Roman. Frankfurt a.M.: insel 1983 (it 705); ders.: Von Zwanzig bis Dreißig. Autobiographisches. 2. Aufl., Berlin: Aufbau Taschenbuch Verlag 1998.
[44] Fontane: Meine Kinderjahre (s. Anm. 43), S. 7. – Hervorhebungen von mir, R.P.

Erler, Gotthart: Einleitung. In: Theodor Fontane: Die Reisetagebücher. GBA. Tage- und Reisetagebücher. Bd. 3. Berlin: Aufbau Verlag 2012 S. XII–XXVIII.

Fontane, Theodor: Afrikareisender. In: Theodor Fontane. Gedichte. Hg. von Joachim Krüger und Anita Golz. Bd. I–III. Berlin: Aufbau-Verlag 1989, Bd. I, S. 47.

Fontane, Theodor: Aus den Tagen der Okkupation. In: Theodor Fontane. Sämtliche Werke. Hg. von Walter Keitel. Abt. 3: Aufsätze, Kritikern, Erinnerungen, Bd. 4. München: Hanser 1973, S. 691–976.

Fontane, Theodor: Berliner Umzug. In: Ders.: Prosafragmente und Entwürfe. Frankfurt a.M., Berlin: Ullstein (Theodor Fontane. Sämtliche Romane, Erzählungen, Gedichte, Nachgelassenes. Hg. von Walter Keitel und Helmut Nürnberger, Werke und Schriften, Bd. 26), S. 280–282.

Fontane, Theodor: Briefe. Hg. von Otto Drude und Helmuth Nürnberger. Bd. 1–5. München: Hanser 1976 (Theodor Fontane. Werke, Schriften und Briefe. Hg. von Walter Keitel u. Helmuth Nürnberger. Bd. 4).

Fontane, Theodor: Der Stechlin. Roman. Hg. von Klaus-Peter Möller. GBA. Das erzählerische Werk. Bd. 17. 2. Aufl., Berlin: Aufbau-Verlag 2011.

Fontane, Theodor: Die Drei-Treppen-hoch-Leute. In: Ders.: Prosafragmente und Entwürfe. Frankfurt a.M., Berlin: Ullstein (Theodor Fontane. Sämtliche Romane, Erzählungen, Gedichte, Nachgelassenes. Hg. von Walter Keitel und Helmut Nürnberger. Werke und Schriften, Bd. 26), S. 279–280.

Fontane, Theodor: Die Poggenpuhls. Roman. GBA. Das erzählerische Werk. Bd. 16. Berlin: Aufbau-Verlag 2006.

Fontane, Theodor: Die Reisetagebücher. GBA. Tage- und Reisetagebücher. Bd. 3. Berlin: Aufbau Verlag 2012.

Fontane, Theodor: Effi Briest. Roman. GBA. Das erzählerische Werk. Bd. 15. Berlin: Aufbau-Verlag 1998.

Fontane, Theodor: Erste Reise nach England. In: Ders.: Erinnerungen, ausgewählte Schriften und Kritiken. Bd. 3: Reiseberichte und Tagebücher. Zweiter Teilband. Tagebücher. (Theodor Fontane. Werke, Schriften und Briefe. Abteilung III). München: Hanser 1997, S. 769–816.

Fontane, Theodor: Frau Jenny Treibel oder »Wo sich Herz zum Herzen find't«. Roman. Hg. von Tobias Witt. GBA. Das erzählerische Werk. Bd. 14. Berlin: Aufbau-Verlag 2005.

Fontane, Theodor: Graf Petöfy. Roman. GBA. Das erzählerische Werk. Bd. 7. Berlin: Aufbau-Verlag 1999.

Fontane, Theodor: Irrungen, Wirrungen. Roman. GBA. Das erzählerische Werk. Bd. 10. Berlin: Aufbau-Verlag 1997.
Fontane, Theodor: Kriegsgefangen. Erlebtes 1870. Frankfurt a.M., Berlin: Ullstein 1980 (Theodor Fontane. Erinnerungen, ausgewählte Schriften und Kritiken. Hg. von Walter Keitel und Helmuth Nürnberger. Werke und Schriften, Bd. 36).
Fontane, Theodor: L'Adultera. Novelle. GBA. Das erzählerische Werk. Bd. 4. Berlin: Aufbau-Verlag 1998.
Fontane, Theodor: Mathilde Möring. Roman. GBA. Das erzählerische Werk. Bd. 20. Berlin: Aufbau-Verlag 2008.
Fontane, Theodor: Meine Kinderjahre. Autobiographischer Roman. Frankfurt a.M.: insel 1983 (it 705).
Fontane, Theodor: Schach von Wuthenow. Erzählung aus der Zeit des Regiments Gendarmes. GBA. Das erzählerische Werk. Bd. 6. Berlin: Aufbau-Verlag 1997.
Fontane, Theodor: Stine. Roman. GBA. Das erzählerische Werk. Bd. 11. Berlin: Aufbau-Verlag 2000.
Fontane, Theodor: Unwiederbringlich. Roman. GBA. Das erzählerische Werk. Bd. 13. Berlin: Aufbau-Verlag 2003.
Fontane, Theodor: Von Zwanzig bis Dreißig. Autobiografisches. 2. Aufl., Berlin: Aufbau Taschenbuch Verlag 1998.
Fontane, Theodor: Willibald Alexis. In: Ders.: Aufsätze, Kritiken, Erinnerungen. Bd. 1: Aufsätze und Aufzeichnungen. (Theodor Fontane. Werke, Schriften und Briefe. Abteilung III). München: Hanser 1969, S. 407–462.
Fontane, Theodor: Zwei Post-Stationen. GBA. Das erzählerische Werk. Bd. 6: Frühe Erzählungen. Berlin: Aufbau-Verlag 2002, S. 41–59.
François, Étienne/Schulze, Hagen (Hg.): Deutsche Erinnerungsorte. Band I–III. München: Beck 2001ff.
Gerhard, Ute/Link, Jürgen: Zum Anteil der Kollektivsymbolik an den Nationalstereotypen. In: Jürgen Link/Wulf Wülfing (Hg.): Nationale Mythen und Symbole in der zweiten Hälfte des 19. Jahrhunderts. Strukturen und Funktionen von Konzepten nationaler Identität. Stuttgart: Klett-Cotta 1991 (Sprache und Geschichte, Bd. 16), S. 16–52.
Häntzschel, Günter: Die Inszenierung von Heimat und Fremde in Theodor Fontanes Roman »Der Stechlin«. In: Konrad Ehlich (Hg.): Fontane und die Fremde, Fontane und Europa. Würzburg: Königshausen & Neumann 2002, S. 157–166.
Hallet, Wolfgang/Neumann. Birgit: Raum und Bewegung in der Literatur: Zur Einführung. In: Dies. (Hg.): Raum und Bewegung in der Literatur. Die Literaturwissenschaften und der Spatial Turn. Bielefeld: Transcript 2009, S. 11–32.

Link, Jürgen: Anhang: Nationale Konfigurationen, nationale »Charakter-Dramen«. In: Ders./Wulf Wülfing (Hg.): Nationale Mythen und Symbole in der zweiten Hälfte des 19. Jahrhunderts. Strukturen und Funktionen von Konzepten nationaler Identität. Stuttgart: Klett-Cotta 1991 (Sprache und Geschichte, Bd. 16), S. 53–71.

Lotman, Jurij M.: Die Struktur literarischer Texte. München: Fink 1972.

Neuhaus, Stefan: 3.4.2 Bücher über Großbritannien. In: Christan Grawe/Helmuth Nürnberger (Hg.): Fontane-Handbuch. Stuttgart: Kröner 2000, S. 806–818.

Nora, Pierre: Erinnerungsorte Frankreichs. München: Beck 2005. – Vgl. für Deutschland auch Etienne Francois/Hagen Schulze (Hg.): Deutsche Erinnerungsorte. Band I-III. München: Beck 2001ff.

Parr, Rolf: »Der Deutsche, wenn er nicht besoffen ist, ist ein ungeselliges und furchtbar eingebildetes Biest.« – Fontanes Sicht der europäischen Nationalstereotypen. In: Hanna Delf von Wolzogen (Hg.) in Zusammenarbeit mit Helmuth Nürnberger: Theodor Fontane. Am Ende des Jahrhunderts. Internationales Symposium des Theodor-Fontane-Archivs zum 100. Todestag Theodor Fontanes, 13.–17. September 1998 in Potsdam. 3 Bde. Würzburg: Königshausen & Neumann 2000, Bd. I, S. 211–226.

Parr, Rolf: Die nahen und die fernen Räume. Überlagerungen von Raum und Zeit bei Theodor Fontane und Wilhelm Raabe. In: In: Roland Berbig/Dirk Göttsche (Hg.): Metropole, Provinz und Welt. Raum und Mobilität in der Literatur des Realismus. Berlin: De Gruyter 2013 (Schriften der Theodor Fontane Gesellschaft, Bd. 9), S. 53–76.

Parr, Rolf: Kongobecken, Lombok und der Chinese im Hause Briest. Das ›Wissen um die Kolonien‹ und das ›Wissen aus den Kolonien‹ bei Theodor Fontane. In: Konrad Ehlich (Hg.): Fontane und die Fremde, Fontane und Europa. Würzburg: Königshausen & Neumann 2002, S. 212–228.

Plett, Bettina: Der Platz, an den man gestellt ist. Ein Topos Fontanes und seine bewußtseinsgeschichtliche Topographie. In: Hanna Delf von Wolzogen (Hg.) in Zusammenarbeit mit Helmuth Nürnberger: Theodor Fontane. Am Ende des Jahrhunderts. Internationales Symposium des Theodor-Fontane-Archivs zum 100. Todestag Theodor Fontanes, 13.–17. September 1998 in Potsdam. 3 Bde. Würzburg: Königshausen & Neumann 2000, Bd. II, S. 97–107.

Scherpe, Klaus: Ort oder Raum? Fontanes literarische Topographie. In: Hanna Delf von Wolzogen (Hg.) in Zusammenarbeit mit Helmuth Nürnberger: Theodor Fontane. Am Ende des Jahrhunderts. Internationales Symposium des Theodor-Fontane-Archivs zum 100. Todestag Theodor Fontanes, 13.–17. September 1998 in Potsdam. 3 Bde. Würzburg: Königshausen & Neumann 2000. Bd. III, S. 161–169.

Wülfing, Wulf: Nationale Denkmäler und Gedenktage bei Theodor Fontane. Zur Beschreibung, Funktion und Problematik der preußisch-deutschen Mythologie in kunstliterarischen Texten. In: Wulf Wülfing/Karin Bruns/Rolf Parr: Historische Mythologie der Deutschen 1798–1918. München: Wilhelm Fink Verlag 1991, S. 210–230.

Roland Berbig

1. Mai bis 8. Mai 1858
Eine globale Woche in Fontanes Lebenschronik

1

Die Verführungskraft alter Lexika bleibt hoch. In ihnen ist das Wissen einer Zeit festgehalten, und Wissenswertes von einst wirft sein Schlaglicht in unsere Gegenwart. Das Wort *Chronik* ist nach wie vor geläufig. Es spiegelt eine Neigung des Menschen, die unwiderstehlich scheint: in Zahl und Wort festzuhalten, was sich ereignet – im Dasein eines Einzelnen, in der Geschichte eines Volkes, in der Abfolge von Herrschaftsgeschlechtern. *Meyers Konversations-Lexikon* von 1895, gedruckt im Bibliographischen Institut von Leipzig und Wien, erklärt seinen damaligen und heutigen Lesern das Wort Chronik auf verständige Weise:

> **Chronik** (griech., „Zeitbuch"), ein Buch, das die Begebenheiten der allgemeinen Geschichte oder die einzelner Völker und Stämme oder einzelner Städte, Körperschaften etc. lediglich der Zeitfolge nach, ohne Rücksicht auf den ursächlichen Zusammenhang, einfach aneinander reiht. [...][1]

Man wusste das Wort von den Annalen abzugrenzen, die streng nach Jahren ordnen, wo bei der Chronik Regierungs- und Lebenszeiten bedeutender Menschen oder Stätten das zeitliche Gerippe abgeben. Auch unterrichtete man über angrenzende Wörter wie *chronique scandaleuse* – eine geheime, meist böswillig übertriebene Ablaufgeschichte von „Thorheiten und Lastern einer Person oder eines Ortes"[2] – oder *Chronogramm*, eine Zahleninschrift, „in welchem die darin vorkommenden römischen Zahlbuchstaben zusammengezählt die Jahreszahl einer Begebenheit bilden, auf die sich die Worte beziehen"[3], oder *Chronologie*, Zeitkunde also, die als „Wissenschaft von der Zeiteinteilung und Zeitrechnung" definiert wurde, „durch welche in die Reihenfolge der historischen Ereignisse Ordnung und Klarheit gebracht wird."[4]

Freundlichen Dank für Hilfeleistungen: Prof. Dr. Richard Faber (Berlin) und Katrin von Boltenstern (Berlin). Ausgangspunkt und Grundlage des Beitrags: Roland Berbig: Theodor Fontane Chronik. 5 Bde. Berlin, New York 2010.

[1] Band 4, S. 150.
[2] Ebd.
[3] Ebd.
[4] Ebd.

Damit sind einige Stichworte ins Spiel gebracht, die dessen Reiz, aber auch dessen Grenzen ausmachen und die im Folgenden an einer Woche aus Fontanes Leben ausprobiert werden soll: Begebenheiten aus einem Dasein, lediglich geordnet nach deren Zeitfolge, aber in einer Einteilungs- und Rechnungsweise, die Ordnung und Klarheit verspricht. Dieses Spiel soll unter einem Dach stattfinden, das mit Giebeln der Begriffsfirma ‚Global‘ gebaut ist und der Zeitsprache das maßgebliche Schlagwort gestiftet hat: Globalisierung. Einmal das Meyer'sche 1895er Konversationslexikon in der Hand, lockt der Test – was wusste er von diesem Wortfeld? *Globos* meldet es, korrespondierend mit *Globosität*, was so viel wie Kugelförmigkeit bedeutet. Und, das rückt dem Gegenwartsphänomen schon näher, *Globus*, lat. für Kugel, hier ausgewiesen als „künstliche Nachbildung der Erdkugel (Erdglobus) [...]"[5], die der Vermessungsgeist des Menschen mit Linien versehen hat, um jeden x-beliebigen Punkt genau bestimmen zu können. Es ist viel die Rede von Mathematik und Geographie, von einer Bezugsgröße wie dem Himmelsglobus, und durchdrungen ist alles von dem offenkundigen Bestreben, dem menschlichen Auge Unübersehbares in etwas Überschaubares zu überführen. Auf der Pariser Weltausstellung 1889 jedenfalls ernteten die beiden Franzosen Villard und Codart für ihren 40 Meter umfänglichen Globus von 10 Tonnen Gewicht, verankert in einem Metallgerüst, wissensfreudige Wertschätzung. Allerdings wird der Lexikon-Benutzer nachdenklich, wenn er als Anschlusswort auf *Globus hystericus* und *Hysterie* verwiesen wird: „die krampfhafte Zusammenziehung des Schlundes, welche bei den Kranken die Empfindung erweckt, als steige eine Kugel von der Magengrube gegen die Kehle hinauf [...]"[6].

2

Es mag sein, dass Wort und Sinn von Globalisierung bei der einen oder dem anderen ähnliche Empfindungen auslöst, bei dem Fontane, dem wir im Jahre 1858 begegnen, gewiss nicht. Er benötigte nicht das Wort, um unter einer Erfahrung zu stehen, deren Licht und Leuchten sich im Bewusstsein von Globalem spiegelte. Er, der am 30. Dezember 1819 im märkischen Neuruppin geboren, im vorpommerschen Swinemünde aufgewachsen und in Berlin, nach Zwischenstationen in Leipzig, Burg und Dresden, sozialisiert worden war, atmete weltstädtische Luft: Sein Wohnsitz war London, die Weltmetropole, sein Quartier – zusammen mit seiner kleinen Familie – in der 52 St. Augustine Road. Hier lebte er seit 1855, hier war er zuvor schon zweimal gewesen, jetzt schien er fast zu Haus

---

[5] Band 7, S. 669.
[6] Band 9, S. 132.

hier. Beim ersten Mal – Mai/Juni 1844 – war es bei einer überraschenden Stippvisite geblieben, beim zweiten Mal, 1852, hatte er sich schon beruflich, das hieß journalistisch an die Millionenstadt herangetastet:

> [...] Der Zauber Londons ist – seine *Massenhaftigkeit*. Wenn Neapel durch seinen Golf und Himmel, Moskau durch seine funkelnden Kuppeln, Rom durch seine Erinnerungen, Venedig durch den Zauber seiner meerentstiegenen Schönheit wirkt, so ist es beim Anblick Londons das Gefühl des Unendlichen, was uns überwältigt – [...]. Die überschwengliche Fülle, die unerschöpfliche Masse – das ist die eigentliche Wesenheit, der Charakter Londons. [...]; man gibt uns Zahlen, aber die Ziffern übersteigen unsere Vorstellungskraft. Der Rest ist – Staunen.[7]

Wer glaubt, hier staune einfach nur der märkische Provinzler, muss sich vergegenwärtigen, dass London Mitte des 19. Jahrhunderts nicht nur die größte Stadt der Welt war – längst hatte die Einwohnerzahl die Million weit hinter sich gelassen (Ende des Jahrhunderts steuerte man die 7 Millionen an, Berlin erreichte die eine Million 1877!) –, sondern die übermächtige Metropole eines weltumspannenden Imperiums. Wie man 1858 durch ein umfassendes Abwasserkanalsystem (zuvor „Großer Gestank", nachdem alles Wasser in die Themse geflossen und Quelle für Choleraepidemien gewesen war) Umweltkatastrophen der Moderne gemeistert hatte, so musste man bereits mit Einwanderungsströmen aus den zahlreichen Kolonien fertig werden. Wollte jemand den Pulsschlag der Welt hören, musste er sein Ohr an die Londoner Börse legen, das Auge auf den Buckingham Palace richten und die gläserne Halle Crystal Palace betreten, die seit der ersten Weltausstellung 1851 Symbol für ein globales Wirtschaftsimperium war. Was Athen oder Rom in der Antike war London in der Neuzeit. Hier also lebte Theodor Fontane, im Dienst der Preußischen Regierung, beauftragt eine preußisch-deutsche Korrespondenz aufzubauen, die das offizielle Preußenbild unter dem all überall siegreich wehenden Union Jack aufpolieren sollte – nicht, das in Deutlichkeit, mit der poetischen, sondern mit einer politischen Feder, ausschließlich. „Ich habe jetzt den Poëten aus- und den Zeitungsmenschen angezogen"[8], schrieb er seiner Frau am 18. März 1857. Und es verstand sich von selbst: London scherte wenig, was jener kleine preußische Korrespondent trieb und schon gar nicht, was ihn umtrieb, doch dem war auch noch das geringste Treiben Londons wert genug, notiert zu werden – für seine preußischen

---

[7] Theodor Fontane: *Ein Sommer in London*. In: Theodor Fontane: Sämtliche Werke. Bd. XVII: *Aus England und Schottland*. Hrsg. von Edgar Groß, Kurt Schreinert, Rainer Bachmann, Charlotte Jolles, Jutta Neuendorff-Fürstenau, Peter Bramböck. München 1963 (= NFA XVII). S. 9.

[8] Emilie und Theodor Fontane. Geliebte Ungeduld. Der Ehebriefwechsel 1857–1871. Hg. von Gotthard Erler unter Mitarbeit von Therese Erler. Berlin 1998. S. 35.

Auftraggeber, aber nicht minder für sich selbst. Natürlich, das war zu kaschieren und musste, um es zu ertragen, kleingeschrieben werden: „Ich bin gestern und heut tüchtig umher gewesen und habe von der Omnibushöhe herab die übliche Parade über London abgenommen."⁹ Als sich Fontane im Oktoberherbst 1856 für ein paar Tage in Paris aufhielt, stand er nicht an, die Welthandels- der Weltrevolutionskapitale vorzuziehen.

> Wer mit einem Dampfer von Hamburg kommt und die Themse erst bis zur Londonbrücke, dann bis zur Westminsterabtei und zu den neuen Parlamentshäusern hinauffährt, der hat mehr gesehn, als ganz Paris ihm bieten kann. Paris ist ein vergrößertes Berlin; London ist eben London und ist mit gar nichts andrem zu vergleichen. Paris ist eine sehr große Stadt, London aber ist eine *Riesen*stadt, d.h., sie macht den Eindruck, als sei sie nicht von schwachen Menschen, sondern von einem ausgestorbenen Geschlecht gebaut, [...]¹⁰

Unter diesem poetischen Bild formte sich ein publizistisches Werk, „daß die Welt um jenes Dutzend Dramen kommen" ließ, „die als mikroskopische Keimchen in mir ruhn"¹¹, gleichzeitig aber eine Welt eingesogen hatte, die sich als ungemein profitabel erweisen sollte. Seinem offiziellen Auftraggeber gegenüber sah sich Fontane in schier endlosen Briefen wieder und wieder gezwungen, die misslichen Umstände seiner englischen Existenz zu erläutern: die liberale Konkurrenz zu stark, das hiesige Geld zu knapp, das Geforderte zu unmäßig. Gegenüber den Freunden las sich das anders: „[...] Hier hab ich nun das Leben; die Dinge selbst, nicht mehr bloß ihre Beschreibung, ihr Zeitungsschatten tritt an mich heran, und jede Stunde belehrt den armen Balladenmacher: daß jenseits des Berges auch Leute wohnen."¹² Und zu denen gehörte Lord John Henry Palmerston (1784–1865), immerhin erst britischer Außen-, Innen-, dann mit Unterbrechung mehrjährige Premierminister, ebenso wie Lord John Russel (1792–1878) mit seinem Education-Bill oder Sir Shelley – vom Königshause mit Victoria an der Spitze (verheiratet mit Prinz Albert von Sachsen-Coburg und Gotha) einmal ganz zu schweigen. Deren Wohl, Weh und Wirken im britischen Empire verfolgte der preußische Korrespon-

---

9   Theodor Fontane an Ludwig Metzel, 11. September 1855. In: Theodor Fontane: *Briefe*. 1. Bd.: 1833–1860. Hrsg. von Otto Drude u. Helmuth Nürnberger. München 1998 (=HFB 1) S. 410.
10 Theodor Fontane an Louis Henri Fontane, 19. Oktober 1856. In: HFB 1 (wie Anm. 9), S. 537.
11 Theodor Fontane an Henriette von Merckel, 12. Dezember 1856. In: HFB 1 (wie Anm. 9), S. 546.
12 Theodor Fontane an Friedrich Eggers, 25. April 1856. In: HFB 1 (wie Anm. 9), S. 492.

dent Fontane in London. Was seine Feder über sie notierte, druckten Presseorgane wie die *Vossische Zeitung*, die *Neue Preußische (Kreuz-)Zeitung* oder die *Zeit*. Das klang, etwa über Premier Palmerston, Sommer 1856 so. Der „edle Lord" werde sich

> vor dem Richterstuhl der Geschichte von der Anklage nicht reinigen können, alle europäischen Verhältnisse in einem beständigen, nutzlosen Sieden erhalten und sich sozusagen das Vergnügen reserviert zu haben, durch gelegentliche Anwendung eines einzigen Fidibus das Wasser zum Überkochen zu bringen. Ich glaube, er nennt das „die Situation beherrschen". [...][13]

Von diesem staatsmännischen Kurzportrait zur britischen Außen- und von dort zur Italienpolitik speziell war es kaum ein Schritt, und Palmerston fand sich als zwielichtige Vorform eines global players wieder ... Dergleichen wog die Trennung von der Familie auf, fast, jedenfalls bot es Troststiftendes: „Unser Leben soll nun 'mal anders sein, wie das andrer Leute, und in letzter Instanz ist es gut, daß es kein Alltagsleben ist."[14]

3

Der Fokus richtet sich also auf ein ungewöhnliches Alltagsleben: Der mit Rezepturen in einer Apotheke begonnene berufliche Lebensweg hatte Fontane durch die Schule des literarischen Vereins *Tunnel über der Spree* weiter zu einem erfolgreichen Balladendichter altpreußischer Historie geführt, der nun als Journalist im Herzen der Weltstadt London saß, um hier für sein preußisches Vaterland pressepolitisch zu agieren und nach Hause zu berichten, wie sich die große Welt in der Fremde ausnehme. Sein Schreiben war platziert an dieser Schnittstelle, die es profilierte und professionalisierte.

> Ein Berichterstatter ist [...] nie Herr seiner Zeit, und wenn die Garden am Mittwoch einrücken, so muß er beinah so pünktlich auf dem Posten sein wie die Garden selbst. Wenn dann das Schauspiel vorbei ist, fängt die Arbeit des durch Parks und Straßen gehetzten Skriblers erst wahrhaft an, und er muß mit fiebriger Hast und zitternder Hand über das Papier hinfahren, um die Post nicht zu versäumen und die Gunst jener reichen ‚Tante' [gemeint: *Vossische*

---

[13] [ungez.:] London, 5. Juli [1856]. (Priv.-Mitt.): [Über Lord Palmerston]. In: Theodor Fontane: Sämtliche Werke. Bd. XVIII a: *Unterwegs und wieder daheim*. Hrsg. von Edgar Groß, Kurt Schreinert, Rainer Bachmann, Charlotte Jolles, Jutta Neuendorff-Fürstenau, Peter Bramböck. München 1972, S. 691.
[14] Theodor Fontane an Emilie Fontane, 2. Juni 1856. In: HFB 1 (wie Anm. 9), S. 503.

Zeitung, die „Tante Voss" genannt wurde] nicht zu verlieren, deren einziger Erbe er freilich niemals wird. [...]¹⁵

Dabei blieb sich Fontane, je länger umso klarer, bewusst, „ein bloßes Ornament" mit „ein[em] bischen Esprit, ein[em] bischen Witz, eine[r] passable Schilderungsgabe" zu sein, politisch aber „eine Null"¹⁶, wie er dem Chefredakteur der *Kreuzzeitung*, Tuiscon Beutner am 3. Juni 1857 rundheraus gestand. Das hörte sich für einen, der an der *Centralstelle für Preßangelegenheiten* der preußischen Regierung angestellt war, einigermaßen unglaubwürdig an. Was liegt näher, als sich eine Woche aus diesem Londoner Leben Fontanes genauer anzusehen – also die Chronik aufzuschlagen und sich ihrer merkwürdigen Magie zu überlassen.

Denn Magie ist im Spiel, wenn Tag für Tag eines Daseins aufgelistet und in Rubriken wie Tagesablauf, Besuche, Begegnungen, Lektüre, Arbeit, Briefe geschrieben und Briefe empfangen untergebracht wird. Die unmittelbare Nähe von Geschehensabläufen, die die Rückschau weit voneinander trennt, die Parallelität von Arbeiten, die Einzelinseln im Werkmeer bilden, die facettenreiche Mixtur von Gelesenem – dies alles rangiert in einer Linie, die ausschließlich unter dem Diktat Chronos' steht, jenes alten griechischen Gottes, der nicht zufällig als Schöpfergott begriffen wurde, in mittelalterlichen Darstellungen bewehrt mit Sichel und Stundenglas. 2010 ist eine mehrbändige Chronik zu Leben und Werk Fontanes erschienen. Sie erlaubt die bequeme Auswahl einer Woche aus den über viertausend gelebten, und die Wahl fällt eben auf die acht Tage zwischen dem 1. und 8. Mai 1858. Natürlich ist sie Resultat einer Qual der Wahl. Warum gerade diese Woche? Versuchen wir einen Streifzug durch diese acht Tage von Samstag zu Samstag – einerseits kursorisch, andererseits mikroskopisch: anhand ausgewählter Schaustücke.

Am 1. Mai 1858 suchte Fontane, wie fast täglich in jenen Jahren, die preußische Gesandtschaft auf. Dort residierte seit 1854 Albrecht von Bernstorff (1809–1873), ein außenpolitisch erfahrener Diplomat, der bereits zweimal das ihm angetragene Amt eines preußischen Außenministers abgelehnt hatte, es aber 1861/62 kurzfristig übernehmen sollte. Wieder daheim, verfasste Fontane einen Brief an die *Kreuzzeitung* und erwog, was für ihn die gemeldete Erkrankung seines Berliner Vorgesetzten Ludwig Metzel bedeutete. Da es dahingehend nicht viel zu erwägen gab, leistete sich Fontane Seltenes: die Arbeit an einem poetischen Einfall. Der Stoff, den er sich dafür auserkoren hatte, verknüpfte Beruf und Berufung. Er widmete sich nämlich einem Kapitel englischer Geschichte – und zwar

---

[15] Theodor Fontane an Henriette von Merckel, 10. Juli 1856. In: HFB 1 (wie Anm. 9), S. 513.

[16] Theodor Fontane an Tuiscon Beutner, 3. Juni 1857. In: HFB 1 (wie Anm. 9), S. 574.

einem alles andere als erfolgreichen: dem Anglo-Afghanischen Krieg. Zwischen 1839 und 1842. 1838 hatte der Generalgouverneur von Kalkutta, George Eden Earl of Auckland (1784–1849), beschlossen, den vom russischen Reich unterstützten Machthaber von Afghanistan, Dost Muhammed, zu entmachten. Im Frühjahr 1839 waren ca. 16.500 Mann starke britische und indische Truppen (samt 35.000 Bedienstete und Familienangehörige) nach Afghanistan einmarschiert, Dost Muhammed hatte sich ergeben und ein Teil der militärischen Einheiten war wieder zurückgezogen worden. Wie leichtsinnig das gewesen war, sollte sich bald erweisen. 1841 hatte sich der Widerstand gegen die britischen Besatzer soweit organisiert, dass es zu einem Aufstand gekommen war. Sir William Hay MacNaghten, der britische Kolonialbeamte in Kabul, war getötet worden und die Belagerung Kabuls die Folge. Generalmajor Elphinstone hatte unter Druck einen Vertrag mit den afghanischen Aufständischen unterzeichnet, der den Rückzug aus Kabul ermöglichen sollte. Der Tross hatte 17.000 Menschen umschlossen, kaum war man am 6. Januar 1842 Richtung Dschellalabad aufgebrochen, hatten die Afghanen aber zum Angriff geblasen – und am tief verschneiten Chaiber-Pass war es zur vollständigen Vernichtung der britischen Armee durch die Afghanen unter Führung Akbar Khans (1816–1845) gekommen. Nur wenige hatten überlebt: eine bis dahin unvorstellbare militärische Niederlage, die auch eine politische im Ringen um die globale Vormachtstellung in Zentralasien gewesen war. Die Waagschale der Macht hatte sich der russischen Seite zugeneigt – und die britische Weltmacht ihr Trauma.

Dem historisch in hohem Maße ansprechbaren Fontane, der seit seinen frühen Dichtertagen immer auf Suche nach poetisch verwertbaren geschichtlichen Stoffen war, musste diese noch frische geschichtliche Szenerie anziehen, nicht zuletzt in ihrer Wirkung auf die aktuelle britische Mentalität. Afghanistan war das Eingangstor zu Indien und sein Vorhof, und kaum ein Tag und keine Woche vergingen ohne Nachrichten aus dieser – nach Fontane, der davon regelmäßig nach Preußen berichtete – einzigen wirklich bedeutenden britischen Kolonie. Indien sei „Lebensfrage"[17], und die Erinnerung an die afghanische Schreckensschlappe war gegenwärtig. In Tagen, in denen die Zeitung *Daily News* sich zwar selbst-

---

[17] In seiner Korrespondenz für die *Kreuzzeitung* „Russenfresserei und die Zusammenarbeit in Stuttgart", datiert auf den 12. September 1857, zitierte Fontane ausführlich aus dem *Morning Chronicle*, der in Erinnerung an die leichtfertige britische Eroberung Afghanistans mit ihren damals „bald hereinbrechenden traurigen Folgen" vor der Schuld-Delegierung an den russischen Rivalen warnte und als Fehler „unsere [d.i. britische – R.B.] Anmaßungen, unsere Sucht nach Herrschaft und Besitz [...]" nannte. Fontane ließ in seiner Korrespondenz nahezu ausschließlich das Zitat für sich sprechen, seine Kommentarlosigkeit signalisierte dem Leser in Preußen Zustimmung. In: Fontane, Sämtliche Werke (= NFA XVIII a,), wie Anm. 13, S. 748.

kritisch zu britischer „Hochfahrenheit" „dem Fremden gegenüber" bekannte, aber im gleichen Zuge die „Gediegenheit des Sachsen" und den „Feuermut des Normannen" als britische Tugenden in „Sturmestage[n]" beschwor, loderte der afghanische Januar 1842 in den Köpfen unvermindert. Fontane musste das spüren, und sein Gespür fand poetischen Niederschlag.

Da fügte sich seine Lektüre gut: Er hatte, im Wunsch, über die Geschichte des Landes, in dem er jetzt lebte, bestens im Bilde zu sein, im Januar 1858[18] die beiden Bände von Carl-Friedrich Neumanns Buch *Geschichte des englischen Reichs in Asien* (Leipzig: Brockhaus 1857) angeschafft und vielleicht sogar in dem von Friedrich von Raumer herausgegebenen *Historischen Taschenbuch* auf das Jahr 1848 Neumanns mit „Das Trauerspiel in Afghanistan" getitelten Artikel gelesen.[19] Ein gattungsgeprägter Titel, der aber gleichermaßen auf den geopolitischen Begriff „great game" anspielte – gemünzt auf das großräumige Hinundher-Schieben von Völkern und Ländern wie Schachfiguren.[20] Diese Doppeldeutigkeit hatte es Fontane angetan, er nutzte sie für seine Ballade, die er, schenkt man seinem Tagebuch Glauben, tatsächlich an zwei Tagen (1. und 2. Mai 1858) niederschrieb.

Das Trauerspiel von Afghanistan

Der Schnee leis stäubend vom Himmel fällt,
Ein Reiter vor Dschellalabad hält,
»Wer da!« – »Ein britischer Reitersmann,   ] An die rettende
Festung pocht er an[21]
Bringe Botschaft aus Afghanistan.«   aus] von

Afghanistan! Er sprach es so matt;
Es umdrängt den Reiter die halbe Stadt,
Sir Robert Sale, der Kommandant,
Hebt ihn vom Rosse mit eigener Hand.

Sie führen ins steinerne Wachthaus ihn,
Sie setzen ihn nieder an den Kamin,   an den] am

---

[18] Vgl. etwa Theodor Fontane: *Tagebuch*. Bd. 1: 1852. 1855–1858. Hrsg. von Charlotte Jolles unter Mitarbeit von Rudolf Muhs. Berlin 1995, S. 301.
[19] Neue Folge. 9 (1848). Leipzig: Brockhaus 1848. S. 449–570.
[20] Vgl. Hans Werner Mohm: *Auf dem Schachbrett der Weltpolitik*. In: *Fuldaer Zeitung* vom 18. März 2000. Zit. nach: http://www.hohewarte.de/MuM/Jahr2001/Afghanistan0123.html [3. April 2013]
[21] Vgl. Theodor Fontane. Gedichte. 3 Bände. Hg. von Joachim Krueger u. Anita Golz. Band 1: Gedichte (Sammlung 1898). Aus den Sammlungen ausgeschiedene Gedichte. 2., durchgesehene und erweiterte Auflage. Berlin 1995. Abweichungen auf einem Entwurf, der 1985 bei Stargardt versteigert wurde und in Privathand überging.

Wie wärmt ihn das Feuer, wie labt ihn das Licht,] Eine Träne läuft
über sein Angesicht Er atmet hoch auf und dankt und spricht:

»*Wir waren dreizehntausend Mann,*
Von Kabul unser Zug begann,   ] Überfallen hat uns Akbar Khan
Soldaten, Führer, Weib und Kind,
Erstarrt, erschlagen, verraten sind.   ] Unter Blut und Schnee sie begraben sind.

Zersprengt ist unser ganzes Heer,
Was lebt, irrt draußen in Nacht umher,
Mir hat ein Gott die Rettung gegönnt,
Seht zu, ob den Rest ihr retten könnt.«

Sir Robert stieg auf den Festungswall,
Offiziere, Soldaten folgten ihm all',
Sir Robert sprach: »*Der Schnee fällt dicht,*
Die uns suchen, sie können uns finden nicht.

Sie irren wie Blinde und sind uns so nah,
So laßt sie's hören, daß wir da,
Stimmt an ein Lied von Heimat und Haus,
Trompeter blast in die Nacht hinaus!«

Da huben sie an und sie wurden's nicht müd',
Durch die Nacht hin klang es Lied um Lied,
Erst englische Lieder mit fröhlichem Klang,
Dann Hochlandslieder wie Klagegesang.

Sie bliesen die Nacht und über den Tag,
Laut, wie nur die Liebe rufen mag,
Sie bliesen – es kam die zweite Nacht,
Umsonst, daß ihr ruft, umsonst, daß ihr wacht.

Die hören sollen, sie hören nicht mehr,
Vernichtet ist das ganze Heer,
Mit dreizehntausend der Zug begann,
Einer kam heim aus Afghanistan.

Von Friedrich Engels' Afghanistan-Artikel, den dieser für *The New American Cyclopaedia* am 10. August 1857 verfasst hatte, wusste Fontane gewiss nichts. In ihm hatte Engels die Afghanen als ein „tapferes, zähes und freiheitsliebendes Volk" geschildert, für die der Krieg „ein erregendes Erlebnis und eine Abwechselung von der monotonen Erwerbsarbeit" sei. Und Engels hatte detailreich die 1842er-Geschichte als beispielhaft beschrieben, wie es einer Weltmacht ergehe, wenn sie den eigenwilligen Charakter von Land und Leuten ignoriere und „eine ihrer Kreaturen auf den Thron zu setzen"[22] versuche.

---

[22] Friedrich Engels: *Afghanistan*. Zit. nach http://www.mlwerke.de/me/me14/me14_073.htm [4. April 2013].

Man hat Fontanes Gedicht, das in dieser Maiwoche 1858 entstand, als „Anklage und Kritik [...] an Unterdrückung und Kolonialpolitik" verstehen wollen und ihn gar als einen frühen „Kämpfer für die Freiheit Afghanistans"[23] geadelt. Das ist gut gemeint, zutreffend ist es nicht. Für Fontane bildeten die 1842er Ereignisse zwar einerseits die Folie zu den indischen Aufständen in der britischen Kolonie im Herbst des Vorjahres. Obwohl seine Korrespondenz am 28. Oktober 1857 mit „Delhi ist gefallen!" angehoben hatte, war ihm bewusst geblieben, dass das dortige Feuer noch nicht gelöscht war: „Man hat den Herd, aber nicht die Flamme. [...] Eine neue Art Kampf wird beginnen, ein indischer Guerillakrieg. In solchem Kampfe siegt, wer den längsten Atem hat."[24] Andererseits aber und entschieden fesselte den Balladendichter die Situation, deren exotisch-kolonialer Zug durchgehend exemplarisch existentiell bleibt: die auf die Ihren in Kriegszeiten Wartenden, der ankommende Reiter, der eine ergebnislose Suche nach den Geschlagenen auslöst – und am Ende einziger Überlebender ist: „Mit dreizehntausend der Zug begann / Einer kam heim aus Afghanistan." Das kam von weither und war doch unmittelbare Vergangenheit. Kein negatives Licht fällt auf die in Dschellalabad Ausharrenden, keins auf den militärischen und Flüchtlingszug und keiner auf die Letzten, die im Schneetreiben herumirrend umkommen – aber auch kein helles Leuchten über den Siegern. Sie bleiben weitgehend ausgespart. Akbar Khan, den afghanischen Anführer, der so kämpferisch wie kultiviert war und in einem Entwurf noch im Gedicht stand, hat Fontane wieder herausgestrichen, den Namen des einzigen Überlebenden, Surgeon-Major Dr. William Brydon, ein junger britischer Arzt, gar nicht erst aufgenommen. Im ausschließlichen Blickfeld: der Moment einer endgültigen Niederlage, erfahren als Leid, kein Vorher, kein Nachher. Recht und Unrecht, Schuld und Unschuld sind nicht die Fragen, die das Gedicht stellt. Wer es liest, leidet mit denen, deren Unglück es beklagt, nicht anklagt.

Ein kurzes Zwischenfazit: Schnittstellen wie diese, in denen berufliches Schreiben und Dichten sich kreuzen, sind Indikatoren für Fontanes Schriftstellerprofil in London. Im Verfahren weisen sie voraus auf das, was den Romancier später auszeichnet. Sie verwandeln vielgestaltige außerliterarische Tatsachen in literarische Zeichengestalt. Wahrgenommene Realität durchläuft Schreibfilter, die deren Verwertung prüfen. Obwohl der Poet an den Katzentisch verwiesen ist, verschafft er sich

---

[23] Hans Werner Mohm (wie Anm. 20).
[24] [gez.: *†*] *Der Heerd genommen, die Flamme entwischt*. In: *Neue Preußische [Kreuz-] Zeitung* vom 31. Oktober 1857. Vgl. Wolfgang Rasch: *Theodor Fontane Bibliographie. Werk und Forschung*. In Verbindung mit der Humboldt-Universität zu Berlin und dem Theodor-Fontane-Archiv Potsdam hrsg. von Ernst Osterkamp und Hanna Delf von Wolzogen. Berlin, New York 2006, 2123.

selbst hier Geltung. Eine Ausnahme mit symbolischer Tragweite. Möglicherweise mehren sich die Ausnahmen, die am Rande, wenn die journalistischen Texte Fontanes strenger und zielstrebiger als bisher unter die Lupe genommen werden.

4

Am 1. Mai 1858 genoss Fontane den Sonntag, der ihm indes selten heilig und noch seltener arbeitsfrei war. So auch an diesem: Graf von Bernstorff, sein Dienstherr in London, bat ihn auf die Gesandtschaft zum Rapport oder doch zum Meinungsaustausch über die sogenannte „Schleswig-Holstein-Frage". Preußen und Österreich planten eine gemeinsame Note in Sachen Schleswig-Holstein. Friedrich VII. von Dänemark, der sich, nachdem er Juni 1849 einer relativ demokratischen Verfassung nicht im Wege gestanden hatte, lieber mit vaterländischen Altertümern als mit Politik befasste und gerade die Große Landesloge von Dänemark gestiftet hatte, war die Lösung dieser Frage nicht gelungen – und der schwelende Konflikt Daueranlass für Diplomatie und ein paar Jahre später für einen handfesten Krieg mit Preußen. Fontane exzerpierte noch am nächsten Tag aus der politische Note, was ihm wahrscheinlich weniger Vergnügen bereitet als der nachmittägliche Besuch von Julius Faucher (1820–1878), den er aus alten Berliner Tagen (seit 1840, schon aus dem *Lenau-Verein*) kannte. Faucher, der im Berlin der vierziger Jahre zum politisch-radikalen, debattierfreudigen Kreis um Bruno und Edgar Bauer sowie Max Stirner gehört hatte, war für Fontanes London eine überaus wichtige Größe: Als er ihn dort wiedertraf, war der sein höchst kompetenter Führer durch alle Ecken und Winkel der City gewesen, hatte ihn 1857 in die „Debating Clubs" im Umkreis der Fleet-Street eingeführt, deren lehrreiche Attraktion „gescheiterte Existenzen, die sich durch diese ihre stets mit Würde, ja manchmal sogar mit ‚sittlicher Empörung' vorgetragenen Reden ihren Lebensunterhalt verdienen mußten"[25], waren, – und endlich in die international besetzte und gediegene Gesellschaft *Babel*[26]. Nach kurzer Trennung hatten sich die beiden anlässlich der königlich britisch-preußischen Eheschließung von Kronprinz Friedrich Wilhelm (1831–1888, dem späteren deutschen Kaiser Friedrich III.) und Prinzeß Victoria (1840–1901) Frühjahr 1858, über die beide zu berichten hatten, zusammengefunden: „[...] von jener Zeit ab, durch fast dreiviertel Jahr hin, eine Art Haus- und Familienverkehr entstand. Ich verdanke dem einige ganz besonders interessante Tage, trotzdem es an Schwierigkeiten und Sonderbarkeiten nicht

---

[25] Theodor Fontane: *Autobiographische Schriften*. Hg. von Gotthard Erler, Peter Goldammer u. Joachim Krueger. Berlin, Weimar 1982. Band II: *Von Zwanzig bis Dreißig*. S. 46
[26] Theodor Fontane: *Von Zwanzig bis Dreißig* (wie Anm. 25), S. 47.

fehlte."[27] Fauchers Leibspruch „Jetzt muß Geld und Weltgeschichte gemacht werden"[28] hatte Fontanes Gefallen gefunden, der Spruch und sein Schöpfer, der 1861 nach Berlin zurückkehren und Karriere als Politiker der Deutschen Fortschrittspartei im Preußischen Abgeordnetenhaus machen sollte. Schon an jenem Nachmittag am 3. Mai 1858 schwadronierte man über „seine Rückkehr und – Kammer-Candidatur"[29], und es ist gar nicht auszuschließen, dass diese Gesprächsfäden am Abend bei der Begegnung mit dem Arzt James Morris (1826–1900) weitergesponnen wurden. Morris war ein Gesprächspartner nach Maß. Fontane hatte ihn 1852 kennen gelernt, traf sich regelmäßig mit dem offenbar politisch beschlagenen Bekannten und ahnte nicht, dass der ihm im Alter Partner in einer Korrespondenz werden sollte, deren Herzstück globale, wenn nicht globalisierte Politik war.

Die Woche ist noch nicht einmal richtig angebrochen, schon droht sie lang zu werden. Im Zeitraffer deshalb wenige Worte zu den üblichen Wegen Fontanes in dieser ersten Maiwoche und ein paar mehr zu dem, was er las, und dem, was von ihm in die Feder und zum Druck gelangte. Am 4. Mai 1858 melden die Quellen keine Stadtausflüge, doch am 5. Mai (Mittwoch) brachte der Spaziergang nach St. James's Park ein Ereignis der Extragüte: Fontane sah Königin Victoria (1819–1901, sein Jahrgang!) in Gesellschaft von Aimable Jean Jacques Pélissier (1794–1864), dem französischen Botschafter in London. So Einträgliches sollte es die restliche Woche zwischen Regent's Park, Primrose Hill (am 6. Mai in Gesellschaft seines Sohnes George), Restaurant Simpson und Café Divan nicht wieder geben. Auch die Besuchsfrequenz hielt sich in Grenzen, erfreulicher, mag sein: am 6. Mai kamen eine Freundin und Julius Schweitzer, ein deutscher Apotheker, den es prominent nach England verschlagen und mit dem Fontane zeitweilig regen Kontakt hatte. Nichts Aufregendes also. Unbedenklich lässt sich herausfischen, was Ertrag brachte: der Blick auf die britische Königin und den französischen Gesandten anlässlich des sogenannten *drawing rooms* (Empfang). Er nämlich ließ Fontane gleich am Abend die Feder ins Tintenfass tauchen und an einer Korrespondenz schreiben, die am 9. Mai 1858 in der *Kreuzzeitung* erschien: *Eine Equipage und ein Wappen*. Werfen wir einen schnellen Blick auf sie.

Fontane bedient sich des bewährten feuilletonistischen Mittels, sein Ich auf Augenhöhe mit dem Geschehen flanieren zu lassen, vergleichbar mit Heines Spaziergänger in den *Briefen aus Berlin*. Aus der Perspektive des Beobachters, der Teil der Menge ist, die er gleichzeitig unter die Lupe

---

[27] Theodor Fontane: *Von Zwanzig bis Dreißig* (wie Anm. 25), S. 54.
[28] Theodor Fontane: *Von Zwanzig bis Dreißig* (wie Anm. 25), S. 58.
[29] Theodor Fontane: *Tagebuch* Bd.1 (wie Anm. 18), S. 323.

nimmt, schildert er Auffälligkeiten. Und auffällt ihm weniger das politische Paar als der Wagen des französischen Botschafters:

> [...] Die eigentliche Chaise war dunkelgrün mit vier silbernen, etwas laternenhaften Herzogskronen obenauf; die Räder *grün*-rot-weiß, *grün*-rot-weiß überhaupt vorherrschend wie eine aus der Farbe gegangene Trikolore. Die Scheuklappen der Pferde mit langen grün-rot-weißen Bändern verziert, nach Art der Hochzeitbitter oder Werbeoffiziere; der Bock grün-rot-weiß, der Kutscher grün-rot-weiß, die beiden feisten Bedienten noch grün-rot-weißer. [...][30]

Dieser kleine stilistische Trommelwirbel war durchaus geeignet, den „*french* ambassador" zu portraitieren, wurde ihm doch noch mit der Schilderung des herzoglich Malakoffschen Wappen am Kutschenschlag der Paukenschlag beigefügt. Der neue Botschafter erfreute sich nämlich seit seiner Eroberung des Fort Malakow vor Sewastopol im Krimkrieg 1855 des Titels Herzog von Malakoff. „Dies Wappen", heißt es, „ist wie eine *Ahnung* künftig gesandtschaftlicher Verwendung"[31]. Und dort hatten immerhin die Franzosen neben den Briten dem russischen Bären Einhalt geboten – nun bezeugten zwei wilde Männer auf dem Wappenschilde (ein Zuave und ein Hochländer), was der Artikel in die Formel: „Das nenn' ich Allianz!" kleidete, zu dem der lateinische Wappensatz „Virtutis fortuna comes"[32] [„Das Glück begünstigt den Tüchtigen"] nur zu gut passen wollte. Fontanes Miszelle, ein feingeschliffenes Schmuckstück, kitzelt den Witz der Szenerie heraus und weiß die Mehrbödigkeit im „Unsereins-weiß-Bescheid"-Gestus aus den Präsentationsinsignien auf Politik wie auf Person zu münzen.

Die Erinnerung an den Krimkrieg als europäisches und bündnisstiftendes Ereignis, das kaum vier Jahre zurücklag, war lebendig: nicht zum Geringsten durch Personen, die ihn geprägt hatten.[33] Auf dieser Saite hatte schon Fontanes am 2. Mai 1858 in der *Zeit* veröffentlichter Aufsatz über William Russell gespielt. Russell (1821–1907) reizte ihn, unzweifelhaft, ihn und seine Zeitgenossen, hatte er doch die Kriegsberichterstattung auf die Höhe der Zeit gebracht. 1854, er war als britischer Sonderkorrespondent auf die Krim geschickt worden, hatte er erkannt, dass die modernen Medien Telegraph und Photographie das Miterleben solcher globaler Ereignisse diese Ereignisse veränderten. Und er hatte bewusst gemacht, welche Kraft kritisches journalistisches Potential besaß. Fontanes Artikel verknüpfte nun alle Fäden, die wir bisher in die Hand

---

[30] [gez. *†*]: *Eine Equipage und ein Wappen*. In: NFA XVIII a (wie Anm. 13), S. 771.
[31] Ebd.
[32] Ebd., S. 772.
[33] Fontane selbst hatte wiederholt über den Krimkrieg in der *Vossischen Zeitung* berichtet. Vgl. NFA XVII (wie Anm. 7), S. 565–573.

genommen haben: 1. den Status des Korrespondenten, 2. die medialen und Gattungsmöglichkeiten, 3. die Vergegenwärtigung kriegerischen Geschehens zur Kommentierung des Tages – und endlich auch die Indienpolitik. In Fontanes Aufsatz las sich das so:

> [...] Wie er [Russell – R.B.] vor vier Jahren die englische Armee unter Lord Raglan begleitete und zum immer noch unübertroffenen Historiographen jener denkwürdigen Krim-Kampagne wurde, so hat er sich in diesem Augenblick den siegreichen Bataillonen unter der Führung Sir Collin Cambells zugesellt, und das englische Publikum, das freimütig bekennt, von Indien nicht viel mehr zu wissen als von dem Innern von Afrika, glaubt nunmehr den Zeitpunkt gekommen, wo die Scharfsichtigkeit und Unumwundenheit seines Lieblingskorrespondenten überall das tiefe Dunkel lichten und neben pikanten Zeichnungen von Land und Leuten den indischen Volkscharakter klar, scharf, übersichtlich, wie eine Macaulaysche Charakterschilderung, vor ihm darlegen werde. [...]³⁴

Der überraschende Rang, den dieses journalistische Metier mit Russell gewann, war Fontane Anlass genug gewesen, dem preußischen Leser ein biographisches Portrait zu zeichnen, das dessen Karriere aus dem Nichts in den Zeitkontext verankerte und dabei vor allem den Neuwert des Metiers selbst herausstrich. Und dieser Neuwert hat für ihn, der nicht hinterm Berg hielt mit seiner Skepsis gegenüber der Entscheidung, „der englischen Armee einen solchen Überwacher und Ausplauderer beizugeben", die ihm Beleg war für die „zu hoch geschraubte Stellung, die die Presse in diesem Land einnimmt", mit einem einschneidenden geopolitisch-journalistischen Wandel zu tun. Um den nachhaltig vor Augen zu führen, widmete ihm Fontane wirkungsvoll und offenkundig selbst beeindruckt den kompletten Schluss des Russell-Artikels.

> [...] Das alte Europa ist halb ein ausgedörrtes und halb ein abgemähtes Feld; es verlohnt sich nicht mehr, von Lissabon bis Petersburg Korrespondenten zu unterhalten, [...].Die Briefe aus Berlin, Wien, Madrid, Florenz und Konstantinopel werden immer seltener und kürzer; aber durch sechs und selbst durch zwölf Spalten hin laufen immer häufiger die Berichterstattungen aus Australien und Hongkong und vor allem aus jenem historisch gewordenen Landstreifen zwischen Dschuma und Ganges.³⁵

Russells Name stand für diesen sich abzeichnenden Umbruch, auf den aus heutiger Sicht der helle, globalisierende Schein fiel – eingeschlossen der medialen Mittel, die für seine Verwirklichung Bedingung waren. Ob Fontane geahnt hat, dass ihm mit Russells Kriegsberichterstatter-Rolle und –

---

34 *William Russell*. In: NFA XVIII a (wie Anm. 13), S. 789.
35 Ebd. S. 791.

Praxis ein eigenes zukünftiges Schriftstellerkapitel ins Visier kam? Dessen Biographie glich einem Vexierbild, nur im Erfolg sollte Fontane mit seinen dickleibigen Darstellungen der preußischen Kriege weniger Glück haben. Wie sehr Fontane Russells Arbeit verehrte, ist nicht zuletzt bezeugt durch seinen Artikel *Die Einnahme von Lucknow*. Er erschien in der *Zeit* am 8. Mai 1858 (Samstag) und war verfasst nach einem Bericht von – William Russell ...[36] Dieses Übernahmeverfahren war nicht ungewöhnlich, ungewöhnlich nur die Verflechtung, die zwischen den journalistisch-schriftstellerischen Arbeiten Fontanes.

Hat Fontane, so ja bisher der Eindruck, nichts gelesen als Zeitungen, politische Noten und Informationstexte? Nein, wer das befürchtet, kann beruhigt werden. Seit einiger Zeit begleitete ihn in dieser Woche, was seine Frau enttäuscht beiseitegelegt hatte: Karl Immermanns (1796–1840) 1839 veröffentlichter Roman *Münchhausen. Eine Geschichte in Arabesken*. Der Münchner Literaturhistoriker Walter Hettche hat sich das Exemplar in Fontanes Nachlass angesehen und von dort ein Brücke zu dessen Romanerstling *Vor dem Sturm* geschlagen. Das Exemplar wimmele von „Anstreichungen und Marginalien", schreibt Hettche, „die von ‚vortrefflich' und ‚famos' über ‚sehr gut' und ‚gut' bis hin zu ‚gräßlich' und ‚grausam miserabel' reichen"[37], wobei die positiven Vermerke überwogen. Mit seinem Urteil war er bereits im Februar 1858 (da war er mit dem Buch noch nicht durch ...) fertig. Er könne nicht leugnen, schrieb er Wilhelm von Merckel, dem er das Buch verdankte, dass Immermann „in der Sache gewöhnlich den Nagel auf den Kopf" treffe und nur dadurch langweilig werde, „daß er auf den Nagel, bloß zu seiner eigenen Erbauung, noch los klopft"[38], wenn der schon längst so tief sitze, wie er nur könne. Und zur Immermann-Lektüre gesellte sich noch die von Otto Roquette *Hans Haidekuckuck*, eher notgedrungen – denn der heimische, Fontane in manchem philiströs erscheinende und der Renovierung bedürftige literarische Zirkel *Rütli* erwog, seinen Verfasser in den kleinen Kreis aufzunehmen. Fontanes Votum: „[...] für die Rütli-*Geselligkeit*, die, wie ich wohl weiß, ein wesentliches Moment bildet, ist er wie geschaffen." Indes: „Kritik hat er keine Spur; sein Talent ist nur beschränkt und, wie es scheint, keiner Entwicklung fähig." Er sei „ohne tüchtige Kenntnis" und „Weltanschauung"[39]. Wollte sich das Rütli modernisieren, galt das Niveau der moder-

---

[36] Vgl. Wolfgang Rasch (wie Anm. 24), 2170.
[37] Walter Hettche: *Fontane und Karl Immermann. Zu einem Kapitel in VOR DEM STURM*. In: *Fontane Blätter* 6 (1986) 4. S. 441.
[38] Theodor Fontane an Wilhelm von Merckel, 18. Februar 1858. In: *Die Fontanes und die Merckels. Ein Familienbriefwechsel. 1850–1870*. 2 Bde. Hrsg. von Gotthard Erler. Berlin u.a. 1987 (= FMBW), 1. Bd., S. 286.
[39] Theodor Fontane an Wilhelm von Merckel, 30. April 1858. In: FMBW (wie Anm. 38), 2. Bd., S. 39 u. 40.

nen, nicht das einer antiquierten Welt. Deren Kriterien waren Wissen, Kritik und Anschauung von der Welt, weniger Geselligkeit und Unterhaltung. Auch da: ein Paradigmenwechsel in Fontanes Urteil.

5

Kommen wir zum Schluss: Hier bleibt eigentlich nur die (folgenreiche) Aufmerksamkeit festzuhalten, mit der Fontane die Bedingungen der Presse, die Modernisierung der Medien und die weltpolitische, globale und koloniale Grenzerweiterung journalistischer Korrespondententätigkeit verfolgte und beherzigte – und sie für seine Leser in Preußen aufbereitete. Ohne sich von den eigenen Pressbedingungen demonstrativ zu entfernen, näherte er sich den britischen Neuerprobungen an. Vermittelt über englische Medien und die, die sie belieferten, geriet er in eine politische Weiträumigkeit, die jenseits preußischer Interessensphären lag. Unter den Leuten ‚hinterm Berg' gewöhnte er sich an, mit diesen wiederum hinter Berge zu schauen und das, was er dort zu sehen bekam, auf seine journalistische und stoffliche Substanz zu prüfen. Die Tür nach London erwies sich als eine Durchgangstür – Durchgang zu neuen Welten, die Relativierungsschübe allen erworbenen und scheinbar sicheren Wissens bedeuteten. Nicht zufällig, dass Fontane in England beständig nach Enzyklopädien und modernen Wissenskompendien Ausschau hielt. Die Woche zwischen dem 1. und 8. Mai 1858 zeigt einerseits, wie die journalistische Welterweiterung effektvoll Querschläger ins Poetische erzeugte, und andererseits, wie ein Verwertungs- und Umwandlungsstrom entstand, der Wissen von der Welt in preußische Pressegewissheiten umwandelte und Inkommensurables als kommensurabel suggerierte. Die Wochenstichprobe – und mehr konnte es nicht sein – hat den Blick auf diese Vermittlungszusammenhänge zwingend gemacht. Noch ist das, was Fontane an Gegenwartswissen aus britischer (und das bedeutete: Welt-) Perspektive seinem eigenen einverleibt und vor allem sprachlich aufbereitet hat, unzulänglich gelistet, kaum mehr als sporadisch, fast zufällig. Folgt man weiter der chronikalischen Route und nimmt man weiter ernst, was Fontane in einer parallel laufenden Schreibarbeit zusammenführte und im getrennten und duldenden Miteinander ausprobierte, wird dieses Phänomen weitere Verstehensräume erschließen helfen. Auch wenn dabei dem Begriff Globalisierung etwas die Flügel gestutzt werden müssen, ändert das nichts an der Richtung, die Fontane von London aus einschlug. Anfangs eher unbewusst, testweise, aber spätestens ab 1858 bewusst und mit Eigensinn. Und daran ändert auch nichts, wenn Fontane selbst wieder und wieder missmutig auf sein Londoner Dasein blickte:

„[...] Was ich auf die Dauer nicht ertragen kann, das ist das Alleinstehn, die geistige Vereinsamung", klagte er Ende Juni 1858.

> [...] Ich befinde mich seit Jahr und Tag in der Position eines Menschen, der, mit verdorbnem Magen und belegter Zunge an einen reich besetzten Tisch gesetzt wird, mit der Aufforderung ‚nun iß'! Es geht eben nicht. Man erkennt an, daß die Speisen gut sind, aber man wendet sich gleichgültig oder voll Ekel ab, weil die Organe verstimmt sind, die gesund sein müssen wenn sie das Genießenswerthe genießen sollen. [...][40]

Über den tatsächlichen Zustand seiner Organe sagte das allerdings nichts. Die Wirklichkeit widerlegte auf Dauer, was momentaner Widerwillen behauptete: eindrucksvoll und nicht zu widerlegen. Als Fontane seine Berliner Rückkehr und die auf den preußisch-deutschen Büchermarkt plante, hatte er gleich drei Publikationen im Visier. Alle ausnahmslos Spiegelprojekte der Zeit ‚hinterm Berg': Band 1 „Bilderbuch aus England", Band 2 „Die englische Presse. Die englische Kunst. Das englische Theater" und Band 3 „Englische Balladen, alte und neue, übersetzt von Th.F."[41] Da mochten die Freunde im Rütli noch so lebhaft von ihm fordern, statt Nachdichtungen „eigne Waare"[42] zu liefern, Fontanes Fuß hatte andere Welten betreten und musste erst einmal andere Wege gehen – auch sein Versfuß ... Und: was sich Fontane visionär vorgenommen hatte, glückte. Aus dem provinziellen Pressemann war ein professioneller Journalist geworden, aus dem preußischen Poeten ein deutscher Schriftsteller in spe. Nicht unbegründet und auf gutem Grund.

---

[40] Theodor Fontane an Emilie Fontane (Mutter), 27. Juni 1858. In: HFB 1 (wie Anm. 9), S. 621.
[41] Theodor Fontane an Wilhelm von Merckel, 30. April 1858. In: FMBW (wie Anm. 38), Bd. 2, S. 48.
[42] Bernhard von Lepel an Theodor Fontane, 6. Mai 1858. In: *Theodor Fontane und Bernhard von Lepel. Der Briefwechsel. Kritische Ausgabe.* Hrsg. von Gabriele Radecke. Berlin, New York 2006 [Schriften der Theodor Fontane Gesellschaft; Band 5.1,2], S. 504.

Michael Maurer

Lieux de mémoire:
Fontanes Schottland-Reise
(*Jenseit des Tweed*)

Theodor Fontane reiste im August 1858 (nur) 16 Tage lang mit seinem Freund Bernhard von Lepel durch Schottland: Eine Reise, die alle Züge einer touristischen Urlaubs- und Erholungsreise trug, wie sie von Tausenden unternommen worden ist: Thomas Cook brachte 1846–1861 bereits 40.000 Touristen nach Schottland![1] Fontane veröffentlichte darüber einige Artikel in Zeitungen und Zeitschriften, vor allem aber 1860 das zusammenfassende Reisebuch mit dem Titel *Jenseit des Tweed. Bilder und Briefe aus Schottland*.[2]

Das Buch selber wurde in Deutschland von der Kritik freundlich aufgenommen, war jedoch in buchhändlerischer Hinsicht kein Erfolg; zu Fontanes Lebzeiten wurde es nicht wieder aufgelegt.[3] Freilich ist es inzwischen, im letzten halben Jahrhundert, zu einem der beliebtesten deutschen Schottlandbücher avanciert, in verschiedenen Ausgaben zugänglich gemacht und auch von der Wissenschaft bemerkt worden. Charakteristischer ist aber vielleicht, daß man ihm die Qualität zuschreibt, auch heute noch ein nützliches Begleitbuch für eine Reise durch Schottland zu sein.[4]

Ein weiterer Grund für die Freunde Fontanes, sich gerade diesem Werk zuzuwenden, besteht darin, daß man es gerne im Zusammenhang mit den *Wanderungen durch die Mark Brandenburg* sieht. In dieser Hinsicht erscheint es dann gewissermaßen als Vorläufer des ungleich bekannteren und beliebteren Werkes. Fontane selber hat diese Verbindung herzustellen versucht, indem er im Schottlandwerk auf die *Wanderungen* verweist und in den *Wanderungen* auf Schottland.[5] Ich werde dieser Spur heute nicht weiter nachgehen; mich interessiert vielmehr etwas anderes:

---

[1] Katherine Haldane Grenier: Tourism and Identity in Scotland, 1770–1914. Creating Caledonia, Aldershot 2005, S. 1.
[2] Ich zitiere nach Theodor Fontane: Wanderungen durch England und Schottland. Hrsg. von Hans-Heinrich Reuter, 2 Bde., Berlin 2. Aufl. 1991.
[3] Helmuth Nürnberger: Der frühe Fontane. Politik – Poesie – Geschichte 1840 bis 1860, Hamburg 1967 (auch München 1971 und Frankfurt, Berlin und Wien 1975), S. 250.
[4] Dazu mehr weiter unten!
[5] Die wichtigste Stelle im Schottlandbuch, die auf Brandenburg verweist, ist Fontane II, 144f. In den *Wanderungen (I)* behauptet er im Vorwort zu *Die Grafschaft Ruppin*, er sei durch Schottland angeregt worden (Fontane, Sämtliche Werke, Bd. IX, S. 5).

Ich möchte Ihnen zunächst den Text von einzelnen Stellen her aufschließen und vor dem Hintergrund der übrigen deutschen Schottlandreisen interpretieren. Denn innerhalb der bisherigen Fontaneforschung, die ja sehr rege ist und einen nur schwer zu überblickenden Umfang angenommen hat, wurde Fontanes Schottlandreisebericht bisher nicht sonderlich stark gewichtet. Beispielsweise nimmt er in dem von Christian Grawe und Helmuth Nürnberger herausgegebenen 1000seitigen Fontane-Handbuch nicht mehr als vier Seiten ein:[6] Das dürfte ungefähr dem Anteil entsprechen, den das Schottland-Thema in der Fontane-Forschung insgesamt zugewiesen bekommen hat.[7] Man kann also gerade an dieser Stelle durchaus noch etwas tun.

*

Wir nähern uns der Werk-Interpretation durch die Auslegung einiger vereinzelter Stellen, von denen wir behaupten möchten, daß sie für das Verständnis des Ganzen besonders aufschlußreich sind.

---

[6] Stefan Neuhaus: Jenseit des Tweed. Bilder und Briefe aus Schottland, in: Christian Grawe/Helmuth Nürnberger: Fontane-Handbuch, Stuttgart 2000, S. 811–814.

[7] Nennenswerte Forschungsbeiträge: Nürnberger, Der frühe Fontane, S. 248–255. Stefan Neuhaus: Freiheit, Ungleichheit, Selbstsucht? Fontane und Großbritannien, Frankfurt a.M. u.a. 1996, vor allem S. 177–233. Gordon A. Craig: Über Fontane, München 1997, S. 42–68. Helmuth Nürnberger: Fontanes Welt, Berlin 1997, S. 168–177. Winfried Siebers: Die romantische Hälfte Schottlands. Theodor Fontanes Reisebuch *Jenseit des Tweed* (1860), in: Winfried Siebers/Uwe Zagratzki (Hrsg.): Deutsche Schottlandbilder. Beiträge zur Kulturgeschichte, Osnabrück 1998, S. 59–66. Willie van Peer: „Erst die Fremde lehrt uns, was wir an der Heimat besitzen." Fontanes Schottlandreise und die interkulturellen Unterschiede zwischen Reise-Gründen, in: Konrad Ehlich (Hrsg.): Fontane und die Fremde, Fontane und Europa, Würzburg 2002, S. 178–191. Michael Maurer: What German Travellers Communicated: The Experience of Scotland, Wales and England and the Concept of Britain in the Eighteenth and Nineteenth Centuries, in: Arnd Bauerkämper/Christiane Eisenberg (Hrsg.): Britain as a Model for Modern Society? German Views, Augsburg 2006, S. 40–60. Michael Maurer: Die Entdeckung Schottlands, in: Andreas Fülberth u.a. (Hrsg.): Nördlichkeit – Erhabenheit – Romantik. Apperzeptionen der Nord/Süd-Differenz (1750–2000), Frankfurt a.M. u.a. 2007, S. 143–159. Michael Maurer: Das Andere des Anderen. Deutsche Reisende entdecken den keltischen Rand Großbritanniens, in: Angermion. Yearbook for Anglo-German Literary Criticism, Intellectual History and Cultural Transfers/Jahrbuch für deutsch-britische Beziehungen. Hrsg. von Rüdiger Görner, Bd. 1, Berlin und New York 2008, S. 1–30. Maren Ermisch: „Ein romantischer Zauber liegt über dieser Landschaft". Theodor Fontanes Schottland und der Tourismus, in: Bernd Herrmann (Hrsg.): Schauplätze und Themen der Umweltgeschichte. Umwelthistorische Miszellen aus dem Graduiertenkolleg. Werkstattbericht, Göttingen 2010, S. 41–71. Tobias Zabel: *Nach Schottland also!* Schottlandwahrnehmungen und Deutungen deutscher Reisender zwischen Romantik und Sachlichkeit von 1800–1870, Frankfurt a.M. u.a. 2013.

Auf der Anreise per Bahn von London nach Edinburgh gibt es in York eine 15minütige Pause, bei der die Reisenden sich eine Tasse Kaffee oder Tee oder Sodawasser einschenken lassen. Dazu bemerkt Fontane in seinem gedruckten Reisebericht: „Meine Tasse war erst halb geleert, als die Glocke draußen schon wieder lärmte. 'Das war also York!' rief ich dem Freunde zu, mich neben ihm in die Ecke drückend. ‚So gehen uns die Wünsche unsrer Jugend in Erfüllung. Statt des Doms ein Bahnhof und statt des Platzes, drauf Percy starb, eine Restauration mit doppelten Preisen."[8]

Man mag das für ein geringfügiges Aperçu halten, aber es verbirgt sich dahinter mehr, als man auf den ersten Blick vermuten würde. Zunächst scheint es direkt aus der Reise- und Alltagssituation hervorzugehen, und das ist charakteristisch für das ganze Werk *Jenseit des Tweed*: Obwohl zu einem beträchtlichen Teil ein Buch aus Büchern und am Schreibtisch verfaßt, enthält es doch immer wieder planvoll eingestreute Hinweise auf die Reise selbst, auf die persönlichen Umstände, auf die touristische Situation. Ich würde nicht so weit gehen, dies für eine Fiktion zu erklären, möchte aber doch darauf hinweisen, daß es sich um eine sehr bewußt eingesetzte Strategie der Textkonstitution handelt. Der Leser soll den Eindruck haben, mit Fontane persönlich unterwegs zu sein, wie dieser mit seinem Freund unterwegs war. Das Buch ist schon durch Widmung und Vorrede in diese Freundschaftsperspektive gesetzt. Damit gewinnt es einerseits den Anschein einer gewissermaßen autobiographischen Schrift – Fontane berichtet über eine gewisse (wenn auch kurze) Spanne seines Lebens, wie in vielen anderen Büchern, die es dann gewissermaßen als „Bruchstück einer großen Konfession" ergänzt –;[9] je bekannter der Schriftsteller Fontane wurde, desto mehr wuchs auch das Interesse an solchen Konfessionen. Die gelegentlichen Bemerkungen zur Freundschaftskonstellation zweier Männer haben aber noch einen weiteren Sinn: Sie ermöglichen Reflexionen des Autors im Hinblick auf ein *alter ego*, reißen ihn gewissermaßen aus seiner Vereinzelung und Individualität heraus und bewirken, daß er sich nach außen wenden kann. Hier hilft es, wenn man sich kontrastweise an die Englandreise von Karl Philipp Moritz zurückerinnert.[10]

---

[8] Fontane, II, 37.
[9] „Bruchstück einer großen Konfession": Mit dieser Anspielung auf Goethes Wort denke ich zwar in erster Linie an autobiographische Schriften Fontanes wie *Meine Kinderjahre* und *Von Zwanzig bis Dreißig*, letztlich gilt sie aber auch in diesem Falle für das Gesamtwerk des Journalisten, Romanciers und vor allem Briefeschreibers.
[10] Karl Philipp Moritz: Reisen eines Deutschen in England. Mit einem Nachwort von Heide Hollmer, Frankfurt und Leipzig 2000. Vgl. Albert Meier: Karl Philipp Moritz, Stuttgart 2000, S. 119–135. Vincent J. Dell'Orto: Karl Philipp Moritz in England: A Psychological Study of the Traveller, in: Modern Language Notes 91 (1976), S. 453–466. Gerhard Sauder: Reisen eines Deutschen in England im Jahr

Dessen Erleben war geprägt durch das Empfinden absoluter Fremdheit und Ausgestoßenheit, wie es nur einem Alleinreisenden möglich ist. Er zieht uns in seinen Bann durch die eindringliche Schilderung dieser Erfahrung der Fremdheit, die über eine stufenweise Darstellung verschiedener Einzelerlebnisse nachvollziehbar gemacht wird. Fontane reist durch eine ebenso fremde Fremde, aber gemeinsam mit einem Freund. Dabei steht der anwesende Freund Bernhard von Lepel gewissermaßen für den jeweiligen Leser, der sich durch die Bemerkungen des Autors ebenfalls quasi als Freund angesprochen fühlen kann.

Und es kommt noch ein weiteres hinzu: Durch die stabile Konstellation zweier Freunde wird ein Erlebniszentrum geschaffen, welches die beiden aus der Masse der Touristen aussondert. Einerseits wird keineswegs verborgen, daß die beiden Herren auf touristisch ausgetretenen Pfaden wandeln und sich nur eine Kurzreise zu Besichtigungszwecken gönnen, wie sie Tausende andere auch unternommen haben; andererseits erhält das Reisebuch als persönliches Erinnerungswerk in dieser Konstellation einer doppelpoligen Individualität des Erlebens eben doch eine zusätzliche Rechtfertigung, die es aus der Masse der unbeschriebenen Reisen heraushebt.

Ein weiterer Aspekt des ersten Zitates ist die standardmäßige, längst klischeehaft gewordene, Parallelität zwischen Reisen und Leben. „So gehen uns die Wünsche unsrer Jugend in Erfüllung." Eine Reise, und sei es nur eine zweiwöchige Sommerurlaubsreise, ist eben immer in einer Lebenslaufperspektive zu sehen, auch unter dem Aspekt der Sehnsucht,[11] was sie dann in besonderem Maße enttäuschungsanfällig macht. Die 15-Minuten-Pause einer Eisenbahnfahrt auf dem Bahnhof von York ist an sich völlig banal (und auch schon im Fahrplan so vorgesehen!); durch die Reflexion auf den Sehnsuchtsaspekt des Reisens und die Parallele mit dem Leben insgesamt gewinnt sie eine Bedeutung, welche die Geringfügigkeit des Anlasses weit hinter sich läßt.

Des weiteren wird hier auf erlesene Vorkenntnisse angespielt: Fontane weiß, daß es in York eigentlich eine Kathedrale zu besichtigen gäbe, und daß Percy, den er aus schottischen Balladen kennt, in York hingerichtet wurde. Er reist also mit einer *inneren* Landkarte;[12] die geographischen

---

1782: Karl Philipp Moritz, in: „Der curieuse Passagier". Deutsche Englandreisende des achtzehnten Jahrhundert als Vermittler kultureller und technologischer Anregungen, Heidelberg 1983, S. 93–108.

[11] Vgl. Michael Maurer: Sehnsucht. Zur Archäologie eines Reisemotivs, in: Hermann Arnhold (Hrsg.): Orte der Sehnsucht. Mit Künstlern auf Reisen. Katalog des LWL Landesmuseums Münster, [Regensburg:] 2008, S. 19–23.

[12] Vgl. Frithjof Benjamin Schenk: Mentals Maps. Die Konstruktion von geographischen Räumen in Europa seit der Aufklärung, in: Geschichte und Gesellschaft 28 (2002), S. 493–514.

Gegebenheiten sind für ihn hoch determiniert, mit Bedeutung aufgeladen durch historisches und literarisches Wissen. Auch wenn er in York nur eine Fehlanzeige notieren kann (die übrigens auf seine eigene Reiseplanung zurückgeht, er hätte genauso gut in York schon Station machen und alles in Ruhe besichtigen können!), wird hier bereits deutlich, daß die Schottlandreise (wie manch andere Reise) letztlich nicht der Topographie, Geographie oder Landschaft gilt, sondern einem inneren Kompaß folgt, in dem die Ortsangaben jeweils als ‚triggers' fungieren, mit welchen sich historische und literarische Assoziationen abrufen lassen. Dies ist eine grundlegende Einsicht, von der aus wir *Jenseit des Tweed* insgesamt besser verstehen können, auch wenn wir an dieser Stelle der Reiseschilderung die Grenze Schottlands noch nicht einmal erreicht haben.

Als weitere symptomatische Stelle, bei der sich eine genauere Auslegung lohnt, möchte ich Ihnen eine andere Bahnhofsbemerkung vorlegen. Die Freunde kommen mit dem Zug von Oban auf dem Bahnhof von Glasgow an.

> „Die Sonne war längst unter, als wir uns der reichen Hauptstadt des schottischen Westens näherten, aber die dunklen Häusermassen traten doch noch deutlich aus dem grauen Abendschimmer hervor. Die Frage entstand: bleiben oder nicht? Die Schilderungen, womit uns ein lokalpatriotischer Glasgower während der Fahrt unterhalten hatte, waren an Ohr und Herz meines Reisegefährten nicht spurlos vorübergegangen; ich meinerseits sehnte mich aber zurück nach Canongate und der High Street von Edinburgh. Statt aller weiteren Antwort zeigte ich nur auf einige der dreihundert Fuß hohen Fabrikschornsteine, deren eben mehrere, wie erstarrte Dampfsäulen, hoch in den Himmel stiegen. Der Schornstein ist das Wahrzeichen Glasgows. Dieser Hinweis genügte. Von einer Seite des Bahnhofs eilten wir rasch nach der andern hinüber, wo der Edinburgher Zug bereits ungeduldig wartete und seine Ungeduld durch Murren und Zischen zu erkennen gab; dann ein lang anhaltender Pfiff, und an Falkirk und seinen Schlachtfeldern vorbei, ohne Gruß für Linlithgow, das wie ein Schattenbild neben uns verschwand, bogen wir nach kaum einstündiger Fahrt um den Schloßfelsen Edinburghs herum und sahen seine Häuser rechts und links emporsteigen, phantastisch nebelhaft wie immer, eine Wolkenstadt, in der die Lichter blitzten."[13]

Die beiden Freunde hätten hier vielleicht in Dissens geraten können, aber Bernhard von Lepel ordnet sich unter und stellt seine Wünsche zurück. Auf der Schottlandreise war nämlich Fontane der Kundige, der Führer, der es genoß, über alles Bescheid zu wissen und seine Prioritäten zu set-

---

[13] Fontane, II, 272f.

zen.¹⁴ So bleibt Glasgow – immerhin die größte Stadt Schottlands, und nicht die bedeutungsloseste – für Fontane ein Bahnhofserlebnis – „Von der einen Seite des Bahnhofs eilten wir rasch nach der andern hinüber" –, und er hat es auch nicht für nötig gehalten, diese Lücke zu camouflieren und beispielsweise für den gedruckten Reisebericht auf vorhandene Reiseführer zurückzugreifen.

Diese radikal subjektive Reise-Freiheit ist aber nicht so zufällig und willkürlich, wie sie an der zitierten Stelle scheinen mag; sie folgt vielmehr einem unausgesprochenen Programm der Reise und auch des Reiseberichtes *Jenseit des Tweed*. „Der Schornstein ist das Wahrzeichen Glasgows." Der Verweis auf die Industriestadt, den industriellen Gesamtcharakter einer urbanen Agglomeration, genügt, um alle historischen und literarischen Assoziationen, die man ja auch mit Glasgow verbinden könnte, beiseite zu räumen. Die Schilderungen eines lokalpatriotischen Reisegefährten aus Glasgow können nicht aufkommen gegen die imaginäre Topographie, die Fontane zur Grundlage seines Reiseplanes gemacht hat. Das Reisewerk bietet keine Beschreibung des realen Schottlands, sondern eine Beschreibung der Vorstellungen von Schottland, die sich Fontane zuvor gebildet hatte. Die Reise an die realen Orte ist eine ‚Wallfahrt', eine ‚Pilgerfahrt' zu jenen Stätten, die durch ihre klingenden Namen schon in der Phantasie verankert sind;¹⁵ die Ferienreise schafft nun durch eigenes Schauen und Erleben eine Verbindung zwischen dieser imaginären Topographie und einer vorfindbaren ‚Wirklichkeit'. Dieser ‚Wirklichkeit' wird aber kein Einspruchsrecht gegen die Phantasie eingeräumt: Die Reise wird vielmehr so gestaltet, daß die Imagination möglichst nicht beschädigt werden soll durch widerständige Realitäten.

Damit stellt sich Fontane in eine bemerkenswerte Tradition deutscher Schottlandreisender, die mit dem vierbändigen Werk *Caledonia* der Emilie von Berlepsch (1802–1804) beginnt und in Johanna Schopenhauers Reisebericht ein weiteres Beispiel aufzuweisen hat. Emilie von Berlepsch reiste in Schottland, angeregt durch Johann Gottfried Herder, auf den Spuren Ossians. Ebenso absichtsvoll wie später Fontane verschloß sie die Augen vor der frühindustrialisierten Realität der Lowlands.¹⁶ Und Johanna Schopenhauer, deren Reise etwas früher liegt, wenn auch die Beschreibung erst 1813–1817 erschienen ist, unternahm genau dieselbe

---

¹⁴ Vgl. Nürnberger, Der frühe Fontane, S. 249.
¹⁵ Fontane II, 48, 50, 309 u.ö.
¹⁶ [Emilie von Berlepsch:] Caledonia. Von der Verfasserin der Sommerstunden, 4 Bde., Hamburg 1802–1804 (beispielsweise Bd. 3, S. 177f.). Vgl. dazu Maurer, Die Entdeckung Schottlands, S. 149f.

programmatische Abwendung von der industriellen Realität, um ihre romantische Phantasie nicht mit prosaischer Wirklichkeit zu beflecken.[17]

Unabhängig von der Frage, ob Fontane diese Beispiele gekannt hat, reiht er sich hier in eine bereits eingefahrene Spur deutscher Schottlandwahrnehmung ein. Die aufgerufenen Realitätssignale, das „Murren und Zischen" des ungeduldig wartenden Zuges nach Edinburgh, versinnlichen nur die innere Sehnsuchtsperspektive des Reisenden, der in seinen romantischen Träumen nicht gestört werden will. Von Ferne zieht die Bahn an Schlachtfeldern vorbei (sie sind für Fontane bevorzugte Gedenkstätten, welche seine historisch immer rege Phantasie in Gang setzen![18]) und am Schloß von Linlithgow, „wie ein Schattenbild", das in ihm Assoziationen an den Lebensweg der Maria Stuart weckt, und zwar eher der von Schiller idealisierten als der historischen, obwohl auch diese durch ihr buntes Leben reichlich Stoff für Erzählbares zu bieten hatte. Fontane verkörpert damit nur den prototypischen deutschen Schottlandreisenden: Wenige Jahre zuvor hatte Fanny Lewald (ihr Reisewerk war Fontane bekannt![19]) einen Großteil ihres ‚Reisetagebuches' *England und Schottland* genau diesen Geschichten um Maria Stuart gewidmet.[20] Und in Holyrood Castle hatte man längst bemerkt, daß man für die deutschen Touristen, die mit dem Idealbild Schillers im Kopfe ankamen, den Blutfleck erneuern mußte, mit dem der Ort bezeichnet war, an dem Maria Stuarts Vorleser und Gesellschafter David Rizzio vor ihren Augen erstochen worden war.[21]

Eine dritte Stelle von symptomatischer Qualität, die ich Ihnen genauer vorstellen möchte, ist die Bemerkung angesichts der Denkmäler auf Calton Hill in Edinburgh, für Robert Burns, Dugald Stewart und einen Professor Playfair:

> „Die Mehrzahl meiner Leser wird hier die Frage aufwerfen, was es mit Dugald Stewart und Professor Playfair eigentlich auf sich habe? Wer sie gewesen seien und was sie getan hätten, um sich auf der Höhe von Calton Hill, und zwar von *Vaterlands* wegen, monumental verherrlicht zu sehen. Genau dieselbe Frage war ich gezwungen mir selbst zu stellen, der ich bis dahin noch den eitlen Glauben in mir großgezogen hatte, daß jeder monumentberechtigte Schotte mir aus Dichtung oder Geschichte wenigstens dem Namen nach

---

[17] Johanna Schopenhauer: Erinnerungen von einer Reise in den Jahren 1803, 1804 und 1805, 3 Bde., Rudolstadt 1813–1817; z.B. Bd. 1, S. 295f.
[18] Vgl. John Osborne: Aus Schottland und Frankreich. Überlegungen zum Gattungscharakter von Fontanes Kriegsberichten, in: Fontane-Blätter 75 (2003), S. 42–63.
[19] Vgl. Jana Kittelmann: *Nordische Natur(en)?* Fanny Lewald und Theodor Fontane in Schottland. Mit Briefauszügen von Fanny Lewald und Amalie Bölte, in: Fontane Blätter 89 (2010), S. 69–85.
[20] Fanny Lewald: England und Schottland. Reisetagebuch, 2 Bde., Braunschweig 1851–1852, Bd. 2, 212–222, 321, 333, 336–484.
[21] Vgl. Zabel, *Nach Schottland also!*, S. 369f.

bekannt sein müsse. Aber ich sollte während meines Aufenthalts in Schottland nur allzuoft an das Irrige dieser meiner Vorstellung erinnert werden. Die Sache ist die, daß wir im Auslande nur die romantische Hälfte Schottlands kennen und wenig oder nichts von der Kehrseite derselben. Dichtung und Romane lesend, sind wir mit unsern Sympathien in der Vergangenheit Schottlands steckengeblieben, während die Schotten selbst nichts Ernstlicheres zu tun hatten, als mit dieser Vergangenheit zu brechen und völlig neue, völlig abweichende Berühmtheiten zu etablieren."[22]

Hier tritt der Autor nicht über seinen Freund, sondern direkt mit dem Leser in Kontakt, dessen Erwartungen er aufgreift und sich zu eigen macht. Er betont auch seine Rolle als sachkundiger Führer, indem er behauptet, aufgrund seiner Vorkenntnisse davon ausgehen zu können, jeden „monumentberechtigen" Schotten zu kennen. Die banale Erfahrung des Reisenden, auf Denkmäler zu stoßen, deren Bedeutung sich ihm nicht sogleich erschließt, nimmt Fontane nun allerdings zum Anlaß einer weitgreifenden Reflexion über das deutsche Bild von Schottland, „von dem wir nur die romantische Hälfte kennen". Er sieht sich keineswegs veranlaßt, dieses Bild zu korrigieren oder zu ergänzen; ja, er versteift sich geradezu darauf, daß nur „die romantische Hälfte Schottlands" es verdient habe, von uns gekannt zu werden. Er erkennt mit luzider Klarheit, woher dieses realitätsfremde Schottlandbild rührt („Dichtung und Romane lesend, sind wir mit unsern Sympathien in der Vergangenheit Schottlands steckengeblieben"), macht sich aber nun nicht etwa zum Anwalt eines realitätsadäquaten modernen Schottlandbildes, sondern verteidigt die poetische Qualität des phantastischen Balladenlandes, dem seine ganze Liebe gilt.

Seine historische Einsicht in die Realität und deren Zurückweisung im Namen der Poesie wird sehr deutlich an einer Stelle, die unmittelbar auf die Bemerkungen zu den Denkmälern folgt:

„In Oban (an der Westküste) fand ich ein Buch im Gastzimmer, das den Titel führte: ‚Die Würdigsten unseres Volks'. Ich blätterte eine halbe Stunde darin und suchte nach mir bekannten Namen, aber vergeblich. Wer waren die Würdigsten? Märtyrer und Reformatoren, Entdecker und Philanthropen, Dichter, Künstler, Gelehrte, aber kein Archibald Bell-the-Cat mit ‚langem Schwert und kurzer Geduld', kein Douglas mit der Devise ‚stolz und treu', am wenigsten jener Hamiltons einer, die eine Locke Maria Stuarts bis diesen Augenblick wie eine Reliquie aufbewahren. Dies Auftreten zwei ganz entgegengesetzter Elemente, die nur darin zusammenfallen, daß jedes *nach seiner Art* zur nationalen Kraft und Bedeutung seines Landes beigesteuert hat, läßt sich vielleicht nirgends so gut

---

[22] Fontane, II, 119f.

beobachten wie in Schottland, weil der Kontrast selten so schlagend hervortritt wie gerade hier. Während im Laufe der letzten 100 Jahre der ökonomische, puritanische und prosaische Sinn der Bevölkerung die Dinge innerlich zum Besten gewandt und vor Wüstheit und unausbleiblichem Verfall gerettet hat, hat gleichzeitig die wüste Kraftepoche, die wenigstens dagewesen sein mußte, um poetisch verherrlicht werden zu können, dem Ganzen nach außen hin einen Glorienschein, ein Ansehen geliehen, das ihm die bloß respektable Seite des Volkscharakters nie erobert haben würde."[23]

Fontane offenbart hier die klare Einsicht eines Historikers, der die zurückliegenden Epochen als solche zu verstehen und zu erläutern weiß, der ihre innere Notwendigkeit und ihren Aufbau, ihre dialektische Bezogenheit und ihre Differenz zur Gegenwart klar herauszuarbeiten versteht, der sich aber bei alledem weigert, sich dieser ‚Realität' zu unterwerfen. Er registriert die Differenz zwischen ‚Geschichte' und ‚Gedächtnis', die in der aktuellen Geschichtswissenschaft so große Beachtung gefunden hat, seit Pierre Nora seine *Lieux de mémoire* publiziert hat.[24] Fontane ist so weit Historiker, daß er sich mit dem Schottland der Geschichte abgibt und abfindet, andererseits aber das ‚Gedächtnis', die Bedeutung für die Lebenden, weit wichtiger findet als die prosaische Wirklichkeit des Faktischen. Streng genommen, kommt er zu diesen Reflexionen durch den Kontrast zweier kultureller Gedächtnisse, des schottischen eigenen und des deutschen fremden. Die schottische Identität beruhte (zu Fontanes Zeiten) eben nicht mehr nur auf jener Balladenschicht von Archibald Bell-the-Cat, Douglas und Hamilton, sondern auch auf dem „ökonomische[n], puritanische[n] und prosaische[n] Sinn der Bevölkerung" der „letzten 100 Jahre".[25] Der Historiker kann sogar die Einsicht formulieren, daß die Entwicklung in Richtung auf die Moderne „die Dinge innerlich zum Besten gewandt" habe, und trotzdem als Dichter darauf bestehen, daß die barbarischen Züge früherer Epochen nicht nur den Vorzug haben, „poetisch verherrlicht werden zu können", sondern außerdem auch noch die Außenwirkung hatten, die nun die Reisenden in dieses Land zieht. Wo sie ihre Phantasiekonzeptionen, ihr ‚kollektives Imaginaire', auch noch in der Wirklichkeit vorfinden können – vorausgesetzt, sie sind bereit, sich Fontanes Führung anzuvertrauen, in Glasgow nur den Zug zu wechseln und die Augen vor der modernen Stadt zu verschließen.

*

---

[23] Fontane, II, 120.
[24] Vgl. Pierre Nora: Zwischen Geschichte und Gedächtnis, Frankfurt a.M. 1998. Aleida Assmann: Geschichte im Gedächtnis. Von der individuellen Erfahrung zur öffentlichen Inszenierung, München 2007.
[25] Zum Faktischen vgl. Michael Maurer Geschichte Schottlands, Stuttgart 2. Aufl. 2011.

Ich hatte in Erwägung gezogen, Ihnen Fontanes Reiseweg auf einer Schottlandkarte nachzuzeichnen und die Reisestationen zu bemerken. Vielleicht verstehen Sie jetzt, warum ich darauf verzichte. Den Reiseweg müßte man nämlich eher mithilfe einer Literaturgeschichte beschreiben als mit einer geographischen Karte. Oder anders gewendet: Die Reise Fontanes und ihre Schilderung im Reisebuch *Jenseit des Tweed* läßt sich als eine literarische Geographie beschreiben, die wesentlich an Dichtungen Anhalt findet. In Edinburgh, ausgehend von Holyrood Palace, wandeln die Freunde auf den Spuren der Maria Stuart, ergänzt um eine Fahrt nach Linlithgow, ihrem Geburtsort, später ergänzt um Lochleven Castle, wo Maria Stuart in Gefangenschaft ein Jahr zubrachte. Fontane beschreibt in Edinburgh Old Tolbooth, obwohl dies vor seiner Zeit schon abgerissen worden war (1817), weil es nun einmal der Schauplatz von Scotts *The Heart of Midlothian* gewesen war. Von Stirling aus besuchen die beiden Freunde Loch Katrine, motiviert durch Sir Walter Scotts *The Lady of the Lake*. Wegen Walter Scott ist ihm auch Melrose Abbey wichtig; pointiert schließt die Reise mit einem Besuch in Abbotsford in den Borders, am Wohnsitz des Schriftstellers. Fixsterne der Reise sind außer dem durch Maria Stuart und Sir Walter Scott kartographierten Schottland noch die Legenden, Geschichten und Balladen, die Fontane aus Thomas Percys *Reliques of Ancient English Poetry* kannte und aus Scotts *Minstrelsy of the Scottish Border*, außerdem Shakespeares *Macbeth*, die Dichtungen von Robert Burns und Thomas Moore sowie natürlich *Ossian*.[26]

Stefan Neuhaus urteilt: „*Jenseit des Tweed* ist – und das gibt es nicht oft in der Reiseliteratur – gleichermaßen Reiseführer und poetischer Text. Mit dem Buch in der Hand kann man noch heute durch Schottland fahren, auch wenn man vieles verändert findet und den Angaben Fontanes ohnehin nicht zu trauen ist."[27]

Kann man das so sagen: „*Jenseit des Tweed* ist [...] gleichermaßen Reiseführer und poetischer Text"? „Poetischer Text" ist das Werk (in einem äußerlichen Sinne genommen) insofern, als es viel Poesie enthält: zitierte, übersetzte, nacherzählte. Indem es in so hohem Maße, wie wir das schon erläutert haben, von Poesie angeregt, von Poesie durchdrungen, von Poesie gezeugt ist, möchte man schon geradezu umgekehrt fragen: „Was soll daran noch ‚Reisebericht' sein?"

Zunächst könnte man äußerlich an das Thema herangehen: Die Abschnitte tragen Überschriften wie „Von London nach Edinburgh", „Von Edinburgh bis Stirling", „Von Oban bis zum Loch Lomond – Rückkehr nach Edinburgh". Die ganze Textorganisation entspricht also mit ihrem itineraren Fortgang dem, was man aus Reiseberichten kennt;

---

[26] Genauere Untersuchungen zu den literarischen Bezügen bei Neuhaus, Freiheit, Ungleichheit, Selbstsucht, S. 237–239.
[27] Neuhaus, Jenseit des Tweed, in: Fontane-Handbuch, S. 813.

fast jeder Abschnitt ist entweder mit einer Ortsbezeichnung überschrieben oder als Strecke „von – bis" bezeichnet. Es gibt auch die explizite Verknüpfung von Ort und literarischem Stoff in einer Überschrift wie „Loch Katrine oder das Land der ‚Lady of the Lake'".

Hier wollen wir einsetzen. Wie geschieht die Verknüpfung zwischen der Wiedergabe von Literatur und der Darstellung einer wirklichen Reise? Eine einfache Form des Überganges wurde von Fontane bei Erreichen des Schlachtfeldes von Killiecrankie gewählt. Der Kutscher ruft ihm zu: „Look, there's the battlefield." Mit zwei Sätzen beschreibt der Autor Erstreckung, Form und Lage, bevor er unseren Blick auf einen Denkstein fixiert:

> „Ziemlich am nördlichsten Punkt der Wiese gewahrten wir einen Stein, aufrecht stehend und von der Größe eines gewöhnlichen Mauerpfostens. An dieser Stelle fiel der Sieger des Tages, William Graham, Herzog von Claverhouse und Marquis von Dundee. Über diesen Sieg und die Person des Siegers sei mir gestattet, hier folgendes einzuschalten."[28]

Dann folgt ein historischer Exkurs. Diese Art der Einschaltung von Fremdtexten erscheint organisch, insofern sie durch das Reisegeschehen motiviert ist. Man muß den Reisenden auf ihrem Weg folgen; wenn ein bestimmter Punkt von historischer Bedeutung erreicht ist, der sich als solcher zu erkennen gibt (hier durch Zuruf und Denkmal), entsteht im Leser das Bedürfnis, die historischen Zusammenhänge verstehen zu wollen, wie es in den Reisenden an Ort und Stelle entstanden sein mag.

Eine weitere Stelle zur Erläuterung der Übergangsproblematik von historisch-literarischen Erzählungen und Reisebericht ist die folgende. Nachdem Fontane die Schreckensberichte und Schauergeschichten idealtypisch zugespitzt referiert hat, setzt er unvermittelt so fort:

> „Der Vortrag solcher und ähnlicher Geschichten hat uns an Schloß Urquhart vorbei bis an die Stelle gebracht, wo sich von Südosten her der Foyersfluß in die See ergießt."[29]

Der Leser soll also denken, daß sich die Reisenden mit solchen Geschichten amüsieren, um sich die Zeit auf dem Dampfboot zu verkürzen. Die *Reisestrecke* wird also (für den Leser des Reiseberichts) zur *Erzählstrecke*; der Fortgang der Zeit im Erzählen, welcher zugleich einen Fortgang der Zeit im Reisen symbolisiert, bringt den Erzähler an einen (vorläufigen) Schlußpunkt, der zugleich zusammenfällt mit dem Anfangspunkt eines weiteren Teiles des Reiseberichtes. Man kann also sagen, daß historisch-

---

[28] Fontane, II, 196.
[29] Fontane, II, 229.

literarische Stoffe mit dem Fontane-Lepel-Bericht verknüpft werden; man kann sogar sagen, daß sie kunstvoll miteinander verfugt werden.

Dazu ist besonders sprechend der Abschnitt im Anschluß an die umfangreiche Nacherzählung des Versepos *The Lady of the Lake* von Sir Walter Scott. Fontane setzt danach dergestalt ein:

> „So unter allerhand Gespräch über die ‚Jungfrau vom See', zu dem jeder aus der Vorratskammer seines Gedächtnisses wie zu einem Picknick beizusteuern bemüht war, hatten wir Bochastle erreicht, jenen an der Grenze gelegenen Punkt, wo die Reiter des Königs hielten, um bei der Entführung von Ellen Douglas behilflich zu sein, und sich schließlich begnügen mußten, den halbtoten Roderick Dhu auf den Sattel zu heben. Der nächste Punkt von Interesse war Coilantogle Ford. Als der Finger des Kondukteurs auf die ziemlich nahe am Wege gelegene Stelle wies, wo Roderick Dhu und Fitzjames gekämpft hatten, sprang alles im Wagen auf, mit einem Eifer und einer Raschheit, als fürchte jeder, daß ihm der Platz durch die Schaugier des andern entführt werden könnte. Der Platz an und für sich war unscheinbar genug, aber eben in seiner Unscheinbarkeit vom Dichter trefflich gewählt. Wir empfanden es an uns selbst, daß die beiden Gestalten um so deutlicher und lebensvoller vor uns hintraten, je leerer der Rahmen war, in den sie der Dichter gestellt hatte. Keine Staffage, die irgendwie gestört hätte; eine Wiese, ein Flußstreifen und still zur Rechten der See von Vennachar. Rasch ging es nun am Nordufer des Sees entlang, an Landrick Height vorbei, dem Musterungsplatz der MacGregors, bis wir die Ufer Loch Vennachars mit denen des nachbarlichen Loch Achray vertauschten."[30]

Was geschieht hier? Fontane simuliert, daß die Reisenden untereinander sich gerade über diejenige Geschichte unterhalten hätten, die er, der Autor, uns bis dahin ausführlich erzählt hat. Die Geschichte, die der Leser soeben zu lesen bekommen hat, wird als gemeinsames Gedächtnisgut der Reisenden inszeniert; in gemeinsamem Gespräch bringen sie ihre Erinnerungsbrocken zusammen – wie zu einem gemeinsamen Picknick. Während sie sich so (der Darstellung Fontanes zufolge) gegenseitig mit ihrer Erinnerung aufgeholfen und sich den Inhalt erzählend vergegenwärtigt haben, erreichen sie einen weiteren Punkt, der in der Geschichte genannt war, sodann einen weiteren, den ihnen der Kutscher bezeichnet. Indem sich die Fahrgäste in diese Szenerie miteinbeziehen lassen, spielen sie die erzählte Geschichte gewissermaßen nach, lassen sich in ein lebendes Bild des Erzählten einfügen. Der real ausgewiesene Schauplatz des Zweikampfes (der topographisch kaum kenntlich ist, jedenfalls selbst von Fontane als ‚unscheinbar' bezeichnet wird!) wird nun durch die lebendige An-

---

[30] Fontane, II, 172.

schauung so zum Inzentiv der Phantasie, daß Fontane sich zu der Formulierung versteigen kann: „Wir empfanden es an uns selbst, daß die beiden Gestalten um so deutlicher und lebensvoller vor uns hintraten, je leerer der Rahmen war, in den sie der Dichter gestellt hatte." Die auf Papier geschriebene Geschichte ermöglicht es dem Leser, mit seinen Vorinformationen genau auf dem Punkt zu stehen zu kommen, den die Reisenden durch ihr gemeinsames Erinnern und Nacherleben erreicht haben. Das heißt: Mit der aktualisierten Geschichte betreten zugleich die „Staffagefiguren" dieser Reisegesellschaft (unter Einschluß des Erzählers und seines Freundes Bernhard von Lepel) die Bühne. Die Scott-Romanze verschmilzt mit der Reiseerzählung Fontanes.

*

Wenn Sie mir bei meinem Gedankengang bis hierher gefolgt sind, haben Sie zwei Schritte mitvollzogen: Zunächst schien Fontanes Schottland-Reisebuch ein „poetischer Text" zu sein, in dem die *lieux de mémoire* Schottlands evoziert werden. Sodann haben wir gesehen, wie Fontane die Erzählungen aus Walter Scott und vielen anderen Quellen in seinen Reisebericht einer tatsächlich durchgeführten Schottlandreise eingearbeitet hat, auf welcher er uns (wie am Ort selbst seinen Freund Bernhard von Lepel) an seinen historisch-literarischen Kenntnissen teilhaben läßt und uns quasi als ‚Reiseführer' auf einer Rundreise durch den südlichen Teil Schottlands und bis in den äußersten Westen, nach Staffa und Iona, dient. In einem dritten Schritt wollen wir die Reisenden Fontane und von Lepel als Touristen unter Touristen ins Auge fassen. Wenn auch Stefan Neuhaus Recht hat („Mit dem Buch in der Hand kann man noch heute durch Schottland fahren ..."), ist doch zu berücksichtigen, daß Fontane zwar auf der Ebene der *lieux de mémoire* die überdauernden Bestandteile des Schottlandbildes präsentiert, in der Beschreibung seiner persönlichen Reisewirklichkeit jedoch streng historisch gelesen werden muß, nämlich im Rahmen der Entwicklung des Tourismus auf dem Stande von 1858. Dazu noch einige nähere Anmerkungen.

Am Anfang des Reisewerkes hat Fontane diesen Aspekt besonders betont, wo er nach der Widmung an seinen Freund und Reisegefährten und der Erinnerung an einen früheren Aufbruch zu seiner ersten Englandreise die Bahnfahrt von London nach Edinburgh beschreibt: „Wir fuhren dritter Klasse, halb ersparungs-, halb beobachtungshalber, und hatten trotz einiger Unbequemlichkeiten nicht Ursach, unsere Wahl zu bereuen. Der bis auf den letzten Platz besetzte, durch keine Zwischenwände geschiedene Wagen glich einem Auswandererschiff."[31] Seitenlang werden

---

[31] Fontane, II, 35.

die Mitreisenden beschrieben, was dem Autor aber zugleich eine zweite Perspektive zu eröffnen erlaubt. Denn selbstverständlich sind die beiden Deutschen in erster Linie Fremde, die sich Briten gegenübersehen, sodann aber ist der folgende Reisebericht auch gespickt mit Bemerkungen zum Unterschied von Engländern und Schotten und zu ihrer alten gegenseitigen Feindschaft.[32] „Die Mittelbank, auf der wir saßen, zog genau die Grenzlinie zwischen zwei verschiedenen Elementen, aus denen unsere Reisegesellschaft bestand, zwischen armen Engländern und sparsamen Schotten. Denn der Engländer fährt nur dritter Klasse, wenn er *muß*, der Schotte, wenn er *kann*."[33] Jenseits des Grenzflusses Tweed werden die drei Identitäten dann durch eine Projektion in die Landschaft geordnet: „Die Morgensonne lacht freundlich, während wir die schottische Landschaft durchfliegen. Die Felder, die Art der Bestellung, das Seltenerwerden der Hecken, alles weicht ab von dem in England Üblichen und ruft uns (wie vieles andere noch, auf das wir stoßen werden) die Bilder deutscher Heimat mehr und mehr ins Gedächtnis zurück."[34] Die beiden Deutschen unternehmen zwar eine Reise in die Fremde, aber diese Fremde enthält ein Element der Verwandtschaft und Nähe, das die Differenz überspielt. Gleichzeitig wird die vielfältig angesprochene Differenz zwischen Schotten und Engländern hier so genutzt, daß die Schotten den Deutschen ähnlicher seien als die Engländer den Deutschen.

Reisemittel, Verkehrswege und Herbergen werden zwar erwähnt und gelegentlich auch beschrieben, aber nicht mit dem Anspruch eines Reiseführers. Der Leser erfährt einiges aus dem Verkehrswesen um 1858 – beispielsweise, daß man damals zwischen Perth und Inverness zwischen einer schnellen Eisenbahnverbindung und einer zwar strapaziöseren, aber auch ertragreicheren Reise auf der *Stage-coach* wählen konnte;[35] wie sich der Dampferverkehr im Westen Schottlands dank des Unternehmungsgeistes von Mr. Hutcheson entwickelt hatte;[36] wie es mit den Unterkunftsmöglichkeiten auf Iona steht;[37] und dergleichen mehr. Entscheidend ist aber, daß Fontane auch den Tourismus als solchen analysiert und problematisiert. Dazu folgende Passage:

> „Es ist eine Unsitte, die, wie überall, so auch in Schottland herrscht, dem Reisenden gleichsam eine bestimmte Reiseroute, eine bestimmte Reihenfolge von Sehenswürdigkeiten aufzudrängen. Irgendeine Eisenbahn- oder Dampfschiffahrt-Kompagnie findet es für gut, *diesen See, diesen Berg, diese Insel* als das Schönste und

---

[32] Fontane, II, 73, 80, 104, 126,, 147, 180.
[33] Fontane, II, 35.
[34] Fontane, II, 37.
[35] Fontane, II, 188.
[36] Fontane, II, 234f. u.ö.
[37] Fontane, II, 257.

Sehenswerteste festzusetzen; regelmäßige Fahrten werden eingerichtet, bequeme Hotels wachsen wie Pilze aus der Erde, Stellwagen und Postillone, Bootsführer und Dudelsackpfeifer, alles tritt in den Dienst der Gesellschaft, und der Reisende, der ein Mensch ist und in möglichst kurzer Zeit mit möglichst wenig Geld das möglichste sehen möchte, überläßt sich wie ein Gepäckstück diesen Entrepreneurs und bringt sich dadurch um den vielleicht höchsten Reiz des Reisens, um den Reiz, *das Besondere, das Verborgene, das Unalltägliche* gesehen zu haben. Eine kleine Schönheit, die wir für uns selber haben, ist uns lieber wie die große und allgemeine. – Den Entrepreneurs hat es bisher nicht beliebt, den Leven-See, überhaupt die Grafschaft Fife, unter jene Punkte aufzunehmen, die gesehen werden *müssen*; es lag außerhalb des Weges und wenige kümmerten sich darum. Das wird jetzt mutmaßlich anders werden. An demselben Tage, an dem wir aufbrachen, um unsern Besuch auf dem alten Schlosse abzustatten, wurde die Eisenbahn zwischen Edinburgh und Lochleven eröffnet, und ich hege keinen Zweifel, daß die betreffende Aktiengesellschaft Sorge tragen wird, den halbvergessenen Punkt wieder zu Ehren zu bringen und mit Hilfe der Romantik die Aktien steigen zu machen."[38]

Fontane erkennt klar, wie er vom gegebenen Entwicklungsstand des Tourismus zu seiner Zeit abhängig ist. Er kritisiert die profitgierige Ausbeutung der touristischen Ressourcen und prangert den Touristen-Nepp an.[39] Zugleich ist ihm bewußt, daß die Einordnung in das vorhandene Infrastrukturnetz die Bedingung einer zeit- und geldsparenden Rundreise ist. Während Emilie von Berlepsch, obwohl sie wochenlang auf günstiges Wetter wartete, auf die ersehnte Überfahrt nach Staffa unter den Verkehrsbedingungen um 1800 hatte verzichten müssen,[40] kann Fontane 1858 dank der Dampfboote eine solche Reise ohne weiteres auf den Tag genau einplanen – und er weiß um diesen Vorzug.[41]

Insgesamt muß man zur Reiseführerqualität der Fontaneschen *Bilder und Briefe aus Schottland* sagen, daß sie nur insofern geltend gemacht werden kann, als Fontanes Reise auch heute noch nachvollzogen werden kann und auch heute noch wesentliche Punkte einer touristischen Schottlandreise zusammenfügt.[42] Freilich hat sich seit seiner Zeit manches gewandelt: nicht nur die Verkehrsbedingungen und die Hotels, sondern auch der Kanon der Sehenswürdigkeiten. Eine Schottlandreise ohne Glasgow wäre heute kaum vorstellbar. Auch die Highlands können nicht so leicht umgangen werden; beispielsweise hätte das *Glenfinnan Monument*

---

[38] Fontane, II, 275f.
[39] Beispielsweise in Oban: Fontane, II, 256–258.
[40] Emilie von Berlepsch, Caledonia, Bd. 2, 75, 155–179.
[41] Fontane, II, 236.
[42] Vgl. Grenier, Tourism and Identity in Scotland.

(1815) Fontane leicht zu weiteren historischen Exkursen anregen können – ebenso, wie natürlich das Tal von Glencoe. Insbesondere die Archäologie hat unserem Schottlandinteresse einen weiteren Radius gegeben: ob nun der Steinkreis von Calanais auf der Hebrideninsel Lewis oder die vorgeschichtlichen Siedlungen auf Skara Brae – die schottische Geschichte hat nicht nur in Richtung auf unsere Gegenwart eine Verlängerung erfahren, sondern auch in Richtung auf die Vergangenheit eine Vertiefung. Aber auch in anderer Weise hat sich unser Schottlandbild verändert: Die pittoresken Geschichten und bluttriefenden Anekdoten, die Romanzen von Liebesleid und Frauentreu und Männertapferkeit, die seine Phantasie so unaufhörlich beschäftigt haben, sind heute zum Teil unbekannt. *Ossian* ist Literatur für Spezialisten, Robert Burns wird kaum einem Abiturienten begegnet sein, und selbst Walter Scott, einen der meistgelesenen Autoren des 19. Jahrhunderts, genießt man heutzutage nur noch wenig. Das bedeutet, daß ein Teil der Geschichten, die Fontane zu erzählen hat, nicht mehr als Erinnerungen an Bekanntes zu lesen sind, sondern als Ersatz für ‚originale' Erzählungen (sofern deren Quellen nicht mehr gelesen werden). In dieser Hinsicht hat Fontanes Reisebuch ohne Zweifel noch an Reiz gewonnen.

Den Ehrgeiz, einen ‚Reiseführer' zu verfassen, hatte Fontane bestimmt nicht. In dieser Hinsicht konnten seine Zeitgenossen schon mehr mit Johann Georg Kohl, Carl Gustav Carus, Fanny Lewald, Titus Ullrich und Richard Andree anfangen.[43] (Daß Fontane selbst die von seinem ‚Rütli'-Gefährten Titus Ullrich in der *Nationalzeitung* publiziert Reisebriefe kannte und sich nachschicken ließ, ist bezeugt.[44]) Trotzdem schien es ihm wichtig, nicht etwa ein Buch mit Geschichten und Anekdoten aus der schottischen Literatur und Geschichte zu veröffentlichen, sondern genau diese Verbindung von persönlichem, subjektivem Reisebericht und Inszenierung der schottischen *lieux de mémoire*. Wir haben gesehen, wie er durch organisches Einschmelzen der Erinnerungen, durch Nachspielen, Durchsprechen, Einbeziehen dafür eine authentisch wirkende Form gefunden hat. Das war dann tatsächlich das Muster, welches er in den *Wanderungen durch die Mark Brandenburg* anwenden und weiter perfektionieren konnte.

*

---

[43] Johann Georg Kohl: Reisen in Schottland, 2 Bde., Dresden 1844; C[arl] G[ustav] Carus: England und Schottland im Jahre 1844, 2 Bde., Berlin 1845; Titus Ullrich: Reise-Studien aus Italien, England und Schottland, Berlin 1893 (zuvor zumeist in der *Nationalzeitung* publiziert).

[44] Nürnberger, Der frühe Fontane, S. 251f.

Lassen Sie uns zum Schluß die Frage aufwerfen, welches Bild von Schottland Fontane eigentlich seinen deutschen Lesern zeichnete.[45] Im 18. Jahrhundert war in Deutschland kaum etwas über Schottland bekannt gewesen.[46] Fontane beklagte nun, zwei Generationen später, daß in Deutschland von Schottland nur die romantische Hälfte bekannt sei:[47] Doch zeigt seine eigene Reisebeschreibung, daß ihn selber nichts als diese romantische Seite Schottlands interessierte. Fontane, der auf seinen Wanderungen durch Schottland immer auf der Suche nach dem „Malerischen"[48] und „Romantischen"[49] ist, wendet sich dezidiert ab, als die Schornsteine von Glasgow in Sicht kommen: Ein Schottland, das nur ein zweites England oder Deutschland wäre, interessiert ihn nicht. Die Prosa der Gegenwart wird von vergangenheitstrunkenen Touristen verschmäht, die Schottland auf den Pfaden von Robert the Bruce und Rob Roy, Maria Stuart und Bonnie Prince Charlie durchstreifen.

Fontanes Leidenschaft für alte Geschichten und Legenden läßt an Schottland allerdings einen geradezu archaischen Zug hervortreten, eine Spur der Grausamkeit, des Mordes und sinnlosen Blutvergießens, extremer Brutalität und verbrecherischer Leidenschaften, der in eine eigene kulturelle Welt hinüberführt. Es ist das Mittelalter, eine „wüste Kraftepoche, die wenigstens dagewesen sein mußte, um poetisch verherrlicht werden zu können",[50] eine archaische Welt am Rande Europas, am Rande der Zivilisation. Zu dieser Welt gehört ein barbarischer Einschlag, ein wiederkehrendes Handabhacken[51] und Kopfabschlagen, Zweikämpfe und Schlachten, bei denen im Blut gewatet wird: „wüst, wild, roh",[52] „Blut überall".[53] An anderer Stelle, in seinem Vortrag *Das schottische Hochland und seine Bewohner*, hat Fontane die Mission Schottlands, wie er sie sich vorstellte, zugespitzt: „es schien, über seine Zeit hinaus, nur aufbewahrt zu sein, um in der Fülle seiner Anomalien den benachbarten Kulturstaaten eine neue und unerschöpfliche Quelle der Poesie zu bieten"![54]

Fontanes Blick kapriziert sich auf den Rand der Kultur, das Barbarische, das Extreme. Er zeigt sich geprägt von „all den Lieblingsvorstellungen, die wir von Jugend auf an den Namen Schottland geknüpft haben";

---

[45] Dieser Abschnitt folgt Maurer: Das Andere des Anderen, S. 22–25.
[46] Vgl. Michael Maurer: Was wußten die Deutschen des 18. Jahrhunderts von Schottland?, in: Siebers/Zagratzki, Deutsche Schottlandbilder, S. 13–30.
[47] Fontane, II, 119.
[48] Fontane, II, 27, 70, 71, 88, 101, 261.
[49] Fontane, II, 10, 156, 227, 276.
[50] Fontane, II, 120.
[51] Fontane, II, 241.
[52] Fontane, II, 15.
[53] Fontane, II, 23.
[54] Fontane, II, 39.

schon im ersten Hotel in Edinburgh empfindet er einen „leisen Schauer" angesichts der „blutroten Bettvorhänge".[55] Seine Phantasie ist auf Schauergeschichten und Spukhäuser ausgerichtet – sie wird befriedigt, nicht zu knapp. Der „alte nationale Aberglauben" sei in Schottland „in Kraft geblieben [...]. Die Gespenster scheinen hier eine Art Landesprodukt zu sein."[56]

Fontane staunt, welch ein „Zustand verhältnismäßiger Roheit und Unkultur hier noch herrschte, als das übrige Westeuropa bereits unter dem Einfluß der wiedererwachten Künste war".[57] „Die ganze Westküste (nördlich vom Clyde) ist noch diesen Augenblick eine unkultivierte Fläche, damals galt sie als unbestrittener Sitz der Barbarei."[58] Er delektiert sich an Geschichten wie derjenigen des Herzogs von Queensbury, der sein Haus am Tag der Union (1. Mai 1707) verließ, um die Festlichkeiten nicht zu versäumen, gefolgt von allen Hausgenossen, und nur einen wahnsinnigen Sohn in seiner Zelle zurückließ und einen Küchenjungen am Herd; als er zurückkehrte, waren die Eisenstäbe der Zelle zerbrochen, der Wahnsinnige drehte den Spieß in der Küche, an diesem steckte der Küchenjunge.[59] Oder die Geschichte jenes William Douglas, der von König Jakob II. persönlich erstochen wurde.[60] In Perth besichtigt Fontane „die alte, an historischen Erinnerungen überreiche Kirche von St. John, die, der landesüblichen Ermordungen an Altar und Altarstufen zu geschweigen, vor allem dadurch eine Berühmtheit erlangt hat, daß die schottische Bilderstürmerei (infolge einer John-Knoxschen Predigt) eben hier ihren Anfang nahm."[61] „Es gibt noch immer Naturen, die sich am liebsten da zu Tische setzen, wo die Luft nach Blut riecht."[62] Fontane führt uns mit Vorbedacht in ein romantisches Schottland, in dem solche Geschichten ihren angestammten Ort haben. Vorbei an den in Schottland so zahlreichen Schlachtfeldern: „Es graute uns, als wir an diesem Saatfeld des Schreckens [Killiecrankie] vorbeikamen, und das Gespräch stockte, das bis dahin so munter von allen Lippen geflossen war."[63] Ein „poetisches Grauen" ergreift ihn bei Culloden.[64]

Das eigentlich wilde Schottland beginnt in den *Highlands*; Inverness bildet als Hauptstadt so etwas wie eine Oase in einer Wüste: „Das immer

---

[55] Fontane, II, 42.
[56] Fontane, II, 108.
[57] Fontane, II, 61.
[58] Fontane, II, 93.
[59] Fontane, II, 62.
[60] Fontane, II, 159.
[61] Fontane, II, 182f.
[62] Fontane, II, 183.
[63] Fontane, II, 199.
[64] Fontane, II, 204.

spärlicher werdende Leben rafft sich hier noch einmal zusammen, schafft Komfort, Luxus und Geselligkeit und treibt Blüten der Wissenschaft und selbst der Kunst."[65] Jenseits: „absolute Öde".[66] „Ein romantischer Zauber liegt über dieser Landschaft"[67] – freilich ein literarisch induzierter Zauber, im Lande des Macbeth. „Überall dieselbe Geschichte von einem ‚chief' oder Häuptling, der einen anderen chief zu Gaste geladen und ihm den Kopf eines Vaters oder Sohnes als Tafelverzierung auf den Tisch gestellt hat; überall eine Clanschlacht, ein Waten in Blut, bis endlich einmal eine Erzählung voll rührender Gewalt oder eine ganz aparte Schreckensgeschichte den gewöhnlichen Schauerroman unterbricht. Es imponiert und prägt sich dem Gedächtnis ein, wenn ein Hochlandchief seinem englischen Gegner die Kehle abbeißt und hinterher versichert, nie einen bessern Bissen gehabt zu haben."[68]

Archaische Grausamkeit wird in einer kahlen, öden, unfruchtbaren Landschaft situiert. Der Norden ist ein „Sitz der Öde".[69] „Die Natur nördlicher Gegenden kommt über ein Herbstgefühl nicht hinaus"[70] – selbst im Sommer nicht. In dieser Landschaft übt sich die „wilde Kraft des Hochländers".[71]

Fontane sucht die „romantischen Schauer"; er findet sie in den Geschichten und Legenden längstvergangener Tage. Die archaischen Schotten sind „edle Wilde", die noch die „Unverletzlichkeit des Gastrechts" kennen;[72] nicht zufällig verwendet der Schriftsteller an mehreren Stellen das Vokabular der Indianergeschichten. Er nennt die Clan-Chiefs „Häuptlinge", mit einer „Adlerfeder" geschmückt; sie wohnen ihn „Wigwams" oder „Blockhäusern"[73] und tragen eine spezifische Tracht, malerisch und imposant zugleich.[74] An seltenen Stellen wird ein Wort als „gälisch" bezeichnet: Die Fremden sprechen unverständlich. Die Ahnung einer eigenen gälischen Kultur kommt nicht auf. Ein Begriff des ‚Keltischen' fehlt bei Fontane noch völlig. (Dies sollte sich wenige Jahre später mit Richard Andree ändern.[75])

---

[65] Fontane, II, 206.
[66] Fontane, II, 216.
[67] Fontane, II, 206.
[68] Fontane, II, 229.
[69] Fontane, II, 201.
[70] Fontane, II, 208.
[71] Fontane, II, 171.
[72] Fontane, II, 169.
[73] Fontane, II, 16, 28, 232, 249, 261.
[74] Fontane, II, 205, 261 u.ö.
[75] Andree, Vom Tweed zur Pentlandföhrde. Vgl. Maurer, Das Andere des Anderen, sowie Zabel, *Nach Schottland also!*

Es ist letztlich ein sentimentales Refugium der Phantasie, das Fontane in *Jenseit des Tweed* mehr ausmalt als beschreibt. Es ist eine rückwärtsgewandte Vision eines mittelalterlich-idealisierten Scott-Schottland, bereist im sentimentalen Bewußtsein der Moderne: „das alte Hochlandsleben starb dahin".[76] Die Lebensverhältnisse nivellieren sich und egalisieren sich; trotz aller malerischen Winkel gilt es auch in Edinburgh schon, die „ängstliche Sauberkeit des frisch abgeputzten St. Giles" zu monieren, „unsere [moderne] Purifikation", „kalt, sauber, sonntäglich".[77] Es wird nicht mehr lange dauern, bis auch Schottland aus dem Zustand der Poesie in den der Prosa übergetreten ist. Fontane erkennt bereits die Zurichtung der schottischen Landschaft im Interesse des Tourismus. Er ist selber nur ein *Tourist*, aber eine irische Mitreisende entlarvt ihn: „You are a poet."[78]

---

[76] Fontane, II, 226.
[77] Fontane, II, 72.
[78] Fontane, II, 269.

I

Milena Bauer

Bewegte Nähe
Der Topos der Landpartie bei Theodor Fontane

1. Bewegte Nähe oder: Auf gefährlichem Terrain

„Fräulein Corinna hat sich gestern auf unsrer Grunewald-Partie, die vielleicht besser unterblieben wäre, mit meinem Sohne Leopold verlobt, nicht umgekehrt"[1], empört sich die titelgebende Kommerzienrätin in Theodor Fontanes Gesellschaftsroman *Frau Jenny Treibel* gegenüber Professor Wilibald Schmidt. Diese Verbindung will sie unter allen Umständen verhindert wissen – durchkreuzt sie doch ihre Pläne, den Sohn vorteilhaft und d.h. vor allem vermögend zu verheiraten – und so sucht sie folgerichtig ‚Fräulein Corinnas' Vater auf, um diese Verbindung stillschweigend und in gegenseitigem Einvernehmen wieder zu lösen. Da die Kommerzienrätin dieses monetäre Argument gegenüber ihrem Jugendfreund nicht in all seiner Drastik äußern kann, beschuldigt sie die selbstbewusste Corinna, Motor der Verlobung gewesen zu sein und ihren willensschwachen Sohn dazu verleitet zu haben: „Leopold thut keinen Schritt ohne mein Wissen und Willen, am wenigsten einen so wichtigen Schritt wie eine Verlobung, und so muß ich denn, zu meinem lebhaften Bedauern, von etwas Abgekartetem oder einer gestellten Falle, ja, Verzeihung, lieber Freund, von einem wohl überlegten Ueberfall sprechen." (*JT*, S. 183) Schmidt, amüsiert ob Jennys bemühtem Vergleich, schlägt in seiner Replik einen unverhohlen ironischen Tonfall an:

> Ein Ueberfall, meine gnädigste Frau. Sie haben vielleicht nicht ganz Unrecht, es so zu nennen. Und daß es gerade auf diesem Terrain sein mußte. Sonderbar genug, daß Dinge derart ganz bestimmten Localitäten unveräußerlich anzuhaften scheinen. Alle Bemühungen, durch Schwanenhäuser und Kegelbahnen im Stillen zu reformiren, der Sache friedlich beizukommen, erweisen sich als nutzlos, und der frühere Charakter dieser Gegenden, insonderheit unseres alten übelbeleumdeten Grunewalds, bricht immer wieder durch. Immer wieder aus dem Stegreif. (*JT*, S. 184)

---

[1] Theodor Fontane: Frau Jenny Treibel oder ‚Wo sich Herz zum Herzen find't'. In: Ders.: Große Brandenburger Ausgabe. Hrsg. von Gotthard Erler. Das Erzählerische Werk. Edit. Betreuung Christine Hehle. Bd. 14. Hrsg. von Tobias Witt. Berlin 2005, S. 183. Die nachfolgenden Romanzitate werden unter Verwendung der Sigle *JT* direkt im Fließtext nachgewiesen.

Dabei ist besonders augenfällig, dass sich Schmidt hier unmittelbar auf die Topographie, das Setting des Grunewalds und seine berüchtigte Historie rückbezieht: Gewitzt rekurriert er auf den „wegelagernden märkischen Raubadel" (*JT*, Anhang, S. 347), der dort sein Unwesen trieb und karikiert damit seine Tochter Corinna als gewissenlose Räuberbraut, die Leopold das Bündnis mit unlauteren Mitteln abgezwungen hat.

Neben der dezidierten Bezugnahme auf den Grunewald und der ironisch konstatierten Affinität zu unlauteren Überfällen, formulieren Schmidts Bemerkungen prägnant ein poetologisches Prinzip Fontanescher Landpartiedarstellung in den Gesellschaftsromanen: die Korrelation von Geselligkeits- und Liebeshandlung auf dem „Terrain" der Landpartie, respektive, apostrophiert in der titelgebenden Formulierung, die ‚bewegte Nähe'. Die der ‚bewegten Nähe' eingeschriebenen Bedingungen und Bedingtheiten für das handlungsdynamisierende, amouröse Potential der Landpartie bei Fontane exemplifiziert die spielerische (Re-)Kombination jener vier Bezugsmomente der Bewegung (körperliche Mobilität und emotionale Affektivität) und Nähe (geringe räumliche Distanz und eine körperlich-emotionale Intimität): (1) Landpartien stellen „Ausflüge an die Peripherie der Stadt oder zu nahe gelegenen Erholungsorten"[2] dar, in deren prototypischem Verlauf die teilnehmende Gesellschaft (in Form von Spaziergängen oder Bootsfahrten) gemeinsam in Bewegung versetzt wird. (2) Dieses Moment der Mobilität vermag es sodann, die Figuren einander anzunähern, indem es sie in spezifische Konstellationen choreographiert. (3) Dadurch initiiert oder potenziert der Aufenthalt in den stadtnahen Ausflugsorten eine figurativ-wechselseitige Affektation. (4) Landpartien stellen demgemäß Settings dar, in denen Affektivität und körperlich-emotionale Intimität zusammenfallen und sich wechselseitig bedingen.

Auf der Grundlage dieser Überlegungen soll die Landpartie im Folgenden als ein oft frequentierter Topos im Werk Fontanes vorgestellt werden, der einen Möglichkeitsraum konstituiert und nicht zuletzt die Anbahnung von Liebesverhältnissen entscheidend vorantreibt.

2. Partien in Fontanes Œuvre

Sucht man im Œuvre Fontanes nach Bearbeitungen des Landpartie-Topos, so erweist sich das Romanwerk als die ergiebigste Fundstelle, denn „kaum ein Roman lässt sich die Schilderung einer solchen ländlichen

---

[2] Katharina Grätz: Landpartie und Sommerfrische. Der Ausflugsort in Fontanes literarischer Topographie. In: Magie der Geschichten. Weltverkehr, Literatur und Anthropologie in der zweiten Hälfte des 19. Jahrhunderts. Hrsg. von Michael Neumann und Kerstin Stüssel. Konstanz 2011, S. 77–92, hier S. 80.

Exkursion entgehen."[3] Doch nicht allein dort, auch in den *Wanderungen durch die Mark Brandenburg* und in den zahlreich überlieferten Briefen findet die Landpartie Erwähnung: als Gegenstand reisejournalistischer Reflexion, aus der Rolle des Beobachtenden und des selbst unmittelbar Erlebenden. Betrachtete man allein die Modi der touristischen Mobilität und Aufenthaltsdauer und vernachlässigte den historiographischen Diskurs der *Wanderungen*, könnten diese nachgerade mit ‚Landpartien in die Mark Brandenburg' übertitelt sein, denn Fontanes „Wanderungen sind eigentlich Fahrten"[4], eine „Vielzahl radialer Kurzreisen, Abstecher oder Ausflüge, die fast jedesmal von Berlin ausgingen"[5].

Berlin bot auch den Ausgangspunkt für privat unternommene Fahrten und häufig sogar deren Anlass: Fontane floh regelmäßig dem ihm unerträglichen Berliner Sommer und suchte – seiner Gesundheit und schriftstellerischen Produktivität gleichermaßen zuträgliche – Orte der relativen Ruhe und Abgeschiedenheit auf. Je nach zeitlichem und finanziellem Budget fuhr er mehrere Wochen in die Sommerfrische oder er unternahm auf wenige Tage hin eine Partie, die ihn unweit seines eigentlichen Lebensmittelpunktes vor die Tore der Stadt führte. Die von dort an seine Frau Emilie Fontane verfassten Briefe geben beredt Auskunft über das gesundheitliche Befinden, das Arbeitspensum sowie über den Stand der Konzeption, Ausarbeitung und Korrektur des jeweiligen Schreibprojektes Fontanes. Darüber hinaus unterbreiten die Briefe eine Fülle an Anekdoten und Reflexionen, in denen er „– gleichsam als Meta-Tourist in Touristenrolle –"[6] mal humoristisch-versöhnlich, mal satirisch-kritisch, immer jedoch mit Kenner- und Könnerschaft die örtliche Naherholungs- und Tourismusindustrie analysiert und darstellt.

Jenseits der autobiographischen und reisejournalistischen Schriften kann das Erzählwerk Fontanes mit seinen zahl-, detail- und facettenreichen Landpartiedarstellungen als wohl fruchtbarste Quelle zur Untersuchung jenes Topos gelten. Die eigenen touristischen Unternehmungen und die dabei gewonnenen Eindrücke Fontanes stehen mit seinen literarischen Bearbeitungen allerdings in einem engen Zusammenhang: „Aus der

---

[3] Ebd., S. 78.
[4] Theodor Fontane: Wanderungen durch die Mark Brandenburg. Hrsg. von Helmuth Nürnberger. Bd. 3. München 1991, Anhang, S. 819.
[5] Peter Wruck: Wie Fontane die Mark Brandenburg entdeckte. In: Fontane Blätter 74 (2002), S. 60–77, hier S. 71.
[6] Eberhard Rohse: Harztouristen als literarische Figuren in Werken Theodor Fontanes und Wilhelm Raabes: ‚Cécile' – ‚Frau Salome' – ‚Unruhige Gäste'. In: Literarische Harzreisen. Bilder und Realität einer Region zwischen Romantik und Moderne. Hrsg. von Cord-Friedrich Berghahn, Herbert Blume u.a. Bielefeld 2008, S. 175–231, hier S. 200. – Wenngleich das vorliegende Zitat im Originalkontext der Figur Robert von Leslie-Gordon aus Fontanes *Cécile* zugeordnet ist, kann es ebenso treffend für Fontane selbst gelten.

Position teilnehmender Beobachtung Fontanes [...], der immer auch [...] gleichzeitig Romanautor ist, ergeben sich – über touristentypologische Beobachtungen und sozialatmosphärisch signifikante Table d'hôte-Begegnungen hinaus [...] – nicht selten romankonzeptionell zentrale Figuren-Anregungen"[7]. Romankonzeptionelle Anregungen lassen sich insbesondere für die Wahl und Gestaltung der Landpartietopographien konstatieren; so resultiert die häufig gerühmte „authenticity of the background in detail and atmosphere"[8] nicht zuletzt aus den bei eigenen Aufenthalten gewonnenen Kenntnissen.

Die für die Landpartie festzustellende Privilegierung der epischen Gattung[9] lässt sich zum einen sinnfällig mit dem Umstand erklären, dass Fontanes Werk in der Mehrzahl epische Texte umfasst. Die wiederkehrende Bearbeitung des Topos im Romanwerk kann zum anderen aber auch mit seiner Einbettung in einen bestimmten Genretyp, den Gesellschaftsroman, erklärt werden.

3. Gesellschaftsroman und Landpartie

Die sich im Laufe des 19. Jahrhunderts rasant vollziehende Industrialisierung und Urbanisierung und die damit einhergehenden fundamentalen wirtschaftlichen, politischen und sozialen Umwälzungen unterzogen die europäischen Gesellschaften einem tiefgreifenden Strukturwandel, in dessen Kontext das ‚Soziale' „eine Bewußtseinsfrage"[10] wurde und zum omnipräsenten Losungswort avancierte. „Die Tatsache des gesellschaftlichen Seins rückt[e] in das Bewußtsein der Menschen und [war] von dort nicht mehr zu verdrängen."[11] Das Wissen um die sozialen Bedingungen und Bedingtheiten fand auch Eingang in die Literatur und es erschien fortan „geradezu unmöglich, einen Charakter unabhängig von der Gesellschaft darzustellen"[12]. Die Verwurzelung und Verortung literarischer Figuren im Gesellschaftsgefüge hat sodann maßgeblich die Bezeichnung

---

[7] Rohse: Harztouristen als literarische Figuren, S. 179.
[8] Henry Garland: The Berlin Novels of Theodor Fontane. Oxford 1980, S. 111.
[9] Im Nachlass findet sich indes ein Gedicht mit dem Titel *Berliner Landpartie*, datiert auf die Jahre 1892–1898 und mit der Bemerkung „ganz unfertig[...]" versehen. Theodor Fontane: Gedichte. In: Ders.: Große Brandenburger Ausgabe. Hrsg. von Gotthard Erler. Bd. 2. Einzelpublikationen, Gedichte in Prosatexten, Gedichte aus dem Nachlaß. Hrsg. von Joachim Krueger und Anita Golz. Berlin 1995, S. 483f. (Zitat: Ebd., Anhang, S. 696.)
[10] Walter Müller-Seidel: Theodor Fontane. Soziale Romankunst in Deutschland. Stuttgart 1975, S. 11.
[11] Arnold Hauser: Sozialgeschichte der Kunst und Literatur. Bd. 2. Dresden 1987, S. 659.
[12] Ebd.

des Romantypus ‚europäischer Gesellschaftsroman' geprägt. Trotz dieses gemeinsamen Signums „gibt [es] Unterschiede in der Form und es gibt solche im zeitlichen Verlauf. Vor allem aber gibt es Unterschiede der Nationalität"[13]: Im Vergleich zu Frankreich, England und Russland mutet die deutschsprachige Literaturlandschaft vergleichsweise anachronistisch an, vergegenwärtigt man sich, dass Adalbert Stifter und Gottfried Keller mit *Der Nachsommer* und *Der grüne Heinrich* noch Mitte des 19. Jahrhunderts zwei Bildungsromane vorlegten, die sich eindeutig in die von Goethe mit seinem *Wilhelm Meister* prototypisch entworfene Gattungstradition stellten.[14] Der deutsche Roman gewinnt „– als Gesellschafts- oder als Zeitroman – erst spät den Anschluß an die Entwicklung der europäischen Literatur [...]. Man denkt zumal an Theodor Fontane."[15]

Fontanes Erzählwerke fügen sich nun insofern in eine europäische Tradition des Gesellschaftsromans, als es sich um „Roman[e] der guten Gesellschaft"[16] handelt: Hier verlässt das Handlungsgeschehen die öffentlich-politische Sphäre und vollzieht eine „Wendung ins Tägliche und Zivile"[17]. Allerdings darf der Ausdruck ‚gute Gesellschaft' nicht zu der Mutmaßung verleiten, es handele sich durchweg um die harmlose Portraitierung einer finanziell sorglosen Gesellschaftsschicht. Zum einen entfaltet Fontane durchaus ein differenziertes Gesellschaftstableau, das auch Figuren der unteren Stände berücksichtigt. Zum anderen ist der Darstellung der mehrheitlich „städtisch-bürgerlichen oder auch ländlich-aristokratischen Gesellschaft"[18] ein überaus gesellschaftskritisches Potential inhärent, denn es entbehrt nicht einer gewissen Ironie, die portraitierte Gesellschaft in ihrem Umfeld und mit den ‚Waffen' ihres eigenen Habitus vorgeführt und karikiert zu sehen.

Indem beim Roman der ‚guten Gesellschaft' der Fokus auf die private Sphäre gerichtet ist, erweisen sich die dort praktizierte Geselligkeit

---

[13] Müller-Seidel: Soziale Romankunst, S. 19.
[14] Vgl. Clemens Pornschlegel: Theodor Fontane und die Entstehung des Gesellschaftsromans in Deutschland. In: Realismus. Epoche – Autoren – Werke. Hrsg. von Christian Begemann. Darmstadt 2007, S. 157–172, hier S. 157f.
[15] Müller-Seidel: Soziale Romankunst, S. 20. Erklärungen für diesen ‚Sonderweg' müssen an dieser Stelle ausgespart bleiben; allerdings rekurriert der Terminus ‚Sonderweg' auf das *On dit* der Forschung, das die literarhistorische Entwicklung eng mit den politischen Entwicklungen und Mentalitäten des deutschen Kaiserreichs korreliert sieht.
[16] Peter Demetz: Formen des Realismus: Theodor Fontane. Kritische Untersuchungen. München 1964, S. 99.
[17] Ebd., S. 100.
[18] Dieter Mayer: Die Landpartie als literarisch-gesellschaftlicher Topos bei Fontane und nach der Jahrhundertwende. In: Literatur, Sprache, Unterricht. Festschrift für Jakob Lehmann zum 65. Geburtstag. Hrsg. von Michael Krejci und Karl Schuster. Bamberg 1984, S. 63–70, hier S. 63.

und ihre Ritualisierungen als wesentliche Erzählgegenstände: Nicht das Divergente und Außergewöhnliche erscheint erzählenswert, vielmehr rückt das geregelte, das alltägliche Gesellschaftsleben ins Zentrum des Geschehens. Die ausgedehnte Thematisierung jener Geselligkeitskultur bleibt dabei nicht ohne Einfluss auf die Romankomposition, sondern übernimmt strukturbildende Funktion: „Die gesellschaftliche Etikette bestimmt das Fundament der Erzählstruktur; die einzelnen Phasen des Gesellschaftsrituals verwandeln sich zu Romankapiteln"[19]. Dieses „Prinzip der Strukturierung, das [...] für beinahe alle erzählenden Werke Fontanes gilt", exemplifiziert sich vornehmlich an geselligen Mahlzeiten: „Landpartien und Herrenessen, Picknicks und späte Frühstücke, Diners, ja sogar das improvisierte Essen in der Küche, aber natürlich auch festliche Abendtafeln durchziehen sie alle"[20].

Im Kontext der von den Romanen vorgeführten ritualisierten Mahlzeiten- und Geselligkeitskultur kommt dem hier zu analysierenden Topos der Landpartie eine besondere Bedeutung zu. Denn während diese gesellschaftlichen Zusammenkünfte in den geschlossenen Wohnräumen der gehobenen Gesellschaft zelebriert und abgehalten werden,[21] findet einzig im Rahmen der Landpartie ein Austritt des Figurenkreises aus jenen geschlossenen Räumen statt. Und gerade diese Ambivalenz der Landpartie, ihre Implementierung in die habitualisierte Geselligkeitskultur bei gleichzeitig eklatanter Modifikation durch das Moment der Variation, lässt ihre Analyse im Romanwerk Fontanes als überaus lohnend erscheinen.

4. Potential und Struktur des Landpartie-Topos

Wenn die Landpartie auch als „eine Fontanesche Spezialität"[22] gelten kann, greift er diesen Topos keineswegs aus dem Nichts. Einerseits dokumentiert Fontane mit der Darstellung von Landpartien ein damals weitverbreitetes Vergnügen, so dass die literarische Bearbeitung der Landpartie ihrer gesellschaftlichen Popularität motivisch Rechnung trägt. Andererseits steht die Landpartie aber auch in einem gewissen Motivzusammenhang

---

[19] Demetz: Formen des Realismus, S. 121.
[20] Gerhard Neumann: Das Ritual der Mahlzeit und die realistische Literatur. Ein Beitrag zu Fontanes Romankunst. In: Ders.: Theodor Fontane. Romankunst als Gespräch. Freiburg im Breisgau 2011, S. 49–66, hier S. 59.
[21] Vgl. Demetz: Formen des Realismus, S. 100: „Das erzählerische Interesse richtet sich allein auf den mondänen Ort, an dem man nicht arbeitet und handelt, sondern gesellig spricht: Salons, Ballsäle, Speisezimmer, Veranden; geschlossene, nicht offene Räume".
[22] Mayer: Die Landpartie als literarisch-gesellschaftlicher Topos, S. 64.

mit der deutschen und europäischen Romantradition: „[I]m Berliner Unterhaltungsroman der Vierziger Jahre [...] tritt in der bescheideneren preußischen Sphäre die Landpartie an Stelle der eleganten englischen Jagden oder französischer Bälle"[23].

Die Wiederkehr des Landpartie-Topos im Erzählwerk Fontanes erklärt sich erneut im Hinblick auf die intendierte Darstellung der Geselligkeitskultur als folgerichtig, denn die Landpartie bereichert den streng ritualisierten und routinierten Gesellschaftsverkehr um eine saisonale Variante. Darüber hinaus ist jenen Episoden das handlungsdynamisierende Potential der ‚bewegten Nähe' inhärent, das sich für die Handlungskonzeption als erzählerisch ungemein produktiv erweist: Weithin dem Prinzip verpflichtet, den Plot aus den Gepflogenheiten des gesellschaftlich-geselligen Lebens zu komponieren, vermag es die Landpartie, „die Vordergrundfiguren in gleichsam lässig-natürlicher Weise und mit einem Schlage zu versammeln."[24] Stellt die Zusammenführung eines Figurenkreises gegenüber anderen Geselligkeiten zunächst kein genuines Spezifikum der Landpartie dar, profiliert sich dieses indes im Moment der Bewegung und, damit eng verknüpft, in Anbetracht des topographischen Settings. Zwar sind „[d]ie angesteuerten Ausflugsorte [...] nichts weniger als Orte ursprünglicher Natur, sondern tragen als Erholungs- und Unterhaltungsstätten den Bedürfnissen der Städter Rechnung"[25], und dennoch offeriert selbst die Kulturalität der Landpartie-Natur hinreichende Bedingungen und Gelegenheiten zu gemeinsamen, mobilisierenden Aktivitäten. Stets den Anschein spielerischen Zufalls inszenierend, formieren sich bei den unternommenen Spaziergängen und Bootsfahrten bestimmte Figuren- und insbesondere Paarkonstellationen, die die Beteiligten in vertrauliche Gespräche und körperliche Nähe versetzen, so dass „ein essentielles Moment der Romanhandlungen mobilisiert wird: die Liebe."[26] Ähnliches wäre in der vergleichsweisen Statik anderer Geselligkeitsformen nicht oder nur schwer darzustellen.[27]

---

[23] Demetz: Formen des Realismus, S. 122.
[24] Ebd.
[25] Grätz: Landpartie und Sommerfrische, S. 82.
[26] Brigitte Hauschild: Geselligkeitsformen und Erzählstruktur. Die Darstellung von Geselligkeit und Naturbegegnung bei Gottfried Keller und Theodor Fontane. Frankfurt am Main 1981, S. 123.
[27] Vgl. Albrecht Kloepfer: Fontanes Berlin. Funktion und Darstellung der Stadt in seinen Zeit-Romanen. In: Germanisch-Romanische Monatsschrift 42 (1992), S. 67–86, hier S. 82: „[B]esonders bei den Landpartien in ‚L'Adultera' und ‚Frau Jenny Treibel' führt die ständig neue Mischung der Ausflugsteilnehmer zu einer Vielzahl wichtiger, unbelauschter Dialoge, die in einer Abendgesellschaft oder Ähnlichem sinnvoll zu arrangieren, den Autor vor erhebliche Schwierigkeiten gestellt hätte."

Die Aspekte der choreographierten Bewegung, der Annäherung und – in doppeltem Wortsinne – Paarbildung lassen Reminiszenzen an Bälle und dort praktizierte Gesellschaftstänze gewahr werden. Doch im Gegensatz zur Landpartie handelt es sich hierbei um stärker „reglementierte[ ] Gelegenheiten normierten Geschlechterwerbens [und] zu körperlicher Berührung"[28]. Waren Bälle geradezu „gesellschaftliche[] Distinktionsrituale"[29], Anlässe sozialer Repräsentation und Terrain spezifischer Verhaltenskodizes, resultiert aus dem Transfer der Geselligkeit in ein naturhaftes Setting, dass die Landpartie gesellschaftliche Konventionen flexibilisierte. Mögen informellere Tanzveranstaltungen hier auch Lockerungen ermöglicht haben, folgen die einzelnen Gesellschaftstänze einem festen, sich aus der Kombination musikalischer und choreographischer Schemata ergebenden Reglement. Dieses Reglement verunmöglicht im Vergleich zur Landpartie ein choreographisches Potential, das über die Zusammenführung gewisser Tanzpaare hinausreicht. Auch die Gelegenheit zu vertraulichen Gesprächen ist durch potentielle Mithörer, die musikalische Untermalung und die qua Tanzfiguren immer wieder zu vollziehenden Drehungen und Partnerwechsel eingeschränkter.

Wenngleich zahlreiche Romane Fontanes Bälle und Tänze als einen festen Bestandteil der Fest- und Geselligkeitskultur vorführen, bleibt ihr handlungsdynamisierendes Potential im Vergleich zu den Landpartien doch gering. Für Fontanes Präferenz der Landpartie als entscheidendes Handlungsmoment spricht, neben der Rekurrenz des Landpartie-Topos, zudem ein spezifisches Erzählmuster, das „sich schon in seinem ersten echten Gesellschaftsroman (in ‚L'Adultera') durchzusetzen beginnt"[30] und das in den nachfolgenden Romanen stets aufgegriffen und variiert wird. Dabei konzipiert und komponiert Fontane ein Erzählgeflecht, das sich am gesellschaftlichen Ritual und der Chronologie einer Landpartie orientiert und in den einzelnen Erzählphasen die konstitutiven Elemente einer Landpartie inszeniert. Demetz hat folgende „vier Erzähl-Phasen der Landpartie" als Bausteine ihrer „äußerst filigranen Erzählstruktur"[31] unterschieden: (1) Die Vorbereitung der Landpartie und die Ankunft der Gesellschaft, (2) die gemeinsame Mahlzeit und Bewegung sowie (3) die Rückkehr der Teilnehmer. Ist mit diesen drei Phasen der prototypische Ab- und Verlauf einer Landpartie vollständig abgebildet, ergänzt Fontane häufig noch ein (4) nachgeordnetes Gespräch, das die stattgefundene Landpartie zum Konversationsthema erhebt und ihre Vorkommnisse rekapituliert und reflektiert.

---

[28] Walter Salmen: ‚Am Sylvester war Ressourcenball ...' – Tänze und Bälle bei Theodor Fontane. In: Fontane Blätter 88 (2009), S. 104–126, hier S. 111.
[29] Ebd., S. 110.
[30] Demetz: Formen des Realismus, S. 122.
[31] Ebd.

5. Eine Partie machen

Soll das systematisch-konzeptionelle Augenmerk der folgenden Landpartie-Lektüre vornehmlich dem initiierenden und dynamisierenden Potential in Liebesangelegenheiten gelten, gelangen dennoch auch einige der vorangegangenen Reflexionen zu einer konkreteren Anschaulichkeit. Grundsätzlich folgt die Analyse den einzelnen Erzählphasen der Landpartie in *Frau Jenny Treibel*, ergänzt durch Querverweise auf bestehende Analogien bzw. Differenzen im weiteren Romanwerk.

Die Landpartie in *Frau Jenny Treibel* erscheint wie selbstverständlich in den ritualisierten Gesellschaftsverkehr eingebettet und stellt nach dem Diner im Hause Treibel den nächsten geselligen Anlass dar, der zahlreiche Haupt- und Nebenfiguren versammelt. Die Signifikanz von Diner und Landpartie für das Gesamt der Romankonzeption konkretisiert sich dabei wie folgt: Während Jennys Einladung zu ihrem Diner an Corinna Schmidt den Auftakt der Handlung darstellt, gar als Anlass und Auslöser des Erzählens betrachtet werden kann,[32] konstituiert die Landpartie den Ziel- respektive Wendepunkt im Romangefüge, denn dort vollzieht sich die heimliche Verlobung, die angesichts der relativen „Handlungsarmut"[33] das entscheidende Ereignis des Romans darstellt. Davon abgesehen, dass Corinnas Flirt mit Leopold Treibel beim Diner seinen Anfang nimmt, ist jene Abendgesellschaft auch insofern sinnfällig mit der späteren Landpartie korreliert, als dort ebenfalls die zum Nebenpersonal zählende Familie Felgentreu geladen ist, die maßgeblich die Landpartie nach Halensee anregt: „Vergnügen erzeugt den Wunsch nach neuem Vergnügen."[34]

Die Beobachtung einer chronologischen Sequenz in dem Sinne, dass die Initiierung und Veranstaltung einer Landpartie stets nach einer Abendgesellschaft erfolgt, hat auch für die weiteren Romane Gültigkeit, so dass hierin ein weiteres Strukturprinzip Fontanescher Landpartiedarstellung erkannt werden kann. Offenbar bedarf es konstitutiv vorangehender Handlung und Figurenexposition, um das Erzählpotential einer Landpartie voll auszuschöpfen.

Über den Konnex zur ritualisierten Geselligkeitskultur bestimmt sich die Hoffnung auf Abwechslung und Müßiggang als entscheidendes Movens für die Veranstaltung einer Landpartie in *Frau Jenny Treibel*. In

---

[32] Wruck konstatiert, dass „sich aus der überbrachten Einladung eine Durchmusterung des Personenkreises, mit dem für das Festessen gerechnet oder nicht gerechnet wird, wie von selbst ergibt" und somit expositorisch „die Vordergrundfiguren [sic] versammelt und vorgeführt" werden. (Peter Wruck: Frau Jenny Treibel. ‚Drum prüfe, wer sich ewig bindet'. In: Fontanes Novellen und Romane. Hrsg. von Christian Grawe. Stuttgart 2008, S. 185–216, hier S. 189.)
[33] Demetz: Formen des Realismus, S. 161.
[34] Hauschild: Geselligkeitsformen und Erzählstruktur, S. 122.

keinem anderen Roman ist die Landpartie darüber hinaus so explizit als Setting des (Ehe-)Partnerwerbens benannt, kann doch die lukrative Verheiratung der ledigen Felgentreutöchter ebenfalls als gewichtiger Motivationsgrund gelten. Dass Landpartien nicht allein im Medium der Literatur und insbesondere bei Fontane das Potential besitzen, in Liebesangelegenheiten entscheidende Lebensweichen zu stellen, demonstriert ein kurzer Auszug aus einer zeitgenössischen Ratgeber-Persiflage. Hier warnt der Verfasser seine ledigen Geschlechtsgenossen süffisant vor den Gefahren, die der Teilnahme an einer Landpartie in dieser Hinsicht innewohnen, indem er auf die etymologische Polyvalenz rekurriert, die der Phrase ‚eine Partie machen' eingeschrieben ist:

> Ist man Junggeselle, so sei man vorsichtig. ‚Eine Partie machen' ist bekanntlich ein Doppelsinn. Fürchtet man, verlobt zu werden, und fühlt man sich nicht stark genug, die Intriguen eines edlen liebenden Mutterherzens zerreißen oder durchkreuzen zu können, so lehne man die Einladung ab, indem man auf Falb verweist, welcher den Tag der Partie als einen kritischen verzeichnet und Regen, Hagel, Überschwemmung, Gewitter und scharfen Nordwind fest versprochen habe. Dies braucht nicht wahr zu sein. / Man wird am anderen Tage verhöhnt, aber das ist manchem lieber, als der Empfang von Gratulationen. Man kenne also die einladende Familie genau und wisse, ob sie töchterrein ist. Hat sie ausschließlich verheiratete oder verlobte Töchter, so nehme man freudig an.[35]

Ein Blick auf die Landpartieteilnehmer in *Frau Jenny Treibel* verrät indes, dass die hier formulierte Warnung kein Gehör findet. Und Leopold Treibel ist nicht der einzige Junggeselle, der sich den amourösen Fährnissen einer Landpartie stellt, denn der Gesellschaft schließt sich noch ein sogenanntes Quartett an, „darunter zwei Referendare von der Potsdamer Regierung" „[u]nd Reserveofficiere" (*JT*, S. 129), so dass den insgesamt drei unverheirateten jungen Frauen (Blanca und Elfriede Felgentreu sowie Corinna Schmidt) schließlich fünf ledige Männer gegenüber stehen. Die Einladung zur Landpartie überbringen die beiden Felgentreutöchter den Treibels denn auch erst, *nachdem* sie die Zusage des ‚Quartetts' erhalten haben; ein weiterer textinterner Hinweis auf die verfolgten heiratsstrategischen Absichten. Auch Jennys Ehemann Kommerzienrat Treibel begründet seine Zusage, an der Landpartie teilzunehmen, mit der „Freude" über „solche[ ] gesellschaftliche[ ] Zusammensetzung" und rekurriert mit humorvoller Direktheit auf das Wissen, welche vielversprechenden Aussichten sich daraus ergeben: „»Reserveofficiere,« wiederholte Treibel ernsthaft. »Ja, meine Damen, *das* gibt den Ausschlag. Ich glaube nicht, daß ein hierlandes lebender Familienvater, auch wenn ihm ein grausames

---

[35] Julius Stettenheim: Der moderne Knigge. Leitfaden durch das Jahr und die Gesellschaft. Bd. 2. Leitfaden durch den Sommer. Berlin 1899, S. 26.

Schicksal eigene Töchter versagte, den Muth haben wird, eine Landpartie mit zwei Reservelieutenants auszuschlagen. Also bestens acceptirt.«" (*JT*, S. 129)

Wenn schon Kommerzienrat Treibel so überschwänglich reagiert, ist es nicht verwunderlich, dass auch Corinna die Einladung zur Landpartie dankbar und „mit besonderer Freudigkeit" (*JT*, S. 130) annimmt. Diese hatte „sich seit dem Dinertage bei Treibel's in ihrer häuslichen Einsamkeit herzlich gelangweilt [...]. So klang denn »ein Nachmittag in Halensee« fast so poetisch wie »vier Wochen auf Capri«". (*JT*, S. 130) Ihre Langeweile und „[t]his exaggerated evaluation of Halensee reflect[ ]"[36] eindringlich Corinnas Angewiesenheit, als mittellose und unverheiratete Professorentochter von den Treibels und Felgentreus zu Diner und Landpartie eingeladen zu werden und so am gesellschaftlich-geselligen Leben partizipieren zu können. Der Konkurrenzsituation, die im Hinblick auf die Attraktion der anwesenden Junggesellen besteht, ist sich Corinna überaus bewusst, denn sie beschließt „ihr Bestes zu thun, um sich bei dieser Gelegenheit auch äußerlich neben den Felgentreu's behaupten zu können." (*JT*, ebd.)

Auch in den anderen Fontane-Romanen zeigen die Figuren ähnlich euphorische Reaktionen auf die Aussicht, eine Landpartie zu unternehmen – eine Folge ihrer Integration in den ritualisierten Geselligkeitsverkehr bei gleichzeitiger Variation desselben. Ferner ist zu beobachten, dass es sich bei der Landpartie um ein sehr spontan anzuberaumendes Gesellschaftsvergnügen handelt, das zumeist in Form einer Nachmittagspartie veranstaltet wird. So fallen Vorschlag und Durchführung – wie in *Frau Jenny Treibel* und *Schach von Wuthenow* – entweder auf denselben Tag, oder aber die Partie wird für den Nachmittag des Folgetages verabredet (in *L'Adultera* und *Der Stechlin*). Die Bereitschaft und Spontaneität aller Teilnehmer in *Frau Jenny Treibel* (immerhin sechzehn an der Zahl), sich binnen weniger Stunden zu einer Landpartie zusammenzufinden, ist zwar erstaunlich, kann aber sinnfällige Erklärungen im vorgeführten Milieu des Bildungs- und Besitzbürgertums finden. Während die weiblichen Figuren jeder beruflichen Verpflichtung ledig sind, scheinen die finanzkräftigen Besitzbürger flexibel über ihre Zeit verfügen zu können. Und obgleich „die eher bedrückenden und belastenden Erfahrungen des Erwerbs- und Geschäftslebens"[37] von der Romanhandlung ausgespart bleiben, lässt sich

---

[36] David S. Johnson: The Democratization of Leisure and the Modernities of Space and Place in Theodor Fontane's Berlin Novels. In: The German Quarterly 84.1 (2011), S. 61–79, hier S. 73.
[37] Klaus R. Scherpe: Allerlei Fontane. Erlebnisgesellschaft im Fontane-Roman. In: Theodorus victor. Theodor Fontane, der Schriftsteller des 19. am Ende des 20. Jahrhunderts. Eine Sammlung von Beiträgen. Hrsg. von Roland Berbig. Frankfurt am Main 1999, S. 163–178, hier S. 163.

die veranstaltete Nachmittagspartie durchaus mit beruflicher Tätigkeit vereinbaren. Freilich spricht einiges dafür, das spätere Hinzutreten Schmidts auf seinen Beruf als Gymnasiallehrer zurückzuführen.

Evoziert der Terminus Landpartie möglicherweise zunächst die Vorstellung, ein unberührter Naturraum würde von den Figuren aufgesucht und dieser dann als Setting der Handlung fungieren, muss ein Blick auf die dargestellten Ausflugsziele diese Assoziation rasch zerstreuen: Denn bei Halensee wie auch bei Stralow in *L'Adultera*, Hankels Ablage in *Irrungen, Wirrungen* und dem Eierhäuschen in *Der Stechlin* handelt es sich um stark frequentierte Ausflugsziele im Berliner Umland, die infrastrukturell und touristisch vollständig erschlossen sind. Doch „nicht bloß die damals populären Berliner Ausflugsorte finden sich in den Romanen wieder, sondern auch deren Gastronomie:"[38] Gasthäuser, Schieß- und Erfrischungsbuden und mit auffallender Häufigkeit immer wieder Kegelbahnen, die geradezu als Paradigma touristischer Vergnügungsindustrie bei Fontane gelten können.[39]

Auch in *Frau Jenny Treibel* sucht die Landpartiegesellschaft nach ihrer Ankunft in Halensee unverzüglich ein Lokal auf und entscheidet sich damit zunächst dagegen, die umliegende Landschaft aktiv in Augenschein zu nehmen. Stattdessen lässt sie allein „das Bild auf sich wirken [...], das sich um [sie] her ausbreitete." (*JT*, S. 134) „Man sieht die Natur (oder das, was übrig blieb von ihr) [...] vom geselligen Tisch her – die Perspektive ist eingeengt durch den zivilisatorischen Rahmen."[40] Im vorliegenden Fall verwehrt der zivilisatorische Rahmen der Landpartiegesellschaft sogar den Blick auf den namengebenden Halensee: „Den See selbst aber sah man nicht recht, was die Felgentreu'schen Mädchen zuletzt ungeduldig machte. »Wir müssen doch den See sehen. Wir können doch nicht in Halensee gewesen sein, ohne den Halensee gesehen zu haben!«" (*JT*, S. 135) Dies als Ausdruck eines authentischen Interesses an der aufgesuchten Gegend zu verstehen, wird unmittelbar von dem abschätzigen Kommentar widerlegt, mit dem die eigens auf Stühle gestiegenen Schwes-

---

[38] Grätz: Landpartie und Sommerfrische, S. 80.
[39] Trotz der erkennbaren touristischen Erschließung muss dennoch zwischen diesen „Ziele[n] der verhältnismäßig intimen Landpartien der mehr oder weniger vornehmen Gesellschaftskreise in seinen [Fontanes; M.B.] Romanen" und den „Etablissements [unterschieden werden], die im Zuge eines relativ neuen [...] Massentourismus entstanden waren, wie zum Beispiel der Finkenkrug". (David Darby: Theodor Fontane und die Vernetzung der Welt. Die Mark Brandenburg zwischen Vormoderne und Moderne. In: Metropole, Provinz und Welt. Raum und Mobilität in der Literatur des Realismus. Hrsg. von Roland Berbig und Dirk Göttsche. Berlin 2013, S. 145–162, hier S. 154.)
[40] Bruno Hillebrand: Mensch und Raum im Roman. Studien zu Keller, Stifter, Fontane. München 1971, S. 279.

tern den Anblick des Sees schließlich kommentieren: „Ach, da ist er. Etwas klein." (*JT*, ebd.)

Diese Szene korreliert in ihrer ironisch-kommentierenden Geringschätzung mit Kommerzienrat Treibels vorangegangener Beschreibung der Umgebung als „Wunderwelt, in der keines Menschen Auge bisher einen frischen Grashalm entdecken konnte", als ein „von Spargelbeeten und Eisenbahndämmen durchsetzte[s] Wüstenpanorama" (*JT*, S. 131). Dieser Rekurs auf die infrastrukturelle und agrarische Erschließung demontiert die Vorstellung eines genuin natürlichen Settings und unterstreicht, dass „Halensee is not a natural place providing an oasis from the big city, but an undeniable part of Berlin's growing urban and phantasmagoric space of consumer culture"[41]. Dabei ist allerdings Folgendes zu bedenken: Zum einen muss zwischen der Villenkolonie Halensee und dem dort beginnenden Grunewald im Hinblick auf die Naturalität respektive Kulturalität differenziert werden. Zum anderen erfolgt die Vergegenwärtigung und Kommentierung Halensees (und seiner Umgebung) nahezu ausschließlich aus der Figurenperspektive, muss daher als eingeschränkt und subjektiv gefärbt gelten. Hier wird weniger ein zeithistorisch ‚valides' Bild Halensees und des Grunewalds präsentiert, als vielmehr der im großstädtischem Habitus geführte Diskurs über Natur und Naturbegegnung im Kontext der Landpartie reproduziert.

Erst mit dem Verlassen des Lokals und dem gemeinsamen Spaziergang nach Paulsborn fungiert mit dem Grunewald eine natürliche Topographie als Landpartie-Setting. Das Moment der Mobilität teilt die Landpartiegesellschaft „in Gruppen zu Zweien und Dreien", die dann „zu beiden Seiten des Sees auf den schon im halben Dämmer liegenden Grunewald zu[...]schreiten." (*JT*, S. 136f.) Subtil spielt die Choreographie auch hier dem Erzählkalkül in die Hände, führt Corinna und Leopold in eine Zweiergruppe zusammen[42] und separiert sie darüber hinaus von der „Hauptcolonne" (*JT*, S. 137), indem sie den Weg in die andere Richtung einschlagen:[43] „Rechts um den See hin gingen nur zwei Paare, vorauf der

---

[41] Johnson: The Democratization of Leisure, S. 74.
[42] Zuvor ist es zu keiner Annäherung der beiden Figuren gekommen: Der etwas verspätet in Halensee eintreffende Leopold wurde nämlich sogleich emphatisch von den beiden Felgentreutöchtern empfangen und begrüßt, die – wie ein ironischer Erzählkommentar erklärt – „sich vorgesetzt zu haben schienen, à tout prix für das ‚Landpartieliche' zu sorgen." (*JT*, S. 133) Dieses als „Landpartieliche" bezeichnete Kokettieren, erneut ein Hinweis auf das amouröse Potential von Landpartien, muss Corinna natürlich missfallen und so enthält sie sich einer besonders herzlichen Begrüßung; auch, um sich auf diese Weise von ihren Rivalinnen abzugrenzen.
[43] Diese hier gestaltete potenzierte Exklusion eines Figurenpaares lässt sich ähnlich auch in *L'Adultera* beobachten, wenn Melanie Van der Straaten und Ebenezer Rubehn im Rahmen der Landpartie wie zufällig gemeinsam eine Bootsüberfahrt in einer kleinen Jolle antreten. Indem dieses Boot von der eigentlichen Route abtreibt

alte Schmidt und seine Jugendfreundin Jenny und in einiger Entfernung hinter ihnen Leopold und Corinna." (*JT*, S. 140) Das hier inhärente Kompositionsprinzip ist mit den herrschenden familial-generationellen Verbindungen jedoch noch nicht erschöpft, denn „[d]ie Gespräche aller beschäftigen sich in schöner Einmütigkeit mit der Ehe."[44]

Zwar ist die Intimität des jungen Paares durch die Anwesenheit der in Sichtweite bleibenden Elternteile beschränkt, doch das Setting des Grunewaldes vermag, immer wieder unbeobachtete Momente zu gewähren. In einem dieser Momente offeriert Corinna dem eher unbedarften Leopold eine geeignete Vorlage für seinen Heiratsantrag: die Wahrscheinlichkeit einer bevorstehenden Hochzeit mit der Schwester seiner Schwägerin. Und sie hat damit Erfolg, denn Leopold gesteht: „»Ach, Corinna, ich kann ohne Sie nicht leben, und diese Stunde muß über mich entscheiden. Und nun sagen Sie Ja oder Nein.« Und unter diesen Worten nahm er ihre Hand und bedeckte sie mit Küssen. Denn sie gingen im Schutz einer Haselnußhecke." (*JT*, S. 149f.) Sowohl dieser emotionale Ausbruch als auch die körperliche Annäherung haben konstitutiv den Sichtschutz der Haselnusshecke zur Voraussetzung: Das natürliche Setting der Landpartie, das Moment der Bewegung und die einsetzende Dämmerung können allein nicht hinreichen, schließlich folgen in einiger Entfernung Jenny Treibel und Wilibald Schmidt auf dem Spazierwege nach.

Corinna, deren Heiratsambitionen pragmatisch motiviert sind,[45] muss im Übrigen fürchten, dass Leopold in den bevorstehenden „schwere[n] Kämpfe[n]" (*JT*, S. 150) mit seiner Mutter unterliegt und die Verlobung somit ernsthaft gefährdet ist. Deshalb fordert sie Leopold nach dem erfolgten Antrag auch pathetisch dazu auf, ihr seine Liebe und Beständigkeit zu schwören: „Ja, Leopold, ein Leben voll Glück und Liebe liegt vor uns, aber es hat Deinen Muth und Deine Festigkeit zur Voraussetzung, und hier unter diesem Waldesdom, drin es geheimnißvoll rauscht und dämmert, hier, Leopold, mußt Du mir schwören, ausharren zu wollen in Deiner Liebe." (*JT*, S. 150) Corinna impliziert hier, dass ihre Verbin-

---

und sich somit von der restlichen Gesellschaft entfernt, wird der wenig später folgende Ehebruch symbolträchtig und fast schon zu plakativ vorausgedeutet. – Nicht in allen Fällen führt das Moment der Bewegung während einer Landpartie zur Separierung eines eindeutigen, zukünftigen Paares. Vielmehr findet sich darin auch die Offenheit und Unschlüssigkeit abgebildet, wenn eine Wahl noch nicht getroffen ist, so z.B. in *Schach von Wuthenow* und *Der Stechlin*.

[44] Demetz: Formen des Realismus, S. 123.
[45] Für ihr kalkulierendes Interesse an dem blassen Leopold wurde die Figur der Corinna in der Forschung oft gescholten. Wruck verweist indes auf ihren berechtigten Wunsch nach ökonomischer Sicherheit: „[W]er will den Stein auf sie werfen, weil sie ihren Handlungsspielraum ausschöpft, der mit jedem Jahr schrumpft, das sie älter wird?" (Wruck: Frau Jenny Treibel. ‚Drum prüfe, wer sich ewig bindet', S. 204.)

dung, geschlossen im „Waldesdom", bereits Bestand hat, allerdings noch der gesellschaftlichen Legitimation bedarf. Am Ende der Landpartie erneuert das Paar sein Versprechen, indem es „sich, im Schatten des hochstehenden Schilfes, noch einmal fest und verschwiegen die Hände" (*JT*, S. 151) drückt.

Die hier entworfene Parallelisierung von Naturdarstellung und Liebeshandlung trägt dabei „unverhohlen ironisierend[e]"[46] Züge, wenn nach den Treuebekenntnissen schließlich noch „die Mondsichel zwischen den Baumkronen sichtbar" (*JT*, S. 150) und ein romantisches Gedicht intoniert und „über den See herüber" (*JT*, S. 151) getragen wird. Diese „Klischeehaftigkeit" der Naturdarstellung signalisiert die Unwahrhaftigkeit der zwischen Leopold und Corinna geschlossenen Verbindung: „Das Einsetzen melodramatischer Techniken geschieht mit der Intention, dem Geschehen – aus der Sicht des Lesers – von vorneherein die emotionale Ernsthaftigkeit zu nehmen, die man an dieser Stelle der Handlungsentwicklung noch vermuten könnte."[47] Diese ironische Brechung in der korrelierenden Darstellung von Liebe und Landpartie ist im Hinblick auf die Gesamtkonzeption *Frau Jenny Treibels* nur konsequent und wird in den anderen Romanen nicht realisiert.

Eine dezidierte Reflexion der Rückfahrt soll an dieser Stelle ausgespart bleiben, ereignet sich dabei doch nichts Nennenswertes mehr, außer, dass die Felgentreutöchter als „doppelt redelustig und noch ganz voll und beglückt von dem Quartett" (*JT*, S. 152) geschildert werden. Zunächst erfüllt der Ausflug nach Halensee also die Hoffnung der ledigen Damen, im doppelten Wortsinne eine gute Partie zu machen; doch das Eheversprechen Corinnas und Leopolds ist nicht lange von Bestand: Leopold verlobt sich am Ende tatsächlich, und wie allseits erwartet, mit der Schwester seiner Schwägerin – respektive: Er wird verlobt, denn für seine Mutter ist „Leopold [...] ein Kind und darf sich überhaupt nicht nach eigenem Willen verheirathen". (*JT*, S. 144)

Die im letzten Kapitel stattfindende Hochzeit von Corinna und ihrem Cousin versammelt nochmals alle Haupt- und Nebenfiguren des Romans, darunter auch die Felgentreutöchter: „Letztere, wie schon hier verrathen werden mag, verlobten sich in einer Tanzpause mit den zwei Referendarien vom Quartett, denselben jungen Herren, die die Halensee-Partie mitgemacht hatten." (*JT*, S. 217)

---

[46] Hauschild: Geselligkeitsformen und Erzählstruktur, S. 134.
[47] Ebd.

6. Bewegte Nähe – nahes Ende

Das amouröse Potential von Landpartiedarstellungen in Fontanes Gesellschaftsromanen, dem das Interesse der vorangegangenen Ausführungen galt, wird in *Frau Jenny Treibel* auf vielfach ironische Weise aktualisiert. Bleibt auch offen, welchen Ausgang die Verbindungen der Felgentreutöchter mit den Regierungsreferendaren nehmen, so kann die im Falle Corinnas und Leopolds indizierte Fragilität des angebahnten Liebesverhältnisses, sein Scheitern außerhalb des Landpartiesettings recht eigentlich als eine feste Koordinate Fontanescher Darstellung gelten: Während für den Roman *Frau Jenny Treibel* konstatiert werden kann, dass Leopolds Verlobung primär aus überzogenem Standesdünkel gelöst wird, scheitert die Mehrzahl der anderen Verhältnisse daran, dass sie den Makel einer außerehelichen bzw. unstandesgemäßen Liaison tragen. Ihren Anfang nehmen die meisten gesellschaftlich geächteten Liebesbeziehungen dabei in naturhaften Topographien und im Rahmen geselliger Ausflüge.

Diese im Romanwerk Fontanes augenfällige Interdependenz von Geselligkeits- und Liebeshandlung im Rahmen der Landpartie lässt es geboten erscheinen, die Ursachen hierfür nicht allein im Moment ausgelassener Geselligkeit und in der durch körperliche Bewegung begünstigten sozialen Dynamik zu vermuten, sondern auch die genuin räumlichen Voraussetzungen zu berücksichtigen. So sei abschließend die These aufgestellt, dass sich in den harmlos anmutenden, gesellschaftlich codierten Landpartien in die Natur – zeigt diese auch mannigfache Signaturen der Kulturalisierung und Domestizierung – dennoch Räume eröffnen, die alternative Lebens- und Liebesmodelle zu offerieren scheinen und das bestehende Normensystem damit subversiv zu unterwandern ermöglichen. Dass dies nur zeitlich begrenzt, in „Reduktionsformen des Idyllischen"[48] gelingen kann, es bei Fontane den gesellschaftsfernen und -freien Raum nicht mehr gibt, wird nicht zuletzt durch den tragischen Ausgang der meisten Liebesgeschichten und Romane demonstriert.

---

[48] Wolfgang Preisendanz: Reduktionsformen des Idyllischen im Roman des 19. Jahrhunderts. In: Idylle und Modernisierung in der europäischen Literatur des 19. Jahrhunderts. Hrsg. von Hans Ulrich Seeber und Paul Gerhard Klussmann. Bonn 1986, S. 81–92.

Hubert Cancik

Theodor Fontanes „Semnonen-Vision":
„Von der Müggel aus die Welt zu erobern"

§ 1 „Auf der Kuppe der Müggelberge": Text und Kontext

Theodor Fontane
Auf der Kuppe der Müggelberge
(Semnonen-Vision)

Ueber den Müggelsee setzt mich der Ferge.
Nun erklettr' ich die Müggelberge,
Mir zu Häupten rauschen die Kronen
Wie zu Zeiten der Semnonen,
Unsrer Urahnen, die hier im Eichwaldschatten
Ihre Gottheitsstätten hatten.

Und die Spree hinauf, an Buchten und Seen,
Seh' ich wieder ihre Lager stehn
Wie damals beim Aufbruch. Tausende ziehn
Hin über die Dahme . . . Der Vollmond schien.

Am Eierhäuschen hebt es an:
Eine Vorhut, etliche dreißig Mann,
Ein Bardentrupp folgt von Friedrichshagen,
Wo jetzt noch Nachkommen die Harfe schlagen,
Bei Kiekemal und bei Kiekebusch
Blasen Hörner den Abschiedstusch.

Auf Flößen kommen Andre geschwommen,
Haben den Weg bis Schmöckwitz genommen,
Bis Schmöckwitz, wo, Wandel der Epochen,
Jetzt Familien Kaffee kochen.
Aus der „Wuhlhaide" treten, wirr und verwundert,
Geschwindschritts immer neue Hundert
Und bei Woltersdorf und am Dämeritz-See
Sammelt sich schon das Corps d'armée.

Jetzt aber — der Dämeritz ist überschritten —
An des Zuges Ausgang und inmitten
Erblick' ich Mädchen, erblick ich Fraun,
Alle thusneldisch anzuschaun,
Alle mit Butten, alle mit Hucken,
Draus blond die kleinen Germanen kucken —
So ziehen sie südwärts mit Kiepen und Kobern,
Von der Müggel aus die Welt zu erobern.

Abb. 1: Semnonenvision im Pan, 2. Jahrgang, 1896, Heft 1, S. 1

Auf der Kuppe der Müggelberge (Semnonen-Vision)

(1. Einleitung)
       Über den Müggelsee setzt mich der Ferge 1
Nun erklettr' ich die Müggelberge
Mir zu Häupten rauschen die Kronen
Wie zu den Zeiten der *Semnonen*,
Unsrer Urahnen, die hier im Eichwaldsschatten 5
Ihre Gottheitsstätten hatten.

(2. Vision)
       Und die Spree hinauf an Buchten und Seen,
Seh ich wieder ihre Lager stehn,
Wie damals beim Aufbruch Tausende ziehn
Hin über die Dahme ... Der Vollmond schien. 10

(3. Schilderung en detail)
       Am Eierhäuschen hebt es an:
Eine Vorhut, etliche dreißig Mann,
Ein Bardentrupp folgt von Friedrichshagen,
Wo noch jetzt Nachkommen die Harfe schlagen,
Bei Kiekemal und Kiekebusch 15
Blasen Hörner den Abschiedstusch;
Auf Flößen kommen andre geschwommen,
Haben den Weg bis Schmöckwitz genommen,
Bis Schmöckwitz, wo, Wandel der Epochen,
Jetzt Familien Kaffee kochen 20
Aus der „Wuhlheide" treten, wirr und verwundert,
Geschwindschritts immer neue Hundert,
Und bei Woltersdorf und am Dämeritz-See
Sammelt sich schon das Corps d'armée.

(4. Schlussbetrachtung)
       Jetzt aber – der Dämeritz ist überschritten – 25
An des Zuges Ausgang und inmitten
Erblick ich Mädchen, erblick ich Fraun,
Alle thusneldisch anzuschaun,
Alle mit Butten, alle mit Hucken,
Draus blond die kleinen Germanen kucken – 30
So ziehen sie südwärts mit Kiepen und Kobern,
Von der Müggel aus die Welt zu erobern.

Abb. 2: Titelseite des Pan, 1895, Heft 2

Theodor Fontane hat dieses Gedicht im Jahre 1895 geschrieben und 1896 im zweiten Jahrgang der Berliner Pracht-Zeitschrift „Pan" veröffentlicht.[1] Hilfreiche Notizen und Entwürfe zu dem Gedicht sind im Fontane-Archiv erhalten. Den Stoff, die Semnonen in den Müggelbergen, kennt Fontane schon seit langem. Der unmittelbare Anlass, diesen Stoff im Jahre 1895, neben der Arbeit am Stechlin (1895–97) aufzugreifen, ist mir unbekannt. Der Kontext im Pan gibt vielleicht einen Hinweis.

Der Pan hat in seinen fünf Jahrgängen bis 1900 folgende Texte des nunmehr berühmten Schriftstellers publiziert:

---

[1] Pan, 2. Jahrgang, Heft 1, 1896, S. 1; Textbildschmuck von Walter Leistikow (1865–1908). – Theodor Fontane, Gedichte (hg. von Joachim Krueger und Anita Golz), Bd. I: Sammlung 1898. Aus den Sammlungen ausgeschiedene Gedichte, Berlin 1989, 66–67. – Die Notizen zu einer Disposition in vier Teilen sind handschriftlich erhalten (Fontane Archiv Potsdam) und hier in () hinzugefügt, s. Krueger/Golz, Bd. I, S. 505f. – Im Winter 1895/96 hatte sich Fontane mit dem Herausgeber der Deutschen Rundschau, Julius Rodenberg, überworfen und suchte einen neuen Ort für den Vorabdruck seiner Werke, unter anderen bei Caesar Flaischlen, der den literarischen Teil des Pan redigierte; s. Walter Hettche (München), Ein Brief von Theodor Fontane an Caesar Flaischlen, in: Mitteilung der Theodor-Fontane-Gesellschaft e.V. Potsdam, Heft 5/1993; Th. Fontane an C. Flaischlen, Berlin 24. Februar 1896, Nachlass Flaischlen, Literaturarchiv Marbach.

1) 1. Jahrgang, 1895/96: „Aus Anlaß seines 75. Geburtstages wurde Theodor Fontane zum Ehrendoktor der Berliner Universität ernannt. Die ersten drei Kapitel seiner Lebenserinnerungen werden in diesen Blättern erscheinen." (S. 47).
2) 1. Jahrgang, 1895/96: „Lurenkonzert" (S. 215); „Fire but don't hit the flag" (S. 216); „Die Balinesenfrauen auf Lombok" (S. 218).
3) 2. Jahrgang, 1896/97: „Auf der Kuppe der Müggelberge" (S. 1); „Arm oder reich" (S. 2).
4) 4. Jahrgang, 1898/99: „Fontanes letztes Gedicht" Facsimile (S. 72).
5) 5. Jahrgang, 1899/1900: „Wo Bismarck liegen soll" (S. 1–4); „Veränderungen in der Mark. Die Mark und die Märker" (S. 5); „An meinem Fünfundsiebzigsten" (S. 7).

In die Ausgabe letzter Hand seiner Gedichte von 1898 hat Fontane die ersten fünf Gedichte aus dem Pan aufgenommen[2] und die ersten vier in einer Serie zusammengestellt: „Luren-Konzert", „Fire but don't hit the flag", „Die Balinesenfrauen auf Lombok" und schließlich „Auf der Kuppe der Müggelberge".[3] Das Konzert der Lurenbläser in Kopenhagen erweckt die nach zweitausend Jahren wiedergefundenen Hörner zu neuem Leben. „Blond-nordisch" sind die drei Bläser, und ihr Blasen erzeugt eine Art Halluzination unter den modisch gekleideten Zuhörern: „Es fallen die Schwerter, es klappen die Schilde,/Walküren jagen, es jagt Brünhilde". Die „Spiegelung"[4] auf dem Müggelsee – so der Entwurf vom Mai 1895 – erzeugt eine ähnliche Entrückung in die Vergangenheit: eine „Vision", so der vom Dichter gesetzte Zwischentitel des zweiten Teils in der Schlussfassung (V. 7–8):

„Und die Spree hinauf an Buchten und Seen,
Seh ich wieder ihre Lager stehn".

„Wieder", wie damals zu Beginn der sogenannten Völkerwanderung.

Die „Balinesenfrauen auf Lombok" sind ein pathetischer Protest gegen die Kolonisation und Missionstätigkeit der Holländer. Männer und Frauen auf Lombok werden mit „Mausergewehren" niedergeschossen:[5]

„Mynheer derweilen, in seinem Kontor,
Malt sich christlich Kulturelles vor."

---

[2] Vgl. Krueger/Golz I, S. 438–440.
[3] Krueger/Golz I, S. 62–67: Das fünfte Pan-Gedicht, „Arm oder reich", steht am Ende von „Lieder und Sprüche" (I, S. 73–74).
[4] „Spiegelung": Entwurf 22. Mai 1895.
[5] Krueger/Golz I, S. 66.

Die alten Semnonen um Berlin herum sind mit Bewaffnung und Kolonisation erst am Anfang; den Holländern weit unterlegen; der Entwurf formuliert:[6]

> „Mit Schild und Speeren, mit Kiepen und Kobern
> Zogen sie aus die Welt zu erobern."

Die Schlußfassung ist weniger martialisch und betont das Paradox (V. 31–32):

> „So ziehen sie südwärts mit Kiepen und Kobern,
> Von der Müggel aus die Welt zu erobern."

So sieht Theodor Fontane in Berlin im Jahre 1895 Brandenburg, Deutschland, Europa und die ferne Welt der europäischen Kolonien.

§ 2 Die Semnonen

§ 2.1 Die antiken Quellen und ihre Rezeption

Daß die Semnonen zwischen Elbe und Oder, an Havel und Spree gelebt, daß sie „blond" (V. 30) waren, dass sie keine Städte und Tempel, sondern in den Wäldern ihre „Gottheitsstätten" (V. 6) hatten: Das wusste Fontane aus antiken und zeitgenössischen Texten und Bildern. Daß die Semnonen gar „unsere Urahnen" (V. 5) waren, hatten humanistische Gelehrte und nationaler Eifer seit dem fünfzehnten Jahrhundert verbreitet. Im Jahre 1470 wurde die damals wiedergefundene Beschreibung von Germanien durch Cornelius Tacitus in Venedig gedruckt, schon 1473 in Nürnberg auf lateinisch, 1526 zum ersten Mal in deutscher Sprache veröffentlicht.[7] Der Bericht des Velleius Paterculus über die Expedition des Tiberius zur Elbe, in das Gebiet der Semnonen und Hermunduren, wurde 1515 von Beatus Rhenanus im Kloster Murbach aufgefunden und 1520 bei Frobenius in Basel gedruckt. Der Transfer der humanistischen Entdeckungen in die Brandenburgische Lokalgeschichte ist prompt.

Um 1520 bedichtet Felix Fiedler die Flüsse Sprea und Havelus in lateinischen Distichen. Die *Sprea* (femin.), schreibt er, vermischt sich mit dem Havel-Fluss (mask.) und erzählt ihm, was sie sah, als sie durch Berlin geflossen, und dass einst die „Sueven" ihre Ufer besiedelt hätten.[8] Die

---

[6] Krueger/Golz I, S. 505.
[7] Übersetzung von Johann Eberlin aus Günzburg (ca. 1470–1533). – Vgl. Else-Lilly Etter, Tacitus in der Geistesgeschichte des 16. und 17. Jahrhunderts, Basel 1966.
[8] Felix Fiedler (Fidler; gest. 1533), Flumina Carmine Descripta, 1574; Text in: Harry C. Schnur (Hg.), Lateinische Gedichte deutscher Humanisten, Stuttgart 1966, S. 144–146. Die genaue Abfassungszeit ist mir unbekannt.

Suebi aber sind, so Tacitus, die Stammesgruppe, deren ältester, vornehmster und stärkster Verband die Semnonen sind.[9] Der Havelfluss fragt, warum die Spree einen doppelten Namen trage; sie antwortet, „sie habe den alten Namen von den Sueven erhalten".[10] Wie lautet der alte Name?

Jacob und Wilhelm Grimm haben den Bericht des Tacitus über die Semnonen als „deutsche Sage" in ihre Sammlung von 1816 aufgenommen:[11]

> „Der heilige Wald der Semnonen
> Unter den Sweben waren die Semnonen das älteste und edelste Volk. Zu gewissen Zeiten hielten sie in einem Wald, heilig durch den Gottesdienst der Vorfahren und durch alten Schauer, Zusammenkünfte, wozu alle aus demselben Blute entsprungene Stämme Abgesandte schickten, und brachten ein öffentliches Menschenopfer. Vor dem Haine tragen sie solche Ehrfurcht, daß niemand hineintritt, der sich nicht vorher in Bande hätte binden lassen, zur Anerkennung seiner Schwäche und der göttlichen Allmacht. Fällt er von ungefähr zur Erde, so ist ihm nicht erlaubt, aufzustehn oder aufgehoben zu werden, sondern er wird auf dem Erdboden hinausgeschleift. Dieser Gebrauch weist dahin, wie aus dem Heiligtum das Volk entsprungen und der allwaltende Gott da gegenwärtig sei, dem alles andere unterwürfig und gehorsam sein müsse."

Das ist, so ungefähr, der Weg, auf dem die „Gottheitsstätten" unserer Ahnen zu Theodor Fontane und in die Eichenwälder der Müggelberge gekommen sind: von Tacitus über die Humanisten zu den Gebrüdern Grimm und in die lokale Sagenbildung der Mark Brandenburg.

§ 2.2 Cassius Dio und Tacitus.

Zum letzten Mal wurden die Semnonen im Jahr 1933 in Berlin gesehen, als das Neue Reich im Grunewald-Stadion eine folkloristische, kostümreiche Sommersonnenwende feierte. Zum ersten Mal in Rom wurden sie gesehen um das Jahr 90 u.Z. Damals kommt „Masyos, der König der Semnonen" nach Rom.[12] Er wurde, schreibt Cassius Dio, ehrenvoll von Kaiser Domitian (81–96) aufgenommen. Mit ihm kommt, erstaunlicher

---

[9] Tacitus, Germania 39: *Vetustissimos se nobilissimosque Sueborum Semnones memorant*.

[10] Fiedler, Sprea, V. 23–24: *Quaerenti duplici cur nomine gaudeat unus,/se vetus a Suevis nomen habere refert*. – Dieser Name könnte also etwa „Sueva" gelautet haben. Ein Beleg hierfür ist mir nicht bekannt.

[11] Jacob und Wilhelm Grimm, Deutsche Sagen (1816), München 1981, S. 366.

[12] Cassius Dio 67,5,3 (zum Jahr 84 u.Z.); Zusammenhang: römisch-germanische Beziehungen (Chatti, Cherusci); auch der Cheruskerkönig Chariomerus besucht Domitian.

Weise, eine Frau, offensichtlich ebenfalls in offizieller Funktion. Es ist aber nicht die Königin der Semnonen, sondern eine göttlich inspirierte junge Frau: παρθένος θειάζουσα (*parthénos theiázousa*). Sogar ihr Name wird überliefert: Ganna. Ihr Tätigkeitsfeld waren nicht nur die Semnonen, sondern, wie ausdrücklich gesagt wird, Germanien überhaupt, und zwar in der Nachfolge der Seherin Veleda.[13]

Kaiser Domitian hatte über Chatten, Daker, Germanen, Sarmaten gesiegt – in den Jahren 83, 86, 89, 93 –, er hatte den Beinamen *Germanicus* angenommen und den Monat September in *mensis Germanicus* umbenannt. Er hatte das germanische Problem dadurch gelöst, daß er die beiden linksrheinischen Militärbezirke um Mainz und Köln zu Provinzen erhob: *Germania superior* und *inferior* (Ober- und Untergermanien). Die Ausdehnung des Reiches nach Osten, die Schaffung einer neuen römischen Provinz zwischen Rhein und Elbe, war damit aufgegeben.[14] Welcher Anlaß die Gesandtschaft der Semnonen mit Masyos und Ganna nach Rom führte, ist unbekannt. Dieter Timpe vermutet diplomatische Vorbereitung eines Feldzugs gegen die Markomannen in Böhmen, in deren ‚Rücken' die Semnonen siedelten.[15] Unklar ist auch, ob die so auffällige Gesandtschaft auch das geographische und ethnographische Wissen der Römer bereichern konnte.

Publius Cornelius Tacitus, dem der ausführlichste Bericht über die Semnonen verdankt wird, war, als die Gesandtschaft in Rom weilte, ein erfolgreicher Magistrat, Mitglied im Collegium der Fünfzehnmänner, also zuständig für fremde Kulte, und alsbald *consul suffectus* (97). Seine Monographie über die Lage und den Ursprung der Gemanen ist bald danach, etwa 98, entstanden. Aber daß Tacitus in Rom mit Masyos und Ganna aus dem Havelland über die Sitten und Geschichte der Germanen konferiert hätte, ist nur eine reizende Vermutung.

Der römische Historiker beweist das Alter und die Stärke des Stammes folgendermaßen (Kap. 39):

A Behauptung: *Vetustissimi nobilissimique Sueborum Semnones*/die ältesten und vornehmsten der Sueben (sind) die Semnonen

---

[13] Zu Veleda, vom Stamm der Brukterer, vgl. Statius, Silve 1,4,89f.; Tacitus, Germania 8,2f.; Historien 4,61,2; 4,65; 5,22,3. Vgl. R. Bruder, Die germanische Frau im Lichte der Runeninschriften und der antiken Historiographie, Berlin 1974. Ein ägyptisches Ostrakon (2. Jh. u.Z.) nennt Βαλαβουργ – „Walburg(a)" als eine „Sibylle der Senonen/Semnonen (?)".

[14] Vgl. H. Nesselhauf, Titus und Domitian, in: Hermes 80, 1952, 222–245; R. Syme, Tacitus und seine politische Einstellung, in: Gymnasium 69, 1962, 241–263.

[15] D. Timpe, Tacitus' Germania als religionsgeschichtliche Quelle, in: H. Beck/D. Ellmers/K. Schier (Hg.), Germanische Religionsgeschichte, Berlin 1992, 434–485, 474.

B Beweis:
   1. Ritus:
   a) Fest der Gesandtschaften:
      Zeit – Ort – Teilnehmer – *ritus barbari*/barbarische Riten – Inhalt
         (*horrenda primordia*/grauenerregende Ursprünge);
   b) Fesselung
   2. Deutung:
   a) *initia gentis*/Anfänge des Volkes
   b) *regnator deus*/Gott, der königliche Herrscher
A' Schlußfolgerung: *Semnones Sueborum caput*/Semnonen, das Haupt der Sueben.

Abb. 3: Victoria-Altar von Augsburg (260 u.Z.)

Die taciteische Religionsgeschichtsschreibung erzeugt das Bild einer urtümlichen Religion von freien und wilden Feinden Roms: fascinos, abstoßend, schrecklich und mysteriös. ‚Geheimnis' und *horror* (Schreck) sind die beiden Deutungsinstrumente, mit denen Tacitus seine Leser faszinieren wollte. Er bietet nicht nur Belehrung, Unterhaltung und implizite politische Stellungnahme, sondern Psychagogie, Exotik, den ‚Kick' des wilden Fremden. Die Germanen haben eine einfache, urtümliche, sozusagen ‚natürliche' Religion, wie sie ihrem Kulturniveau entspricht; sie sind aber für Tacitus immer auch Barbaren und Feinde. Für Theodor Fontane sind es „unsere Urahnen", aber immer noch Feinde Roms, die „südwärts" (V. 31) ziehen, um das *imperium Romanum*, um die Welt zu erobern (V. 32).

Wie weit sind sie gekommen?

§ 2.3 Der Siegesaltar in Augsburg

Im Jahre 1992 wurde bei Augsburg eine Inschrift entdeckt, die eine Antwort auf diese Frage gibt. Die Inschrift steht auf einem Altar, der im Jahre 260 u.Z. zu Ehren der Siegesgöttin aufgestellt wurde. „Die heilige Göttin Victoria", so heißt es, hat den Soldaten und Milizen der Provinz Raetien den Sieg gegeben „über die Barbaren des Volkes der Semnonen oder Juthungen":[16]

> *ob Barbaros gentis Semnonum/sive Jouthungorum.*

Die Barbaren hatten viele italische Menschen gefangen (*excussis multis milibus Italorum captivorum*); sie schleppten sie in die Sklaverei oder versuchten, Lösegeld zu erpressen. Die Barbaren wurden niedergemetzelt und vertrieben (*caesi – fugati*), ihre menschliche Beute befreit und zu Dank und Erinnerung der heiligen Göttin Victoria ein Altar errichtet.

So weit nach Süden also sind die Semnonen bis zum Jahre 260 u.Z. gekommen; über die bei Augsburg „vertriebenen" Reste der Semnonen gibt es keine Zeugnisse.[17] Ein Teil des Volkes dürfte an Havel und Spree zurückgeblieben sein. Wie sonst hätten sie „unsere Urahnen" werden können?

§ 3 Berliner Semnonen: Blechen, Geyger und Kiekebusch

§ 3.1 Carl Blechen: „Blick von den Müggelbergen", 1828

Den hoffnungsvollen „Aufbruch" der Semnonen schildert Fontane mit einem ehrenvollen Zitat (V. 7–9):

> „Und die Spree hinauf an Buchten und Seen,
> Seh ich wieder ihre Lager stehn,
> Wie damals beim Aufbruch".

---

[16] Inschrift: L'Année épigraphique 1993, 1231. – Altar: H 1,56 m; B 0,79 m; T 0,75 m; Aufbewahrung Augsburg, Römisches Museum nr. 6338–1; Fundzeit 1992.
[17] Die Juthungen, ein Teil der Semnonen, sind noch bei Ammianus Marcellinus (um 390 u.Z.), 17,6 und Sidonius Apollinaris (um 430 u.Z.), carmen 7,233 bezeugt.

Abb. 4: Das Semnonenlager, Carl Blechen, 1828

Mit „Aufbruch" verweist der Dichter auf den offiziösen Titel des Bildes, das Carl Blechen 1828 zur Ausstellung der Berliner Akademie eingereicht hatte:[18]

„Blick von den Müggelbergen bei Köpenick gegen Süden. Staffage: Semnonen rüsten sich zum Aufbruch gegen den Andrang der Römer."

In Öl auf Leinwand, ein Bild, welches, „das patriotische Gefühl nicht allzufordernd aussprach".[19] Es ist kein Schlachtengemälde mit Feldherr, kein Repräsentationsstück mit Fürst, sondern eine nur wenig heroische Landschaft. Um ein kreisförmiges Wiesenstück in der Mitte stehen, lagern, gehen Gruppen von Männern; einige tragen Lanzen und Hochschild. Das Bild machte Blechen zum „Vater unserer märkischen Landschaftsmalerei".[20] „Unser Ossian in der Malerei", schreibt die Spenersche Zeitung am 31.10.1828. Das Gemälde hing in der Nationalgalerie, wurde in den Zoobunker ausgelagert und 1945 dort wohl zerstört. Im Jahre 1926 hat H. List eine Kopie für das Märkische Museum angefertigt, ich weiß nicht, aus welchem Anlaß, aber offensichtlich als Ergänzung oder Schmuck der frühgeschichtlichen Bestände dieses Museums für die Mark und Berlin. Der Titel lautet jetzt: „Das Semnonenlager in den Müggelber-

---

[18] P.O. Rave, Karl Blechen, Berlin 1940, S. 8: vgl. S. 603f. Maße: 126 x 200 cm; Nationalgalerie Berlin; Kriegsverlust. Eine Kopie aus dem Jahre 1926 im Märkischen Museum.
[19] Irma Emmrich, Carl Blechen, Dresden 1989, S. 36.
[20] Theodor Fontane, Wanderungen durch die Mark Brandenburg. Auswahl in zwei Bänden, Berlin 1960, II S. 459–466: „Die Müggelberge"; vgl. § 2.2.

gen". Was bei Blechen „Staffage" in einem Landschaftsbild war, wird also jetzt zum Gegenstand des Bildes aufgewertet.

Blechens Gemälde erregte einiges Aufsehen – „schroffe Großartigkeiten" – „rohe Art der Behandlung", die nur skizzenhafte Staffage.[21] Niemand, soweit ich sehe, hat sich damals über die Semnonen gewundert. Offenbar waren Semnonen in den Müggelbergen, mit Fellen angetan, ein Hirschgeweih auf dem Haupte für einen Berliner vor 200 Jahren nichts Ungewöhnliches. Aber woher wußte Blechen, wußte sein Publikum Namen, Lokalisation und Aussehen? Die kärglichen Sagen und Märchen um den Müggelsee, gesammelt von bekannten Gelehrten und Schulmännern – Adalbert Kuhn und Wilhelm Schwartz –, erzählen von einem Schloß im Berg, einer verwunschenen Prinzessin, der weißen Frau, den Ameisen mit dem Heuwagen; jedoch nichts zu den Semnonen, die doch die beiden klassisch gebildeten Heimatforscher gewiß nicht unterschlagen hätten.[22] Aber auch die gelehrte Tradition, die Michael Lissok (2000) umsichtig zusammengestellt hat, gibt keine klare Verbindung zu Blechen, kein sicheres Motiv für die Lokalisation, kein Datum für das Alter der märkischen und Berliner Semnonen-Tradition.[23]

---

[21] Spenersche Zeitung 31.10.1828; Vossische Zeitung 13.11.1828; beide Texte vermittelt durch Emmrich, S. 35f.

[22] Adalbert Kuhn, Märkische Sagen und Märchen, Berlin 1843; Adalbert Kuhn/Wilhelm Schwartz, Norddeutsche Sagen, Märchen und Gebräuche, Leipzig 1848; W. Schwartz, Der heutige Väterglaube und das alte Heidentum, Berlin 1850. Beide knüpfen an die „Deutsche Mythologie" von Jakob Grimm (1835, ²1844) an; beide verstehen den deutschen Aberglauben als Reste des (germanischen) Heidentums und sind davon überzeugt, daß die letzten Spuren dieses Heidentums in ihrer Gegenwart, in der Mitte des 19. Jahrhunderts endgültig vergehen. – W. Schwartz (Berlin 1821 – Berlin 1899) studierte klassische Philologie und Indogermanistik, war Direktor des Gymnasiums in Neu-Ruppin. Dort war Fontane (geb. 1819) auf die Schule gegangen, Schwartz begleitete ihn auf seinen märkischen Wanderungen.

[23] M. Lissok, Anmerkungen zu Carl Blechens „Semnonenlager", in: Gerd-Helge Vogel/Barbara Baumüller (Hg.), Carl Blechen (1798–1840): Grenzerfahrungen, Grenzüberschreitungen, Greifswald 2000, 31–44. Ich danke Uwe Puschner (Berlin) für den Hinweis. – Lissok nennt die „Pioniere einer wissenschaftlich fundierten Ur- und Frühgeschichtsforschung in Preußen, Aloys Hirt (1759–1837), Konrad Levezow (1770–1835), Heinrich Freiherr von Minutoli (1772–1846) und Leopold Freiherr von Lebedour (1799–1877)". Hinzu kommt Ernst Heinrich Toelcken (1785–1860), der als Sekretär der Kunstakademie 1840 den Nekrolog auf Blechen verfaßte (Lissok, S. 39). Blechen, Levezow, Toelcken, von Minutoli waren Mitglieder des „Berlinischen Künstler-Vereins". Ob die Genannten in ihren Publikationen die Lokalisation der Semnonen um Berlin behaupten, ist aus Lissoks Darstellung nicht zu entnehmen. – Adalbert Kuhn (Königsberg 1812 – Berlin 1881), Direktor des Kölnischen Gymnasiums in Berlin, Redakteur der Zeitschrift für vergleichende Sprachforschung; Hauptwerk: „Die Herabkunft des Feuers und des Göttertranks", 1859. – Zur Programmatik vgl. H. Cancik, Antike Volkskunde 1936, in: Der Alt-

Im Unterschied zu Fontanes Vision einer Völkerwanderung mit Kind und Kegel malt Blechen den Aufbruch nur der Männer. Während Fontanes Semnonen „südwärts" ziehen, um „die Welt zu erobern", wollen die Semnonen bei Blechen defensiv die Aggression der Römer, offenbar von Westen her, abwehren.

Den „Textbildschmuck", mit dem der „Pan" Fontanes „Semnonenvision" einrahmte, hat Walter Leistikow (1865–1908) geschaffen.

Abb. 5: Schmuckleisten von Walter Leistikow, Pan 2. Jahrgang, 1896, Heft 1, S. 1

Er folgt dem Text Fontanes, zeigt jedoch nicht den Semnonenhain, sondern im Vordergrund den Müggelsee mit drei neuzeitlichen Segelbooten, fern und hoch im Hintergrund den Treck der Planwagen auf der Höhe der Müggelberge.

---

sprachliche Unterricht 25,3 (1982): Zur Geschichte der klassischen Philologie und des altsprachlichen Unterrichts I (hg. v. H. Cancik und R. Nickel), 80–99.

Abb. 6: Emil Doepler, Semnonenhain
(„Walhall – Die Götterwelt der Germanen", um 1900)

Emil Doepler der Jüngere (1855–1922) dagegen illustriert in seinem „Walhall. Die Götterwelt der Germanen" (Berlin, um 1900), den Semnonen-Hain wieder im Anschluß an Tacitus, allerdings mit Zutat frommer Gruselmotive.[24]

§ 3.2 Das „Müggelsee-Projekt" von Ernst Moritz Geyger (1897–1900)

Die Veröffentlichung der „Semnonen-Vision" im Pan 1896 hatte, wie es scheint, eine ungewöhnliche Wirkung. Zwei Mitglieder der Genossenschaft Pan, der Architekt und Bildhauer Ernst Moritz Geyger (1861–1941)[25] und Harry Graf Kessler, erwägen etwa ein Jahr später, wie man am Müggelsee „eine Art Nationalheiligtum" schaffen könnte. Kessler berichtet in seinem Tagebuch zum 17. Juli 1897:[26]

---

[24] Emil Doepler, Walhall. Die Götterwelt der Germanen, Berlin o.J. (um 1900); Vorwort von Andreas Heusler. Ebenfalls nach Tacitus hat Doepler den Zug der Nerthus illustriert.

[25] Vgl. Martin H. Schmidt, Plastiken in Berlin: Der „Bogenschütze" von Ernst Moritz Geyger. Ein Berliner Bildhauer und sein populärstes Werk, in: Mitteilungen des Vereins für die Geschichte Berlins 88, H. 1, 1992, mit Überblick über das plastische Werk, ohne Hinweis auf die architektonischen Pläne. Ein Teil des Nachlasses befindet sich in der Alten Nationalgalerie, anderes im Geyger-Archiv des Heimatmuseums Neukölln.

[26] Harry Graf Kessler, Das Tagebuch 1880–1937 (hg. von Roland S. Kamzelak). Dritter Band 1897–1905, hg. von Carina Schäfer und Gabriele Biedermann, Stuttgart

> „Früh im Zuge setzte mir Geyger seine Pläne auseinander. [...
> (Villa in Florenz als Kunstschule) ...] Dann will er den Müggelsee
> und die Müggelberge zu einer Art von Nationalheiligtum umschaf-
> fen. [...] Die Soldaten sollen zur Ausführung der geplanten Bauten
> herangezogen werden."

Ein Jahr später sind die Pläne noch nicht weiter gediehen. Kessler schreibt zum 29. September 1898:[27]

> „Nachdem die anderen fort waren, Geyger wieder zu seinem Müg-
> gelsee Projekt; er möchte die ganze Gegend zu einem ungeheuren
> Fest- und Weiheplatz umgestalten; die ganzen Wälder in Architek-
> turen und Anlage einbeziehen; am Kopf des Sees einen grossen
> Tempel errichten, in dem alle Grossen Deutschlands ruhen könn-
> ten und der Kaiser vor Millionen Volks, die in den Wäldern lagerten,
> und vor der Kriegsflotte, die auf dem See vor Anker gegangen
> wäre, die Krone nähme. Als Arbeiter zur Errichtung der Gebäude
> etc. Soldaten."

Geyger hat den Zeitgeist und den Nachholbedarf der jungen Reichshauptstadt richtig erfasst. Ein „Walhalla" mit Büsten und Ehrensäulen gab es seit langem in Bayern (1807); jetzt am Müggelsee werden Deutschlands Große selber ruhen. Es fehlt in und um die Hauptstadt durchaus an kolossalen Monumenten für Kaiser oder Germanen; keine nationale Wallfahrtsstätte, keine „Germania" (1883), kein Kyffhäuser (1896), kein Hermannsdenkmal (1875).[28]

Das Projekt ist aktuell und attraktiv, zumal für die neue deutsche „Kriegsflotte", die auf dem Müggelsee ankern soll. Denn die Propaganda zur Aufrüstung der Marine war in den Jahren 1890/1900 auf einem Höhepunkt.

2004 (Veröffentlichungen der Deutschen Schillergesellschaft Bd. 50), S. 69. Ich danke Richard Faber (Berlin) für den Hinweis auf Kesslers Tagebucheintrag. Eine explizite Verbindung dieser Pläne zu Fontanes „Semnonen-Vision" habe ich bisher nicht gefunden, die indirekte Verbindung ist der Pan.

[27] Kessler, ebd. S. 203–204. Kessler dürfte nicht für den Germanismus, wohl aber für das Großprojekt als solches empfänglich gewesen sein. Er selbst plante später ein Nietzsche-Denkmal bei Weimar mit Stadion, Tempel, Terrasse, Feststraßen, Park: s. Hubert Cancik/Hildegard Cancik-Lindemaier, Philolog und Kultfigur. Friedrich Nietzsche und seine Antike in Deutschland. Stuttgart – Weimar 1999, S. 179–203: „Der Nietzsche-Kult in Weimar (I). Ein Beitrag zur Religionsgeschichte der wilhelminischen Ära", mit Planskizzen.

[28] Vgl. Hans Jürgen Koch (Hg.), Wallfahrtsstätten der Nation. Zwischen Brandenburg und Bayern, Frankfurt am Main (1971), erw. Neuausgabe 1986.

§ 3.3 Albert Kiekebusch und der „Semnonenzug" im Grunewaldstadion (1933)

Was Blechen, Leistikow, Doepler und List gemalt, Fontane gedichtet und Geyger in ein monumentales Nationaldenkmal projiziert hat, das wurde von Professor Albert Kiekebusch (1870–1935), dem renommierten Leiter der Fachabteilung Ur- und Frühgeschichte des Märkischen Museums, aufwendig und wirkungsvoll in Szene gesetzt.[29]

Im Juni 1933 wird die erste Sommersonnenwende des Neuen Reiches gefeiert. In Berlin wurden auf vierzehn Plätzen an Dahme, Müggelsee und im Naturtheater Friedrichshagen Veranstaltungen organisiert. Die zentrale Feier findet im Grunewaldstadion statt; Veranstalter ist die Partei. Höhepunkt ist ein Germanenzug, der in angeblich historischen Kostümen zu Fuß, zu Pferd, auf Wagen exakte Nachbildungen von uraltem Kultgerät ins Stadion führt: Sonnenwagen, goldene Sonnenscheiben, Kultwagen mit unsichtbarer Gottheit. Ansprachen und Leibesübungen fanden vor zwei „Riesenaltären" und acht kleineren Altären statt. In drei Gruppen, jeweils geschart um einen Wagen, zogen etwa 500 Germanen in das Stadion, zu Fuß und zu Pferd, und gruppierten sich um die Altäre. Die erste Gruppe: Germanen der Kaiser- und Völkerwanderungszeit; die zweite: bronzezeitliche Germanen; die dritte Gruppe scharte sich um den Kultwagen von Deibjerg (Deibjerg-Moor/Seeland).[30] Je vier germanische Frauen der Bronzezeit trugen funkelnagelneue Nachbildungen des Sonnenwagens von Trundholm (Dänemark)[31] und der Sonnenscheibe von Balkakra (Schonen/Schweden).[32] Ihr Gold glänzte im Scheine der elektrischen Lampen. Lurenbläser mit originalen Instrumenten aus privaten und öffentlichen Sammlungen schritten in dem Zug.[33]

---

[29] Einzelheiten, Belege und weiterführende Literatur bei H. Cancik, Sommersonnwende Berlin 1933. Zur Herstellung eines nationalsozialistischen Kultes, in: J. Baumgartner/B. Wedemeyer-Kolwe (Hg.), Aufbrüche, Seitenpfade, Abwege. Suchbewegungen im 20. Jahrhundert. FS U. Linse, Würzburg 2004, 177–184; Focke-Museum (Hg.), Graben für Germanien. Archäologie unterm Hakenkreuz, Bremen 2013 (mit Hinweisen zur Tacitus-Rezeption in Deutschland, der Laien- und Fach-Archäologie im 19. Jh. und der nationalsozialistischen Nutzung der Germanen-Mythologie; Lurenbläser S. 86; 112; 149).

[30] Vgl. Ake V. Ström/Haralds Biezais, Germanische und Baltische Religion, Stuttgart 1975, S. 70ff.

[31] Gefunden 1902 in einem Moor auf Seeland.

[32] Durchmesser: 40 cm.

[33] Abbildungen: Ström/Biezais, S. 73f.; Allan A. Lund, Germanenideologie im Nationalsozialismus, Heidelberg 1995, S. 39–40; Abb. 16. Lund hat auch die lokalgeschichtlichen und religionsgeschichtlichen Zusammenhänge angedeutet.

Abb. 7: Lurenbläser, Rathausplatz, Kopenhagen
(Siegfried Wagner und Anton Rosen, 1911–1914)

Kein Kitsch, alles Wissenschaft.³⁴

Derartige Feiern, die Sommer-Sonnenwende und historische Umzüge, hatten 1933 auch in Berlin bereits eine lange Tradition. Deswegen wird der Aufzug gelegentlich, um dem Lokalstolz der Berliner zu schmeicheln, „Semnonenzug" genannt.³⁵ Unterm Nationalsozialismus wird die alte ländliche, patriotische, völkische, jugendbewegte Feier durchorganisiert, wird militärisch und technisch, mit Scheinwerfer und Feuerwerk, professionell und hochbürokratisch. Der alte Kiekebusch (1870–1935) mit seinen lebenden Museumsbildern, mit Semnonen und Erinnerungen an Fontane und Tacitus wird da bald nicht mehr gebraucht.³⁶

§ 4 „... die Welt zu erobern" (V. 32)

§ 4.1 Die Semnonen im Werk Fontanes

1. Eine erhebliche Verbreitung erlangte die Semnonentradition durch Theodor Fontane. In Gedicht, Reisebeschreibung und historischem Roman verarbeitete er antike Quellen, zeitgenössische Bodenfunde, die einschlägige wissenschaftliche Literatur und mündliche Kunde begeisterter Sammler.³⁷ Pastor Seidentopf in dem Roman „Vor dem Sturm" ist Prediger und Archäolog.³⁸ Sein Zimmer ist „ein heidnisches Museum". Darin stehen die Beweise dafür, daß die Mark Brandenburg von Anfang an und immerfort Siedlungsgebiet der Deutschen war, die Invasion der Wenden oberflächlich geblieben sei. Fontane schreibt (S. 87):

---

34 Vgl. J. Lechler, Mannus 24, 1933, (zum Wagen vom Kirik-Monument); ders., Vor 3000 Jahren – Ein frühgermanisches Kultbild, Berlin 1934; ders., 5000 Jahre Deutschland – Eine Einführung in 620 Bildern durch die deutsche Vorzeit und germanische Kultur, Leipzig 1936; vgl. Lund, Abb. 11–12. Lechlers Arbeiten bieten eine gute Visualisierung der Show.
35 Völkischer Beobachter vom 22.6.33.
36 Zu ähnlichen Konstellationen in der „Deutschen Glaubensbewegung (Hauer)" vgl. H. Cancik, ‚Neuheiden' und totaler Staat. Völkische Religion am Ende der Weimarer Republik (1982), in: Ders., Antik – Modern. Beiträge zur römischen und deutschen Kulturgeschichte. Hg. von Richard Faber, Barbara von Reibnitz, Jörg Rüpke, Stuttgart und Weimar 1998, 187–227.
37 Horst Kirchner, Urgeschichtliches bei Fontane, in: Jahrbuch für Brandenburgische Landesgeschichte 21, 1970, 7–36. – Richard Faber danke ich für hilfreiche Nachweise.
38 Theodor Fontane, Vor dem Sturm. Roman aus dem Winter 1812 auf 13, Berlin 1878. Die Arbeit an dem Werk beginnt etwa 1854. – Kap. 11: „Prediger Seidentopf"; Kap. 12: „Besuch in der Pfarre"; Kap. 13: „Der Wagen Odins". Fontane zitiert: „Bekmann, Historische Beschreibung der Kurmark Brandenburg, Berlin 1751–1753".

> „Die Stücke, die diesen (großen Beweis) bildeten, befanden sich sämtlich in den zwei großen Glasschränken des Arcus triumphalis, waren jedoch selbst wieder in unwiderlegliche und ganz unwiderlegliche geteilt, von denen nur die letzten die Inschrift führten: ‚Ultima ratio Semnonum'. Es waren zehn oder zwölf Sachen, alle numeriert, zugleich mit Zetteln beklebt, die Zitate aus Tacitus enthielten. Gleich Nr. 1 war ein Hauptstück, ein bronzenes Wildschweinsbild, auf dessen Zettel die Worte standen: ‚Insigne superstitionis formas aprorum gestant', ‚Ihren Götzenbildern gaben sie (die alten Germanen) die Gestalt wilder Schweine.' Die anderen Nummern wiesen Spangen, Ringe, Brustnadeln, Schwerter auf, woran sich als die Sanspareils und eigentlichen Prachtbeweisstücke der Sammlung drei Münzen aus der Kaiserzeit schlossen, mit den Bildnissen von Nero, Titus und Trajan."

Ein Freund des Pastors, Justizrat Turgany, ist dagegen Panslawist.[39] Um den Pastor zu provozieren, preist er das Heil von der Wolga:

> „Es lebe die große Slawa, die Urmutter der wendischen Welt, es lebe Russland".

An einem neuen Fundstück, einem mit Vögeln verzierten bronzenen Wagen, ausgegraben 1848 an der Chaussee Drossen – Frankfurt an der Oder, wird der Streit ausgetragen. Der Pastor erkennt einen germanischen Kultwagen, die Vögel betrachtet er als Raben, also ist der Fund ein „Odinswagen". Seidentopf datiert ihn „in die ersten Säkula unserer Zeitrechnung".[40] Der Panslawist erkennt dagegen das Spielzeug eines wendischen Knaben.

Das historische Vorbild von Seidentopf ist Pastor Daniel Martin Kirchner (1802–1879). Seine Sammlung vaterländischer Altertümer hat Fontane besichtigt und in den „Wanderungen durch die Mark Brandenburg" kundig beschrieben.[41] Nach den Funden, schreibt Fontane, müßten wir uns das Sueven- und Semnonentum des dritten bis fünften Jahrhunderts abweichend von den Schilderungen des Tacitus vorstellen. Falls die bronzenen Funde indigene Produktion und nicht Importe aus dem Süden sind, müßten die Germanen „mindestens ein Halbkulturvolk" gewesen sein. Fontane neigt der Importtheorie zu. Für die Beschreibung des Odinswagens hat Fontane die einschlägige Literatur excerpiert und sich

---

[39] Fontane, Vor dem Sturm, S. 103; 118.
[40] Fontane, Vor dem Sturm S. 98ff.
[41] Fontane, Wanderungen, ³1874 (Sämtliche Werke, hg. von Walter Keitel, Abt. 2, 1, München 1966, 357–359). Fontane referiert Kirchners Schrift über „Thor's Donnerkeil und die steinernen Opfergeräthe des nordgermanischen Heidenthums", 1853 (= Wanderungen I (1892), S. 211ff. (An Rhin und Dosse: Walchow); Wanderungen I, 115ff.: Das Zieten-Museum; darin u.a. „der dreirädrige Thors- oder Odinswagen".

eine Skizze angefertigt. Die Blätter sind im Potsdamer Fontane-Archiv vorhanden. Der Wagen wurde zunächst im Gymnasium zu Neu-Ruppin aufbewahrt, jetzt im Kreisheimatmuseum der Stadt.[42] Mittlererweile sind sechs bis sieben bronzene Wagen und ein Tonmodell in der Mark gefunden worden. Die gegenwärtige Forschung datiert sie in die ausgehende Bronzezeit (10.–8. Jh. v. u.Z.), also lange vor die „Invasion" der Wenden und vor die Ansiedlung der Semnonen in der Mark.

2. An vielen Orten seiner „Wanderungen" trifft Fontane auf vaterländische Altertümer und deren gelehrte oder dilettantische Sammler. Sein Besuch in den „Müggelbergen" wird geleitet von Blechens Semnonenlager. Fontane beschreibt das Bild gleich zu Beginn seiner Wanderung:[43]

> „Carl Blechen, ,der Vater unsrer märkischen Landschaftsmalerei', wie er gelegentlich genannt worden ist, hat in einem seiner bedeutendsten Bilder die Müggelberge zu malen versucht. Und sein Versuch ist glänzend geglückt. In feinem Sinn für das Charakteristische, ging er über das *bloß* Landschaftliche hinaus und schuf hier, in die Tradition der Müggelberge zurückgreifend, eine *historische* Landschaft. Die höchste Kuppe zeigt ein Semnonenlager. Schilde und Speere sind zusammengestellt, ein Feuer flackert auf, und unter den hohen Fichtenstämmen, angeglüht von dem Dunkelrot der Flamme, lagern die germanischen Urbewohner des Landes mit einem wunderbar gelungenen Mischausdruck von Wildheit und Behagen. Wer die Müggelberge gesehen hat, wird hierin ein richtiges und geniales Empfinden unsres Malers bewundern – er gab dieser Landschaft *die* Staffage, die ihr einzig gebührt."

Schon hier erzeugen Bild und Landschaft eine Vision, die immer gleiche Natur bewahrt die alte Geschichte:[44]

---

[42] Nachweise bei Horst Kirchner, a.O. – Fontane benutzt Arbeiten von Friedrich Lisch (1801–1883) und W. Schwartz (Aus der Gräflich Zietenschen Sammlung, in: Märkische Studien 9, 1856, 323–326). – Zur Quellenbenutzung Fontanes vgl. Manfred Horlitz, Fontanes Quellennutzung für seine *Wanderungen*-Texte, in: Hanna Delf von Wolzogen (Hg.), Theodor Fontane Archiv: „Geschichte und Geschichten aus Mark Brandenburg". Fontanes „Wanderungen durch die Mark Brandenburg" im Kontext der europäischen Reiseliteratur, Würzburg 2003, S. 273–301 (keine weiterführende Literatur zur Quellenbenutzung bei Fontane).

[43] Fontane, Wanderungen durch die Mark Brandenburg (Auswahl in 2 Bänden), Bd. II, 459f.; das Kapitel erschien zuerst in der Kreuzzeitung, 6.1.1861. Vgl. Fontane, Karl Blechen (Fragment 1861–1882), in: Ders., Aufsätze zur Bildenden Kunst. Sämtliche Werke 23,1, S. 520–550; S. 524–525: „Das Semnonenlager". Fontane schreibt: „Es war gewiß nichts Leichtes, dieses Semnonenvolk zu schaffen. Ob Vorbilder existierten, ich weiß es nicht". Fontane gibt eine „Faustskizze" des Bildes, die leider nicht abgedruckt ist.

[44] Fontane, Wanderungen durch die Mark Brandenburg, ebd., Bd. II, 465f.; vgl. Fontane, Biographie von Carl Blechen (1882) (= Rave, S. 84): „Es geht auch hiermit

"es ist hier, wie es immer war, und während jetzt die Abendnebel von den Seen heraufsteigen und ihre Schleier auch um den Rand der Kuppe legen, auf der wir stehen, ist es, als stiege die alte Zeit mit aus der Tiefe herauf, und die Müggelberge sind wieder, wie sie die künstlerische Phantasie gesehn. An den knorrigen Ästen hängen wieder Schilde, wie Mulden geformt, und lange Speere von Eschenholz stehen daneben, einzeln und in Gruppen zusammengestellt. Die verkohlten Scheite vor uns sind nicht länger mehr verkohlt, sie treiben wieder Flammen, und um die brennenden Scheite herum lagern, die Leiber mit Fellen leicht geschürzt, die Gestalten unseres märkischen Malers und Meisters – die Semnonen".

Auf welche „Tradition" oder Sage Blechen zurückgriff, sagt Fontane nicht.[45] Aber sein Bild erzeugt selbst Tradition, bei Fontane sogar eine „Semnonen-Vision".[46]

---

wie mit allen uns durch ihre Neuheit imponierenden künstlerischen Schöpfungen: eines Tages erkennen wir, daß der Künstler [...] auf einer ganzen Pyramide von Schultern steht. Es ist doch sehr viel Poussin [...] in ihm, Caravaggio u.a. Es ist, unter Anlehnung an eine gegebene Natur eine stilisierte heroische Landschaft. Am meisten Poussin. Wie jener die italienische Natur frei gestaltet, so dieser die märkische, und wie jener eine römische Heldenstaffage nahm, nahm dieser eine semnonische." – Vgl. den Brief Fontanes an die Redaktion „Der Bär", Wernigerode, 21. August 1881: *„Das berühmte Bild Carl Blechens ‚Ein Semnonenlager auf den Müggelbergen' ist oder war wenigstens die Perle der früher im Besitze des Commerzienrathes Brose befindlichen Blechen-Collektion. Ich sah das Bild vor etwa 20 Jahren, wie sowohl hundert andre – die kleinen Blätter mitgerechnet –, die damals der Sammlung angehörten. Ob sich diese letzte noch an früherer Stelle befindet und zwar in oder neben dem alten Hause der Bischöfe von Lebus in der Klosterstraße [sc. in Berlin], vermag ich in diesem Augenblick von hier aus nicht festzustellen."*

45 Verweise auf Adalbert Kuhns „Märkische Sagen" helfen nicht weiter – dort steht nichts zu den Semnonen.
46 Einige weitere Belege:
a) Wanderungen (1880), Bd. II, S. 8: „Die Wenden und die Kolonisation der Mark durch die Zisterzienser". S. 10: „Die Wenden rücken, etwa um 500, in die halb entvölkerten Lande zwischen Oder und Elbe ein. Sie fanden hier noch die zurückgeblieben Reste der alten Semnonen, jenes großen germanischen Stammes, der vor ihnen das Land zwischen Elbe und Oder innegehabt und es – entweder einem Druck von Osten her nachgebend oder aber durch Abenteuerdrang getrieben – im Laufe des fünften Jahrhunderts verlassen hatten. Nur Greise, Weiber und Kinder waren teilweise zurückgeblieben [...]".
b) Unwiederbringlich (1891), 4. Kapitel: „Möglich, dass auf diesem brandenburgischen Sumpf- und Sandland, auf dem ja die Semnonen und ähnliche rothaarige Welteroberer gelebt haben sollen, ein neues Welteroberungsvolk hätte gedeihen können, gut, zugegeben, aber da hätte dies Land einen langsamen normalen Werdeprozeß durchmachen müssen. Den hat dieser große Friedrich gestört. Als Kleinstaat legte sich Preußen zu Bett, und als Großstaat stand es wieder auf."

§ 4.2 Die letzte Zeile

1. Der Stoff für die im Pan 1896 veröffentlichte „Semnonen-Vision" lag also seit Jahrzehnten bereit. Die Pointierung auf Welt-Eroberung jedoch, die Überbietung von Blechens defensivem „Aufbruch" und die Zusammenstellung mit „Lurenkonzert", dem englischen Fahnenlied und „Die Balinesenfrauen" in der „Sammlung 1898" geben dem alten Stoff einen neuen Drall.

Die Schlusszeilen der „Semnonen-Vision" lassen sich nämlich nicht dem abgeklärten Humor des alten Schriftstellers zurechnen – einer ‚nachsichtig lächelnden, milden Skepsis':

„So ziehen sie südwärts mit Kiepen und Kobern,
Von der Müggel[47] aus die Welt zu erobern."

Die Schlußzeile ist mit Varianten in allen Entwürfen für dieses Gedicht vorhanden:[48]

„Die von hier mit Speer und Bogen
welterobernd bis Rom gezogen."

Die Formel „bis Rom" erläutert uns die nur geographische Richtungsangabe der „Vision" („südwärts") und erinnert über die Völkerwanderungszeit hinaus an die Italienfahrten der deutschen Kaiser und an „das Haupt des Reiches", das goldene Rom, das die Zügel der Weltherrschaft führt.[49]

Oder, in einem anderen Entwurf der „Vision":[50]

„Und wie gemauckt und eingekobert
Von hier aus wird die Welt erobert."

Oder:

„Mit Schild und Speer, mit Kiepen und Kobern
Zogen sie aus die Welt zu erobern."

2. Das Paradox, von der Müggel aus die Welt zu erobern, und das Reimpaar „Kobern/erobern" sind Kernbestand des Gedichts. Die Serie im Pan und die kleine Gedicht-Gruppe in Fontanes „Sammlung 1898" betont die

---

   c) (Hermunduren-Gedicht I =) „Veränderungen in der Mark", in: Pan 5, 1899–1900, Heft I, S. 5 = Krueger/Golz II, 491ff. Das Gedicht ist skizziert auf Manuskriptpapier des „Stechlin".
   d) Hermunduren-Gedicht II (1895–1898): Krueger/Golz II, 513–517.
[47] V. 31–32; „Müggel" = Müggelsee, wie „Dämeritz" (V. 25) = Dämeritz-See.
[48] Krueger/Golz I, S. 504.
[49] Vgl. die mittelalterliche Devise: *Roma caput mundi regit orbis frena rotundi* – „Rom, das Haupt der Welt, führt die Zügel des runden Erdballs".
[50] Zwei Entwürfe vom Juni 1895: Krueger/Golz, S. 504–505.

blonde, nordische Welt („Lurenkonzert"). Der Preis der englischen Fahne endet mit der Klage über die Schwäche der deutschen:[51]

> „Wann kommt auch für uns der goldene Tag:
> Fire, but don't hurt the flag."

„Wann kommt der Tag": das soll heißen, der Tag, an dem die Flagge des neuen Deutschen Reiches so viel Respekt verbreitet wie der Union Jack in Chile. Die Engländer haben die Welt erobert: „Wann kommt auch für uns der goldne Tag?"

„Die Balinesenfrauen auf Lombok" werden von Holländern „bekehrt" und mit Mausergewehren erschossen. Die beiden Schlussverse der jetzigen Fassung pointieren die unheilige Verbindung von Gewalt, Mission und Handel:

> „Mynheer derweilen in seinem Kontor,
> malt sich christlich Kulturelles vor."

Ursprünglich sollten hierauf noch zwei Verse folgen:[52]

> „Wo liegt Lombok? nun irgendwo, –
> Übrigens machen es alle so."

Das Gedicht solle, schreibt Fontane, kein Angriff auf die holländische Kolonialpolitik sein, sondern Kritik an deutschen Kolonialbeamten wie Leist, Wehlau, Peters; auf die aber, sagt Fontane, „kann man nicht einmal ein Gedicht machen".[53]

3. Die Stellung, die Fontane, in den Jahren 1890–1898 zur Kolonial- und Flottenpolitik des Deutschen Reiches einnahm, ist für den Nicht-Fachmann schwer zu ermitteln. Die einschlägige Literatur berücksichtigt weniger konkrete Ereignisse wie die Gründung des pangermanischen und expansionistischen Alldeutschen Verbandes durch Alfred Hugenberg (1890),[54] die Entscheidung Bismarcks zum Erwerb der deutschen

---

[51] Fontane, Fire, but Don't hurt the Flag!, in: Krueger/Golz I, S. 64–65. Der Reim „Tag/flag" ist auffällig. – Vgl. Fontane, Britannia an ihren Sohn John Bull (1897); Krueger/Golz I, S. 71–72: „Sohn, hier hast du meinen Speer,/ Nimm dir viel und dann noch mehr;/ Daß die Meere dir gehören,/ Brauch ich dir nicht erst zu schwören,/" etc.; ders., Arm oder Reich (1895; Krueger/Golz I, S. 73–74): „einen Groß-Admiral (!) würd ich morgen ernennen,/ Der müßte die englische Fahne verbrennen,/". Der Titel „Groß-Admiral" wurde offiziell erst 1905 eingeführt.

[52] Fontane an Stephany, 17.3.1896 bei Krueger/Golz I, S. 503.

[53] Fontane an Stephany, ebd.

[54] Gründungsmitglieder im Jahre 1890: Hugenberg, Emil Kirdorf; Ehrenmitglied: der Colonialunternehmer Carl Peters. Der Verband war militaristisch, antisemitisch und setzte auf den Ausbau der Flotte.

„Schutzgebiete"[55] bzw. „Kronkolonien" oder die neue Flottenpolitik des Kaisers. „Deutschlands Zukunft", sagt Wilhelm II. „liegt auf dem Meere"; „der Dreizack gehört in die deutsche Faust".[56] Charlotte Jolles behandelt „Fontane und die Politik" mit dem Ziel einer „Wesensbestimmung Fontanes".[57] Helga Ritscher untersucht Fontanes „politische Gedankenwelt" und spricht ihm politische Kompetenz ab; sie betont die Zwiespältigkeit seiner Urteile und kritisiert gängige Charakterisierungen, die Fontane als „unvergleichlich harmonische Persönlichkeit" verstehen wollen.[58]

Das wird alles richtig sein, hilft aber wenig zu erklären, welche Stellung Fontane im Jahre 1895 zur Kolonialpolitik des deutschen Reiches einnahm, zu den Plänen, neben und gegen die Großmächte sich einen „Platz an der Sonne" zu erobern.[59] Auch die wenigen Belege, die ich in Briefen Fontanes aus den Jahren 1896–1898 finden konnte, geben kein klares Bild. Fontane meint damals, Deutschland erhebe nur dieselben Ansprüche, die bei anderen Völkern als natürlich und selbstverständlich anerkannt seien.[60] Andererseits kritisiert Fontane die Politik der „Risikoflotte", wie Großadmiral Tirpitz sie geschaffen hatte. Es scheint eindeutig:[61] „Die ganze Kolonisationspolitik", schreibt Fontane an James Morris,

---

[55] Gebiete der deutschen Kolonialgesellschaften in Südwestafrika, Togo, Kamerun, Ostafrika, im Pazifik werden unter den Schutz des Reiches gestellt.

[56] Ansprache Wilhelms II., 18.1.1896 (25. Jahrestag der Reichsgründung); 1898 verabschiedet der Reichstag die „Erste Flottenvorlage", 1898 die „Zweite Flottenvorlage"; treibende Kraft ist Admiral Tirpitz, der Schöpfer der „Risikoflotte". 1898 Gründung des „Flottenvereins".

[57] Charlotte Jolles, Fontane und die Politik. Ein Beitrag zur Wesensbestimmung Theodor Fontanes. Dissertation Berlin 1936, gedruckt: Aufbau-Verlag Berlin 1983, bes. S. 149–156: „Der alte Fontane. Ein Ausblick"; hier nichts zur Flotten- und Kolonial-Politik. – Gudrun Loster-Schneider, Der Erzähler Fontane. Seine politische Position in den Jahren 1864–1898 und ihre ästhetische Vermittlung (Diss. Tübingen), Tübingen 1986: S. 74–80: „England und die deutsche Kolonialpolitik", hier auch zur Flottenpolitik, S. 79: „Die Frage, ob Fontanes Kritik an der Flottenpolitik aus Rücksicht gegenüber der Öffentlichkeitsmeinung oder eigener inhaltlicher Verunsicherung unterbleibt, ist schwierig zu entscheiden." – S. 80: „Tatsache ist auch eine gewisse Konzilianz in der Frage eines deutschen Kolonialerwerbes in den 90er Jahren. [...] Ähnlich wie in der Flottenpolitik schweigt Fontane in den Romanen auch weitestgehend zur deutschen Kolonialpolitik." Die Pan-Serie ist nicht berücksichtigt; wichtigste Quelle auch für Loster-Schneider sind die Briefe Fontanes an James Morris.

[58] Helga Ritscher, Fontane. Seine politische Gedankenwelt, Göttingen 1953; Kap. 5: „Der alte Fontane", S. 60.

[59] „Platz an der Sonne": der spätere Reichskanzler Bernhard von Bülow im Reichstag am 6. Dezember 1897.

[60] Fontane an James Morris, 7.3.1898 (Briefe Theodor Fontanes. 2. Sammlung, hg. von Otto Pniower und Paul Schlenther, 2 Bde., Berlin 1909; ²1925. Bd. 2, S. 454–456; S. 455).

[61] Fontane an Morris, 26.10.1897; ebd. 2, S. 433–435; S. 434.

„ist ein Blödsinn: ‚Bleibe zu Hause und nähre dich redlich.' Jeder hat sich da zu bewähren, wohin ihn Gott gestellt hat."

Es bleibt also, so scheint mir, unklar, ob die letzte Zeile der „Semnonen-Vision" ein hoffnungsvolles, lustiges Paradox ist – „von der Müggel aus die Welt zu erobern" – oder ein bitterer Sarkasmus oder jene „bodenlose Fontanesche Objektivität und Ironie".[62]

---

[62] Sebastian Haffner, Theodor Fontane, in: Ders. und Wolfgang Venohr, Preußische Profile, Frankfurt am Main 1986, S. 165–180; S. 173: „Das ist alles drin: die Bereitschaft zur Resignation und äußeren Unterwerfung, die ihn fast ruiniert hätte; der unbeugsame innere Vorbehalt, der ihn rettete; aber auch die ganz unergründliche – man könnte schon sagen bodenlose Fontanesche Objektivität und Ironie, die es bis zum letzten durchaus offen lässt, was dabei nun eigentlich das Richtige und was das Falsche war, und die sein Eigentlichstes, Eigenstes und Größtes ist. [...] Bei Fontane gibt es kein wirkliches Gut oder Böse; überall bleibt ein letzter Vorbehalt, ein unaufgelöster Zweifel. Seine Welt und seine Gestalten – scheinbar mit so nachsichtiger Güte gezeichnet – schillern bis in den letzten Grund hinein; und diese berühmte Fontanesche nachsichtige Güte, dies ‚lächelnde Darüberstehen', ist oft, auf eine unnachweisbare Art, schärfer, tieferblickend und gnadenloser als ätzende Kritik."

Rainer E. Zimmermann

Fontanes konkrete Utopie eines Brandenburgisch Preußen

> *O dreymal seliges Volk*
> *Das ohne Stürme des Unglücks*
> *Das Meer des Lebens durchschifft*
> Ewald Christian von Kleist[1]

I

Am 18. Januar 1701 bietet sich der Stadt Königsberg ein merkwürdiges Schauspiel: Schon drei Tage zuvor hatten die Feierlichkeiten zur Krönung des neuen Königs in Preußen, des Kurfürsten Friedrich III. von Brandenburg, begonnen, als ein Großteil des Hofstaates zwölf Tage lang von Berlin nach Königsberg verlegt worden war. Wie man hört, sollen 30.000 Pferde aufgeboten worden sein, die nicht weniger als 1.800 Kutschen zu ziehen hatten.[2] Aber die Krönungszeremonie selbst stellt alles andere in den Schatten: Abgesehen davon, daß es sich für Preußen um die vermutlich teuerste Feier aller Zeiten handelt, ist die Zeremonie vom Kurfürsten höchstselbst entworfen und von einem großen Mitarbeiterstab im Detail ausgearbeitet worden. Das Problem liegt darin, daß es keine Erfahrung mit gleichartigen Vorgängen gibt, so daß es einer eklektizistischen Komposition bedarf – Clark spricht von „ein[em] einzigartige[n] Amalgam"[3] – auf daß die inszenierte Symbolik auch für jeden gleichermaßen erkennbar die maßgeblichen Kern-Anliegen eines königlichen Preußen abzubilden imstande sei. Wichtig ist also vor allem die Rolle, welche die Krönungsfeier als Propagandainstrument spielt, weit über die lokale und innenpolitische Bedeutung hinaus: Ganz banal gesagt, verdankt der Kurfürst seine Rangerhöhung einfach nur dem Interesse des Kaisers, der sich vor dem Hintergrund des permanenten Machtkampfes zwischen Habsburgern und Bourbonen seiner Unterstützung versichern will. Die gleich-

---

[1] Der Frühling (1749), 155 sq. In: Jürgen Stenzel (ed.), E.C. v. Kleist, Sämtliche Werke, Reclam, Stuttgart, 1971, 30.
[2] Wir folgen hier im wesentlichen der Schilderung bei Christopher Clark: Preußen. Aufstieg und Niedergang. 1600–1947. Deutsche Verlagsanstalt München, 2007, 93 sqq. (Die englische Ausgabe erschien 2006 unter dem Titel: Iron Kingdom. The Rise and Fall of Prussia. 1600–1947. bei Allen Lane/Penguin, London.)
[3] Ibd., 94.

falls bei Clark gegebene kleine „Geschichte in sechs Karten"[4] zeigt mehr als deutlich, worum es in der Hauptsache geht: Das erste Anliegen muß sein, Preußen überhaupt ersteinmal als einheitliches Staatsgebiet zusammenzuführen. Nicht früher als zu Beginn des deutschen Kaiserreichs wird dieses Ziel tatsächlich erreicht werden. Das Samuel Theodor Gericke zugeschriebene Königsporträt[5] ist allemal dazu angetan, nichts von diesem wahren Hintergrund zu vermitteln. Aber geschult an Jean-Paul Sartre, haben wir gelernt, solche Porträts zu deuten: Auch für Friedrich III.[6] gilt insofern, daß er gar nicht Friedrich war, sondern lediglich jemand, der sich unter großer Imaginationsanstrengung für Friedrich hielt.[7] Hinter dem offiziellen Porträt ragt die unterdrückte Wahrheit gleichwohl hervor: Soweit auf diesem überhaupt so etwas wie „Fleisch" sichtbar wird, ist es auf seine bloße Idee reduziert: „[D]ie Wangen verraten die Könige, und man muß ihnen mißtrauen."[8] In diesem Sinne ähnelt das Porträt Friedrichs der preußischen Landkarte: *Diese zeigt nur die bloße Idee eines territorialen Umrisses.*[9] Streng genommen aber, kann spätestens von diesem Zeitpunkt der Königskrönung an die *Morphogenese* Preußens vorausgeahnt werden: Unter dem inneren wie äußeren Druck, in der inneren Abgrenzung gegen die eigene Bevölkerung ebenso wie in der äußeren Abgrenzung gegen die konkurrierenden Staaten, gilt es, ein metastabiles Gleichgewicht zu wahren und sich in das „internationale Netzwerk" der Höfe einzufügen und in diesem Sinne *mitzuspielen*. Es versteht sich von selbst, daß bereits in diesem frühen Zusammenhang Aspekte deutlich werden, die noch beim letzten Kaiser Deutschlands nicht nur eine wesent-

---

[4] Ibd., 18–20.
[5] Eine Abbildung wird bei Clark, op. cit., 96 gegeben.
[6] ... der sich nunmehr Friedrich I. nennt – besser kann der Rückschritt inmitten all diesen Fortschritts nicht symbolisiert werden, bestenfalls noch übertroffen von den österreichischen Kaisern bis hin zum Ersten Weltkrieg, die alle jeweils die *ersten* genannt wurden, aber zugleich die letzten waren.
[7] Jean-Paul Sartre: Offizielle Porträts. In: id., Die Transzendenz des Ego, Rowohlt, Reinbek, 1982, 323–326, hier: 323. (par.) (Französische Ausgabe in: Verve 5/6, 1939. Später auch in Michel Contat, Michel Rybalka: Les écrits de Sartre, Gallimard, Paris, 1970.) Hier in der Übersetzung von Ulli Aumüller.
[8] Ibd., 324 sq. (par.), 325.
[9] Eine Sichtweise, die übrigens der Enkel des besagten ersten Königs, nämlich Friedrich II., eindrücklich bestätigen wird, wenn auch aus seiner eigenen, subjektiven und ziemlich boshaften Auffassung heraus. Cf. Clark, op. cit., 100 (aus den „Denkwürdigkeiten" zitierend): „Er war klein und verwachsen; seine Miene war stolz, seine Physiognomie gewöhnlich. Seine Seele glich den Spiegeln, die jeden Gegenstand zurückwerfen. [...] Er verwechselte Eitelkeiten mit echter Größe. [...] Und sein Unglück wollte es, daß er in der Geschichte seinen Platz zwischen einem Vater und einem Sohne fand, die ihn durch überlegene Begabung verdunkeln."

liche Rolle bei der Gestaltung der eigenen Politik spielen, sondern darüber hinaus ohne Verzug in den Untergang führen.[10]

II

Rund anderthalb Jahrhunderte später befindet sich ein Schüler auf der Wanderung von Berlin nach Löwenbruch (einige Meilen südlich im Teltow gelegen) und entschließt sich, bei den ersten Häusern von Großbeeren unter einer Pappel auszuruhen. Während er die friedvolle Landschaft in der Abendsonne betrachtet, wird ihm bewußt, daß er auf einem Schlachtfeld sitzt, und er muß an die Schlacht von Großbeeren denken, die im Sommer 1813 für eine Wende im Freiheitskrieg gesorgt hatte, weil es dem General Bülow gelungen war, die französischen Truppen von Berlin fernzuhalten.[11] Dieser Schüler, es handelt sich um Theodor Fontane, wird die Episode in einem Schulaufsatz verarbeiten. Er wird selbst darauf hinweisen, daß dieser Aufsatz im Grunde als Prototyp seiner „Wanderungen durch die Mark Brandenburg" aufgefaßt werden kann. In der Tat erweist er sich als Autor zweier verschiedener Textsorten: Auf der einen Seite steht die umfangreiche Sammlung der „Wanderungen", in der Hauptsache eine journalistische Reportage von Reiseverläufen, auf der anderen Seite steht die epische Prosa der Romane. Für die „Wanderungen" wird Fontane zu Lebzeiten, für die Romane eher posthum bekannt sein. Clark weist zu Recht darauf hin, daß die erste Textsorte für Fontane aus der Vertrautheit mit der Landschaft emergiert, oder anders gesagt, sie thematisiert die Struktur des eigenen Sozialraums. Es ist präziser die *Morphologie* der Landschaft, welche das *Gespür Fontanes für den Schauplatz* entscheidend anregt.[12] Auf diese Weise werden die „Wanderungen" nicht nur zum Abbild des Netzwerkes geographisch nachvollzogener Wege in der Mark Brandenburg, zur Abbildung dessen, was man als den *hodologischen Raum* Fontanes bezeichnen kann, in einer bunten Collage aus Beobachtungen, Inschriften, Episodischem und Gesprächen, sondern auch zur Meditation über den Sozialraum, den Stil des „poetischen Realismus" bereits auf romantische Weise vorwegnehmen, nämlich durchsetzt von Nostalgie und Melancholie[13]. *Der erwanderte Raum selbst beginnt einen*

---

[10] Cf. Hans-Ulrich Wehler: Das deutsche Kaiserreich: 1871–1918. Vandenhoeck & Ruprecht, Göttingen, 1994.
[11] Theodor Fontane: Mein Erstling: Das Schlachtfeld von Großbeeren. In: Kurt Schreinert, Jutta Neuendorf-Fürstenau (eds.), Meine Kinderjahre [= Sämtliche Werke Band 14], München, 1961, 189–191. Bei Clark, op. cit., 773 sq. (Cf. Nymphenburger Verlagshandlung München, 1963, 189–191.)
[12] Cf. Clark, op. cit., 774. (par.)
[13] Ibd., 775. (par.)

Diskurs. Und vor allem: Es handelt sich um Wanderungen in der *Mark Brandenburg allein*. Zu Fontanes Zeit ist das durchaus ein Kuriosum, denn die Mark Brandenburg steht damals nicht gerade im Mittelpunkt des literarischen Interesses. Im Grunde jedoch trennt Fontane das Lokale vom Globalen ab: Zweifellos ist die preußische Geschichte überall präsent, aber sie rückt doch deutlich in den Hintergrund.

Ganz anders dagegen die epische Prosa der Romane: Obwohl diese in ihrer narrativen Struktur den sprachlichen Duktus der „Wanderungen" durchaus beibehalten, lauert unter der gewissermaßen „heilen Oberfläche" des Erzählten ein Abgrund des Scheiterns, wenn auch auf gut verhüllte Weise. Es ist Preußen, das vor dem Hintergrund einer angedeuteten (insofern *virtuellen*) Alternative scheitert. Freilich wird nicht die Gesellschaft in ihrer Gesamtheit dargestellt, wie im Rougon-Macquart-Projekt Emile Zolas, aber es werden wesentliche Themen angesprochen: Das Verhältnis insbesondere des Adels zum König ist dabei ein Hauptproblem. Das zeigen sowohl „Vor dem Sturm" (1878) als auch „Schach von Wuthenow" (1883) sowie der „Stechlin" (1898). Zwar stehen hier die lokalen Aspekte nach wie vor im Vordergrund, aber der nationale Hintergrund wird oft zum höllischen Abgrund. Freilich kann man Fontane nicht nachsagen, die praktischen Unvereinbarkeiten emergierten bei ihm aus jenem Abgrund mittels einer dekonstruierten Sprache, so wie das bei Heinrich von Kleist der Fall ist. Bei diesem gibt es ja vor allem die Dramen als sprachliche Formen des versagenden Sprechens, wie Hans Heinz Holz in einem frühen Aufsatz deutlich gemacht hat.[14] Erst in der Prosa Kleists wird die Sprachlosigkeit dadurch transformiert, daß die Syntax die semantische Differenzierung der erzählten Faktizität übernimmt, so daß der Eindruck entstehen kann, Kleist weise der Prosa die Aufgabe zu, der sprachlichen Unzulänglichkeit eine Möglichkeit wahrer Rede abzuringen.[15] Bei Fontane dagegen wird das Unsagbare keineswegs durch die Syntax transportiert, sondern im Grunde einfach verschwiegen. Daraus erklärt sich mitunter die Bestürzung, die sich beim Leser einstellt, wenn er den Eindruck hat, er habe zuvor etwas überlesen.[16]

---

[14] Hans Heinz Holz: Macht und Ohnmacht der Sprache. Untersuchungen zum Sprachverständnis und Stil Heinrich von Kleists. Athenäum, Frankfurt a.M., Bonn, 1962, 98.
[15] Ibd., 115. (par.)
[16] Im Anhang der von Helmuth Nürnberger besorgten dtv-Ausgabe von „Vor dem Sturm" wird das Ergebnis eine Erzählung genannt, „die sich im Verstummen fortsetzt, Literatur gegen Sprache, ein aus Scheu nicht Gesagtes, das beredter wirkt als jedwede Aussage." (München, 4. Auflage 1994, 1990, 726.)

III

Sehen wir uns hier vor allem den Erstling Fontanes in der gängigen Buchfassung[17] genauer an: „Vor dem Sturm" trägt den Untertitel: Roman aus dem Winter 1812 auf 13, als deutliche Reminiszenz auf die Zeit des beginnenden Befreiungskrieges. Gleichwohl erweist sich dieses äußerst beachtliche Erstlingswerk zunächst als eine Fortsetzung der „Wanderungen" mit anderen Mitteln.[18] Diese bleiben nach wie vor der Kontext des Romans, wenn auch der Stil allmählich einer charakteristischen Veränderung unterzogen wird, hin zu dem, was Nürnberger „Semantik der Räume" genannt hat.[19] Im Grunde versucht Fontane, die Vielheit der Charaktere, Episoden, Überlieferungen und Ereignisse in der Provinz zu einer geeinigten narrativen Struktur zusammenzuführen, die sich den Lesern als etwas darbietet, das „aus einem Guß" gefertigt ist. Mit dem Erreichen dieses Ziels wird er allerdings während der ersten drei Viertel des Romans zu ringen haben. Aber das Ergebnis ist durchaus stimmig und verdankt sich im übrigen einer literarischen Tradition, die sich ebenso auf Walter Scott stützt wie auf die französischen Protagonisten in der Nachfolge Balzacs: In erster Linie kultiviert er dabei die Kunst der Gesprächsführung, ein Aspekt, der den ersten Rezensenten durchaus verborgen geblieben ist. Gerade Julius Rodenberg, dessen Besprechung eher zurückhaltend bleibt, obwohl sein zugehöriger Tagebucheintrag eine andere Sprache spricht[20] und er in der Hauptsache einen Mangel an Handlungsablauf beklagt, verkennt die Qualität eines innovativen Stils, welcher die Handlung in das Gespräch transformiert.

Es ist zunächst naheliegend davon auszugehen, daß der Kern jener Handlung im wesentlichen auf die Problematik des Gehorsams eingeschränkt werden kann, die dem König geschuldet wird. Wenn im Roman der ältere Vitzewitz so etwas wie eine private Landwehr einrichtet, um die aus Rußland zurückdrängenden und in der Umgebung bereits anwesenden Franzosen anzugreifen, dann schwebt ihm und dem Befehlshaber vor Frankfurt an der Oder, Bamme, das Vorgehen Yorcks allemal schon vor. In vier Gesprächen wird der Konflikt ausführlich thematisiert, bevor es

---

[17] Die in der Folge zitierten zentralen Passagen sind zwischen der älteren Ausgabe der Tempel-Klassiker, der dtv-Ausgabe und der Großen Brandenburger Ausgabe (GBA) abgeglichen. In diesem Fall werden die Stellen aller drei Ausgaben angegeben, mit sinnfälligen Siglen.

[18] Die zugehörigen Landschaftsbeschreibungen finden sich im Band „Oderland" (= 2. Teil der „Wanderungen durch die Mark Brandenburg"), Große Brandenburger Ausgabe (GBA), ed. Gotthard Erler, Aufbau, Berlin, 1997.

[19] Anhang (dtv), op. cit., 716.

[20] Cf. Helmuth Nürnberger: Fontanes Welt. Eine Biographie des Schriftstellers. Pantheon/Random House, 2007, 519 sq. (Siedler, München, 1997)

zum Kampf kommt.[21] Der gutgemeinte Hinweis von Paul Heyse, das Ende des Romans sei sehr herzbewegend, es sollte aber früher dahin kommen[22], zielt insofern gleichermaßen daneben: denn gerade jene vier zentralen Gespräche sind es, welche die collagierte Zusammenstellung provinziellen Lebens aus ländlicher wie aus städtischer Sichtweise in einem „großen Moment" zu einer „großen Idee" führen und dadurch der begrenzten Welt des Lokalen einen weiten Ausgriff auf das Globale eröffnen. Daneben wird freilich dieser thematische Kern von der Geschichte weiterer Personen umrankt, namentlich tritt zum ersten Mal eine Frauengestalt vom Typ der Effi Briest auf, jene Marie, die am Ende die Familie Vitzewitz von einem alten Fluch befreien wird.

Aber bleiben wir beim thematischen Kern und erinnern wir uns kurz[23]: Als die russischen Truppen am 20. Dezember 1812 die Grenze zu Ostpreußen überschreiten, müßte den Bestimmungen des Bündnisvertrages mit Frankreich gemäß der preußische General Yorck sich ihnen entgegenstellen. Sowohl der französische Kommandierende, Marschall Alexandre Macdonald, als auch der russische Kommandierende, General Diebitsch, fordern ihn auf, sie zu unterstützen, den einen durch aktives Eingreifen, den anderen durch passive Zurückhaltung. Daraufhin vereinbaren Yorck und Diebitsch, daß ein von den Preußen Bevollmächtigter, es handelt sich tatsächlich um den bekannten Militärtheoretiker Carl von Clausewitz, im russischen Hauptquartier verhandeln solle. Auf Anraten dieses Unterhändlers wird Yorck der denkwürdigen Unterredung in Tauroggen zustimmen. In der sodann getroffenen Vereinbarung verpflichtet sich Yorck, den Russen den Durchzug zu gestatten. Formal gesehen, bedeutet dieser Vorgang einen Verrat Yorcks. Für sein Vorgehen hat er keinerlei Vollmacht. Er verhält sich insofern ungehorsam. Dadurch erheblich belastet, schickt er am 3. Januar 1813 einen Brief an den König, um sich zu rechtfertigen. In diesem findet sich die erstaunliche Definition des Pflichtbegriffs. Wörtlich heißt es: „Ew. K.M. kennen mich wie einen ruhigen, kalten, sich in die Politik nicht einmischenden Mann, so lange alles im gewöhnlichen Gang ging, musste jeder treue Diener ja den Zeitumständen folgen, das war Pflicht. Die Zeitumstände haben aber ein ganz anderes Verhältnis herbey geführt und es ist ebenfalls Pflicht, diese nie wieder zurückkehrenden Verhältnisse zu benutzen."[24] Nicht nur teilt Yorck seinem König mit, daß er letztlich für sich entschieden habe, wer Freund und wer Feind ist, er setzt noch fort mit der Formulierung: „Ich spreche hier die Sprache eines alten, treuen Dieners, diese Sprache ist die

---

[21] Cf. Wolfgang Hädecke: Theodor Fontane. dtv München, 2002, 263. (Hanser, München, Wien, 1998)
[22] Nürnberger, op.cit., 520. (par.)
[23] Wir folgen hier in aller Kürze den Darlegungen bei Clark, op. cit., 414 sqq.
[24] Zitiert nach Clark, op., cit., 416.

fast allgemeine der Nation [...]"²⁵ Er beruft sich also auch auf die Nation insgesamt. Der Freiherr vom Stein, der im Februar Ostpreußen als russischer Funktionär betritt, scheut nicht davor zurück, die ostpreußischen Provinzstände einzuberufen und sie zum Volkskrieg gegen die Franzosen aufzufordern. Er schreibt an Yorck wörtlich: „Klugheit, Ehre, Vaterlandsliebe, Rache gebieten, keine Zeit zu verlieren, den Volkskrieg auszurufen [...], um die Fesseln des frechen Unterdrückers zu brechen und die erlittene Schmach mit Blut seiner verruchten Banden abzuwaschen."²⁶

Die Ständeversammlung lädt Yorck zu einem Vortrag ein, obwohl zwischenzeitlich bekannt geworden ist, daß er aus dem Dienst entlassen und in Ungnade gefallen ist. Seine Verhaftung ist bereits angeordnet. Tatsächlich aber wird auf die Versammlung folgend eine Landwehr ausgehoben, unter eigens deklarierten, besonderen Einberufungsbedingungen. *Faktisch übernehmen somit die Stände die monarchische Funktion.* Der König ist derweilen von Potsdam nach Breslau übergewechselt und beginnt, nach einer Periode der Lähmung, mit der Aufstellung von Freikorps. Gleichwohl nimmt die aufrührerische Stimmung im Lande zu und erfaßt bereits das Odergebiet und die Neumark. Es wird von einer drohenden Revolution gesprochen, sollte der König sich nicht sofort mit den Russen verbünden. Schließlich wird der König am 27. und 28. Februar 1813 einen Vertrag mit den Russen unterzeichnen, der die Wiederherstellung Preußens in den Grenzen von 1806 sicherstellt, aber mit Auflagen hinsichtlich der polnischen Gebiete verbunden ist. Am 17. März hält der König die Rede „An mein Volk", worin er aber die Umstände der neueren Entwicklungen mit keinem Wort erwähnt.²⁷ Der sogenannte Befreiungskrieg (zu dem auch die bereits erwähnte Schlacht bei Großbeeren vom 23. August zählt) kommt in Gang, mit bekanntem Ergebnis. Bei den Gefechten um Leipzig herum, am 16. Oktober bei Möckern, kommandiert übrigens der General Yorck das erste Korps der Schlesischen Armee. Er ist zwischenzeitlich wieder in den Dienst aufgenommen. Der König aber wird ihm nicht verzeihen. Die Konvention von Tauroggen wird niemals offiziell anerkannt, das Dokument im Staatsarchiv auch gar nicht aktenkundig gemacht, stattdessen wird es zum privaten Erinnerungsstück der Familie Yorck.²⁸

Aus der gehörigen historischen Distanz von sechzig Jahren heraus, nimmt Fontane also dieses Thema auf und konstruiert eine Parallele im Kleinen, offensichtlich anspielend auf die im Lande verbreitete Unruhe im Verlauf des Februars 1813. Dabei bewegt sich die Darstellung eher auf der

---

25 Ibd.
26 Ibd., 417.
27 Den Wortlaut sehe man unter http://www.davier.de/anmeinvolk.htm (18.05.2013).
28 Zu später Ehre wird der General Yorck erst in der Grundsatzdebatte des Kreisauer Kreises über die Frage der Gehorsamsverweigerung kommen.

Grenzlinie zwischen dem, was traditionell als „kleiner Krieg" bezeichnet zu werden pflegte, und dem, was seit Beginn des 19. Jahrhunderts als „Guerilla-Kampf" bezeichnet wird und bei Fontane unter dem Namen „spanische Kriegsführung" auftritt: Das erstere ist als taktisches und vorbereitendes Vorgehen regulärer, leichtbewaffneter Truppenverbände zu verstehen, das letztere als strategisches Vorgehen auch irregulärer Verbände. Der wesentliche Punkt liegt im Status der Regularität: In Preußen gilt der Guerilla-Kampf als Banditentum. Zivilisten sind grundsätzlich nicht zur Kriegsführung autorisiert.

In den erwähnten Gesprächen in „Vor dem Sturm" hebt Fontane die verschiedenen Perspektiven hervor: Im ersten Gespräch zwischen Vater und Sohn[29] liegen die Standpunkte klar zu Tage. Man spricht über das angekündigte Bulletin, das von der Vernichtung der Napoleonischen Armee in Rußland handelt, und vergleicht die Ereignisse mit einem göttlichen Richterspruch biblischen Ausmaßes, der auch für Preußen die Lösung nahelegt: „Das Wort *muß* gesprochen werden, so oder so." sagt der ältere Vitzewitz Berndt. „Wir alle stehen hier des Wortes gewärtig; wird es *nicht* gesprochen, so folgen wir dem lauten Wort, das in uns / klingt. Es begräbt sich leicht im Schnee. Nur kein feiges Mitleid. Jetzt oder nie. [...] *über die Oder darf keiner.*"[30] Aber Lewin weist diese Konsequenz von sich: „Das was du vorhast und was Tausende der Besten wollen, es ist gegen meine Natur. Ich habe kein Herz für das, was sie jetzt mit Stolz und Bewunderung die spanische Kriegsführung nennen."[31]

Beide sind sich zwar einig darüber, das es mit dem französischen Kaiser zu Ende geht, aber Lewin bevorzugt die traditionelle Vorgehensweise: „Wir werden einen frohen, einen heiligen Krieg haben. Aber zunächst sind wir unseres Feindes Freund, wir haben mit und neben ihm in Waffen gestanden; er rechnet auf uns, er schleppt sich unserer Tür zu, hoffnungsvoll wie der Schwelle seines eigenen Hauses [...]."[32]

Anschließend, beim Empfang auf Schloß Guse im Kreise der Tante Amelie, führt Berndt neuerlich das Wort, um von seiner Unterredung mit Hardenberg zu berichten, und antwortet auf die Frage Bammes, ob man losschlage: „Vielleicht. Oder, wenn *ich* zu entscheiden habe: gewiß! Aber die Herren im hohen Rate? Nein. Am wenigsten der Minister. Er treibt Diplomatie, nicht Politik. Unfähig, feste Entschlüsse zu fassen, sucht er das Heil in Halbheiten. [...] In der Idee sind wir einig: der Kaiser muß gestürzt, Preußen wiederhergestellt werden. Aber *wie*? Da werden die

---

[29] Hier und fernerhin zitiert nach der Edition (Hannsludwig Geigers) der Tempel-Klassiker, Vollmer, Wiesbaden, 1980, Band 1, 137–139, mit den Ausgaben dtv und GBA abgeglichen, wie oben bereits angekündigt.
[30] Ibd., 137 sq. (dtv 33 sq., GBA 1, 39)
[31] Ibd., 138. (ibd., ibd.)
[32] Ibd., 139. (dtv 35, GBA 1, 41)

Herzen offenbar. Er will es auf dem Papier ausfechten, nicht mit der Waffe in der Hand, am grünen Tisch, nicht auf grüner Heide. [...] / [...] Als ich ihm unsere Gedanken eines Volksaufstandes entwickelte [...], erschrak er und suchte sein Erschrecken hinter einem Lächeln zu verbergen. [...] Als ich die Treppe hinabstieg, sagte ich mir: ‚Also, *noch* nicht belehrt! Die Zeit *noch* nicht begriffen! Napoleon *noch* nicht kennengelernt!'"[33] Bei dieser Gelegenheit ist es lediglich Medewitz, der ihm entgegentritt, indem er auf die Kompetenz des Ministers verweist. Er aber wird vom Autor eingeführt als einer, „[...] der seiner Unbedeutendheit gern ein Loyalitätsmäntelchen umhing, [und] [...] jetzt den Moment zur Geldtendmachung seiner ministeriellen Rechtgläubigkeit gekommen [glaubte]."[34] Es entbehrt nicht einiger Ironie, daß Fontane hier die Formulierung nicht wirklich gelingt, so daß durchaus Unklarheit über seine eigene Position aufkommt. Zumindest scheint er um einen formalen Ausgleich bemüht, der ihm aber selbst Schwierigkeiten bereiten mag. Im übrigen befindet man sich auf Schloß Guse, unter den Auspizien der französisch-freundlichen Tante Amelie: Über diese lernen wir bereits zuvor, daß sie alt ist und mithin einer anderen Zeit angehört.[35] Zum einen wird sie dadurch in die Nähe jener Rheinsberger Komtessen gerückt, „denen die französischen Bücher [...] die Köpfe verdreht haben." Und wie es weiter heißt: „Es ist mit ihnen [...] wie mit den Palimpsesten in unseren Bibliotheken, alte Pergamente, darauf ursprünglich heidnische Verse standen, bis die frommen Mönche ihre / Sprüche darüber schrieben."[36] Zum anderen ist sie aber auch jene, die das ganze Vitzewitzsche Unternehmen als erste parodiert, wenn sie sagt: „Das ganze Oderbruch auf und ab schreitet er [ihr Bruder] zu einer Volksbewaffnung, für die er hundert Namen hat: Landwehr, Landsturm und ‚letztes Aufgebot'. In seinem Eifer übersieht er, wie diese letzte Bezeichnung, anstatt Furcht einzuflößen, nur tragikomisch wirken kann."[37] (Man muß hinzusetzen: *für uns heute* allerdings nicht mehr unbedingt.) Und sie fährt fort: „Es erheitert mich, wenn ich mir seine Groß- und Klein-Quirlsdorfer als mittelmärkische Guerillas denke. Diese Dorfschaften, in denen im Durchschnitt keine sechs Jagdflinten aufzutreiben sind, wollen sich dem Marschall Ney entgegenstellen [...]"[38]

Als Berndt seine Pläne für die Aufstellung eines Landsturms dem Dorfschulzen Kniehase mitteilt, hat er mehr Erfolg. Nach einigem Zögern schließt sich Kniehase am Ende der Auffassung Berndts an, vor allem,

---

[33] Ibd., 258 sq. (dtv 174 sqq., GBA 1, 209 sq.)
[34] Ibd., 259. (ibd., ibd.)
[35] Ibd., 213.
[36] Ibd., 213 sq.
[37] Ibd., 395.
[38] Ibd.

nachdem dieser Unterstützung durch Othegraven erfährt, der ausführt: „Es ist ein königliches Land, dieses Preußen, und *königlich, so Gott will, soll es bleiben*. Es haben es große Fürsten aufgebaut, und der Treue der Fürsten hat die Treue des Volkes entsprochen. *Ein Volk folgt immer, wo zu folgen ist*; es hat dem unseren an freudigem Gehorsam nie gefehlt. Aber es ist fluchwürdig, den *toten* Gehorsam zu eines Volkes höchster Tugend stempeln zu wollen. *Unser Höchstes ist Freiheit und Liebe*. [...] *Es gibt eine Treue, die, während sie nicht gehorcht, erst ganz sie selber ist*."[39] Und er setzt noch hinzu: „[...] *sich entscheiden ist schwerer als gehorchen*. Schwerer und oft auch treuer."[40]

Fontane bietet im vierten Gespräch nochmals eine dieser Auffassung entgegenstehende Perspektive, wenn er die Audienz beim Prinzen Ferdinand, dem jüngsten Bruder Friedrichs II., schildert. Aber auch diese Sichtweise wird von Beginn an dadurch entwertet, daß es heißt: „Von Natur unbedeutend, auch sein lebelang, zumal an seinen Brüdern gemessen, sich dieser Unbedeutendheit bewußt, durchdrang ihn doch das Gefühl von der hohen Mission seines Hauses und gab ihm eine Majestät [...]"[41] Der so bereits vorweg als unbedeutend erklärte Ferdinand vertritt den unmittelbaren Standpunkt der Ordnung: „Wenn ich meinem Lande je etwas war, so war es durch Gehorsam. [...] Das ist jetzt anders. Der Gehorsam ist aus der Welt gegangen, und das Besserwissen ist an die Stelle getreten, selbst in der Armee. [...] / [...] Ohne Ihnen [Vitzewitz] zuzustimmen; denn [...], dieser Unterschied zwischen dem König und seinem ersten Diener ist unstatthaft und gegen die preußische Tradition. Ich liebe den Grafen von Hardenberg nicht; [...] aber ich habe seinen Maßregeln nicht widersprochen. Ich kenne nur Gehorsam. Wir leben in einem königlichen Lande, und was geschieht, geschieht nach dem Willen Seiner Majestät."[42] Und er betont, nicht der Minister zögere, sondern der König selbst: „[...] weil er in einer Politik des Abwartens allein das Richtige sieht. Die Zeit allein wird die Lösung dieser Wirren bringen."[43] Zur Zeit habe man im übrigen gar keine Armee. Auf die Einlassung Vitzewitzens, man habe aber das Volk, entgegnet er: „Der König mißtraut ihm." „Seiner Kraft?" fragt Berndt zurück. „Vielleicht auch *der*; aber vor allem dem neuen Geiste, der jetzt in den Köpfen der Menge lebendig ist. [...] [Der König] schließt lieber ein Bündnis mit seinem Feinde, vorausgesetzt, daß dieser Feind in Gestalt eines Machthabers oder einer geordneten Regierung entgegentritt, als mit seinem eigenen, in hundert Willen geteil-

---

[39] Ibd., 297. (Alle Hervorhebungen von mir.) (dtv 220, GBA I, 263)
[40] Ibd. (dtv 220 sq., GBA 1, 264)
[41] Ibd., 371. (dtv 304, GBA 2, 10)
[42] Ibd., 371 sq. (ibd., GBA 2, 11 sq.)
[43] Ibd., 373. (dtv 304 sqq., GBA 2, 13)

ten, aus dem Geleise des Gehorsams herausgekommenen Volk. Denn er ist ganz auf die Ordnung gestellt."[44]

Durch diese abwägende Prosa unterscheidet sich Fontane wesentlich vom eher extrovertierten Kleist: In dessen „Hermannsschlacht"[45] nämlich ist die Kritik an der preußischen Militärreform von 1808 allzu deutlich präsent. Im Grunde kann die Figur des Hermann durchaus mit den Hauptakteuren der Zeit, mit Scharnhorst etwa oder mit Gneisenau, verglichen werden.[46] Bekanntlich schreckte Kleist auch nicht von persönlichen Eingaben an den König zurück. Anders im hier diskutierten Fall: Denn bei Fontane ist die Geburt des Partisanen keine Sache, die aus dem Geist der Poesie heraus vonstatten geht, und „Vor dem Sturm" ist wahrlich keine „Hermannsschlacht" – vor allem gerät das letztendliche Ergebnis vor Frankfurt eher zur augenzwinkernden Parodie. Es ist auch kein Zufall, daß bei Fontane Kleist im wahrsten Sinne des Wortes nur „im Vorbeigehen" erwähnt wird – interessanterweise auch die Königin Luise.[47]

Bezeichnenderweise gibt es darüber hinaus eine Parallele zwischen dem zweiten Kaiser Wilhelm und Fontane, denn der erstere will die berühmte Feigheitsszene im „Prinzen von Homburg" einfach streichen lassen und versteht gar nicht das Erstaunen über dieses Ansinnen, der zweite kritisiert die Stelle gleichermaßen und begründet seine Kritik mit einer Derealisierung des Heldentums in der Zeit des Großen Kurfürsten. Tatsächlich aber spielt das Stück durchaus in der Zeit nach 1806, und der Große Kurfürst wird von Kleist nur aus Gründen einer symbolischen Reminiszenz eingeführt.[48] Wie Wolf Kittler zu Recht gezeigt hat, wirkt der Große Kurfürst dadurch als Katalysator, der die „Auslegung der Signifikanten" anregt und dabei seine pädagogischen Absichten durch eine implizite Fichte-Referenz untermauert.[49] Bei Fontane spricht Fichte in seinem Kolleg über den „Begriff des wahrhaften Krieges" selbst: „[...] das ist nichts, das gut oder böse wäre an sich; wir kennen den General [Yorck] und wissen deshalb, in welchem Geiste wir sein Tun zu deuten

---

[44] Ibd., 374. (dtv 307 sq., GBA 2, 14 sq.)
[45] Heinrich von Kleist: Die Hermannsschlacht. Sämtliche Werke und Briefe, Büchergilde Gutenberg, Frankfurt a.M., Wien, Zürich (Hanser, München), 1965, Band 1, 533–628.
[46] Cf. dazu Wolf Kittler: Die Geburt des Partisanen aus dem Geist der Poesie. Heinrich von Kleist und die Strategie der Befreiungskriege. Rombach, Freiburg, 1987, 228 sqq.
[47] Diese schreibt noch am 29. September 1806 an den Zar Alexander: „Das *muß* gut gehen. Die Truppen sind von schönstem Eifer beseelt, sie brennen darauf, sich zu schlagen und vorzugehen [...] die ganze Nation denkt ebenso und preist den König für den Entschluß, den er gefaßt hat." (Königin Luise von Preußen. Briefe und Aufzeichnungen. Deutscher Kunstverlag, Berlin, München, 2010, 286.)
[48] Kittler, op. cit., 264. (par.)
[49] Ibd., 264 sq. (par.)

haben. [...] Vor allem tun wir, was der tapfere General tat, das heißt *entscheiden* wir uns."⁵⁰ Fichtes Engagement gegen die napoleonische Besatzung ist bekannt, obwohl er (oder gerade *weil er*) die französische Revolution einst begrüßt hatte. Aber bei Fontane erscheint sein Eingreifen einigermaßen zurückhaltend. Der Passage aus den „Reden an die Deutsche Nation" (nicht: Reden an Preußen): „Was seine Selbständigkeit verloren hat, hat zugleich verloren das Vermögen einzugreifen in den Zeitfluß, und den Inhalt desselben frei zu bestimmen; es wird ihm [...] seine Zeit, und es selber mit dieser seiner Zeit, abgewickelt durch die fremde Gewalt, die über sein Schicksal gebietet [...] Es könnte sich erheben aus diesem Zustande, [...] lediglich unter der Bedingung, daß ihm eine neue Welt aufginge, mit deren Erschaffung es einen neuen und ihm eigenen Abschnitt in der Zeit begönne [...]."⁵¹, dieser Passage also, entsprechen die ihm von Fontane in den Mund gelegten Äußerungen nicht unbedingt. Aber auch das Anliegen Kleists wird hierdurch nicht getroffen, denn die Insurrektion wird in diesem Zusammenhang nicht als staatsbürgerliche Pflicht⁵² begriffen: Stattdessen geht es um das „Aufgehen einer neuen Welt", die für Fichte geprägt sein muß durch die Prinzipien der Aufklärung. Kurz, es geht um eine Welt, in welcher Michael Kohlhaas kein Rechtsbrecher aus Gerechtigkeit mehr wäre, kein Gutewicht (im Gegensatz zum Bösewicht).⁵³ Freilich erhebt sich dann die schwierige Frage, die sich seit dem Beginn des 19. Jahrhunderts sehr oft erhoben hat, wer denn der eine und wer der andere sei. Nach der strengen Definition könnte der König von Preußen (gerade *weil er* König ist) unter die letztere Bezeichnung fallen, Vitzewitzen unter die erstere. Unschwer aber kann eingesehen werden, daß beider Resultat gleich verderbenbringend ist, wenn nicht zugleich die Welt transformiert wird: Eine Volkserhebung gegen die französischen Besatzer ist nur sinnvoll, wenn am Ende eine Republik steht. Andererseits ist ein diplomatisches Hinhalten nur dann naheliegend, wenn die Welt so bleibt wie sie ist: eine Monarchie, welchen Königs auch immer. In diesem Sinne hat Ferdinand den Sachverhalt am besten erkannt, wenn er bei Fontane sagt, der König traue seinem Volk nicht. Genau das ist der Punkt. Und eben deshalb sind auch die Vitzewitzens im Unrecht,

---

50 Fontane, Vor dem Sturm, op. cit., 429. (Tatsächlich bricht Fichte am 19. Februar 1813 seine Vorlesungen mit der Rede „Über den Begriff des wahren Krieges" ab. Cf. ed. Nürnberger, op. cit., 836.)
51 Johann Gottlieb Fichte: Reden an die Deutsche Nation. Meiner, Hamburg, ed. R. Lauth, 1978 (1808), 12.
52 Kittler, op. cit., 291 sqq. (par.)
53 Ibd. (par.) – Cf. auch Michael Schneider: Der Traum der Vernunft. Roman eines deutschen Jacobiners. Kiepenheuer & Witsch, 2001, 317: „Der Bösewicht begeht das Böse aus niederen und eigensüchtigen Beweggründen, der Gutewicht dagegen aus hohen und uneigennützigen Beweggründen."

weil sie die Insurrektion betreiben, *um letztlich an der Monarchie festzuhalten*.⁵⁴ Übrigens zeigt ein mit den hier bei Fontane aufgeführten Gesprächen vergleichbares Gespräch, nämlich jenes zwischen Kohlhaas und Luther, daß für Kleist die Sprache an den unüberwindlichen Diskurshürden scheitert, so daß schließlich seine Prosa, die ursprünglich angelegt war, die Dekonstruktion der Sprache in seinen Dramen zu kompensieren, gleichermaßen erfolglos bleibt, weil die Positionen der Menschen als unvermittelbare erscheinen. Fontane ist optimistischer – daher auch sein systematisches, wenn auch nicht vollkommen gleichmäßiges und widerspruchsfreies, Abwägen. Aber in Wahrheit ist sein Ansatz nicht aussichtsreicher, denn die beiden Hauptpositionen, in jener Verschränkung der Irrtümer, sind gleichwohl unvereinbar. Und er leistet dieser Einsicht selbst Vorschub, denn die offiziellen Staatspositionen der Ordnung, wie er sie vom Prinzen Ferdinand nennen lassen wird, werden durch beiläufige Bemerkungen entwertet, weil der Autor selbst ständig auf die Bedeutungslosigkeit der zitierten Protagonisten verweist.

So gesehen, hat Clark durchaus Recht, wenn er darlegt, inwiefern die Wiederentdeckung der Region bei Fontane mit ihren Ansprüchen an die Loyalität der Bewohner eine Abkehr von Preußen signalisieren kann.⁵⁵ Im Roman ist sie erkennbar an den zahlreichen Verweisen auf die brandenburgische Vergangenheit, welche der preußischen Zeit der Hohenzollern *vorausging*.⁵⁶ Deshalb hat Christine Hehle „Vor dem Sturm" einen verspäteten vaterländischen Roman genannt, „verspätet auch deshalb, weil sich im Laufe der langen Entstehungsgeschichte sowohl die politischen Positionen des Autors als auch seine literarischen Verfahren [...] gewandelt hatten."⁵⁷ Mithin erscheint dem Leser die innige Komplizenschaft unter

---

54 Bei Fontane heißt diese Haltung oft „altpreußisch." (Cf. ed. Nürnberger, op. cit., 728 sq.) Es gibt eine Parallele zu dieser Problematik in der Mitte des 20. Jahrhunderts, wenn Sartre mit Blick auf den Befreiungskampf der Algerier gegen die französischen Kolonisten darauf hinweist, daß ein am Ende gelingender Kampf nicht bedeuten kann, daß Algerien zu jener Staatsform zurückkehrt, die vor der Kolonisierung bestand, also zur feudalen Stammesorganisation, er könne nur das Überschreiten dieses frühen Zustands bedeuten und das heiße, einen Übergang in die Republik zu vollziehen.
55 Clark, op. cit., 778.
56 Cf. Fontane, Vor dem Sturm, op. cit., 121, et passim.
57 GBA 1, 381. – Insofern aber bleibt die Haltung Fontanes unklar oder zumindest ambivalent, denn trotz konstatierter Ironie (ibd., 382) spielt die Debatte über die Priorität der Kulturleistungen von Wenden und Germanen im Roman eine wesentliche Rolle, die über bloße, der Mode geschuldete, Nationalromantik hinausweist. Im Zusammenhang mit dem Vorbild Ludwig von der Marwitz erkennt man diese Ambivalenz ganz deutlich, wenn man den historischen Marwitz mit der Romanabbildung im Protagonisten Bernd vergleicht. (Cf. ibd. 378) Es hat in der Tat ein Gespräch zum Thema zwischen Marwitz und Hardenberg gegeben, über das der erstere in seinen Memoiren berichtet hat. Und obwohl manche Passage wörtlich in

den Anwohnern gleich welchen Standes (in Wahrheit auch vom Vorbild Marwitz nicht akzeptiert) eher den gemeinsamen Kämpfen geschuldet, die sie früher untereinander zu führen pflegten, in der Zeit der Askanier, diese gegen die Wenden und die Polen, jene gegen die jeweils anderen, mit wechselnden Koalitionen, die gleichermaßen wechselnd verraten wurden oder sich sogar, wie im Falle der legendenhaften Vorgeschichte vom Brudermord, gegen die eigenen Leute richteten. Auf diese Weise zeigt sich Fontane keineswegs als Apologet Preußens, wie Clark zu Recht vermerkt.[58] Er zeigt sich vielmehr als *Kritiker* Preußens, wenn auch unter dem Mantel der Ambivalenz. Dabei sieht er nicht nur das Preußen von 1813 vor sich, sondern sehr wohl auch das Kaiserreich seiner eigenen Zeit, und will man die Perspektive von „Vor dem Sturm" als düstere bewerten, dann ahnt Fontane insofern eine Entwicklung voraus, in welcher die preußischen Prinzipien allenfalls noch als Karrikatur in Erscheinung treten und alsbald in die Katastrophe führen. Der Roman ist immerhin zehn Jahre vor dem Dreikaiser-Jahr veröffentlicht worden. Im Grunde haben sich die Vorstellungen Fontanes in die richtige Richtung bewegt, als er nach 1871 wie selbstverständlich davon ausging, daß die Einigung Deutschlands das Ende Preußens bedeuten müsse. Aber bei weitem nicht auch das Ende Brandenburgs. Vor dem Hintergrund dieser Überlegungen zeichnet sich schließlich ein *virtuelles* Preußen ab, ein wesentlich *Brandenburgisch Preußen*, das auf einem *askanischen* Fundament sich erhebt. In diesem Sinne weiß sich Vitzewitz als Angehöriger einer Klasse, die schon lange vor dem ersten König relevant war, so daß er sich jener stärker verbunden fühlt als diesem.[59] Freilich bewegt sich diese Schau des musilschen Möglichkeitssinns noch eng im Rahmen der überkommenen feudalen Gesellschaft, auch, wenn diese als lokale Region herausgearbeitet wird. Nach dem Vorbild der Gemeinschaft, wie sie in „Vor dem Sturm" bereits entworfen wird, geht es letzlich um eine Volksgemeinschaft unter aristokratischer Führung. Aber wie wir bereits gesehen haben: An diesem Rahmen muß die Vorstellung letztlich scheitern, weil das (offensichtlich auch von Fontane selbst propagierte) Vorgehen im Notfalle zwingend eine Systemüberschreitung nach vorn impliziert und keine Rückkehr in ein hypothetisches Goldenes Zeitalter der aristokratisch verwalteten Region.

Die letztliche Unentschiedenheit Fontanes beim Entwurf seiner „konkreten Utopie" begegnet auch in anderen Zusammenhängen auf Schritt und Tritt. So befaßt er sich in den einschlägigen Romanen (abschließend nochmals im „Stechlin") stets mit dem Adel, dem seine Hauptaufmerksamkeit gewidmet ist. Klaus-Peter Möller hat in der von

---

den Roman übernommen wird, ist doch die Militanz erheblich zurückgenommen. (Cf. in den Anmerkungen, ibd., 543 sq.)
58 Clark, op. cit., 778.
59 Cf. ed. Nürnberger, op. cit., 724.

ihm betreuten Stechlin-Ausgabe diese „kritische Liebe" Fontanes ganz richtig herausgestellt: „Illusionslos und mit beißendem Spott beschreibt der Erzähler [im „Stechlin"] den Landadel, seine Unfähigkeit, die Probleme, die mit der sozialen Umschichtung der Gesellschaft auf die Tagesordnung drängen, zu lösen, ein produktives Verhältnis zur zeitgenössischen Welt und den Zukunftsfragen zu finden."[60] Es fällt nicht schwer, an dieser Stelle eben jene Kritik auszumachen, von der wir die Krönung des ersten Friedrich hatten als Vorschein erkennen können.

Der „Stechlin" wird 1897 veröffentlicht. Zwei Jahre zuvor schreibt Fontane an Georg Friedlaender: „Die Welt wird noch lange einen Adel haben und jedenfalls *wünsche* ich der Welt einen Adel, aber er muß danach sein, er muß eine Bedeutung haben für das Ganze, muß Vorbilder stellen, große Beispiele geben und entweder durch geistig moralische Qualitäten direkt wirken oder diese Qualitäten aus reichen Mitteln unterstützen."[61] Wieder zwei Jahre später heißt es in einem Brief an denselben Adressaten: „Preußen – und mittelbar ganz Deutschland – krankt an unseren Ost-Elbiern. Ueber unsren Adel muß hinweggegangen werden: man kann ihn besuchen wie das aegyptische Museum und sich vor Ramses und Amenophis verneigen, aber das Land *ihm* zu Liebe regieren, in dem Wahn: *dieser Adel sei das Land*, – das ist unser Unglück [...]"[62] Nun kann allerdings dahingestellt bleiben, inwiefern es überhaupt jemals einen Adel gegeben hat, welcher den Voraussetzungen des erstgenannten Briefes Genüge tun konnte. Aber die Diskrepanz zwischen den Äußerungen im kurzen Abstand von zwei Jahren am Ende eines Lebens – sie ist doch bemerkenswert.

Es kommt noch hinzu, daß die beiden literarischen Varianten der Kritik (nämlich jene Kleists und jene Fontanes), die sich, wie wir gesehen haben, darin treffen, daß Aristokratie und Volk im allgemeinen einander die Hände reichen, um den König zu unterstützen, durchaus auch, indem man seinen Vorgaben und Befehlen widerspricht bzw. ihnen zuwiderhandelt, daß diese beiden Varianten also, nicht nur der Auffassung Fichtes entgegengesetzt sind, sondern auch der Auffassung Schillers, auf den sich beide, der eine unmittelbar, der andere eher mittelbar, beziehen: Kleist rekurriert ausdrücklich auf Schillers Schrift über die „Geschichte des Abfalls der vereinigten Niederlande von der spanischen Regierung" (1788) und nimmt sogar in seinem „Zerbrochenen Krug" darauf Bezug. „*Ordentlich* ist heute die Welt", schreibt er 1801 an Adolfine von Werdeck, „Sagen Sie mir, ist sie noch schön? Die armen lechzenden Herzen! Schönes und Großes möchten sie tun, aber niemand bedarf ihrer, alles

---

[60] Stechlin, ed. Möller, GBA 467.
[61] Zitiert nach ibd., 468.
[62] Ibd.

geschieht jetzt ohne ihr Zutun. Denn seitdem man die Ordnung erfunden hat, sind alle großen Tugenden unnötig geworden."⁶³ Das heißt, hier schwebt doch das Beispiel der Niederlande immer schon vor. Und bei Fontane ist es ähnlich, bei dem die Niederlande zwar nicht vorkommen, aber implizit das Vorbild abgeben für seine Interpretation der Vorgehensweise Yorcks.

Der wichtige Punkt ist aber, daß beide, Kleist, Kenner von Adel und Armee kraft seiner Mitgliedschaft, ebenso wie Fontane, beiden eher fernstehend, nicht das wahre Anliegen Schillers treffen. Denn bei diesem heißt es ganz ausdrücklich: „Wenn die schimmernden Taten der Ruhmsucht und einer verderblichen Herrschbegierde auf unsere Bewunderung Anspruch machen, wieviel mehr eine Begebenheit, wo die bedrängte Menschheit um ihre edelsten Rechte ringt, wo mit der guten Sache ungewöhnliche Kräfte sich paaren und die Hülfsmittel entschlossener Verzweiflung über die furchtbaren Künste der Tyrannei in ungleichem Wettkampf siegen."⁶⁴ Wir sehen hier ganz klar, daß weder Kleist noch Fontane etwas mit dem Abfall der Niederlande Vergleichbares im Sinne hatten.

So hat Fontane zwar geahnt, daß jenes ihm konkret bekannte Preußen dem Verfall bestimmt war oder zumindest der weiterführenden Überarbeitung bedurft hätte, die weit über die preußischen Reformen hätte hinausführen müssen. Und wir wissen heute, daß seine Ahnung wohlfundiert war. Auf der anderen Seite aber sehen wir auch, daß sein „Traum von der Transzendenz" in Gestalt eines von ihm entworfenen, wenn auch nur angedeuteten, *virtuellen* Preußens aus heutiger Sicht gleichermaßen unbefriedigend erscheint.

IV

Fassen wir zum Schluß zusammen: Die Grundidee des Vorliegenden, zugleich die Grundidee eines größeren Projektes, das sich noch in der Entwicklung befindet, geht zurück auf jene Passage in der Preußen-Geschichte, die Christopher Clark 2006 herausgebracht hat und die wir hier öfter benutzt haben: Fontane erinnert sich 1894 an sein literarisches Erstlingswerk aus dem Jahr 1834, das einer Erinnerung an die Schlacht von Großbeeren entspringt. Clark zielt mit seiner Referenz auf einen Punkt ab, der sich als zentrales Charakteristikum bei Fontane erweisen wird: Er fragt nämlich, ob die geschilderte Anekdote eher von Preußen handelt oder eher von Brandenburg. Die wesentlichen Sätze lauten hier: „Was Fontane (wenn auch nur in Bruchstücken) heraufbeschwört, ist ein

---

[63] Zitiert nach Kittler, op. cit., 131.
[64] Friedrich Schiller: Sämtliche Werke, Wissenschaftliche Buchgesellschaft Darmstadt, 1988 (Hanser, München, 1958), Band 4, 33.

erkennbar preußisches Geschichtsbild, doch die Unmittelbarkeit seiner Erinnerung beruht auf der Vertrautheit des Schauplatzes [...] Was das Tor zur Erinnerung an die preußische Vergangenheit aufstieß, war die brandenburgische Landschaft."[65] Tatsächlich ist es zunächst die Vertrautheit des Schauplatzes, die vor allem Schüler anspricht, die Fontane als Schullektüre durchnehmen und selbst aus Berlin oder Brandenburg stammen. Gerade heute, lange nach der Zusammenlegung der Gemeinden zu einem Groß-Berlin (1920) und nach einer der politischen Wende (1989) folgenden Lawine der lokalen Wiedereröffnungsbewegungen zu touristischen Zwecken, rücken die landschaftlichen Aspekte noch viel näher zueinander und verstärken die Evokation lokaler Besonderheiten. Unter dem Pflaster liegt gewissermaßen ein Strand, aber einer, der eher in der Vergangenheit angesiedelt ist und dem Schauplatz die Konnotation eines Bachtinschen *Chronotopos* verleiht. Der Begriff der Landschaft ist mithin nicht nur im räumlichen, sondern auch im zeitlichen Sinne zu verstehen. Und diese Landschaft ist ihrem Wesen gemäß *fraktal* strukturiert: sie ist selbstähnlich, metastabil und irreduzibel in einem.

Mithin ist es nicht wirklich verwunderlich, daß Fontane zu Lebzeiten eher als bekannter Autor der *Wanderungen durch die Mark Brandenburg* galt und weniger als Romanautor. Preußische Geschichte bleibt zwar präsent, belebt aber eher einen mythologisch geprägten Hintergrund, vor welchem der konkrete, aktuelle Brandenburger in Person selbst agiert. Was sich bei Fontane in den *Wanderungen* andeutet, wird in den Romanen fortgesetzt: Das lokal Individuelle (die *story*) entfaltet sich vor dem Hintergrund des global Universellen (der *hi*[gh]-*story*).

Gleichwohl bleibt dabei ein hermeneutisch greifbarer Rest, der weiterer Betrachtung bedarf: Das thematische Zurücktreten von historischen Ereignissen und aktuellen gesellschaftlichen Spannungen in den Hintergrund der Texte führt keineswegs zu einer Idyllisierung der Fontaneschen Literatur. Weder ist im Falle Fontanes der Vorwurf vorauseilender Preußenverehrung gerechtfertigt noch der Einwand, der brandenburgische Alltag werde auf anheimelnde lokale Topoi reduziert. Denn tatsächlich führen beide Textsorten in eine durchaus abgründige Tiefe, die allerdings der genauen Lokalisierung bedarf. Die eigene gesellschaftskritische und durchaus subversiv politisch angelegte Sprengkraft in der Literatur Fontanes scheint bisher nur allzu wenig berücksichtigt worden zu sein.

Dieser Aspekt aber führt wieder in die brandenburgische Landschaft inmitten Preußens zurück, denn die Frage erhebt sich sofort nach dem Zusammenhang zwischen einer subversiven Literatur, die traditionell dem *poetischen Realismus* zugerechnet wird, und dem tatsächlichen Geschichtsverlauf Preußens, das nach dem Tode Fontanes nur noch knapp 50 Jahre

---

[65] Clark, op. cit., 774.

zu bestehen hatte, wenn man nicht ohnehin davon ausgeht, daß es bereits 1918 untergegangen ist. Die Landschaft bei Fontane ist einerseits *virtuell*, weil sie auf die Vergangenheit verweist und chronotopische Qualität gewinnt. Sie ist also virtuell in dem Sinne, daß das konkret Vorfindliche etwas anderes ist als das Erinnerte. Sie ist aber auch in einem anderen Sinne virtuell, nämlich insofern sie das Bild von einem Brandenburg inmitten Preußens ausstrahlt, das auf die Zukunft gerichtet ist, wenn auch aus der Vergangenheit schöpfend: Sie gewinnt dadurch eine *utopische* Qualität. Es zeigt sich, daß die Literatur Fontanes, vor allem der belletristische Teil, auch ein Preußisch-Brandenburg ausmalt, wie es *sein könnte* oder vielleicht sogar *sein sollte*. Mit Preußen geht es einem so ähnlich wie in den Romanen Fontanes mit den Tischgästen bei der Konversation im Verlaufe häufig beschriebener gemeinsamer Essen: *Früher oder später werden die wahren Interessen der Anwesenden gegen ihren eigenen Willen enthüllt*. Schon in Fontanes erstem Roman zeigen sich solche Entwicklungslinien ganz deutlich und grenzen dabei eng an den Hochverrat, so daß die Parole sein könnte: *Mit Brandenburg gegen Preußen*.

Michael Kohlstruck

Die alte Grafschaft Ruppin –
ein zeitgenössischer Erinnerungsort mit langer Tradition

Das Leben auf dem Lande mag auf den ersten Blick gleichförmig, wenig anregend und kulturell arm erscheinen. Doch gehört der Topos der langweiligen Provinz nicht eher zum traditionellen Denkarsenal des Großstädters als zur gehaltvollen Beobachtung des ländlichen Raums? In Wirklichkeit bestehen wenig Unterschiede zwischen Stadt und Land, denn hier wie dort hängen Art, Tiefe und Umfang der kulturellen Bereicherung von der subjektiven Bereitschaft ab, sich zu interessieren; die kreativen Fragen liegen im Auge des Betrachters. Dazu muss man die Zeitung noch nicht einmal aufschlagen: Die im Landkreis Ostprignitz-Ruppin des Landes Brandenburg seit 1990 erscheinende Tageszeitung „Ruppiner Anzeiger" lädt auf ihrer ersten Seite mit ihrem Untertitel zu einer historischen und soziologischen Betrachtung ein: „Zeitung für die alte Grafschaft Ruppin".[1]

Während die aktuelle Doppelbedeutung des Zusatzes „Zeitung für Deutschland" ohne weiteres einleuchtet, stellen sich bei der Bezugnahme auf Herrschaftsverhältnisse zwischen Mittelalter und früher Neuzeit Fragen: So aktuell eine Tageszeitung sein muss, so vergangen sind Territorium, Herrschergeschlecht, soziale Ordnung und politische Struktur der „Grafschaft Ruppin". Wie lässt sich dieses Paradox verstehen? Welcher Sinn verbindet sich mit diesem, weit über das Gedächtnis der lebenden und vieler toter Generationen ausgreifenden Bezug?

Fontanekennern ist bekannt, dass der märkische Meister den ersten Band seiner Wanderungen durch die Mark Brandenburg von der zweiten Auflage an (1865) unter dem Titel „Die Grafschaft Ruppin" erscheinen ließ. Das darin enthaltene Stück „Gentzrode" erwähnt einen „Ruppiner Anzeiger", ein Blatt, das 1822 bis 1828 von einem Gymnasiallehrer redigiert wurde, 1828 von dem legendären Verlag „Gustav Kühn in Neuruppin" übernommen wurde und dann unter dem Titel „Gemeinnütziger Anzeiger für Ruppin und Umgebung" bis 1878 erschienen ist. Ein erster Hinweis also, aber keine befriedigende Antwort auf die Frage nach der Namensgebung für eine heutige Zeitung: Von einer ungebrochenen Kon-

---

[1] Von redaktionellen Änderungen abgesehen ist der Text identisch mit dem unter gleichem Titel publizierten Beitrag in: Christine Holste/Barbara von Reibnitz (Hg.): A propos. Kulturwissenschaftliche Miszellen von und für Richard Faber, Würzburg 2013, S. 303–309

tinuität zwischen dem heutigen und dem damaligen „Ruppiner Anzeiger" kann nicht die Rede sein.

Ebenfalls im ersten Buch der „Wanderungen" wird man darüber aufgeklärt, dass die Grafschaft Ruppin in Wirklichkeit gar keine Grafschaft war, sondern lediglich eine Herrschaft und dass sie bereits im Jahre 1524 mit dem frühen Tod des Wichmann von Arnstein erloschen ist und umgehend vom brandenburgischen Kurfürsten Joachim I. als Lehen eingezogen wurde. Fontane räumt ein, „ohne historisch-genealogische Skrupel" der „später allgemein gewordenen Sitte" zu folgen und nicht von der „Herrschaft", sondern eben von der „Grafschaft Ruppin" zu sprechen.[2] Doch worauf gründete sich diese Gewohnheit des Sprachgebrauchs?

100 Jahre nach Fontane bereiste der Redakteur und Buchautor Hans Scholz in Tagesausflügen von „Berlin (West)" aus das Gebiet der Mark Brandenburg, das seinerzeit im wesentlichen auf die drei DDR-Bezirke Potsdam, Frankfurt und Cottbus aufgeteilt war. Auch er widmet der alten Herrschaft Ruppin und dem letzten Grafen von Lindow und Edlen Herrn von Ruppin eigene Ausführungen ohne allerdings intensiver auf die eigenartige Wirkungsgeschichte der „Grafschaft Ruppin" einzugehen. Ein „Ruppiner Anzeiger" gehörte seinerzeit nicht zu den Tageszeitungen, man las wie im ganzen Bezirk Potsdam die SED-Bezirkszeitung „Märkische Volksstimme"; ihr Monopol bei der flächendeckenden Lokalberichterstattung stützte sich auf die verschiedenen Regionalausgaben, etwa die „Heimatzeitung für den Kreis Neuruppin".[3]

In der Geschichtsforschung nimmt man an, dass die Herrschaft Ruppin als selbständige und von den Askaniern unabhängige Formation auf Eroberungen der Grafen von Arnstein im sog. Wendenkreuzzug 1147 zurückgeht. Bevor sie die Herrschaft Ruppin innehatten, waren die von Arnsteins bereits Grafen von Lindow, benannt nach ihrem Stammsitz Lindau beim anhaltinischen Zerbst. Die Herren von Ruppin waren in der Lage, den brandenburgischen Markgrafen Kredite zu gewähren und dafür ansehnliche Pfandschaften zu übernehmen. Ein Teil dieses Pfandbesitzes, darunter Gransee und Wusterhausen, wurde 1349 in Lehen umgewandelt und dadurch zum festen Besitz der Grafen von Lindow. Als die Herrschaft Ruppin 1524 an den Markgrafen überging, umfasste sie ein Gebiet von etwa 1770 qkm mit drei größeren Städten (Neuruppin, Gransee und Wusterhausen), fünf kleinere Städtchen und vielen Dörfern. „Mit dem Aufgehen des Landes Ruppin in der Mark waren die letzten der in frühes-

---

[2] Vgl. Fontane, Theodor: Wanderungen durch die Mark Brandenburg Erster Teil: Die Grafschaft Ruppin (1892), hrsg. von Erler, Gotthard/Mingau, Rudolf, Berlin: Aufbau 2005, 55–61, 524, 565, 567, 758.

[3] Vgl. Scholz, Hans: Wanderungen und Fahrten in der Mark Brandenburg, Bd. 7. Berlin: Stapp 1979, 58, 118–120; Heghmanns, Michael/Heintschel von Heinegg, Wolff: Der Staatssicherheitsdienst in der „Lausitzer Rundschau". Berlin 2003, 9f.

ter Zeit in diesem Raume neben der Askanierherrschaft entstandenen selbständigen Herrschaftsrechte erloschen."[4]

Genau genommen waren die von Arnsteins also „Grafen von Lindow und Herren zu Ruppin"; die Doppelung wurde im Laufe der Jahre vereinfacht. So heißt es in einer der frühen Beschreibungen:

„Weil aber mit der Zeit die Herrschaft Ruppin viel wichtiger worden ist, als die Grafschaft Lindow, massen nach und nach mehr Oerter dazu gekommen sind, überdem auch Lindow endlich an die Fürsten von Anhalt käuflich überlassen ist: so sind sie mehrenteils Grafen von Ruppin genant worden ...".[5]

Revidieren muss man auch die Annahme, der seit Dezember 1990 erscheinende „Ruppiner Anzeiger" sei als erster mit dem Bezug auf die alte Grafschaft hervorgetreten. Sicher ist die lebendige Erinnerung an die „Grafschaft Ruppin" selbst seit langem erloschen, doch gilt dies nicht für die Erinnerung an den früheren Gebrauch dieses schmückenden Beiwortes. Der „Ruppiner Anzeiger" setzt eine Tradition fort, die wohl 1855 begonnen wurde und zwar mit der Gründung des ersten lokalen Geschichtsvereins in Brandenburg, dem „Geschichts- und Altertumsverein für die Grafschaft Ruppin".[6] Dass sich der Neuruppiner Geschichtsverein mit der „Grafschaft" auf eine bereits vergangene, historische Formation bezog, ist gleichwohl nicht selbstverständlich. Man hätte sich auch „Geschichtsverein für den Kreis Ruppin" nennen können und sich damit ungefähr auf das gleiche Territorium wie die vormalige Herrschaft bezogen.[7] Die in den 80er Jahren des 19. Jahrhunderts erschienene „Neu-Ruppiner Zeitung" ist so verfahren und hat sich schlicht „Anzeiger für Stadt und Land Neu-Ruppin" genannt.[8] Der Sinn eines solchen Rückgriffs

---

[4] Schultze, Johannes: Die Mark Brandenburg. Dritter Band: Die Mark unter Herrschaft der Hohenzollern (1415–1535). Berlin: Duncker & Humblot 1963, 223; vgl. auch die beiden ersten Bände der Geschichte der Mark Brandenburg (1961).

[5] Dieterich, Martinus: Historische Nachricht Von denen Grafen zu Lindow und Ruppin. Aus bewehrten Uhrkunden und Geschicht-Schreibern gesammlet. Berlin: Johann Andreas Rüdiger 1725, § 2.

[6] Vgl. Meyer, Paul: 1855–1930. in: Festschrift zur 75. Wiederkehr des Gründungstages, VI-VIII (Veröffentlichungen des Historischen Vereins der Grafschaft Ruppin Nr. 4). Neuruppin 1930; Rockel, Irina: Wiederbegründung des „Historischen Vereins der Grafschaft Ruppin", in: Ruppiner Jahrbuch '92. 17–21 (1992).

[7] Vgl. Quirin, Heinz (Hrsg.): Historischer Handatlas von Brandenburg und Berlin. Berlin: de Gruyter 1963; Vogel, Werner: Territoriale Entwicklung. Berlin-Brandenburg in Mittelalter und Neuzeit. in: Scharfe, Wolfgang/Scheerschmidt, Holger (Hrsg.): Berlin-Brandenburg im Kartenbild. Wie haben uns die anderen gesehen? Wie haben wir uns selbst gesehen? Berlin: Staatsbibliothek 2000, S. 1–12.

[8] Vgl. Gittig, Heinz (Hrsg.): Brandenburgische Zeitungen und Wochenblätter. Katalog der Bestände vom 18. Jahrhundert bis zur Gegenwart in Archiven, Bibliotheken und Museen des Landes Brandenburg und in der Staatsbibliothek zu Berlin Preußischer Kulturbesitz Berlin: Staatsbibliothek 1993, 108.

auf Längstvergangenes lässt sich mit Nietzsche wohl als eine Mischung von monumentalistischer und antiquarischer Geschichtsschreibung beschreiben: Man erbaut sich an einer als groß geltenden Vergangenheit und nimmt sie als Vorbild für die eigene Gegenwart oder man schaut „mit Treue und Liebe" dorthin zurück, woher man kommt.[9]

Der Geschichts- und Heimatverein durchlief im 19. Jahrhundert aktive und weniger aktive Jahre. Nach seiner Neugründung 1922 als „Historischer Verein der Grafschaft Ruppin" erschienen in zwei Reihen wissenschaftliche und populäre Publikationen zur Region und Stadt Neuruppin; der Nestor der brandenburgischen Landesgeschichte, Johannes Schultze, legte den ersten Band der wissenschaftlichen Veröffentlichungen vor: „Die Herrschaft Ruppin und ihre Bevölkerung nach dem 30jähr. Kriege". Als letzter Band erschien 1940 die Festschrift für Wilhelm Leichmüller. Zwischen 1945 und 1990 existierte kein Verein dieses Namens. 1990 wurde der „Historische Verein der Grafschaft Ruppin e.V." erneut gegründet.

Was der Pflege der Heimatgeschichte recht war, sollte dem aufkommenden „Fremdenverkehr" nur billig sein. Seit 1931 erschien für einige Jahre in den Sommermonaten wöchentlich das kostenlose „Ruppiner Fremdenblatt. Verkehrs-Anzeiger für die Grafschaft Ruppin". Das mit Anzeigen reich bestückte Blatt warb für den Verkehrsverband Ruppin-Havelland-Prignitz e.V. und die Luftkurorte Neuruppin, Alt-Ruppin, Lindow, Fürstenberg (damals noch zu Mecklenburg gehörend), Flecken Zechlin und Neu-Globsow. Mit dem Havelland, der Prignitz und Fürstenberg werden auch Regionen und Orte einbezogen, die nicht oder nur sehr unwahrscheinlich zum Gebiet der Herrschaft Ruppin gehört hatten.[10] Der symbolische Glanz einer alten „Grafschaft" sollte wohl den Fremdenverkehr zusätzlich ankurbeln. Insofern hätte man von Fontane gelernt, dem es in seinen „Wanderungen" bekanntlich darum zu tun war, das vermeintlich kärgliche Naturerleben in der Mark kulturgeschichtlich aufzuhübschen und mittels erschöpfender Adelshistorien zu poetisieren. Das „Ruppiner Fremdenblatt" gibt – nebenbei bemerkt – Auskunft, dass man in den 1930er Jahren von Berlin aus umsteigefrei mit dem Zug in weniger als zweieinhalb Stunden Flecken Zechlin erreichte. Man wird es der Ambivalenz des Fortschritts zuschreiben, dass auf dem Bahndamm zwischen Neuruppin und Flecken Zechlin heute ein Radweg verläuft.

Die Tradition einer historischen Referenz geht auf das verstärkte Geschichtsinteresse des 19. Jahrhunderts zurück, das sich u.a. in der Gründung von Heimatgeschichtsvereinen niederschlug.

---

[9] Vgl. Friedrich Nietzsche, Unzeitgemäße Betrachtungen, Zweites Stück. Vom Nutzen und Nachteil der Historie (1874), Ed. Schlechta, Werke in 5 Bänden, Berlin, Frankfurt a.M., Berlin, Wien 1969: Ullstein, Bd. 1, insbes. S. 219–230.

[10] Vgl. Heinrich, Gerd: Die Grafen von Arnstein. Köln, Graz: Böhlau 1961, 501f.

Der „Ruppiner Anzeiger" setzt mit seinem Untertitel „Zeitung für die alte Grafschaft Ruppin" die Tradition fort, die im 19. Jahrhundert begonnen wurde. Immerhin wird nicht der Eindruck nahegelegt, bei der Grafschaft handele es sich um ein zeitgenössisches Gebilde. Welcher Sinn kann sich heute damit verbinden?

Drei Antworten scheinen plausibel, die sich als Momente eines Konzepts kollektiver Identität verstehen lassen.[11] Das Geschichtsverständnis der DDR-Regierungspolitik DDR war von einem - phasenweise unterschiedlich starken – Furor gegen materielle und ideelle Relikte geprägt, die aus der als bloße Vorgeschichte des Sozialismus verstandenen Vergangenheit stammten. Nicht zuletzt gehörte die Aufhebung der Länder und ihre Ersetzung durch die Bezirke (1952) sowie der Abriss bzw. der gewollte Verfall historischer Gebäude zu diesem Geschichtsverständnis. In Absetzung von diesen Tendenzen wurde v.a. in den ersten Jahren nach der „Wiedervereinigung" bewusst ein deutlicher Akzent auf Vieles gelegt, was als „geschichtlich gewachsen" gelten konnte. Die Länder wurden wieder neugegründet, Landesidentitäten wurden forciert und die Lokal- wie Regionalgeschichte besann sich auf ihre Ursprünge. In Brandenburg wurde die offizielle Einführung einer Landeshymne nach dem Modell Bayerns diskutiert.[12] Der „Ruppiner Anzeiger" folgt mit seinem Untertitel dieser Entwicklung und greift dazu auf die ältere Tradition der regionalen Selbsthistorisierung zurück. Mit dem bewussten Wiederaufnehmen der abgebrochenen Tradition kann man im nachhinein gegen den 1952 gebildeten Kreis Neuruppin Einspruch einlegen wie auch gegen den 1993 im Zuge der Kreisgebietsreform gebildeten Landkreis Ostprignitz-Ruppin. Während der erstgenannte mit der seit 1818 dauernden Kontinuität eines Kreises Ruppin brach, der in etwa dem Gebiet der alten Grafschaft entsprach, und deutlich kleiner als diese war, ist der neue Landkreis mit dem Autokennzeichen OPR zwar größer, ignoriert aber die historischen Grenzen und lässt bereits im Namen die Eigenständigkeit Ruppins verschwinden.[13]

Auf die Spur einer zweiten Antwort führt das erwähnte „Ruppiner Fremdenblatt". Für die Tourismuswirtschaft steht das Image der beworbenen Region im Vordergrund. Gelingt die Darstellung einer attraktiven Verbindung von Natur und Kultur, die Kombination einer reizvollen

---

[11] Vgl. Luutz, Wolfgang: Raum, Macht, Einheit. Sozialphilosophische und politiktheoretische Reflexionen. München: Meidenbauer 2005.
[12] Vgl. Kohlstruck, Michael/Krüger, Daniel: Das Märkerlied und seine Wirkungsgeschichte. in: Der Speicher (Jahresschrift des Kreismuseums Finsterwalde) 15 (2012), S. 58–86.
[13] Vgl. Harald Engler: „Verwaltung 1815–1945", in: Heinrich, Gerd (Hrsg.): Kulturatlas Brandenburg. Historische Landkarten der Mark im Überblick (2. Aufl.), Berlin: Scantinental Business Kontakt Agentur 2006, 34f.

Landschaft mit einer großen Vergangenheit, ist der Zweck einer erfolgreichen Außendarstellung erreicht: „History sells". In Zeiten konkurrierender Tourismusregionen verspricht man sich von historischen Erinnerungen einen Wettbewerbsvorteil. Das touristische Interesse richtet sich vorrangig auf die heute noch sicht- und erlebbaren Zeugnisse vergangener Zeiten, doch vermittelt auch die sinnlich nicht verifizierbare Gewissheit, sich auf dem Boden einer vormaligen Grafschaft zu bewegen, manchem Geschichtsromantiker ein erhebendes Gefühl. Ähnlich mag es dem literarisch Empfindenden ergehen, der auf dem gleichen Boden den unsichtbaren Spuren von Claire und Wölfchen zu folgen vermeint.

Schließlich kann der Hinweis auf die alte Grafschaft für die Bewohner der Region oder wenigstens die Zeitungsleser ein psychologisches Identitätssymbol sein: Was immer die geschichtswissenschaftliche Forschung an objektiver Wahrheit über das Dutzendschicksal von Dörfern und Landschaften zu Tage fördern mag, den Bewohnern selbst ist viel stärker an der Einmaligkeit ihres Ortes und ihrer Region gelegen. Die ohnehin vorhandene Verbundenheit mit ihrem Wohnort, der für viele auch der Geburtsort ist, sucht nach Einzigartigkeiten, die dem Heimatgefühl einen objektiven Inhalt und eine Form geben. Für das Lebensgefühl ist der eigene Ort etwas Besonderes und diese Art der Besonderheit wird gestärkt durch Bauwerke oder Ereignisse, die – sei es heute, sei es „früher" – hier und nicht woanders lokalisiert sind. Die Befassung mit der vergangenen Geschichte der eigenen Heimat bedeutet vertiefte Kenntnis und höhere Vertrautheit. Wer die Historie der eigenen Heimat kennt, pflegt eine intensivere Beziehung zu ihr und kann zudem vieles besser erklären, was dem geschichtlich Uninteressierten verschlossen bleibt.

Identitäten können nur in Absetzung zu anderen Identitäten bestimmt werden. Etwas Besonderes kann nur als Bestimmtes verstanden werden, das sich von anderen Bestimmtheiten oder Identitäten unterscheidet, absetzt und abgrenzt. Funktional betrachtet, bietet Geschichte eine Möglichkeit, diese Bestimmtheit zu konstruieren. Zeitgenössische Profile leisten dies jedoch auch. Für eine Kultur indes, der der Rekurs auf Vergangenheit Verlässlichkeit, Beständigkeit, Authentizität und Legitimität bedeuten, stellen historische Referenzen Qualitätssiegel der besonderen Art dar. Natürlich taugen dafür nicht alle Phasen der vergangenen Geschichte gleichermaßen.

Mit dem Bezug auf die „Grafschaft Ruppin" hatte man im 19. Jahrhundert ein glückliches Händchen gehabt: Die Wahl dieser Geschichtsphase hat sich im Nachhinein als eine besonders beständige „invention of tradition" (Hobsbawm) erwiesen, die sowohl das Ende des Deutschen

Reiches wie auch das Ende der DDR überdauerte.[14] Mit dem Ende des sogenannten Dritten Reiches und der Auflösung Preußens durch die Alliierten 1947 waren affirmative Bezüge auf das Haus Hohenzollern oder den Staat Preußen unter Militarismus- und Imperialismus-Verdacht geraten. Die „Grafschaft Ruppin", wiewohl später Teil der Mark Brandenburg und des Staates Preußen, war nun bereits ein nur historisches Sujet bevor der Aufstieg Brandenburgs unter dem Großen Kurfürsten im 17. Jahrhundert begonnen hatte: Die Tradierung der Grafschafts-Reminiszenz entging also dem Preußen-Malus. Lange schon vor den Hohenzollern und immerhin zehn Jahre vor der askanischen Herrschaft ist die „Grafschaft Ruppin" bezeugt. Insofern kann sich die Region auf eine alte Selbständigkeit gegenüber „Brandenburg" berufen, die im Rückblick eines halben Milleniums als alte Ebenbürtigkeit interpretiert werden kann: Ruppin war Ruppin und – anders als andere heutige Landesteile – kein Teil der Mark. So unterläuft die Erinnerung an die 1524 erloschene Herrschaft die Probleme des Preußengedächtnisses und lässt noch innerhalb des Bundeslandes Brandenburgs den Hauch eines besonderen Ranges spüren.

Das Gebiet der früheren Herrschaft Ruppin weist viele liebliche Plätze auf; kulturwissenschaftlich betrachtet ist sie seit langem ein „Erinnerungsort"; sie war dies schon bevor das Konzept des Erinnerungsortes entwickelt wurde.[15] „Die alte Grafschaft Ruppin" ist heute als Topos am Leben. Im Landkreis OPR wird er von all jenen geschätzt, denen an einer geschichtlichen Identität oder an einem historischen Image gelegen ist.[16]

---

[14] Vgl. Hobsbawm, Eric J.: Invention of tradition, in: Hobsbawm, Eric/Ranger, Terence (Hrsg.): The Invention of Tradition. Cambridge: Cambridge University Press 1983, S. 1–14.

[15] Vgl. Nora, Pierre: Das Zeitalter des Gedenkens. in: Nora, Pierre (Hrsg.): Erinnerungsorte Frankreichs. München: Beck 2005, S. 543–575; Konczal, Kornelia: Pierre Noras folgenreiches Konzept von lieux de mémoire und seine Re-Interpretation. Ein vergleichender Überblick. in: Geschichte in Wissenschaft und Unterricht (2011), H. 1/2, S. 17–36.

[16] Vgl. Assmann, Aleida: Im Zwischenraum zwischen Geschichte und Gedächtnis. Bemerkungen zu Pierre Noras „Lieux de mémoire", in: François, Etienne (Hrsg.): Lieux de mémoire, Erinnerungsorte. D' un modèle français à un projet allemand, Berlin: Centre Marc Bloch 1996, S. 19–27.

II

Photo von Philipp Kester
Stadtmuseum München

Richard Faber

Märkerin Effi Briest und Schwabingerin Fanny Reventlow im Vergleich.

Ein erster Versuch

In memoriam Rolf Reventlow
(1897–1981)

Nebenstehendes Foto zeigt nicht die nicht *nur* fiktive Effi von Briest[1], sondern die historische und nahezu gleichaltrige Fanny zu Reventlow, freilich erst 1905 und deshalb schon im Alter von 34 Jahren – die man der außerordentlich jung gebliebenen unmöglich ansieht. Umso leichter lässt sich zu ihrem Foto die erste Beschreibung assoziieren, die Theodor Fontane von seiner fast noch kindlichen, doch bereits koketten: von dem 17jährigen „Backfisch" Effi liefert, wenige Stunden vor seiner allzu frühen, von Mutter Luise zielstrebig betriebenen Verlobung:

> „Effi trug ein blau- und weißgestreiftes, halb kittelartiges Leinwandkleid ...; der Hals war frei, und über Schulter und Nacken fiel ein breiter Matrosenkragen. In allem, was sie tat, paarte sich Übermut und Grazie, während ihre lachenden braunen Augen eine große, natürliche Klugheit und viel Lebenslust und Herzensgüte verrieten." (R 4, 9 und 8[2])

Vor und über die Kleidung hinaus, die u.a. Effis (auch Fanny eignende) Vorliebe für den Segelsport signalisiert[3], interessiert diese erste, sich nahtlos aus der Beschreibung des Äußeren ergebende *Charakteristik* Effis, die ebenso die Fannys sein könnte (wenn man Effis braune Augen in „tief-

---

[1] Zu von Briests partiellem Vorbild Elisabeth von Ardenne, geb. von Plotho vgl. H. Budjuhn, Fontane nannte sie „Effi Briest", Berlin 1985 und – ein Stück weit kritisch gegenüber Budjuhn – M. Franke, Leben und Roman der Elisabeth von Ardenne, Fontanes „Effi Briest", Düsseldorf 1994.

[2] „R" steht ab jetzt für: Th. Fontane, Sämtliche Romane. Erzählungen, Gedichte. Nachgelassenes. Bde. 1–7, Darmstadt 2002. (Die Ziffer nach dem Buchstaben R gibt den jeweiligen Band an und die Ziffer(n) nach dem Komma die jeweilige(n) Seitenzahl(en).)

[3] Was Reventlow angeht, vgl. I. Weiser u.a. (Hg.), „Wir üben uns jetzt wie Esel schreien ...". Franziska Gräfin zu Reventlow/Bohdan von Suchocki, Briefwechsel 1903–1909, Passau 2004, S. 146/7.

blaue"⁴ veränderte). Auch die Schleswig-Holsteinische Gräfin, die mit sechs Jahren absolut zum Jungen werden wollte⁵, neigte dazu, – bei entsprechender Kostümierung noch in höherem Alter – wie ein „Boy" auszusehen⁶; nicht selten, gleich der „Jungenkittel" tragenden Effi, „wie ein *Schiffs*junge.' – ‚Midshipman, wenn ich bitten darf. Etwas muss ich doch von meinem Adel haben. Übrigens Midshipman oder Schiffsjunge, Papa hat mir erst neulich wieder einen Mastbaum versprochen, hier dicht neben der Schaukel, mit Raaen und einer Strickleiter. Wahrhaftig das sollte mir gefallen und den Wimpel oben selbst anzumachen, das ließ' ich mir nicht nehmen ... Alle Wetter, das sollte schmecken."' (R 4, 9 und 15)

So der Originalton Klein-Effis gegenüber ihrer Hohen-Cremmener Freundin Hulda, mit der sie sich in einem weiblichen Konkurrenzverhältnis befindet, das sie gern auftrumpfen lässt, zumal es der äußerst Standesbewussten an Überlegenheitsgefühl nicht mangelt⁷. Verweilen wir jedoch beim von Fontane zusammen mit Effis Grazie angesprochenen *Übermut*⁸, der Mutter Luise konstatieren lässt: „Effi, eigentlich hättest du doch wohl Kunstreiterin werden müssen. Immer am Trapez, immer Tochter der Luft. Ich glaube beinah, dass du so was möchtest." (R 4, 8)

Fanny wollte als Kind tatsächlich mit Zirkusleuten auf und davon, besaß lebenslang ein Faible für die Kunstreiterei und überlegte noch in recht hohem Alter ernsthaft, mit einem Messerwerfer durch die Welt zu ziehen.⁹ Zu Reventlow war noch wesentlich „waghalsiger" und „stürmi-

---

4 Vgl. E. Mühsam, Namen und Menschen. Unpolitische Erinnerungen, Berlin 1977, S. 154/5.
5 Vgl. G. Wendt, Franziska zu Reventlow. Die anmutige Rebellin. Biographie, Berlin 2008, S. 18–21.
6 Vgl. R. Faber, Franziska zu Reventlow und die Schwabinger Gegenkultur, Köln u.a. 1993, S. 31.
7 Vgl. R. Faber, Resignierte Auflösung und Erstarrung. Zu Theodor Fontanes Historischem Preußen-Roman „Geert Innstetten" alias *Effi Briest*, in: I.U. Paul und R. Faber (Hg.), Der Historische Roman zwischen Kunst, Ideologie und Wissenschaft, Würzburg 2013, Kap. 2 (S. 397–403). – Bereits die noch sehr junge Fanny will einmal ihre „ganze Aristokratensippe ... fürchterlich auslachen" (Briefe 1890–1917. Hg. von E. Reventlow, Frankfurt/M. 1977, S. 170/71) und hat das dann auch immer wieder getan, auf eine Weise freilich, in der sich ihr tendenzieller Individualanarchismus mit neuem, wenn man will, Geistes-Aristokratismus verband; vgl. R. Faber, Franziska zu Reventlow, S. 199–203 und 210. Wendt spricht treffend vom „Adel ihrer Autonomie", der sie, Fannys eigenen Angaben zufolge, bereits in frühester Jugend beanspruchen ließ: „Ich habe nie das Knie gebogen – den stolzen Nacken nie gebeugt." (G. Wendt, a.a.O., S. 250 und 49)
8 „Übermut und wieder Übermut", wie Armgard von Barby ihre Schwester Melusine charakterisiert (R 5, 290), über die immer mal wieder zu sprechen sein wird, im vergleichenden Hinblick auf Fanny wie Effi.
9 Vgl. G. Wendt, a.a.O., S. 24/5, sowie R. Faber, Franziska zu Reventlow, S. 2 und 90–92.

scher", als Effi von Freundin Hulda und Mutter Luise nachgesagt (R 4, 15 und 192); Fanny sah sich selbst, dann schon 26jährig, „immer in *Purzelbäumen*"[10]. Unter ihnen tat sie es nicht und gerade auch im metaphorischen, auf ihr (Liebes-)*Leben* bezogenen Sinn.

Mutter Luise, benannt nach der preußischen Königin kat' exochen, mahnt schon früh: „Nicht so wild, Effi, nicht so leidenschaftlich" (R 4, 9), ohne wirklich zu erkennen, dass ihrer Tochter Passioniertheit, prinzipiell nicht anders als die Fannys, eine primär sexuelle ist. Fontane freilich, ein Sigmund Freud avant la lettre, hat von vornherein, noch bevor von Effi irgend die Rede ist, deren Realsymbol par excellence vor den Augen seiner Leser aufscheinen lassen; en passant, doch bereits im ersten Absatz seines Mädchen- und Frauen-Romans:

> „Fronthaus, Seitenflügel und Kirchhofsmauer bildeten (im Hohen-Cremmener Gutsanwesen, R.F.) ein einen kleinen Ziergarten umschließendes Hufeisen, an dessen offener Seite man eines Teiches mit Wassersteg und angekettelten Boot und dicht daneben einer *Schaukel* gewahr wurde ... Zwischen Teich und Rondell aber und die Schaukel halb versteckend standen ein paar mächtige alte Platanen." (R 4, 7)

Wenn auch halb versteckt, ist die Schaukel nicht zu übersehen, bleibt bis zu Effis Tod an ihrem Platz und wird von ihr auch immer wieder benutzt, wenn sie in Hohen-Cremmen ist. Noch während des Besuchs bei ihren Eltern, nach der Geburt von Töchterchen Annie ist Effi „am liebsten ... auf dem durch die Luft fliegenden Schaukelbrett gestanden und (hat, R.F.) in dem Gefühle: ,jetzt stürz' ich', etwas eigentümlich Prickelndes, einen Schauer süßer Gefahr empfunden." (R 4, 118)

Fontane findet deutliche Worte, so dass Renate Böschensteins interpretatorische Erinnerungen als mehr denn trifftig erscheinen: „Effis Vorliebe für Gymnastik und Schaukeln ist nicht nur ein Ausdruck ihrer Kindlichkeit. Aus Freuds Ausführungen in der ,Traumdeutung' und in den ,Abhandlungen zur Sexualtheorie' ... erfahren wir, dass in jenem (adligen) Milieu (der vorletzten Jahrhundertwende) die kindlichen Turnübungen oft den Stellenwert einer ersten Erfahrung sexueller Empfindungen hatten, welche später beim Anschauen akrobatischer Kunststücke im Zirkus wiederbelebt und wiedererinnert werden. Der Hinweis auf die kaum existente Bekleidung der ,Tochter der Luft' weist mit der Fontane (hier) eigentümlichen Diskretion (von vornherein, R.F.) auf diesen Zusammenhang hin."[11]

---

[10] Vgl. F. zu Reventlow, Tagebücher 1895–1910. Hg. von E. Reventlow, Frankfurt/M. 1976, S. 53, sowie B. Olden, Ein Leben in Purzelbäumen. Zu den gesammelten Werken Franziska Reventlows, in: Das Tagebuch 7, Berlin 1926.
[11] R. Böschenstein, Verborgene Facetten. Studien zu Fontane, Würzburg 2006, S. 79

Noch die 17jährige Effi gibt gegenüber ihrer bereits zur Kuppelei entschlossenen Mutter zu Protokoll: „Mitunter denk' ich, ich komme ... wieder in kurze Kleider. Und wenn ich *die* erst wieder habe, dann knix' ich auch wieder wie ein Backfisch, und wenn dann die Rathenower (Roten Husaren, R.F.) herüberkommen, setze ich mich auf Oberst Goetzes Schoß und reite hopp, hopp. Warum auch nicht? Drei Viertel ist er Onkel und nur ein Viertel Courmacher." (R 4,9[12])

Nun, dieses wohl schon eine ganze Zeit allzu naiv und damit falsch eingeschätzte Anteilsverhältnis: drei Viertel Nichte und nur ein Viertel Circe, beginnt sich in größter Schnelligkeit dramatisch zu ändern: Effi, die nach dem vielfach dokumentierten Sozialisationsverfahren ihrer Epoche so lange über das Phänomen der Sexualität in völliger Unwissenheit gelassen worden ist, erfährt es infolge ihrer Hochzeit (mit einem wesentlich Älteren) als traumatischen Schock und kann deswegen ihre starke, aber ratlose Triebhaftigkeit nicht integrieren.[13]

„... es hat Zeiten gegeben, wo ich mich davor fürchtete", sagt Effi von ihrem sexuellen Leben mit Ehemann von Innstetten. Dennoch wird ihre Sexualität durch ihn ‚geweckt', und bis dahin, dass Effi nun auch ihm „verführerisch" erscheint (R 4, 215 und 123): Aus dem „Naturkind" ist dank „Kindesmissbrauchs" eine junge Frau geworden, mit nicht geringem ‚sex-appeal'[14] – wenn auch nicht gerade eine „sirenenhafte Meerfrau"[15] oder „Schleswig-Holstein'sche Venus", wie der zuletzt apostrophierte und vom „Melusinen"-liebenden Fontane geschätzte Oskar Panizza Reventlow tituliert *hat*[16]; mit durchaus doppelter Ironie und *nicht* unberechtigt.

Fanny zu Reventlow wie niemand anderes sonst muss als Inkarnation dessen gelten, was man „Erotische Rebellion" bzw. „– Bewegung" genannt hat[17]. Effi von Briest und auch ihr partielles Vorbild Elisabeth von

---

[12] Was das tendenziell Kupplerische von Mutter Luise angeht, vgl. P. von Matt, Verkommene Söhne, Missratene Töchter. Familiendesaster in der Literatur, München u.a. 1995, S. 239/40, sowie N. Mecklenburg, Theodor Fontane. Romankunst der Vielstimmigkeit, Frankfurt/M. 1998, S. 46.

[13] Vgl. R. Böschenstein, a.a.O., S. 78.

[14] Vgl. N. Mecklenburg, a.a.O., S. 269 und früher bereits P.-K. Schuster, Theodor Fontane: Effi Briest – Ein Leben nach christlichen Bildern, Tübingen 1978, S. 161-3.

[15] Fanny Reventlows Freundin Mieze Roemermann, laut: H.E. Schröder, Ludwig Klages. Die Geschichte seines Lebens, Bonn 1966/72, S. 322

[16] (O. Panizza), Intra Muros et Extra. Eine Schleswig-Holstein'sche Venus, in: Zürcher Diskussionen, Jg. 3 (1900), Nr. 28–32, S. 35/6; was Fontanes Wertschätzung von Panizza angeht, vgl. Th. Fontane, Briefe. Vierter Band, Frankfurt/M – Berlin 1987, S. 462–65.

[17] Vgl. H. Fritz, Die erotische Rebellion. Das Leben der Franziska Gräfin zu Reventlow, Frankfurt 1980 und N. Sombart, Gruppenbild mit zwei Damen. Zum Verhält-

Ardenne, geb. von Plotho hatten an ihr sicher keinen Anteil, doch Verführerisch-Verführte waren zeitweise auch sie; des Ehebruchs überführt und deswegen gesellschaftlich geächtet. – Effi wusste von frühester Jugend an, ausgerechnet aus dem Mund ihres sie konfirmierenden Pfarrers, dass „wir" Frauen „verführerisch" sein „müssen", um nicht „nichts" zu sein (R 4, 123), und ließ sich dann, als sie auch nach dem Urteil ihres überkorrekten Ehemanns Innstetten verführerisch-weiblich *geworden* war, von einem Mann verführen, der in anderer Hinsicht männlich war als Innstetten: selbst „verführerisch".[18]

Innstetten war bei all seiner ‚Schneidgkeit' oder gerade ihretwegen *kein* rechter Liebhaber, wie der ziemlich allwissende Erzähler den Leser mitwissen lässt: „Um zehn war Instetten dann abgespannt und erging sich in ein paar wohlgemeinten, aber etwas müden Zärtlichkeiten, die sich Effi gefallen ließ, ohne sie recht zu erwidern." (R 4, 102/3[19]) Ihr Verführer Crampas dagegen ist der „Damenmann", wie er im Buche steht[20], doch gibt es auch *femmes* à hommes, zu denen die letztlich harmlose Effi nicht gehört. Und selbst die mit Venus ausdrücklich verglichene Melusine von Barby nur dem Anschein nach; freilich trügt der die ressentimenthafthellsichtige alte Jungfer Adelheid von Stechlin nicht *ganz und gar*:

> „... diese Melusine ist eben eine richtige Melusine ... Alles an dieser Dame, wenn sie durchaus so etwas sein soll, ist *verführerisch*. Ich habe so was von Koketterie noch nie gesehen ... Und dazu das ewige Sichbiegen und -wiegen in den Hüften. Alles wie zum Beweise, dass es mit der Schlange denn doch etwas auf sich hat." (R 5, 214 und 285[21])

Die historische Fanny zu Reventlow war femme fatale par excellence, ja eine „Donna Juana"[22], bis zur Fähigkeit und Bereitschaft, zum Willen und zur Lust hin, sich „von irgendjemand umarmen" zu lassen[23]. Reventlows zeitweiliges ‚Herumlieben' implizierte tatsächlich eine mehr oder weniger große „Wahllosigkeit", wie ihr nicht nur vom ressentimenthaften Ludwig

---

nis von Wissenschaft, Politik und Eros im wilhelminischen Zeitalter, in: Merkur 30 (1976), S. 972–90, sowie M. Green, Else und Frieda, die Richthofen-Schwestern, München 1980, S. 28 und öfter.
[18] Vgl. N. Mecklenburg, a.a.O., S. 269.
[19] Vgl. ebd., S. 269/70.
[20] Vgl. R. Faber, Resignierte Auflösung und Erstarrung, Kap. 3 (S. 403-07).
[21] Effis Widersacherin Sidonie von Grasenabb hat Fontane ausdrücklich eine „alte Jungfer" genannt (R 4, 66).
[22] Vgl. J. Székely, Franziska Gräfin zu Reventlow. Leben und Werk, Bonn 1979, S. 151, sowie H. von Heppe, Fanny in der Brüderhorde. Über Franziska zu Reventlow, in: S. Anselm und B. Beck (Hg.), Triumph und Scheitern in der Metropole. Zur Rolle der Weiblichkeit in der Geschichte Berlins, Berlin 1987, bes. S. 149.
[23] F. zu Reventlow, Tagebücher 1895–1910, S. 117.

Klages – auch bei völlig unpassender Gelegenheit – immer wieder vorgeworfen wurde[24].

Sogar Gelegenheitsprostitution schloss Fannys Liebesleben ein, und Leben war ihr, die Philosoph *Klages* bekannt hat: „... ich lebe nur, wenn ich erotisch lebe"[25], polyandrische *Erotik*. Oder, um das Attribut zu akzentuieren: Schon lange bevor Reventlow ihren „Amouresken" „Von Paul zu Pedro" den Untertitel geben wollte: „Von der Schwierigkeit nur einen Mann zu lieben", ließ sie sich von dem Vergnügen leiten, *viele* zu lieben; sie lebte polyandrisch und nicht nur, wenn sie ihr „Leichtsinnsquartal" hatte, „wo ich ‚sie alle' lieben könnte"[26].

Der Münchner Fasching ist regelmäßig ein solches Quartal gewesen, wo „man sich ... ganz hinein(wirft). Alles möchte ich haben und alle umschlingen", notierte sich Fanny beispielsweise am Faschingsdienstag 1906.[27] Und Schriftsteller-Freund Franz Hessel bestätigt ihr dies, wenn er von Fanny schreibt: „Die Lippen vor ihm lächelten gleichmäßig einladend. Aber es war ein Lächeln ohne Ansehen der Person, als wäre die Lächelnde der Karneval selbst."[28] Doch, wie gesagt: „Eigentlich gehe ich mein Leben lang *immer* von einer Umarmung in die andre." Und als Reventlow dies schrieb, redete sie auch von Hessel persönlich: „Erst Friess, dann *Franzl*. Trop de tendresses."[29] Aber doch nie wirklich „zu viele". Schon das Wort ist der „großen (Liebes-)Hungrigen"[30] unbekannt gewesen.

Halten wir jedoch fest, dass unter ihren „Amouretten" nicht wenige große und *leidenschaftliche* Amouren (wie die zum erwähnten Dr. Alfred Friess) waren: dass Reventlows Liebesleben trotz oder gerade wegen seiner „Schlagenknäuelähnlichen Beziehungen" ein komplexes gewesen ist. Mit der Folge, dass sie sich sinngemäß *immer wieder* fragen musste: „Warum gehen Liebe und Erotik für mich so ganz auseinander?" – Mit dieser Frage schließt wortwörtlich folgender Bericht: „Ich wollte (Ehemann) Walter (Lübke) behalten und die andern alle auch – ... immer das Gefühl, eigentlich gehöre ich allen. Und dann wieder der haltlose Jammer, dass ich dadurch gerade den einen verliere, der mich liebt" – den, „der zu einem gehört".[31]

Reventlow ist alles andere als ohne Selbstreflexion gewesen und hat sich von ihr wirklich Geliebten wegen durchaus einen Kopf gemacht, so

---

[24] F. Gräfin zu Reventlow, Gesammelte Werke in einem Bande. Hg. von E. Reventlow, München 1925, S. 923.
[25] F. Gräfin zu Reventlow, Briefe 1890–1917, S. 326.
[26] F. zu Reventlow, Tagebücher 1895–1910, S. 228.
[27] Ebd., S. 370.
[28] F. Hessel, Der Kramladen der Glücks. Roman, Frankfurt/M. 1989, S. 151.
[29] F. zu Reventlow, Tagebücher 1895–1910, S. 444.
[30] Vgl. K. Kérényi, Auf Spuren des Mythos, Wiesbaden 1967, S. 172.
[31] F. zu Reventlow, Tagebücher 1895–1910, S. 203, 42, 41/2 und 45.

sensibel und empathisch wie sie war. Doch letztlich stimmt, was ihre neueste Biographin Gunna Wendt so zusammengefasst hat: „Sie gibt dem Begehren nach, ohne zu bereuen, und wundert sich nur, wie klein ihre Gewissensbisse sind."[32] Bereits im Februar 1895, als sie noch mit Lübke zusammenlebt, hat Fanny ihrem Tagebuch anvertraut: „... mich reuen die Sünden, die ich *nicht* beging."[33]

Über *Effi* schreibt ihr Au(c)tor, sie habe „schwer" darunter gelitten, dass das Verboten(-Sexuell)e so große „Macht" über sie hatte, und habe sich von ihm „befreien" wollen. „Aber wiewohl sie starker Empfindungen fähig war, so war sie doch keine starke Natur; ihr fehlte die Nachhaltigkeit, und alle guten Anwandlungen gingen wieder vorüber. So trieb sie denn weiter, heute weil sie's nicht ändern konnte, morgen, weil sie's nicht ändern wollte." (R 4, 169)

Der letzte Satz könnte auch über Fanny geschrieben sein, doch dass diese sich aufgrund „Gewissens"-Einsicht für „verloren" gehalten hätte (R 4, 169), wäre *ihr* nicht zuzusprechen gewesen. Im Unterschied zu Effi blieb sie aufgrund *beibehaltener* Ausgelassenheit „die alte", für die Mutter Luise ihre Tochter – in deren Augen – nur fälschlich hält: „Ach nein, Mama. Nicht die alte." (R 4, 173 und 192) – „Ihre Gesichtszüge hatten einen ganz anderen Ausdruck angenommen, und das halb rührend, halb schelmisch Kindliche, was sie noch als Frau gehabt hatte, war (nach der Crampas-Affäre, R.F.) hin", wie Fontane Effi bestätigt. Sie selbst muss eingestehen: „Scham über meine Schuld, die hab' ich *nicht* oder doch nicht genug, und das bringt mich um, dass ich sie nicht habe. Wenn alle Weiber so sind, dann ist es schrecklich ..." (R 4, 173 und 219).

***

Publizistin, später auch Romancière Reventlow sieht das ganz anders: „So geht mir doch mit der Behauptung die Frau sei monogam! – weil ihr sie dazu bringt, ja! Weil ihr sie Pflicht und Entsagung lehrt, wo ihr sie Freude und Verlangen lehren solltet." Reventlow fordert bereits an der vorletzten Jahrhundertwende „eine Frauenbewegung ..., die das Weib als Geschlechtswesen befreit, es fordern lehrt, was es zu fordern berechtigt ist, volle geschlechtliche Freiheit, das ist, freie Verfügung über seinen Körper".[34]

Die herkömmliche Frauenbewegung, die Reventlow deshalb verachtet, sei „ausgesprochen Feindin aller erotischen Kultur": „Es ist aus guter Quelle bekannt, dass hier in München im vorigen Jahr eine Versammlung

---

[32] G. Wendt, a.a.O., S. 85.
[33] F. zu Reventlow, Tagebücher 1895–1910, S. 29.
[34] F. Gräfin zu Reventlow, Autobiographisches. Ellen Olestjerne. Roman. Novellen. Schriften. Selbstzeugnisse. Hg. von E. Reventlow, München/Wien 1980, S. 479 und 478/9.

von Viragines stattfand, wo ... die Frage aufgeworfen wurde, ob die Männer überhaupt noch zum Geschlechtsgenuss zugelassen werden sollten. Mit ... einer einzigen Stimme Majorität wurde die Frage ‚für dieses Mal noch' bejaht, wenn auch unter manchen Einschränkungen."[35]

Der Freundin von Lesbierinnen fällt es in ihrem Pamphlet „Viragines oder Hetären?" keinen Augenblick ein, die gleichgeschlechtliche Liebe „prinzipiell zu ‚verdammen'", ja sie betrachtet sie „unter der anmutigen Form, wie sie uns Pierre Louys in seiner jungfräulichen ‚Aphrodite' schildert, ... als Bereicherung der Welt um ein graziöses Laster". Doch den Viragines, „die bei uns die Männer abschaffen wollen", erklärt Reventlow den Krieg. Ihr Engagement für eine „erotische Kultur" der Geschlechter erstrebt die Emanzipation von Frau und Mann, jenseits der bereitstehenden Alternativen von Misogynie oder Männerfeindlichkeit. Nicht dass sie die misogynen Ursachen der Männerfeindlichkeit übersähe oder nicht für empörend hielte, aber Reventlow verwahrt sich gegen die auch masochistische Konsequenz der „Bewegungsweiber", noch die Männer „zur Askese zu erziehen", statt die eigene aufzugeben.[36]

Will man wie Reventlow letzteres: „den Frauen den Mut zur freien Liebe vor aller Welt wieder ... geben", dann ist auch „einzugestehen", was „Mode" ist, „um keinen Preis" zu tun: dass der Frau „der Mann als solcher" imponiert, „vorausgesetzt, dass er die Bezeichnung Mann wirklich verdient". – Wie auch persönlich hat Reventlow ein ausgesprochenes Faible für attraktive Männer, doch als ebenso weibliche Frau, die „den Mann ... kennt ... und ... zu nehmen weiß. Das ‚lasterhafte' Weib hat ... mehr richtiges, ja sogar mehr Feingefühl auf dem Geschlechtsgebiet, wie die beste Gattin und das keuscheste Gretchen, denn grade kraft seiner Lasterhaftigkeit, das ist: vielseitigen Kenntnis der Männer, sieht es in ihm weder den Übermenschen, noch den Schurken, sondern einfach ‚den Mann'" – dessen „geschlechtliche Attacke" sie „erwartet". Sie „verlangt sie, gibt sich ihr hin".[37]

Reventlow kann darin nichts prinzipiell „Erniedrigendes" sehen, ganz im Gegenteil: „... für jedes wahrhaft erotisch empfindende Weib liegt ... ein unendlich feiner Reiz darin, den stärkeren Gegner im Liebeskampf anzureizen ... und sich ihm dann im selbstvergessenen Rausch zu schenken ... sie wird im entscheidenden Augenblick durchaus nicht das Gefühl einer Niederlage", sondern eines Sieges haben. „... die Bejahung des Lebens ist immer ein Siegesgefühl."[38]

Mit diesem vitalistischen Fundamentalsatz endet Reventlows Hymne auf die heterosexuelle Liebe. Nur konsequent fällt die auf die Mutter-

---

[35] Ebd., S. 480.
[36] Ebd., S. 481, 480, 454–6 und 480.
[37] Ebd., S. 480, 460, 464 und 471.
[38] Ebd., S. 471.

schaft nicht weniger enthusiastisch aus[39], ohne der Hymne auf ein polyandrisches Hetärentum zu widersprechen. – Hetäre und Mutter/Mutter und Hetäre, das war Reventlows Ideal: die uneheliche Mutter. Sie wollte nicht nur deren Unterstützung und Gleichberechtigung wie der radikalfeministische „Bund für Mutterschutz"[40], sondern sie propagierte solche Mutterschaft in Tat und Person: die „grande amoureuse" als „Mutter"[41].

Nichts was mehr zu Reventlows – selbstverständlich ambivalentem – Ruhm, schon zu frühen Lebzeiten, beigetragen hätte als diese Rolle: Ihren *VerehrerInnen* in München-Schwabing galt „die Gräfin", wie sie dort nur genannt wurde[42], vor allem deshalb als „*Königin* der Boheme", weil sie „als Mutter eines in freiester Liebe empfangenen (und von ihr allein erzogenen, R.F.) Kindes den höchstgespanntesten Anforderungen entsprach."[43] – Für Reventlow selbst war Sohn Rolf die, nicht nur aufgrund ihrer langen Dauer, völlig unvergleichliche Liebe ihres Lebens; *er* ihr „Lebensmensch" (Th. Bernhard):

> „Gott, ich brauch' ihn ja nur anzusehen, dann ist mir alles egal. Arbeiten bis zum Umfallen, auf die Straße gehen – toute la même chose, wenn ich ihn nur habe, seine süße kleine Liebe, die immer mehr erwacht, und ich ihm ein Leben schaffen kann wie bis jetzt. *Er ist so verwöhnt, wie ein Kind nur sein kann.*"[44]

Der zeitweilige Reventlow-Vertraute O.A.H. Schmitz meint noch rückblickend, Rolfs ‚Vielväterei' habe ihm schaden müssen: der „unübersehbare Kreis von Onkeln, von denen einer gegen den anderen ausgespielt wurde".[45] Schmitz irrt aber, so wie es auch der täte, der – nicht ganz unverständlich – die Nichtexistenz eines Vaters als schädlich empfände[46]: die Usurpation noch seiner Rolle durch die eh schon allgegenwärtige Mutter – „Mamai ist Mausi sein Papa."[47] Selbst deren Dominanz hat dem zitierten Sohn nicht wirklich geschadet. Seine Lebenserinnerungen sind

---

[39] Vgl. ebd., S. 457ff.
[40] Vgl. B. Greven-Aschhoff, Die bürgerliche Frauenbewegung in Deutschland 1894–1933, Göttingen 1981, S. 66ff.
[41] Vgl. F. Gräfin zu Reventlow, Autobiographisches, S. 464.
[42] Ein besonders eindrücklicher Beleg findet sich bei Marianne Werefkin; vgl. K. Küchmeister u.a., „Alles möchte ich immer." Franziska Gräfin zu Reventlow 1871–1918, Göttingen 2010, S. 150.
[43] R. von Hoerschelmann, Einleitung, in: Der Schwabinger Beobachter, München 1941, S. 7.
[44] F. zu Reventlow, Tagebücher 1895–1910, S. 93.
[45] O.A.H. Schmitz, Wenn wir Frauen erwachen. Ein Sittenroman aus dem neuen Deutschland, München 1912, S. 275.
[46] Vgl. H. Fritz, a.a.O., S. 110.
[47] F. zu Reventlow, a.a.O., S. 191.

leider immer noch nicht gedruckt[48], doch schon dieser kurze Lebensabriss vermag zu überzeugen:

Nach dem Tode seiner Mutter 1918 begann Rolf, damals mit 21 gerade volljährig, in eigener Regie ein abenteuerliches Wanderleben aufzunehmen (nachdem er zuvor aus der deutschen Armee in die Schweiz desertiert war). Er ließ sich als Fotograf ausbilden und arbeitete als Kopierer beim Film. In der Weimarer Republik engagierte er sich in der USPD und emigrierte gleich zu Beginn des „Dritten Reiches" nach Frankreich. Später ging er nach Spanien, nahm von 1936 an als Bataillonsführer der 218. gemischten Brigade der republikanischen Armee am Bürgerkrieg teil und floh dann vor den siegreichen Franco-Truppen nach Algerien, wo er nach vier Jahren Internierung als politischer Redakteur bei algerischen Zeitungen arbeitete. 1953 kehrte Reventlow nach München zurück, wurde Sekretär der hiesigen SPD, arbeitete bis zu seiner Pensionierung als Gewerkschaftsredakteur, schrieb Bücher und war für italienische, französische und deutsche Zeitungen tätig. Als einer von 394 Delegierten beim SPD-Parteitag 1959 stimmte er zusammen mit 15 Parteigenossen *gegen* das Godesberger Programm (was den Parteivorsitzender Willy Brandt nicht daran hinderte, 1968 Reventlows „Spanien"-Buch mit einem Vorwort zu beehren).[49]

***

Schauen wir vergleichsweise auf Effis Tochter Annie, die ihrer Mutter nach deren aufgeflogenem ‚Fehltritt' gänzlich genommen wird und deren „Charakter", von ihrem Vater und ihrer Gouvernante Johanna nachdrücklich gefördert, die „ganz entschiedene Neigung" entwickelt, „das vornehme Fräulein zu betonen" (R 4, 227). Für Effi gerät die Wiederbegegnung mit ihr, nach langen Jahren, zum nicht verkraftbaren Schock. Die Zu- bis Abrichtung ihrer Tochter, die ‚es' im Unterschied zu Effi ‚gezwungen' hat, durch die wie Bismarcks Frau Johanna Geheißene ist zu niederschmetternd für sie gewesen: „O gewiss, wenn ich darf ... wenn ich darf ... darf ... darf", wie Annies Refrain lautet, und so Effis desperater Kommentar dazu: „Du *brauchst* nicht zu dürfen; ich will euch nicht mehr, ich haß' euch, auch mein eigen Kind ... Mich ekelt, was ich getan; aber was mich noch mehr ekelt, das ist eure Tugend." (R 4, 274/5)

---

[48] Vgl. freilich R. Reventlow, Kaleidoskop des Lebens. Typoskript. Stadtbibliothek München, Handschriftenabteilung, Nachlass Reventlow.
[49] Vgl. R. Reventlow, Spanien in diesem Jahrhundert. Bürgekrieg, Vorgeschichte und Auswirkungen, Wien 1968, sowie H. Fritz, a.a.O., S. 117/9 und Frankfurter Rundschau, 15.1.1981, S. 4.

Das ist zweifellos „ein äußerstes Urteil"[50], doch keineswegs ein letztes; denn kurz vor ihrem Tod ist Effi überzeugt, Ehemann Innstetten habe Recht daran getan, „mein eigen Kind in einer Art Abwehr gegen mich" zu erziehen. Und dies ist ihre wirklich letzte Bitte: „Ich möchte auf meinem (Grab-)Stein meinen alten Namen wieder haben; ich habe dem andern keine Ehre gemacht." (R 4, 294/5) – „Ehre, Ehre, Ehre ...", im Augenblick ihres Zusammenbruchs verflucht (R 4, 275), ist letztlich auch für Effi der höchste Wert und damit ihr in jeder Beziehung letztes, *preußisches* Wort.

Effis ‚gut-preußische' Erziehung ist im Endeffekt stärker als ihr allzu spätes und nur kurz anhaltendes Aufbegehren gewesen. Nicht zufällig hat Gordon A. Craig gerade im Blick auf Fontanes „Effi Briest" geurteilt, der laut diesem „überschnappende" Ehrbegriff adelsmilitärischer Deszendenz[51] wäre auch „im zivilen Leben (Preußens, R.F.) zu einem grausamen ... Teil des Verhaltenskodex geworden" und habe „die (ganze) Oberschicht (dieses Staates, R.F.) wie in einer Zwangsjacke gefangen" gehalten.[52] Selbst die Frauen, worauf es in unserem Zusammenhang ankommt. Sogar sie partizipieren am preußisch-militärischen Männlichkeitswahn, wie eben auch Effi bezeugt.

Sie empfindet ihren baldigen Verlobten schon beim ersten Sehen als „*sehr* männlich", d.h. „*sehr* schneidig", seiner auch vom Erzähler konstatierten „*militärischen* Haltung" entsprechend. Und Effi ist sich dabei sicher, dass das „die Hauptsache" ist, ‚"Weiber weiblich, Männer männlich' – das ist ... eine von Papas Lieblingssätzen." (R 4, 10, 13, 18 und 10) Kein Wunder, dass Effi dem Bann dieser Maxime nicht entraten kann, selbst dann nicht, als sie der von ihrem Vater als „Mann von Charakter und Schneid" bezeichnete Innstetten (R 4, 26) *persönlich* enttäuscht hat. Sogar dann noch ist der „schneidige" Typ keineswegs ‚out' für sie; er kann es gar nicht, so tief wie er in der Mentalität der preußischen Militäradelsgesellschaft verankert gewesen ist[53].

Wenn der kosmopolitische und liberal-konservative Graf Münster Bismarcks jüdischem Bankier Bleichröder einmal schrieb: „Schneid, ein Wort, das ich hasse, ist nichts Anderes als eine Verwechslung zwischen Brutalität und Energie", so war das das Urteil eines Außenseiters, wie sich Münster auch bewusst war: „In unserer Zeit will jeder schneidig sein."[54] –

---

[50] Vgl. H. Nürnberger, Fontane in Selbstzeugnissen und Bilddokumenten, Reinbek bei Hamburg 1968, S. 142.
[51] Th. Fontane, Briefe an Georg Friedlaender, Heidelberg 1954, S. 61.
[52] G.A. Craig, Über Fontane, München 1998, S. 237.
[53] Vgl. nicht zuletzt U. Frevert (Hg.), Militär und Gesellschaft im 19. und 20. Jahrhundert, Stuttgart 1997, bes. S. 7ff., 145ff. und 245ff.
[54] Zit. nach F. Stern, Gold und Eisen. Bismarck und sein Bankier Bleichröder, Frankfurt/M. u.a. 1980, S. 393.

Martin Green spricht von einer hochmütigen „Herrenrasse", bei der die spezifisch männlichen Züge überzüchtet worden waren[55], besonders in und dank der Armee. Sie vor allem, Modell jeder weiteren ‚Erziehungsanstalt', einschließlich der Familie, züchtete „Zucht und Ordnung", ohne die es einfach nicht ginge, wie in Erinnerung zu rufen, sich gerade auch Innstetten immer wieder bemüßigt fühlte; in seinen „kleinen moralischen Vorträgen, zu denen er überhaupt hinneigte". (R 4, 129 und 175)

Fanny Reventlow, durchaus Tochter eines preußischen Landrats und Schwester eines völkischen, später nationalsozialistischen Publizisten und Politikers: *Ernst* zu Reventlows, ist völlig gegenteiliger Ansicht und hält deshalb Sohn Rolf bewusst aus den wilhelminischen Schulen heraus; sie notiert sich: „Muss ihn ganz frei und für mich haben, dass mir das schöne grade Bäumchen nicht verkrümmt wird."[56] – Es ist, als wenn sich Fanny auf den allzu populären Feldwebel-Spruch beziehen würde: „Wir werden das Bäumchen schon biegen."

Der kleine Rolf wächst jedenfalls in einer Atmosphäre zwangloser Natürlichkeit auf, die allen preußischen Vorstellungen von Zucht und Ordnung Hohn spricht, und die männlichen Leitbilder der wilhelminischen Knabenerziehung mit Nichtachtung straft.[57] Reventlow notiert sich: „Bubi hat doch viel Feminines, aber das liebe ich sehr an ihm und protegiere es, damit er später einmal nicht mannsimpelt"[58] – der von Reventlow frontal angegangenen Maxime (nicht nur) Vater Briests folgend: „Weiber weiblich, Männer männlich".

Fanny Reventlow stellte insgesamt, wie Manfred Flügge Leben und Werk der Gräfin resümiert hat, „eine Art moralische Opposition zu ihrer Kaste und zur Gesellschaft des zweiten Deutschen Reiches dar ..., mit dessen Dauer ihre eigenen Lebensdaten genau übereinstimmen: 1871 bis 1918."[59] Schon Zeitgenosse Panizza dokumentierte seinen Antiwilhelminismus, der ihm Gefängnis und Irrenhaus einbrachte[60], am prägnantesten in seiner Eloge auf die von ihm so genannte „Schleswig-Holstein'sche Venus", die – als norddeutsche Adlige – Inbegriff des Verrats am preußi-

---

[55] Vgl. M. Green, a.a.O., S. 9 und 21, aber auch N. Elias, Studien über die Deutschen. Machtkämpfe und Habitusentwicklungen im 19. und 20. Jahrhundert, Frankfurt/M. 1989, bes. S. 114.
[56] F. zu Reventlow, Tagebücher 1895–1910, S. 289.
[57] Vgl. H. Fritz, a.a.O., S. 112.
[58] F. zu Reventlow, a.a.O., S. 270.
[59] M. Flügge, Gesprungene Liebe. Die wahre Geschichte zu „Jules und Jim", Berlin und Weimar 1993, S. 36.
[60] Vgl. u.a. M. Bauer, Oskar Panizza. Ein literarisches Portrait, München 1984, sowie K. Völker, Phantast und Gelehrsamkeitspedant. Oskar Panizza, in: Frankfurter Rundschau, 19.1.1980, S. III; Völker bezieht sich hauptsächlich auf: O. Panizza, Die Selbstbiographie, wieder abgedruckt in: ders., Das Liebeskonzil. Bearbeitung für das Schillertheater, Berlin 1988, S. 6ff.

schen „Männerstaat"[61] mit seiner Askese, Bigotterie, Disziplin und Prüderie war: an seinem *Untertan*engeist.

So unter anderem spricht Panizza die „Liebe, beste Frau Gräfin" an: „... wenn ich (auch, R.F.) ahnen kann, wie eine Dame von den scharfen Sinnen, wie die Ihren, längs erkannt hat, dass Männer, die ihre politischen Rechten nicht mehr verteidigen können, auch sonst nichts taugen", und also Deutschland verlässt – „bis zur Erbauung eines ‚Afrodite'-Tempels, bis zur Gründung einer erotischen Tempelgemeinschaft, bis zur Erstellung eines Liebes-Heiligtums auf ‚Kipris', ist es ein weiter Schritt, ist es für sie, eine Norddeutsche, ein Wunder-Ereigis, ist es für eine Gräfin geradezu ein ästhetisch-anarchistisches Verbrechen."[62]

Die Gräfin antwortet auf solche und ähnliche Vorhaltungen schlicht und einfach: „... die Venus habe es seinerzeit auch so gemacht!" Diese Antwort nun lässt Panizzas Ironie erst richtig in Fahrt kommen: „Allmächtige Güte Gottes!! Allmächtiger guter, heiliger Geist!! – liebste, beste Gräfin, die Venus hat ja nie existiert!" Nach satirischen Ausfällen gegen die „Filologen", die das „herausgebracht" hätten, und den „kritischen Morallehrern", die die Venus „in die Hölle oder mit dem Teufel in den Venus-Berg gesperrt" hätten, folgt ein ironischer Lobpreis auf die (Ober)-Realschule – ganz im Sinne Wilhelms II. –, wo nur „‚Fisik' und ‚Chemie', ‚Geographie' und ‚Vaterlands-Geschichte'" gelehrt würden. Dort könnte die griechisch-römische Mythologie keinen Schaden anrichten![63]

„Hätten Sie in Ihrer Jugend", so spricht Panizza die Gräfin wieder persönlich an, „nicht diese dumme griechische Mitologie in sich aufgenommen, Sie wären doch wahrhaftig nie auf die Idee gekommen, einen erotischen Kult auf der Insel Kipris einzurichten. Will Jemand, der unsere lateinlosen Gimnasien durchgemacht hat, später doch die Art des Vergottungs-Prozesses, wie er in Griechenland üblich war, kennenlernen, so hat er ja in Preußen die schönste Gelegenheit. Dort werden viel schwierigere Vergottungen zu Wege gebracht. In Griechenland war es die Sehnsucht im Menschenherzen, welche Gestalt gewinnen wollte, und schließlich in der Allen gemeinsamen, idealisierten Menschen-Form Befriedigung fand. Und sie nahm dann das schönste Modell, das Herrlichste, Kräftigste und Blühendste, um Dem, was sie ihr Göttliches nannte, Ausdruck zu verleihen. Hier ist es ein sifilitischer ‚Garde-du-corps', ein Trinker und Spieler, ein Schnaps-Leutnant, der zum Gott erkoren wird, und den die Barbaren mit Hurrah-Kanaljen-Tönen umtanzen ... ... Deshalb nichts mehr von

---

[61] Vgl. L.G. Heymann/A. Augspurg, Erlebtes – Erschautes. Deutsche Frauen kämpfen für Freiheit, Recht und Frieden 1850–1940, Meisenheim 1977, S. 36, sowie neuerdings A. Augspurg, Rechtspolitische Schriften, Köln 2013.
[62] (O. Panizza), Intra Muros et Extra, S. 35/6.
[63] Vgl. ebd.

Griechisch! Keine Venus-Tempel! Keinen Militta-Dienst! Kehren Sie zurück Frau Gräfin! Überwinden Sie den Ekel, heute in Deutschland zu wohnen! Sie flohen Ihre norddeutsche Heimat, weil Ihnen das Erbrechen ankam. Halten Sie sich im Süden, wo freundliche Gottheiten wohnen, und die Menschlichkeit zu ihrem Rechte kommt."[64]

Das ist keines Kommentars bedürftig, vielleicht mit Ausnahme des allerletzten Satzes: Auch der Panizza, der sich persönlich von München verabschieden musste, hält den deutschen Süden für freundlicher und menschlicher als den Norden. Und er weiss wohl, dass gerade für Reventlow Deutschlands „Südstadt"[65] die Wahlheimat war. Sie meinte ausdrücklich, „wir Deutschen" müssten uns erst noch „das kalte nordische Schuldbewusstsein und Verantwortungsgefühl" in der Liebe abgewöhnen.[66] Doch ein antipreußischer Affekt war der Schwabinger Boheme generell zu eigen und machte mehr als irgendetwas Positives ihr einigendes Band aus.

***

Auch der nur gemäßigt-liberale Theodor Fontane[67] ließ seinen Liebling Melusine von Barby die ihm selbst eigene Überzeugung vertreten, Süddeutsche seien „überhaupt viel netter als wir, und die nettesten, weil die natürlichsten, sind *die Bayern*." (R 5, 310) Noch dieser nicht unstereotype Zusatz ist aus Fontanes eigenem Herzen gesprochen: „Die Nettesten, unter allen Stämmen, sind die Schlesier und die Baiern", wie er seinem Vertrauten Georg Friedlaender schreibt.[68] Und über München speziell heißt es, in einem Brief an die vertraute Tochter Mete: „Deine Vorliebe für München teile ich ganz; es ist so frei und luftig ... Und nun gar im Sommer! Reizend ist immer die Zeit der Wachparade ... Man muss dann unter den Arkaden sitzen, Eis essen und zuhören."[69]

Fontane feiert also, wie später Else Lasker-Schüler, Deutschlands „Südstadt" als solche, „wo freundliche Gottheiten wohnen, und die Menschlichkeit zu ihrem Rechte kommt", um das von Fontane geschätzte enfant terrible Panizza noch einmal zu apostrophieren. Freilich auch, um klarzustellen, dass Fontane, mit München-*Schwabing*, dem Ort freier Liebe und freier Sitten insgesamt: einer mehr oder weniger anarch(ist)i-

---

[64] Ebd.
[65] E. Lasker-Schüler, Gesammelte Werke Band 2, München 1962, S. 267.
[66] F. Gräfin zu Reventlow, Autobiographisches, S. 480.
[67] Vgl. R. Faber, „... der hebe den ersten Stein auf sie." Humanität, Politik und Religion bei Theodor Fontane, Würzburg 2012.
[68] Th. Fontane, Briefe an Georg Friedlaender, S. 278.
[69] Th. Fontane, Meine liebe Mete. Ein Briefgespräch zwischen Eltern und Tochter, Berlin 2001, S. 290.

schen Boheme (die bereits im Kaiserreich polizeilich überwacht wurde[70]) *nichts* im Sinn hatte.[71] Doch auch er war, wie Gegner des militaristischen Männlichkeitswahns, Feind des „alten Sittlichkeitsstandpunktes", der „ganz antiquiert und vor allem lügnerisch" sei[72], außerdem Verehrer und Freund jenes „heiteren" Frauen-„Charmes", in dessen „Bann" selbst ein von Innstetten noch nach seiner Trennung von Effi steht: im „Bann ihrer Liebens*würdigkeit*". (R 4, 235) Und über die, gleich Cécile, „fein-sinnliche" (R 2, 175) Melusine, die so ist, wie „Weiber" Dubslaw von Stechlins Überzeugung nach sein „müssen", lässt Fontane deren Vater, des alten Stechlin „Zwilingsbruder" (R 5, 252 und 116), sagen:

„Melusine gefällt fast immer. Aber manchem gefällt sie freilich auch nicht. Es gibt so viele Menschen, die haben einen natürlichen Hass gegen alles, was liebenswürdig ist, weil sie selber unliebenswürdig sind. Alle beschränkten und aufgesteiften Individuen, alle, die eine borniert Vorstellung vom Christentum haben – das richtige sieht ganz anderes aus –, alle Pharisäer und Gernegroß, alle Selbstgerechten und Eiteln fühlen sich durch Personen wie Melusine gekränkt und verletzt, und wenn sich der alte Stechlin in Melusine verliebt hat, dann lieb' ich ihn schon darum, denn er ist dann eben ein guter Mensch" (R 5, 286/7) – so wie der Graf von Barby selbst und (mit gar mancher Einschränkung[73]) der alte Fontane persönlich.

Unvergesslich ist und bleibt nicht zuletzt Fontanes lebenslanger Kampf gegen Prüderie: „Ich war nie ein Lebemann, aber ich freue mich, wenn andere leben, Männlein wie Fräulein. Der natürliche Mensch will leben, will weder fromm noch keusch noch sittlich sein, lauter Kunstprodukte von einem gewissen, aber immer zweifelhaft bleibenden Wert, weil es an Echtheit und Natürlichkeit fehlt. Dies Natürliche hatte es mir seit langem angetan, ich lege nur darauf Gewicht, fühle mich nur dadurch angezogen, und dies ist wohl der Grund, warum meine Frauengestalten alle einen Knacks weghaben. Gerade dadurch sind sie mir lieb, ich verliebe mich in sie, nicht um ihrer Tugenden, sondern um ihrer Menschlichkeiten, d.h. um ihrer Schwächen und Sünden willen. Sehr viel gilt mir auch die Ehrlichkeit, der man bei den Magdalenen (Cécile und Effi) mehr beggenet als bei den Genoveven (à la Christine von Holk, R.F.)." (R 4; 703)

---

[70] Vgl. K. Küchmeister u.a., a.a.O., S. 171.
[71] Vgl. Th. Fontane, Briefe. Vierter Band 1890–1898, Frankfurt/M – Berlin 1987, S. 117, 131/2 und 258, aber auch S. 19; der Brief an Detlev von Liliencron vom 23.1. 1890 ist bemerkenswert!
[72] Th. Fontane, Briefe. Dritter Band 1879–1889, Frankfurt/M – Berlin 1987, S. 618.
[73] Ich denke vor allem an Fontanes rabiaten Antisemitismus; vgl. R. Faber, a.a.O., Kap. 12.

Fontane, der im Roman „Unwiederbringlich" dem „krassen Aristokraten" Helmuth von Holk immer wieder herbe Kritik hat angedeihen lassen, ist dann voller Verständnis und Sympathie für ihn, wenn er sich infolge vieler von Seiten seiner Frau erfahrener „Herbheiten" nach Tagen sehnt, „die nicht mit Traktätchen anfangen und ebenso aufhören; ich will kein Harmonium im Hause, sondern Harmonie, heitere Übereinstimmung der Seelen, Luft, Licht, Freiheit" (R 2; 660 und 766): *„frische* Luft", wie meine Lebensgefährtin Christine Holste zu formulieren liebt. Obwohl nicht entfernt so bavarophil wie Fontane, der es gerade auch der (ironisch zu verstehenden) ‚sündenlosen Alm' wegen war: „Der letzte Rest von natürlichem Gefühl" ginge den Preußen, dem „langweiligsten Volk" überhaupt, „verloren ... Sobald man nach Oberbayern kommt und eine ‚Loni die nich ohni' ist, sieht, wird es schon besser."[74]

Hochkulturell und zwar so existentiell wie literatursoziologisch urteilt Fontane in seinen Lebenserinnerungen über Heinrich Heines „berühmte Schilderung von einer dekolletiert auf einem Ball erscheinenden Embonpoint-Madame, hinsichtlich derer er versicherte, ‚nicht nur das Rote Meer, sondern auch noch ganz Arabien, Syrien und Mesopotamien' gesehen zu haben": „Solche Verquickung von Übermut und Komik hebt Schilderungen der Art, in meinen Augen wenigstens, auf eine künstlerische Hochstufe, neben der die saubertuenden Wendungen der angeblichen Unschuldserotiker auch moralisch versinken."[75]

In Fragen ‚freier Liebe', solange sie niemand dritten verletzte, war Fontane zumindest der Meinung, die Onkel Wilhelm in einem „Gespräch ... über ‚allerlei Glück' und namentlich über *‚allerlei Moral'*" äußert: „Ich ziehe das Keusche dem Unkeuschen vor und es ist kein leerer Wahn: selig sind, die reinen Herzens sind ... Aber ich bin außerstande, in dem Verhältnis dieser beiden Leute" – „Axels" zu „Frau v. Birch" – „etwas besonders Anstößiges zu erblicken. Es werden keine Pflichten verletzt, es wird kein Anstoß gegeben; eine nicht aus lautersten Quellen stammende Neigung sucht ihre Befriedigung und findet sie. Ich persönlich habe meine Befriedigung in andrem gefunden, aber solange wir nicht gelernt haben, auf Sternen zu gehen, solange wir Erde sind, werden wir dies nicht abtun, und wer dabei die Grenzlinie scharf zu ziehen versteht, – dies ist Bedingung und scheinbar verwandte Fälle können schon sehr verschieden sein – der mag seine Straße ziehn. Meine Absolution, *meinen* Ablaß hat er." (R 7; 268 und 270)

In einem Brief aus Anlass seiner „Irrungen, Wirrungen", *des* Fontane-Romans über ‚freie Liebe' (der ihn das Wohlwollen des märkischen Adels kostete), heißt es: „Wir stecken ... bis über die Ohren in allerhand

---

[74] Th. Fontane, Briefe an Georg Friedlaender, S. 295; vgl. auch R 5; 206.
[75] Th. Fontane, Von Zwanzig bis Dreißig. Autobiographisches, München 1973, S. 211.

konventioneller Lüge und sollten uns schämen über die Heuchelei, die wir treiben, über das falsche Spiel, das wir spielen. Gibt es denn, außer ein paar Nachmittagspredigern, in deren Seelen ich auch nicht hineingucken mag, gibt es denn außer ein paar solchen fragwürdigen Ausnahmen noch irgendeinen gebildeten und herzensanständigen Menschen, der sich über eine Schneidermamsell mit einem freien Liebesverhältnis wirklich moralisch entrüstet? Ich kenne keinen und setze hinzu, Gott sei Dank, dass ich keinen kenne. Jedenfalls würde ich ihm aus dem Wege gehn und mich vor ihm als vor einem gefährlichen Menschen hüten. ‚Du sollst nicht ehebrechen', das ist nun bald vier Jahrtausende alt und wird wohl auch noch älter werden ... Der freie Mensch aber, der sich nach dieser Seite hin zu nichts verpflichtet hat, kann tun, was er will und muss nur die sogenannten ‚natürlichen Konsequenzen', die mitunter sehr hart sind, entschlossen und tapfer auf sich nehmen."[76]

Fontane war sicher alles andere als ein libertärer Idylliker, aber – wie ich in meinem Buch „... der hebe den ersten Stein auf sie" ausgeführt habe – ein großer Liebhaber von Joh. 8,7: „Ah, l' Adultera! ... Es ist eigentlich ein gefährliches Bild, fast so gefährlich wie der Spruch ... Wie heißt er doch?' – „Wer unter euch ohne Sünde ist (der hebe den ersten Stein auf sie, R.F.)"' – ‚Richtig. Und ich kann mir nicht helfen, es liegt so was Ermutigendes darin. Und dieser Schelm von Tintoretto hat es auch ganz in diesem Sinne genommen. Sieh nur! ... Geweint hat sie ... Gewiss ... Aber warum? Weil man ihr immer wieder und wieder gesagt hat, wie schlecht sie sei. Und nun glaubt sie's auch, oder *will* es wenigstens glauben. Aber ihr Herz wehrt sich dagegen und kann es nicht finden ... Und dass ich dir's gestehe, sie wirkt eigentlich rührend auf mich. Es ist so viel Unschuld in ihrer Schuld ..."' (R 2; 13).

Wesentlich frivoler als diese Causerie des Fontane-Romans „L'adultera", geradezu blasphemisch klingt Caroline de la Motte Fouqués Gedicht „Am Bußtage", das der letzten geborenen *von Briest*, auf Nennhausen: „Büßen soll ich? – Nein, ich kann nicht büßen;/Habe keine Thränen zu vergießen,/Kenne nicht der finstern Reue Qual;/Gottbewußt will ich den Gott mir finden,/Frei und groß mit allen meinen Sünden/Tret' ich in den Himmel meiner Wahl."[77]

Aus diesen Versen der 1775 geborenen Caroline von Briest strahlt uns ein letzter Abglanz des insgesamt frivolen Rokoko entgegen, an dem (Klein-)Effi trotz ihrer *Calderón* konnotierenden Bezeichnung als „Toch-

---

[76] Zit. nach H. Nürnberger, a.a.O., S. 138.
[77] Zit. nach J. Bisky, Himmel eigner Wahl. Caroline de la Motte Fouqué auf dem Gut Nennhausen, in: Süddeutsche Zeitung, 9.8.2010; ausführlicher: B. Gribnitz, Caroline de la Motte Fouqué, geb. von Briest, auf Nennhausen, Frankfurter Buntbücher 48.

ter der Luft"[78] keinen Anteil mehr hat – im Unterschied zur tatsächlich nicht undämonischen „Ebba" des Fontane-Romans „Unwiederbringlich" und eben *Fanny Reventlow*: Das entscheidende Vorbild spätestens ihrer „Amouresken" *ist* in den spöttisch-witzigen „Briefen" der „libertinen" Ninon de Lenclos zu sehen[79]. Gerichtet an den Marquis de Sévigné, enthielten bereits sie ironisch-wohlmeinende Einweisungen in die Kunst der Liebe und eine aufklärerisch-philosophische Theorie derselben, die zugleich den Geist der galanten Rokoko-Epoche widerspiegelte.[80]

Spätestens in den „Amouresken" (und ihrem Roman „Der Geldkomplex") besaß zu Reventlow auch literarisch den Flair einer „‚grande dame' des aufgeklärten 18. Jahrhunderts", wie Oda Schaefer geurteilt hat, die Fanny insgesamt als aristokratischen „Frondeur" versteht[81] – unbeschadet ihres Lebens in und mit der Boheme, war „die Gräfin" doch deren *Königin*.[82]

---

[78] Vgl. H.M. Enzensberger, Die Tochter der Luft. Ein Schauspiel. Nach dem Spanischen des Calderón de la Barca, Burgtheater, Spielzeit 1999/2000, bes. S. 14, 20, 35, 51, 96, 99, aber auch 8/9, 11 und 24.
[79] Vgl. „Briefe der Ninon de Lenclos", Frankfurt/M. 1989, sowie G. Schneider, Der Libertin. Zur Geistes- und Sozialgeschichte des Bürgertums im 16. und 17. Jahrhundert, Stuttgart 1970, bes. S. 208/9 und 218.
[80] Vgl. J. Székely, a.a.O., S. 157 und 173.
[81] O. Schaefer, Einführung, in: Schwabing. Ein Lesebuch, München 1985, S. X/XI.
[82] Ausführlicher, ein weiteres mal: R. Faber, Franziska zu Reventlow, Kap. XIV, 2 (S. 199–204). – Reventlows Titulierung dürfte Balzacs, Heinrich Heine gewidmetem, Roman „Ein Fürst der Bohème" verpflichtet sein (Die Menschliche Komödie VII, München 1971, bes. S. 387), verweist jedenfalls auch auf Reventlows stark *Pariser* Einschlag (vgl. R. Faber, a.a.O., S. 53–55).

Olaf Briese

Feldzüge mit dem Zug.
Eisenbahn als Knotenpunkt in Fontanes
Frankreichpanorama „Aus den Tagen der Occupation"

Seit Philipp Franks Buch „Fontane und die Technik" aus dem Jahr 2005 besteht ein deutlich gewachsenes Wissen über die Tendenzen und die Wandlungen in Theodor Fontanes Technikverständnis. Es hat überzeugend nachgezeichnet, wie es von anfänglicher Technikbegeisterung zu wachsender – aber nie dramatischer – Skepsis gekommen war[1]. Auch das Thema Eisenbahn wird in diesem Kontext gründlich behandelt. Jedoch bestehen, was die Rolle von Eisenbahnen in Fontanes sog. Kriegsbüchern betrifft, weiterhin gravierende Erkenntnislücken. Das hängt mit der stiefmütterlichen Behandlung zusammen, die diesen Kriegsbüchern überhaupt widerfährt. Die Forschung nähert sich diesen sperrigen und umfangreichen Publikationen nach wie vor nur sehr zurückhaltend. Dabei hielt Fontane sie, das ist bekannt, mit Recht für äußerst wichtig. So hatte er – und diese Mitteilungen sind nicht ausschließlich Stilisierungen, sondern auch Ausdruck enttäuschter Hoffnung – einen nicht unbeträchtlichen Teil seiner Lebenszeit darauf verwandt:

> Zwölf Jahre habe ich an diesen Kriegsbüchern Tag und Nacht gearbeitet; sie feiern, nicht in großen aber in empfundenen Worten unser Volk, unser Heer, unsren König und Kaiser, ich bereiste 1864 das gegen uns fanatisirte Dänemark, war 1866 in dem von Banden und Cholera überzogenen Böhmen, und entging in Frankreich, nur wie durch ein Wunder, dem Tode.[2]

Dieser intensive Aufwand war keine bloße Brot- und Fleißarbeit. Sowohl in der Ist-Zeit der Arbeit daran als auch in späteren Rückblicken erklärte Fontane, diese Bücher seien formal und inhaltlich innovativ, und er hob hervor, er sei gerade mit der vierbändigen Edition zu den Frankreichereignissen ein „*Schriftsteller* geworden [...] d.h. ein Mann, der sein Metier als eine *Kunst* betreibt"[3].

Dem Stellenwert dieses Korpus – fünf Kriegsbücher in zehn Bänden mit über 4300 Druckseiten aus den Jahren zwischen 1866 bis 1876 –

---

[1] Vgl.: Philipp Frank: Theodor Fontane und die Technik, Würzburg 2005.
[2] Theodor Fontane an Mathilde von Rohr, 30. November 1876, in: ders., Sämtliche Werke, hrsg. v. Walter Keitel u.a., München 1962ff., Bd. 4.2, S. 549f.
[3] Theodor Fontane an Emilie Fontane, 17. August 1882, in: Emilie und Theodor Fontane. Der Ehebriefwechsel, hrsg. v. Gotthard Erler. 3 Bde., Berlin 1998, Bd. 3, S. 279.

kommt die Forschung nur zögerlich auf die Spur. Noch bis in die siebziger Jahre hinein wurden dazu nur wenige, an einer Hand aufzuzählende Spezialaufsätze veröffentlicht. Das hat sich geändert. Inzwischen hat man sich auch diesen Schriften intensiver zugewandt, und im Mittelpunkt der Analysen der Frankreich-Bücher – um nur diese hervorzuheben – steht ihr Zusammenhang mit den anderen Kriegsbüchern Fontanes[4], die Verbindung ihrer Schlachtenschilderung mit denen des Schottland-Reisebuchs[5], Fontanes Frankreichbild und seine Frankreichkritik[6], die Konfrontation mit der vermeintlich aus dem Ruder gelaufenen Moderne in Frankreich[7], Fontanes politisch unparteiliche oder vermeintlich unparteiliche Haltung als Chronist, die mitunter sogar ein freundliches Bild des Erbfeinds zeichne[8], strukturelle Kompositions- und Anordnungsprinzipien der Präsentation[9], Fontanes episodischer Genrestil, der heroischen Monumentalismen unterlaufen soll[10], die Darstellung des Tötens[11] und mehr. Aus militärhistorischer Sicht ist die geradezu ausufernde Quellenpräsentation dieser Editionen zum Gegenstand geworden[12], ebenso wurden die strukturellen und inhaltlichen Gemeinsamkeiten dieser Kriegsdokumentationen mit den „Wanderungen durch die Mark Brandenburg"

---

[4] Vgl.: Christian Grawe: Von Krieg und Kriegsgeschrei: Fontanes Kriegsdarstellungen im Kontext, in: Theodor Fontane im literarischen Leben seiner Zeit. Beiträge zur Fontane-Konferenz vom 17. bis 20. Juni 1986 in Potsdam, hrsg. v. Otfried Keiler/Peter Schaefer, Berlin 1987; Elke Sander: Theodor Fontane als Kriegshistoriker, Phil. Diss. Erlangen-Nürnberg 1992.

[5] Vgl.: John Osborne: Aus Schottland und Frankreich. Überlegungen zum Gattungscharakter von Fontanes Kriegsberichten, in: Fontane-Blätter, H. 75 (2003), S. 42–63.

[6] Vgl.: Pierre-Paul Sagave: Krieg und Bürgerkrieg in Frankreich. Erlebnis und Dichtung bei Theodor Fontane, in: Fontane-Blätter, H. 30 (1979), S. 452–470.

[7] Vgl.: Lothar Köhn: Die Schrecken des Modernen. Fontanes Begründung realistischer Erzählprosa: *Aus den Tagen der Okkupation* (1871), in: Deutsche Vierteljahrsschrift für Literaturwissenschaft und Geistesgeschichte, 70 (1996), S. 610–642.

[8] Vgl.: Gordon A. Craig: Fontane als Historiker, in: Theodor Fontane: Der Krieg gegen Frankreich 1870–1871 [1873/76]. 4 Bde., Bd. 1, Zürich 1985, S. XIII–XXXII; Hans T. Siepe: „Wohl wieder zu franzosenfreundlich" und „ohne alle Voreingenommenheit". Theodor Fontanes Berichte aus Frankreich 1870/71, in: Visions allemandes de la France (1871–1914), par Helga Abret/Michel Grunewald, Bern, Berlin, Frankfurt/M. 1995, S. 297–316.

[9] Vgl.: John Osborne: Vor den Romanen. Krieg und Kunst, Göttingen 1999.

[10] Vgl.: John Osborne: Theodor Fontane und die Mobilmachung der Kultur: Der Krieg gegen Frankreich 1870–1871, in: Fontane-Blätter, H. 37 (1984), S. 421–435.

[11] Vgl.: Hugo Aust: Das ‚wir' und das ‚töten'. Anmerkungen zur sprachlichen Gestaltung des Krieges in Theodor Fontanes Kriegsbüchern, in: Wirkendes Wort. Deutsche Sprache und Literatur in Forschung und Lehre, 41 (1991), S. 199–211.

[12] Vgl.: Sönke Neitzel: Die Kriegsbücher Fontanes, in: Theodor Fontane – Dichter der deutschen Einheit, hrsg. v. Bernd Heidenreich/Frank-Lothar Kroll, Berlin 2003, S. 121–131.

thematisiert[13]. Am Rand sei erwähnt, dass eine Analyse, wie Fontanes Kriegsberichte Impulse seines bewunderten Vorbilds William Howard Russell aufnimmt (nach Fontane hätte dieser mit seinen Augenzeugenberichten über den Krimkrieg 1854 die „Times" erst zur „Times" gemacht; auch später wirkte Russell international aufsehenerregend mit seinen Reportagen über die britischen Kolonialkriege in Indien, über den nordamerikanischen Bürgerkrieg sowie über den preußisch-französischen Krieg 1870/71), nach wie vor aussteht[14].

Ich möchte mich in diesem Beitrag mit dem in der Regel übergangenen Kriegs- bzw. Nachkriegsbuch „Aus den Tagen der Occupation" in einer Einzelinterpretation zuwenden. Meine These lautet, dass sich als darstellerisch-kompositorisches Scharnier dieses Werks das Medium Eisenbahn erweist. Das Medium Eisenbahn und Reflexionen über dieses Medium organisieren den Text und binden ihn zusammen. Dafür lassen sich mindestens vier Gründe rekonstruieren. Erstens gewährten Eisenbahnen im Rahmen des Textarrangements eine schnelle Fortbewegung von Ort zu Ort, schnell gelangt der Erzähler von ehemaligem Kriegsschauplatz zu ehemaligem Kriegsschauplatz. Zweitens ist die Eisenbahn das Medium, das die Reiseroute diktiert; denn in Schlüsselsituationen wird vom Autor vorgeführt, dass nicht der Reisende entscheidet, wohin die Fahrt geht, sondern tatsächlich, wenn auch zufällig, entscheiden die Bahn und der gerade aktuelle Fahrplan. Drittens eröffnen Eisenbahnen eine ‚Innen'-Perspektive, denn die jeweiligen Zugabteile – in ganz verschiedener Beschaffenheit und Größe – ermöglichten dem Autor zwanglos und wie zufällig Begegnungen mit deutschen Militärangehörigen sowie mit französischen Zivilisten. Ein kontrastreiches Panorama von Berichten, Erinnerungen, Bemerkungen und Stimmungen der Mitreisenden entsteht. Viertens gewähren Eisenbahnen eine panoramaähnliche ‚Außen'-Perspektive, eine Gesamtperspektive der Landschaft, die noch kürzlich eine Kriegslandschaft war; auf diese Weise konnte eine einigermaßen nachvollziehbare räumlich-zeitliche Einheit des zu Berichtenden geschaffen werden. Für diese Analyse können die kürzlich erstmals edierten Tagebücher dieser zwei Frankreich-Reisen Fontanes ergänzend herangezogen werden. Vorblicke auf das von 1873 bis 1876 erscheinende ‚große' Kriegsbuch des

---

[13] Vgl.: Jan Pacholski: Das ganze Schlachtfeld – ein zauberhaftes Schauspiel. Theodor Fontane als Kriegsberichterstatter, Görlitz 2005.

[14] Zu Russell vgl. u.a. den Beitrag von Roland Berbig in diesem Band sowie Fontanes Separatkorrespondenz über Russell aus dem Jahr 1858 für die in Berlin erscheinende „Die Zeit" (1858), jetzt u.a. in: Theodor Fontane. Wanderungen durch England und Schottland, hrsg. v. Hans-Heinrich Reuter, Bd. 1, Berlin 1979, S. 574–579; vgl. auch Fontanes Wiedergabe von Gesprächen Russells mit Bismarck vom 10./11. Okt. 1870 („zwischen dem ersten Staatsmanne Europas und dem ersten Korrespondenten Europas") in: Theodor Fontane: Der Krieg gegen Frankreich 1870–1871, Bd. 3, 297–311, S. 311.

Frankreich-Feldzugs sind im Rahmen dieser Darstellung natürlich unumgänglich, und so wird hier auch gefragt werden, welcher konstitutive Status den Eisenbahnen in diesem ‚Hauptwerk' zukam.

Im Zug der Zeit: Von Begeisterung zu Skepsis

Als die ersten Dampfeisenbahnen für den Passagierbetrieb auch in den deutschen Ländern entstanden, wurden sie öffentlich fast durchgehend begrüßt bzw. bejubelt. In der Tat: Der Personentransport zu geschäftlichen oder privaten Zwecken wurde beschleunigt, wurde sicherer und wurde preiswerter. Aufgrund des – gemessen an anderen Transportmitteln – niedrigen Preisniveaus stand die Fahrt mit der Eisenbahn vielen Akteuren offen. Damit wurde er auch demokratisiert. Zwar gab es inmitten dieses Jubels, der von staatlichen Institutionen ebenso ausging wie von Wirtschaftskreisen, von der Presse ebenso wie von Privatpersonen, auch Gegenstimmen. Plötzlich benachteiligte Gewerbe wie Schiffs- und Fuhrunternehmen machten ihre Ablehnung oder ihre Kritik geltend, auch weltanschaulich Konservative und Wertkonservative, unter ihnen auch literarische Protagonisten, erhoben ihre Stimme[15]. Aber der Siegeszug der Eisenbahn war unangefochten, sowohl in tatsächlich-praktischer Hinsicht als auch im Rahmen von politisch oder lebensweltlich ausgemünzten Fortschrittsideologien.

Ein vor zwanzig Jahren aus Archivbeständen neu erschlossener Frühtext Fontanes ist unübersehbar von solcher Fortschrittszuversicht getragen. Dieser kurze Prosa-Text, das kurze Genrebild „Zwei Post-Stationen", stammt wahrscheinlich aus dem Jahr 1847. Er kontrastiert das veraltete Reisen mit der Kutsche mit den neuen Segnungen der Dampfeisenbahn und verteidigt diese explizit gegen alle Vorbehalte[16]. Das war, auch im Zusammenhang mit Fontanes frühem Gedicht „Junker Dampf" (1843), ein weltanschauliches Bekenntnis, ein literarisches Bekenntnis – gerichtet gegen alles ‚Romantische', und es war auch ein persönliches Bekenntnis. Denn Fontanes Freund bzw. Bekannter Christian Friedrich Scherenberg hatte 1844 ein Gedicht veröffentlicht, das dem neuen Verkehrsmittel gezielt modernekritisch entgegentrat („Eisenbahn und immer Eisenbahn"). Noch 1885 wandte sich Fontane rückblickend gegen diese

---

[15] Vgl.: Die Eisenbahn. Gedichte, Prosa, Bilder, hrsg. v. Wolfgang Minaty, Frankfurt/M. 1984.

[16] Theodor Fontane: Zwei Post-Stationen. Faksimile der Handschrift, hrsg. v. Jochen Meyer, Marbach am Neckar 1991; vgl. dazu: Bettina Plett: Aufbruch ins Eisenbahnzeitalter. Fontanes frühe Erzählung „Zwei Post-Stationen", in: „Spielende Vertiefung ins Menschliche". Festschrift für Ingrid Mittenzwei, hrsg. v. Monika Hahn, Heidelberg 2002, S. 167–177.

einstigen Vorbehalte seines Dichterkollegen und zitierte in seiner Würdigungsschrift zustimmend Passagen einer angeblich anonym erschienenen Kritik (es ist aber nicht völlig auszuschließen, dass es sich um Passagen von Fontane selbst handelt): „Der moderne Mensch hat hier die Pflicht, modern zu empfinden und den großen Zusammenhang herauszufühlen, in den die Eisenbahn die Menschen bringt. Scherenberg bleibt aber vor dem großen Gegenstande klein und dürftig"[17].

Zu dieser Zeit, 1885, war Fontanes Gedicht „Die Brück' am Tay", das die bekannte schwere Eisenbahnkatastrophe 1879 in Schottland behandelte, bereits erschienen. Es setzte sich mit den Schattenseiten der Karriere der Eisenbahn im 19. Jahrhundert auseinander, und es steht für eine gewisse späte Kehre von Fontanes literarisch ausgestellter Technikeuphorie. Diese betraf nicht nur das Eisenbahnwesen, sondern Technisierungserscheinungen auf vielen Feldern: Wirtschaft, Kommunikation, Kunst und Alltagsleben. Als eine gewisse Zäsur ist die Schottlandreise im Sommer 1858 anzusehen. Sie führte – so zeigt es zumindest der Reisebericht „Jenseit des Tweed" – zu Ernüchterung. Die schottische romantische Landschaft, für Fontane kodiert durch Märchen, Mythen und poetische Imagination, ist bereits dem harten Griff von Industrie und Kapital ausgesetzt[18]. Zwar wurde in den alsbald Schritt um Schritt veröffentlichten „Wanderungen durch die Mark Brandenburg" der fortschreitende Eisenbahnbau in der Region auf der einen Seite begrüßt, ausdrücklich auch als Modernisierungsfaktor[19]. Auf der anderen Seite ist in der Forschung – möglicherweise zu stark zugespitzt – die „erstaunliche, fast vollständige Nichterwähnung der Eisenbahn" in diesen ‚Wanderungen' konstatiert worden[20]. So zeichnen diese ‚Wanderungen' ein letztlich ambivalentes Bild von Modernisierung und Technik. Nicht zuletzt konservieren sie eine Mark ohne Industrie. Und obwohl sie Eisenbahnen, Dampfschiffe und Omnibusse durchaus thematisieren, halten sie die täuschende Fiktion einer wirklichen ‚Wanderung' durch die Landschaft – ohne die Beihilfe von Eisenbahnen oder anderer Verkehrsmittel – letztlich aufrecht: „In den Wanderungen wird wirklich gewandert, und wie häufig ich das Ränzel abtun und den Wanderstab aus der Hand legen mag, um die Geschichte

---

17 Zit. in: Theodor Fontane: Christian Friedrich Scherenberg und das literarische Berlin von 1840 bis 1860, in: Sämtliche Werke, Bd. 3.1, S. 581–733, hier: S. 723.
18 Vgl.: Frank, Fontane und die Technik, S. 112, 206f.
19 Vgl.: Frank, Fontane und die Technik, S. 131f.
20 Claudia Buffagni: Das Motiv der Reise als strukturbildendes Element im Prosawerk Theodor Fontanes: Die *Wanderungen durch die Mark Brandenburg*, in: „Geschichte und Geschichten aus Mark Brandenburg". Fontanes *Wanderungen durch die Mark Brandenburg* im Kontext der europäischen Reiseliteratur, hrsg. v. Hanna Delf von Wolzogen, Würzburg 2003, S. 433–452, hier: S. 450.

von Ort oder Person erst zu hören und dann weiterzuerzählen, immer bin ich unterwegs"[21].

Dieses ambivalente Bild von Eisenbahnen findet sich auch in Fontanes Belletristik. Dieses Verkehrsmittel war längst eine kulturelle Normalität, und jenseits von Begeisterung und Verfemung hat es textuell ganz unterschiedliche Positiv- wie Negativ-Funktionen, als ‚Ding' wie als ‚Zeichen'. So wird die Eisenbahn – genauer gesagt ein separates Coupé – zum Ort einer nächtlichen und geistig-erotisch aufgeladenen Begegnung von Mann und Frau, die im Morgengrauen in den Entschluss mündet, als Lehrerin und Lehrer gemeinsam nach Nordamerika zu übersiedeln („Im Coupé"). Sie kann zum idyllisch-intimen Fortbewegungsmittel von Verliebten werden („Irrungen, Wirrungen"). Eisenbahnen erscheinen, wie in „Effi Briest", als Sehnsuchts- und imaginiertes Fluchtmittel, und in einem anderen Roman werden sie zum tatsächlichen Flucht- und Aufbruchmittel einer Heldin („L'Adultera"). Eisenbahnen wirken aber auch als treibendes poetisches Mittel, wie in „Cécile"; der Roman beginnt mit der gemächlich anhebenden Eisenbahnreise eines Ehepaars in den Harz, dort entspinnt sich ein Verhältnis der Titelheldin zu einem ehemaligen Eisenbahningenieur. Dieser erweist sich als Mann schneller Entschlüsse, die Handlung beschleunigt sich, und zum Schluss eilt er mit einem Schnellzug zum tragischen endenden Duell. Als dunkel-bedrohlich, als geheimnisumwitterter und nicht weiter aufzuhellender Vergewaltigungsort, scheinen eine Eisenbahnfahrt und ein Eisenbahnabteil in „Der Stechlin" auf. Und nicht zuletzt: Literarische Eisenbahnfahrten dienen der sozialen Distinktion, sie demonstrieren ein Sozialgefälle. Aristokraten haben ihre individuellen Beförderungsmittel; parallel dazu reisen andere und sozial darunter stehende literarische Akteure zum selben Ort per Bahn („Frau Jenny Treibel", „Unwiederbringlich"). Bahnhöfe können aber auch – um hier abschließend ein Positivmotiv zu erwähnen – im Bild eines alles überragenden Bahnhofs mythisch zum Berg Ararat überhöht werden („Die Poggenpuhls"). Zusammengefasst: Im literarischen Werk Fontanes, vor allem im Prosawerk, haben Eisenbahnen und Eisenbahnfahrten eine differierende Valenz. Mitunter kommt ihnen sogar eine poetische Schlüsselstellung zu. Jenseits von dem, was man als inhaltliche ‚Bewertung' durch den Autor thematisieren könnte, werden sie zu handlungsleitenden poetischen Vehikeln. Als eigenständige und einflussreiche technische Artefakte treiben sie, in welchem Sinn auch immer, die literarische Handlung indirekt oder direkt voran.

---

[21] Theodor Fontane: Fünf Schlösser. Vorwort, in: Sämtliche Werke, Bd. 2.3, S. 9f., hier: S. 9.

Macht der Dinge: Macht der Eisenbahn

Direkt aus dem Fenster der Wohnung, die die Eheleute Fontane am 1. Oktober 1863 in Berlin bezogen hatten – Hirschelstraße 14 –, konnte Fontane schon in den nächsten Wochen Interessantes beobachten. Denn vor ihren Fenstern (entlang der kürzlich überflüssig gewordenen, die ganze Stadt umschließenden Akzisemauer) verlief seit dem Jahr 1851 die sog. Verbindungsbahn. Sie verband – als Staatsbahn – die Kopfbahnhöfe der verschiedenen privat-kapitalistisch betriebenen Eisenbahnstrecken, die am Rand Berlins endeten. Seit der Mitte der vierziger Jahre hatte es immer wieder Vorschläge für so eine ringförmige Verbindung gegeben, aber sie scheiterten an den Vorbehalten verschiedener Ministerien, auch des Kriegsministeriums. Denn eine solche Bahnverbindung hätte die Akzisemauer, die auch als ein wirksamer militärischer Käfig gegen die potentiell rebellierende Stadt diente, an bestimmten Stellen zusätzlich durchlöchert; die Zahl der Stadttore war ohnehin schon auf fast vierzig gewachsen. Aber gerade das Militär gab schließlich den Ausschlag für den Bau dieser Ringbahn (nicht zu verwechseln mit dem später erbauten und ein viel größeres Gebiet umfassenden S-Bahn-Ring). Die militärische Mobilmachung in der Hessen-Krise im November 1850 hatte gezeigt, wie wenig Berlin als militärische Drehscheibe taugte. Deshalb begannen bereits im Dezember die Bauarbeiten, erste Abschnitte wurden im Folgejahr 1851 eröffnet[22]. Nun, im Winter 1863/64, im unmittelbaren Vorfeld des deutsch-dänischen Kriegs, beobachtete Fontane, dass österreichische Truppen, die damals noch als preußische Bündnispartner auftraten, auf dieser Ringbahn hier Richtung Norden transferiert wurden: „ich lief ans Fenster und sah auf das wunderbare Bild: die Lowries, die Kanonen, die Leute hingestreckt auf den Lafetten"[23].

Eisenbahnen – regelrechte Panzerzüge gab es allerdings noch nicht – hatten mittlerweile eine gravierende militärische Bedeutung erlangt. Das galt ebenso für den Transport von Truppen wie von Material (auch für den Abtransport von Verwundeten). Jüngere Forschungen zeigen, wie sehr das preußische Militär schon seit den dreißiger Jahren an diesem neuen Verkehrsmittel interessiert war, es nicht nur zielstrebig nutzen wollte und nutzte, sondern sogar selbst strategische Ausbaupläne entwarf.

---

[22] Vgl.: Helmut Zschocke: Die erste Berliner Ringbahn. Über die Königliche Bahnhofs-Verbindungsbahn zu Berlin, Berlin 2009, S. 15ff.; vgl. auch: Berlin und seine Eisenbahnen 1846–1896. Bd. 1, Berlin 1896, S. 236ff. Zur militärischen Bedeutung der Eisenbahn in den deutschen Revolutionskämpfen 1848/49 vgl.: Ralf Roth: Das Jahrhundert der Eisenbahn, Ostfildern 2005, S. 97ff.

[23] Theodor Fontane an Ernst Gründler, 11. Februar 1896, in: Fontane: Sämtliche Werke, Bd. 4.4, S. 531; vgl. auch: An Friedrich Paulsen, 29. November 1897, in: ebd., S. 678.

Der Krimkrieg 1854 und die österreichisch-französischen Auseinandersetzungen 1859 in Italien, welche die Macht des Eisenbahntransports unter Beweis gestellt hatten, forcierten diese Bemühungen[24]. Und auch für Fontane stand fest, dass ohne „die Post, die Telegraphie, die Eisenbahn" eine moderne Armee „nicht bestehen kann"[25]. Eisenbahnen dienten in den drei sog. Einigungskriegen zwar nur äußerst selten der schnellen Zuführung von Truppen ins Schlachtterrain direkt vor Ort, also dem, was *taktischer* Transport genannt werden kann. Das kam nur vereinzelt vor, und Fontane schildert einen solchen Fall aus dem französisch-deutschen Krieg: „Sofort, nachdem die Leute ausgeladen waren, trat das Bataillon den Marsch nach dem Gefechtsfelde an. Das erste Bataillon unseres Regiments [...] war bereits vor einer Stunde mit der Bahn in Saarbrücken angelangt und schon im Feuer"[26]. Aber bei der *strategischen* Verlegung von Truppen in die potentiellen Aufmarsch- und Kampfregionen über viele Hunderte Kilometer hinweg waren Eisenbahnen mittlerweile unabdingbar. Die Eisenbahn diente dem „Transport in die zuvor festgelegten Aufmarschräume", dem Transport in die „geplanten Konzentrationsräume"[27]. Dementsprechend beginnt Fontanes Buch über den deutsch-dänischen Krieg mit einer Aufzählung, welche Kontingente über welche Eisenbahnlinien herangeführt wurden, ebenso das über den deutsch-österreichischen Krieg (wo auch über die taktische Zerstörung von Eisenbahnbrücken und Eisenbahnstrecken durch den Gegner berichtet wird)[28]. In der Schilderung des französisch-deutschen Kriegs erweitert sich das zu einer nachhaltigen Würdigung der Vorfeldorganisation, und Fontane zitiert aus einem von verklärendem Selbstlob sicher nicht gänzlich freien offiziellen Kommuniqué:

> Am schlagendsten zeigt sich die Genauigkeit der betreffenden Dispositionen in den bis auf kleinste detaillierten Fahrplänen, welche den Bahnverwaltungen für den Truppentransport zugehen. Die Züge sind nicht nur nach Richtung, Stunde und ungefährer Größe wie früher bezeichnet, sondern es wird fast auf den Kopf genau die Zahl der Mitfahrenden und jeder Punkt darin angegeben, wo ein Wagen eingehängt wird, um zustoßende Mannschaften des im Transport begriffenen Truppenteiles auszunehmen, oder wo ein

---

[24] Vgl.: Klaus-Jürgen Bremm: Von der Chaussee zur Schiene. Militär und Eisenbahnen in Preußen 1833 bis 1866, München 2005, S. 232ff.
[25] Theodor Fontane: Der deutsche Krieg von 1866 [1870/71]. 2 Bde, Berlin 2006, Bd. 2, S. 340.
[26] Fontane: Der Krieg gegen Frankreich 1870–1871, Bd. 1, S. 295.
[27] Bremm: Von der Chaussee zur Schiene, S. 219, 220.
[28] Vgl.: Th. Fontane: Der Schleswig-Holsteinische Krieg im Jahre 1864, Berlin 1866, S. 33f.; ders.: Der deutsche Krieg von 1866, Bd. 1, S. 62, 90, 93, 718.

Wagen auszuhängen ist, um in gleicher Richtung beförderte Angehörige eines andern Truppenteiles an diesen abzugeben.[29]

In den Kriegsbüchern selbst kommen Eisenbahnen dann aber letztlich nur vereinzelt vor, und wenn, dann meist bei der Darstellung von Schlachten um Bahnhöfe und Bahndämme, beispielsweise in Orleans. Ein gewisser Höhepunkt ist die Schilderung der Eroberung von Nuits[30]. Fontane geht es um menschliche Akteure und um menschlichen Heroismus. Auch wenn er diesen nicht immer glorifiziert und gelegentlich auch konterkariert: In der Niederlage wie im Sieg stellt sich Krieg als persönliches und kollektives Heldentum dar. Fontane steckt tief in einer vormodernen, romantisierenden Auffassung des Kriegs. Die neuere Fontane-Forschung hat nicht selten versucht, gegenteilige Aspekte herauszustellen, und das Episodische, Genrebildhafte, Individualisierende als Argument für Fontanes publizistische Subversionskraft geltend gemacht. Hagiographische Momente dieser Argumentation sind nicht zu übersehen; sie erhebt, offenbar ohne ausreichende Kenntnis der damaligen geschichtswissenschaftlichen Kontexte, ein veraltetes und historistisches Geschichtsmodell in den Rang einer literarischen Innovation[31]. Stattdessen kann behauptet werden: Fontane arbeitet, gerade auch wenn er sich historisch-episodenhaft und quellenmäßig gesichert auf Individuelles richtet, in seinen Kriegsschilderungen an der „balladenhaft erzählenden Restitution von Heldenzeit, Heldenorten und Heldenstimmungen"[32]. Dass er dieses Heldentum auch dem französischen Feind attestiert und ihm auf diese Weise Ehre erweist, macht seine Schilderung *ehrenwert*. Die Dimension von Ehre und letztlich national kodierter Moral wird damit aber nicht überschritten. Gerade vor diesem Hintergrund nimmt das, was als die eigentliche *hardware* des modernen Massenkriegs angesehen werden kann – die ökonomischen, waffentechnischen, verkehrstechnischen, seuchenmedizinischen und medizinischen Voraussetzungen – bei Fontane nur einen verschwindend geringen Stellenwert ein. Er übergeht diese Dimension und *will* sie übergehen.

Im Buch „Aus den Tagen der Occupation" stehen Eisenbahnen jedoch geradezu im Zentrum. Wenn man mit einer Parallelisierung arbeiten möchte: Ebenso, wie sie in den Romanen mitunter zu handlungslei-

---

[29] Fontane: Der Krieg gegen Frankreich 1870–1871, Bd. 1, S. 104.
[30] Vgl. Fontane: Der Krieg gegen Frankreich 1870–1871, Bd. 4, S. 417.
[31] Zum Zusammenhang von Fontanes Kriegsbüchern und seinem historistischen Geschichtsmodell vgl.: Uwe Hebekus: Klios Medien. Die Geschichtskultur des 19. Jahrhunderts in der historistischen Historie und bei Theodor Fontane, Tübingen 2003.
[32] Vgl.: Dieter Bänsch: Preußens und Dreysens Gloria. Zu Fontanes Kriegsbüchern, in: Theodor Fontane, hrsg. v. Heinz Ludwig Arnold, München 1989, S. 30–54, hier: S. 45 (Sonderband text + kritik).

tenden poetischen Vehikeln werden, fungieren sie auch in diesem Buch als handlungsleitendes Element. Die Eisenbahn scheint eine Art von Sachlogik zu liefern, der die Erzähllogik folgt. Wie nämlich kann Fontane im Bericht über seine rund sechswöchige Reise vom April und Mai 1871 die Kriegsschauplätze erfahrbar machen? Dieser gerade beendete Krieg war kein zeitlich-linearer Krieg nach Art des 18. und frühen 19. Jahrhunderts gewesen. Es gab keine homogene Heereslawine, die sich über das Land wälzte und zu bestimmten Zeiten auf andere Heereslawinen traf, um sich dann zurückzuziehen oder vorzurücken. Der Krieg war auf deutscher wie französischer Seite ein Mehrfrontenkrieg mit zeitlich parallelen Operationen von verschiedenen Armeen mit mehreren Unterabteilungen an geographisch getrennten Plätzen. Gleich zu seinem Beginn kam es zu räumlich separierten Gefechten: 4. August 1870: Schlacht bei Weißenburg; 6. August 1870: Schlacht beim 75 km davon entfernten Spicheren bei Saarbrücken; ebenfalls am 6. August beim ungefähr 10 km davon entfernten Wörth. Und am Tag des Beginns des Waffenstillstands, am 28. Januar 1871, befanden sich militärische Hauptabteilungen in ganz verschiedenen Landesteilen Frankreichs: um Paris, in den Vogesen, in der Normandie im Gebiet der Seine-Mündung und im französischen Mittelwesten bei Le Mans. Wie aber will man diese Gleichzeitigkeit in ein Nacheinander des Erzählens bringen? Durch den Weg mit der Eisenbahn wird eine Logik des Erzählens geradezu evoziert. Dieser Weg ist eine Rundreise. Sie führt zuerst über Kassel und Straßburg nach Reims, dem symbolträchtigen Ort der Krönung der französischen Könige. Weiter westlich wird Mouy besucht, wo Fontanes Sohn George stationiert war, dann geht es direkt nach Süden, nach Le Bourget nahe von Paris. Dort erfolgt die erste direkte Schlachtfeldvisite Fontanes, eines Schlachtfelds aus der mittleren Phase und Endphase des Kriegs: 30. Oktober und 21. Dezember 1870. Das hat u.a. den Vorteil, gleich zwei Schlachten Revue passieren zu lassen. Das nächste größere Etappenziel ist Amiens in der Somme-Region. Auch dieser Ort zeichnete sich dadurch aus, das zwei Schlachten in seiner Nähe stattfanden: am 27./28. November und 23./24. Dezember 1870. Ein südwestlicher Abstecher, der ‚lediglich' ein kulturell-touristischer ist, führt Fontane dann nach Rouen und an die Küste nach Dippe, dann wendet er sich wieder ostwärts nach St. Quentin. Dort hatte am 1. September 1870 die Schlacht stattgefunden, die vorentscheidend für den Kriegsgewinn war: Kapitulation der sog. Châlons-Armee, Gefangennahme des Kaisers, Regierungsneubildung in Frankreich. Dann geht Fontane in südöstlicher Richtung an die Rückreise. Wichtigste Station dieser Rückreise ist Metz, das nach über zweimonatiger Belagerung am 27. Oktober 1870 in deutsche Hand gefallen war. Über Saarbrücken und Straßburg führt die Reise zurück nach Kassel. Das letzte Schlachtfeld das Fontane auf seiner Reise besucht, ist das einer der ersten Schlachten des Kriegs – das von Spicheren bei Saarbrücken.

So kam es zu einer Art Rundreise, und der räumlichen Logik hatte sich die zeitliche unterzuordnen. Die räumliche Struktur diktiert das Geschehen, und an den jeweiligen Raumpunkten werden die zeitlich vorgefallenen Ereignisse aufgerufen. Für eine solche Reise wäre und war die Eisenbahn natürlich nur ein äußerliches und sekundäres Beförderungsmittel; eine solche Schlachtfeldexpedition hätte auch traditionell mit dem Wagen stattfinden können (und Jahrzehnte zuvor sogar müssen). Insofern scheint dieses Verkehrsmittel für Fontanes Berichte keine konstitutive Bedeutung zu haben. Aber das Buch inszeniert, ob einer gezielten Autorenabsicht zu verdanken oder nicht, Eisenbahn ganz anders. Denn *sie* scheint der verborgene Handlungsmotor zu sein. *Sie* fällt Entscheidungen oder lässt den Reisenden geradezu zwangsläufig Entscheidungen fällen, wenn er sich als machtloser bzw. nur bedingt autonomer Appendix des ‚Systems Eisenbahn' erweist. Das, was in den ‚großen' Kriegsbüchern über die sog. deutschen Einigungskriege in heroisierender Weise umgangen wird – die Macht der Logistik, der Waffentechnik, der Verkehrstechnik, der Ökonomie – scheint auf verquere Weise in diesem Reisebuch auf. Schon in den ersten Kriegstagen, am 5. August 1870 im sicheren Berlin, sprach Fontane von einer „durch Eisenbahnen regulirte[n] Völkerwanderung, organisirte[n] Massen, aber doch immer Massen"[33]. In einem weiteren Brief beschreibt der Autor – nunmehr, am 1. Oktober 1870 in Frankreich und den Kriegsschauplätzen nahe – das militärische Geschehen in und mit der Eisenbahn: „Es ist eine *organisirte Völkerwanderung*. Immer neue Massen überschwemmen das Land"[34]. Die ‚offiziellen' Kriegsbücher übergingen diese Organisationsperspektive jedoch. Sie waren, wenn auch reflektiert-gebrochen, auf individuelles und kollektives Heldentum abgestellt. „Aus den Tagen der Occupation" lässt hingegen diese Macht der Dinge, der Systeme, der Eisenbahn immer wieder erkennen. Die *Eisenbahn* führt Regie, zumindest regiert sie die Wege des Kriegsberichterstatters. *Sie* zwingt ihm die Route auf. Sie hat geradezu ein Eigenleben, hat Eigensinn. Sie ist teilweise nicht mehr steuerbar, sondern steuert selbst („Ich, der Edinburgher Zug"[35], heißt es später in dem berühmten Gedicht über die Eisenbahnkatastrophe des Jahrs 1879). Am eindrücklichsten wird dieses Eigenleben von Fontane in der Episode geschildert, die er an den Anfang – nicht den unmittelbaren, aber den mittelbaren – seines Reiseberichts setzt. Er verfährt sich, bzw. er wird aus Unachtsamkeit und Unwis-

---

[33] Theodor Fontane an Emilie Fontane, 5. August 1870, in: Ehebriefwechsel, Bd. 2, S. 509.
[34] Theodor Fontane an Emilie Fontane, 1. Oktober 1870, in: ebd., S. 515.
[35] Theodor Fontane: Die Brück' am Tay [1880], in: Sämtliche Werke, Bd. 1.6, S. 285–187, hier: S. 285.

sen von der Eisenbahn ‚verfahren'. Das wäre nicht weiter schlimm, trüge ihn die Bahn, der er nunmehr nicht entrinnen kann, nicht unmittelbar und unentrinnbar ins Herz von Paris, ins Zentrum der roten, offenbar menschenfeindlichen und vor allem deutschenfeindlichen Hyäne, der Kommune.

Diese symbolträchtige Episode wird im übernächsten Abschnitt dieses Beitrags noch genauer analysiert. Andere Episoden des Buchs sind ähnlich angelegt. Denn nicht der autonome Reisende plant seinen Weg, sondern der Fahrplan plant für ihn. Natürlich kann er eigenständig entscheiden, und er ist letztlich das bestimmende Handlungssubjekt. Aber seine Handlungsoptionen richten sich nach Sachoptionen, es entstehen komplexe und komplizierte Subjekt-Objekt-Konstellationen, Mensch-Ding-Interferenzen. Menschen sind den Dingen zwar nicht unmittelbar, aber mittelbar ausgeliefert und müssen ihre Handlungslogik mit der von Sach-, System- und Dinglogiken in Einklang bringen. So inszeniert dieses Nachkriegs- und Reisebuch den Besuch des Autors bei seinem im weiteren Umkreis von Paris mit einer Truppeneinheit stationierten Sohn als einen der Eisenbahn geschuldeten Zufall. Es scheint, als hätte er gar nicht seinen Sohn aufsuchen wollen, es scheint, als hätte die Eisenbahn diese Entscheidung für ihn getroffen:

> Den *nächsten* Zug; – er ging Abends um 6. Jetzt war es 10 Uhr; also noch 8 Stunden. [...] Ich hatte inzwischen, vielleicht nur um mich geistig zu beschäftigen, meinen Reiseplan geändert. Bis *Creil*, 4 Meilen hinter dem ersehnten Senlis, sollte alles beim alten bleiben; von Creil aus aber, diesem vielgenannten Vereinigungspunkt aller nur möglichen Bahnen, hatt' ich nunmehr vor, statt *südlich* auf St. Denis, lieber *westlich* auf Mouy zu gehn [...]. Dort stand mein Sohn. Dieser neue Plan war kaum gefaßt, als er auch schon seine besondere Gutheißung erhalten zu sollen schien. Der Bahnhofs-Inspektor trat an mich heran und teilte mir mit, daß in zehn Minuten ein „train de merchandises" abgehen werde [...].[36]

Im Zug und vor dem Zug: Innen- und Außenperspektiven

Die Eisenbahn, so scheint es, organisiert die Reise. Das mag ein Reflex der tatsächlichen ‚Macht der Dinge' sein, ist vor allem aber ein von Fontane eingesetztes Textprinzip. Die Reise organisiert sich von selbst. Der Autor muss keine Rechenschaft geben, wohin sie führt, er muss nicht einmal über ihren Zweck Rechenschaft geben. Auf der ersten Seite wird das Wort

---

[36] Theodor Fontane: Aus den Tagen der Okkupation. Eine Osterreise durch Nordfrankreich und Elsaß-Lothringen 1871 [1872], in: Sämtliche Werke, Bd. 3.4, S. 691–1025, hier: S. 724.

‚Zweck' – um diesen militarisierenden Kalauer hier nicht zu umgehen – von ihm zwar geradezu generalstabsmäßig eingeführt. Aber das geschieht mittels einer vielsagenden Verschiebung. Der Zweck der Herbstreise 1870 in Frankreich wäre, so seine Worte, nicht erreicht worden (denn sie führte zu Verhaftung und Haft). Aber der „vernünftige Zweck von damals" würde „unabgeschwächt und unverändert" fortbestehen[37]. Aber welcher? *Welchen* Zweck hatte die damalige Reise? Orientierung darüber sucht man auch in der Chronik dieser vorausgegangenen Reise vergebens. Weder das Buch über seine Gefangennahme und Gefangenschaft noch das darauffolgende ‚Wanderbuch' geben direkt Auskünfte und thematisieren ausdrücklich den Reisezweck. Vielmehr trägt *die Eisenbahn* den Autor hierhin und dorthin. Sie ist im Grunde das Textsubjekt. Und sie übernimmt, um es zugespitzt zu formulieren, auch eine erzählerische Funktion. Denn sie gewährt eine ideale Innen- und Außenperspektive auf das zu bereisende Land. In der *Innenperspektive* ermöglicht sie Gespräche mit deutschen Militärangehörigen sowie mit französischen Zivilisten. Mitunter muss gar nicht Fontane Akteur solcher Gespräche sein, er ist dann der Chronist von Gesprächen, die sich unter Bahnreisenden ergeben. Und in der *Außenperspektive* ermöglicht sie Schilderungen von Landschaften, Dörfern und Städten und sogar von Schlachtfeldern. Bei allem wirkt Eisenbahn wie ein verbindendes Scharnier, als Organisationsprinzip. Sie lässt, rein strukturell, heterogene Personen und Ansichten in raum-zeitlicher Einheit aufeinander treffen, und sie verbindet heterogene geographische Geschehensorte und Schilderungsorte miteinander.

Zur Innenperspektive. Das Innere eines Reisewaggons – ob Coupé oder Großraumabteil – ist ein idealer Ort des Zusammentreffens von Akteuren. Bezeugt ist das etwa durch Fontanes ausführliche Notiz über ein nicht nur zweideutiges erotisches Techtelmechtel auf der Rückkehr von seiner ersten England-Reise 1844 zwischen Köthen und Berlin; auch für sein literarisches Werk hat sich Fontane die intime Abgeschiedenheit eines Coupés mehrfach zunutze gemacht (u.a. „Im Coupé", 1884)[38]. In seinen Schilderungen aus Frankreich trifft er freilich fast nur auf Männer, aber nicht nur. Zweifellos stehen Männer im Mittelpunkt, vor allem Militärs, und selbstredend deutsche. Sie geben Informationen aus erster Hand, sie vermitteln Meinungen und Stimmungen und geben Kolorit, sie machen das Reisebuch zu einem panoramaähnlichen Kriegsbuch. Folgt der Reisende nur dem ihm vorgegebenen Reisepfad, so erweitern diese Episoden den Horizont. Das Kriegsgeschehen wird zitiert und ruhmreiche Schlachten und Truppenteile in Ost, West, Nord und Süd werden

---

[37] Fontane: Aus den Tagen der Okkupation, S. 694.
[38] Vgl.: Theodor Fontane: Erste Reise nach England 1844 [ca. 1850/53], in: Sämtliche Werke, Bd. 3.3.2, S. 771–816, hier: S. 814ff.; ders.: Im Coupé [1884], in: ebd., Bd. 1.7, 26–35.

zumindest angeführt. Darüber hinaus ist das Eisenbahnabteil auch ein Integrationsort. Die Revue deutscher Truppen aus ganz verschiedenen Ländern, die kürzlich zu einem ‚Reich' vereinigt wurden, dient Fontane dazu, die gelungene nationale Vereinigung zu verdeutlichen. Und nicht zuletzt gewinnen Fontanes Reiseschilderungen an Originalität; authentische ‚Typen' und ‚Charaktere' kommen zu Wort. Der Autor muss nicht dürftig referieren, nicht trocken kommentieren. Die Krieger selbst führen das Wort. Sind sie aber schweigsam oder gar abweisend, ruft das Fontanes Unmut hervor. So spottet er u.a. über die Politesse eines reisenden Lazarettoffiziers, der, nachdem er den Pflichten der Vorstellung genügt hatte, sich demonstrativ seinem Butterbrot zuwandte[39]. Auch demonstrativ schweigende ‚zivile' Mitreisende, wie der, dem Fontane gleich bei seiner Abfahrt in Berlin zugesellt wurde, werden mit sarkastischen Kommentaren bedacht[40]. Erfreut hingegen ist der Reisende, wenn eine Konversation – in diesem Fall mit einer Französin – angebahnt wird. Bestens beherrscht er die entsprechenden Spielregeln („Plötzlich ließ sie ihr Portemonnaie fallen, das sie bis dahin zwischen Daumen und Zeigefinger gedreht hatte. Ich bückte mich natürlich, um es aufzuheben. Das war also geglückt"[41]). So ist das Innere der Eisenbahn ein Ort der Konversation und Kommunikation. Dadurch zitiert dieses eingegrenzte Innere permanent ein Außen, holt beständig und in wechselnden und kontrastierenden Zusammenhängen die große Welt in den Blick.

Die Innenperspektive holt die Außenwelt ins Abteil hinein, die Außenperspektive *zeigt* sie. Der Blick aus dem Fenster richtet sich auf Landschaften, Dörfer und Städte. Er ist auf scheinbar bloße Natur und auf dingliche Artefakte konzentriert, richtet sich aus diesem Blickwinkel jedoch auch auf Ereignisse. Wenn man so will, hat man es mit einer Feldherrenposition zu tun. Der Reisende überblickt die Landschaft aber nicht von ‚oben', nicht von einem Berg oder Hügel, sondern indem er sie mit sichtlicher Geschwindigkeit wahrnehmend durchmisst. Aktiv nutzt er die Möglichkeiten des beschleunigten Reisens für seine Berichterstattung und setzt die Wahrnehmungsvielfalt textuell gezielt ein. Das war nicht selbstverständlich. Noch um die Mitte des 19. Jahrhunderts gab es eine Reihe kulturkonservativer Klagen über die Wahrnehmungsnivellierung durch das schnelle Reisen mit der Eisenbahn; Wolfgang Schivelbuch hat in seiner einstigen Pionierstudie über die veränderten Raum-Zeit-Wahrneh-

---

[39] Vgl. Fontane: Aus den Tagen der Okkupation, S. 725.
[40] Vgl.: Theodor Fontane: Reise nach Frankreich. 9. April bis 15. Mai 1871 [Tagebuch], in: Große Brandenburger Ausgabe. Bd. IV. 3: Die Reisetagebücher, hrsg. v. Gotthard Erler/Christine Hehle, Berlin 2012, S. 165–296, hier: S. 165 (Eintrag vom 9. April 1871).
[41] Fontane: Aus den Tagen der Okkupation, S. 830.

mungen durch die Eisenbahnfahrt diese Konservatismen analysiert[42]. Auch der jüngere Fontane – obwohl er sich Eisenbahnen gegenüber als aufgeschlossen erwies – stimmte gelegentlich in diese Klagen ein, so in einem Brief an seine Frau aus dem Jahr 1852 („dass man an einer Fülle von interessanten Dingen vorbeifliegt [...]. Man hat das Gefühl: nichts gesehn und sich strapazirt zu haben"). Im gleichen Brief stellt Fontane aber auch fest, eine Eisenbahnfahrt „erquickte" ihn, weil „selbst das Leblose tausend Geschichten von Glück und Zufriedenheit erzählt und die ganze Landschaft zu Einem aufschaut wie ein Auge voll Liebe"[43]. Damit steht dieser Brief auch für eine zweite Wahrnehmungstendenz, die Schivelbusch herausgearbeitet hat: Lob der Wahrnehmungsfülle statt Kritik an ihr. Eine neue Wahrnehmungsform entstand und wurde aktiv begrüßt (und der Reflex über die Wahrnehmung konstituierte sie umgekehrt erst). Die Eisenbahnfahrt stumpfe nicht die Sinne ab, benebele sie nicht, sondern eröffne ihnen neue Möglichkeiten: der Gesamtschau, der Kontrastschau, des Vergleichs. Landschaft wurde vom unmittelbaren Erlebnis zu einem bereichernden mittelbaren. Fuhr die Kutsche *in* der Landschaft, so die Bahn *durch* die Landschaft. Gewährte die Kutsche eine unmittelbare *Singularsicht*, so die Bahn eine Singularsicht und darüber hinaus eine integrative *Pluralsicht*. Beide Sichtarten finden ihren Reflex in „Aus den Tagen der Occupation". Gelegentlich sieht Fontane separierte idyllische Landschaftsarrangements, ein Bild im Stillstand, viel öfter aber Integrativlandschaften. Das sind *Kultur*landschaften, nie bloße *Natur*landschaften: „weiter rasselte der Zug, vorbei an der Wartburg, um deren Gemäuer die Nachmittagssonne glühte, vorbei an den Türmen und Kuppeln des bischöflichen Fulda, vorbei auch an Bronzell und seinem Schimmelgrab (nach links hin dehnte sich die noch schneebedeckte ‚hohe Rhön'), bis wir endlich durch den Gellnhauser-Paß in das Main-Tal einfuhren"[44]. Die Landschaft erscheint wie gemacht, wie angeordnet, als Panorama in einem ‚panoramatischen Jahrhundert' (Sternberger), und in der Forschung ist analysiert worden, wie die Wahrnehmung der Eisenbahnreisenden ‚panoramatisch' wurde, ebenso, dass die Strecken bei allem ökonomischen Kalkül durch ihre Anlage und ihren Bau auch dem ‚Panoramatischen' genügen sollten[45].

---

[42] Vgl.: Wolfgang Schivelbusch: Geschichte der Eisenbahnreise. Zur Industrialisierung von Raum und Zeit im 19. Jahrhundert, Frankfurt/M. 1993, S. 51ff.
[43] Theodor Fontane an Emilie Fontane, 6. April 1852, in: Ehebriefwechsel, Bd. 1, S. 13f.
[44] Fontane: Aus den Tagen der Okkupation, S. 696.
[45] Vgl.: Jörg Traeger: Der Weg nach Walhalla. Denkmallandschaft und Bildungsreise im 19. Jahrhundert, 2. erw. Aufl. Regensburg 1991, S. 312ff.; Michael Freeman: Railways and the Victorian Imagination, New Haven, London 1999.

Wenn man diese differierenden Seharten erwähnt, wenn man am Beispiel dieses Buchs „Aus den Tagen der Occupation" herausstellt, wie Eisenbahn darin das implizite Strukturelement und ein explizites Thema zugleich ist, kann nicht übergangen werden, dass sich auch hier, gewissermaßen in nuce, eine Tendenz wachsender kulturkonservativer Technikkritik zeigt. Im Buch über den ‚deutsch-deutschen' Krieg hatte es – oben bereits angeführt –, bei Fontane geheißen, dass ohne Post, Telegraphie und Eisenbahn eine moderne Armee nicht bestehen könne. War das eine rein diagnostische Feststellung? Oder war das enthusiastisch gemeint? Oder resignativ? Gar anklagend? In „Aus den Tagen der Occupation" setzt sich eine eher anklagende Tendenz durch. Der Krieg soll historistisch romantisiert werden. In diesem Zusammenhang wird die kriegsentscheidende Rolle von Technik sogar verneint: „Die 66er ‚Zündnadel-Erklärung' ist längst hinfällig geworden"[46]. Nicht neue Gewehrtechniken hätten 1866 den Krieg gegen Österreich entschieden, sondern preußische Tugenden wie Enthusiasmus und Heldentum. Diese militärtheoretische Perspektive weitet sich im Rahmen des Buchs mitunter in eine kulturtheoretische, und diese ist gleichfalls kulturkonservativ: „Unsere ganze Eisenbahn- und Telegraphenzeit, die die Bewegung an die Stelle des Stabilen, die Hast an die Stelle der Ruhe, das Geld an die Stelle des Grund und Bodens setzt, was ist sie anders als Amerikanismus!"[47].

Verflixt und zugenäht: Verspätet und verfahren

Das System Eisenbahn in Preußen war so etwas wie eine staatlich gelenkte und verwirklichte Sozialutopie. Dieses System stand – schon vor der durchgreifenden Verstaatlichungswelle Ende der siebziger Jahre – für Disziplin, für Ordnung und für Pünktlichkeit unter kontrollierender Obhut, ebenso für Sozialharmonie, für soziale Sicherheit und für sozialen Aufstieg. Eisenbahn war geregelter und kontrollierter Fortschritt und war, als Bild eines funktionierenden Kleinorganismus, das idealisierte Vorbild für den gesellschaftlichen Großorganismus[48].

Dennoch konnte es auch in dieser gelenkten Sozialidylle Eisenbahn zu Störungen kommen. Ursachen dafür konnten auf der „Systemebene" liegen, aber auch auf der „Akteursebene". Einerseits konnten Eisenbahnzüge sich verspäten (gar verunglücken), andererseits Reisende sich verfahren. Beides widerfuhr dem Reisenden Fontane in Frankreich und gerade

---

[46] Fontane: Aus den Tagen der Okkupation, S. 709.
[47] Ebd., S. 1005.
[48] Vgl.: Lothar Gall: Eisenbahn in Deutschland. Von den Anfängen bis zum Ersten Weltkrieg, in: Lothar Gall/Manfred Pohl: Die Eisenbahn in Deutschland. Von den Anfängen bis zur Gegenwart, München 1999, S. 13–70, hier: S. 55, 64f.

in Frankreich. Man kann diesen Umstand überinterpretieren, kann ihm etwas ablesen wollen, was sich daraus nicht ablesen lässt. Dennoch scheint beides im Rahmen der Frankreichreisen Fontanes objektiv begünstigt worden zu sein; Zugverspätungen haben durchaus mit den Kriegswirren und ihren Folgen zu tun („Der ganze Eisenbahnbetrieb ist jetzt verloddert, nichts stimmt, nichts paßt, die Züge verspäten sich um ein, zwei Stunden"[49]). Und dass jemand sich gerade in der Fremde verfährt, ist ebenfalls naheliegend („Man läßt mich aber in Lausanne, das ich gar nicht als Lausanne erkannte und von dem ich auch nicht wußte, daß man daselbst abzweigen muß, ruhig im Coupé sitzen und so fahr ich denn bis nach Sankt Moritz"[50]). Beide eben zitierte Passagen waren private Eintragungen. Dass Fontane aber *öffentlich* darüber berichtet, wie er sich verspätet und verfährt, also das tatsächliche Geschehen für berichtenswert hält, ist allerdings bemerkenswert. Produktionsästhetisch und rezeptionsästhetisch haben ihn ganz verschiedene Gründe dazu bewogen. Der textuell inszenierte Weg des Reisenden verkompliziert sich dadurch; er hat, wie die Soldaten, deren Spuren er folgt, erhebliche Mühen auszustehen (auch seine beschwerlichen Nachtquartiere findet er gelegentlich nur auf dem kalten Fußboden einer Unterkunft). Darüber hinaus entsteht Spannung. Wird der Reisende seinen richtigen Weg finden? Oder wird er sich – und dadurch steigert sie sich – nicht nur verspäten und nicht nur verfahren, sondern direkt ungewollt auf Feindesland zusteuern?

Eine solche Episode des Verfahrens ist die dramaturgische Pointe von „Aus den Tagen der Occupation". Es war nicht lediglich eine Pointe, sondern war ein an den Anfang gestellter Texthöhepunkt. Dieser machte nicht nur – siehe oben – die Macht und Eigenmacht des dinglichen und logistischen Systems Eisenbahn zum Thema. Vielmehr erhob sie den *Reisenden*, der über die inzwischen verwaisten Kriegsschauplätze streifte, zum *Krieger*. Dazu ist in Erinnerung zu rufen, dass Fontanes erste Frankreichfahrt 1870 – *nach* der Schlacht bei Sedan und der Gefangennahme des Kaisers, aber noch *vor* der Kapitulation – in eine mehrwöchige Gefangenschaft mündete. Er wurde als potentieller militärischer Spion verhaftet, vom Vorwurf der Spionage aber alsbald freigesprochen. Dennoch sollte er arretiert bzw. interniert bleiben, und nur internationale Bemühungen führten zu seiner Freilassung und Rückreise. Die Öffentlichkeit war über diesen ‚Fall' hinreichend informiert worden, und der in Fortsetzung erfolgende Abdruck von Fontanes Gefangenschaftserlebnissen in der

---

[49] Fontane: Reise nach Frankreich. 9. April bis 15. Mai 1871 [Tagebuch], S. 249 (Eintrag vom 4. Mai 1871).
[50] Theodor Fontane: Reise nach Frankreich und Kriegsgefangenschaft. 27. September bis 3. Dezember 1870 [Tagebuch], in: Große Brandenburger Ausgabe. Bd. IV. 3, S. 141–164, hier: S. 164 (Eintrag vom 2. Dezember 1870).

„Vossischen Zeitung" gleich nach der Rückkehr erinnerte nochmals an die Vorfälle.

Die ein halbes Jahr später erneut angetretene Reise stand unter verändertem Vorzeichen. Zu ihrem Beginn – Ostersonntag 1871 – hatte Frankreich bereits offiziell kapituliert (und die Pariser Kommunarden sich gerade erhoben). Es war eine Reise mit gestutzten Flügeln. Der Kriegsberichterstatter kam verspätet, denn er fuhr in ein Friedensland. Er bemüht sich zwar gleich eingangs seiner Schilderungen, eine betreffende Kriegskontinuität zu inszenieren. Nun nämlich folge die Fortsetzung der Reise, die durch Gefangenschaft gewaltsam unterbrochen worden sei: „Nicht bloß der Soldat steht auf seinem Posten"[51]. Aber der Krieg war beendet. Der Chronist kann keine Kämpfe bezeugen, sondern nur noch ihre verwehten Spuren und Nachwirkungen, und die Gefahren des Krieges teilt er schon gar nicht. Sie sind nur rückwirkend präsent, im gleich eingangs lancierten Verweis auf diese kürzliche Gefangenschaft. Sie werden aber an einer entscheidenden Stelle, zu Beginn der Veröffentlichung, nochmals virulent: „Im Coupé war Plaudern und Lachen; keine Ahnung beschlich mich, daß ich einem Abenteuer entgegenfuhr, und zwar just einem *solchen*, vor dem ich mich zu hüten und zu bewahren am meisten beflissen war"[52]. Überschrieben war dieser Abschnitt mit „Ein Schreck", und einen nachhaltigen Schrecken möchte der Autor dem Leser vermitteln. Bisher hatte es nichts Dramatisches zu schildern gegeben. Der Bericht war eine Nachlese, war, wie die ‚Wanderungen' durch die Mark, gelehrte Plauderei. Nicht mehr, aber auch nicht weniger. Dieses Buch sollte aber anders sein, sollte mehr sein: durchweht von Spuren von Pulverdampf.

Geschickt und geradezu geheimnisvoll wird die betreffende Episode eingeleitet: Ein Abenteuer wird zu berichten sein. Bevor es dazu kommt, wird aber exkursartig die Zwiesprache mit dem potentiellen Leser gesucht. Der Reisende spricht ihn direkt an. Er schildert, wie schwer ihm der erneute Aufbruch gemacht wurde, und er stilisiert sich, mit ausdrücklichem (wenn auch sichtlich selbstironisch gebrochenem) Verweis auf Friedrich Schillers Gedicht „Hektors Abschied", zum Helden, zum militärischen Helden. Er nennt zwar nur den Titel des Gedichts, aber im Grunde zitiert er damit auch den dem bildungsbürgerlichen Leser vertrauten Text: „Theures Weib gebiete deinen Tränen,/ Nach der Feldschlacht ist mein feurig Sehnen"[53], und er zitiert damit indirekt auch Texte der griechischen Mythologie und Literatur, die Hektors verhängnis- und grauenvolles Ende schildern. Nur mit dem Versprechen, höchste Vorsicht

---

[51] Fontane: Aus den Tagen der Okkupation, S. 694.
[52] Ebd., S. 718.
[53] Vgl.: Friedrich Schiller: Hektors Abschied, in: Schillers Werke. Nationalausgabe, Bd. 2.1, hrsg. v. Norbert Oellers, Weimar 1983, S. 199.

walten zu lassen – so heißt es weiter in der Schilderung des Reisenden – sei ihm der Abschied gewährt worden. Er habe den feierlichen Eid schwören müssen, seinem ihm eigenen Leichtsinn zu entsagen und sich bei diesem Weg in die Schlacht keineswegs in Gefahr zu begeben. „Der Leser selbst möge urteilen", heißt es lakonisch zum Abschluss dieses Exkurses. Dann hebt der Bericht über die verhängnisvolle Eisenbahnreise an:

> Mein nächstes Reiseziel war *St. Denis*. Aus bloßer Vorsicht, nur um nicht etwa aus Versehen in Paris und die Commune hineinzufahren, hatte ich bei Epernay die große Westlinie aufgegeben und hoffte nunmehr auf einem *nördlichen Umwege*, der, wie ich mir einbildete, ein leichteres Kontrollieren aller Stationen gestattete, in vorsichtigen Etappen besagtes St. Denis erreichen zu können. Der Plan war gut. Aber die besten Pläne können in Gefahr kommen zu scheitern.

Die militärische Sprache ist unübersehbar, und angeregt plaudernd bewegt sich der Reisende inmitten wechselnder Mannschaften der deutschen Heere – Württemberger, Sachsen, Schlesier – mit der Eisenbahn auf sein Ziel zu. Das ist ein ideales Arrangement: Die fehlenden Berichte über aktuelle Kämpfe werden kompensiert durch Berichte über kürzlich erfolgte: „Sie erzählten von Le Bourget am 21. Dezember. Der eine war bei dem Kirchhofskampfe zugegen gewesen, wo ein Zug der 1. Compagnie unter Fähnrich *v. Brixen* sich so tapfer gegen den Angriff der Marinesoldaten gehalten hatte". Dann leert sich der Wagen, die gute Laune verfliegt, die Stimmung des Reisenden schlägt sichtlich um. Sein einziger Begleiter ist ein verkniffener Franzose, man schweigt sich an. Nächste Eisenbahnstation: Keine deutschen Soldaten zu sehen. Darauffolgende Eisenbahnstation: Wiederum keine deutschen Soldaten zu sehen, und eine unheilvolle Stille wird spürbar. Und nicht nur das: „Mir wurde schwül [...]. Eine wirkliche Angst überfiel mich jetzt und wuchs von Minute zu Minute". Der französische Passagier, sichtlich schadenfroh, klärt auf: Der Reisende fährt direkt nach Paris hinein, er hätte zuvor umsteigen müssen:

> Tod, Gefangenschaft, lächerlichste Blamage starrten mich an, und alles Widerwärtige, das ich während meiner ersten Gefangenschaft erlitten und, ich darf es wohl sagen, *damals* mit einem gewissen Humor ertragen hatte, es nahm jetzt eine graunebelhafte immer wachsende Gestalt an, eine Riesenhand fuhr in mich hinein und drehte mir, als würde rechtsum kommandiert, das Hirn im Kopfe herum.

Schon sieht sich der Reisende in der Hand blutrünstiger Kommunarden (was hätte er sie interessiert, mag sich der heutige Leser fragen), schon schmiedet er Pläne, sie um ihre Nachsicht und um ihren Großmut zu bitten. Da hält der Zug unverhofft, und ein hastiger Ausstieg wird möglich. Gerettet? Nur bedingt:

> Da stand ich nun, zunächst geborgen; aber es war doch nur die halbe Sicherheit einer offenen Reede, nicht der ganze Schutz eines geschlossenen Hafens. Ich fühlte mich keineswegs à mon aise. Es war ganz ersichtlich, daß ich mich auf einem von preußischen Truppen unbesetzten Terrain befand; der Stationsbeamte musterte mich und ein halbes Dutzend Arbeiter, die bei einem Fundamentbau beschäftigt waren, stützten sich auf ihre Pickäxte und Grabscheite, sahen zu mir herüber und schienen sich unter einander zu fragen: was will *der* hier? Ich erwartete, sie en bataillon anrücken und das Kreuzverhör beginnen zu sehn.[54]

Nach quälenden dreieinhalb Stunden – die jüngst veröffentlichten Tagebucheintragungen, die ohnehin nur unaufgeregt einen verfehlten Weg registrieren, sprechen von zweieinhalb[55] – kommt der rettende Gegenzug und trägt den Reisenden wieder fort vom bedrohlichen Paris. Er befreit ihn aus der verfahrenen Lage, in die er sich durch sein ‚Verfahren' selbst hineinmanövriert hatte. Die Gefahr ist bestanden, und im Buch ist ein Spannungshöhepunkt gesetzt worden. Der Rest der Veröffentlichung – also letztlich fast die ganze Publikation – behandelt Land, Leute und Kunst. Wenn es um Militärisches geht, dann um vergangene Schlachten und um das nicht immer sittenstrenge Alltagsleben der nunmehrigen militärischen Besatzer. Eigentlich gibt es nichts zu erzählen. Aber rastlos durchquert der Reisende mit der Eisenbahn das Land, immer auf der Suche nach Schlachtfeldern, immer auf der Suche nach beeindruckenden Kunstwerken und immer auf der vergeblich anmutenden Suche nach dem, was überhaupt berichtenswert erscheint. Das Buch begann mit dem Verweis auf überstandene Gefahren, und es fuhr fort – transformierte Hektor-Situation – mit dem rückversichernden Verweis auf das Versprechen, sich (in einer Zeit tatsächlicher Gefahrlosigkeit!) nicht in Gefahr bringen zu *dürfen*. Das war eine vorauseilende Abbitte im Verstellungsmodus. Denn das Buch dokumentiert nicht lediglich die Abwesenheit von Gefahren. Es ist – Sternstunde der Ereignislosigkeit – ein faszinierendes, von Eisenbahnfahrten zusammengehaltenes Dokument von historistisch gefülltem Inhaltsmangel.

Das Buch war zeitgeschichtlich nicht ohne Verdienste, das muss hervorgehoben werden. Ebenso begeistert wie pflichtschuldig bot es Patriotismen, und es kolportierte auch nicht wenige Nationalstereotypen. Aber es warnte auch vor sich überhebenden deutschen Nationalismen, und es warnte vor einer übertriebenen politischen und finanziellen Demütigung Frankreichs als Quelle neuer kommender Konflikte. Das ist zweifellos ein Verdienst. Aber entstand damit ein packendes Buch? Zumindest

---

[54] Alle Zitate: Fontane: Aus den Tagen der Okkupation, S. 719ff.
[55] Vgl.: Fontane: Reise nach Frankreich. 9. April bis 15. Mai 1871 [Tagebuch], S. 181 (Eintrag vom 13. April 1871).

folgt es einem Konzept, einem historistischen. Historismus war das Geschichtsmodell, dem Fontane auch in seinen anderen Wanderbüchern folgte; scheinbar trockene Geschichts- und Quellenreferate dienen der Rettung des Geschichtlichen, auch des historisch Einzelnen und Konkreten. Und in diesem Buch dienten solche Exkurse vor allem der Gegenüberstellung von einstiger Größe Frankreichs und heutigem Verfall, der mit der Französischen Revolution eingesetzt habe. Zündend sind diese allzu langen Exkurse nicht immer. Sie lassen sogar den Eindruck entstehen, der Journalist und Publizist wollte, sowohl für die Vorabdrucke in der Presse als auch für die Buchpublikation, ‚Zeilen schinden'. Ein Zipfel Neugierde – diese Behauptung soll hier gewagt werden – hatte dem Autor bewusst oder unbewusst für einen Moment den Weg auf die ‚sichere Bahn' verwehrt. Für einen Moment ließ er sich in die falsche Richtung tragen, setzte sich dem Verfahren des Verfahrens aus. Wäre er doch wirklich nach Paris gefahren! Hätte er doch aus dem Herzen des Taifuns berichtet!

Kriegspfad oder Kunstreise?

„Aus den Tagen der Occupation" war bei der Kritik kein Erfolgsbuch. Die vor einiger Zeit von Wolfgang Rasch veröffentlichte große Fontane-Bibliographie verzeichnet vier Rezensionen bzw. genauer: zwei Annotationen und zwei Rezensionen. Durchgehend bleibt der Ton freundlich, aber Epochemachendes will in den oftmals historischen Schilderungen niemand erkennen. Von den zwei Rezensionen hat eine auch Kritisches anzumerken. Mitunter wirke Fontanes Ton zu frivol, und nicht ohne Grund wird diesen Reiseberichten attestiert: „Es geht in ihnen etwas bunt her; persönliche Erlebnisse wechseln ab mit ästhetischen Kritiken über Kathedralen und Statuen, Reminiscenzen aus der französischen Geschichte, Schilderungen von Schachtfeldern und Versuchen von Schlachtfeldbeschreibungen; ein Ragout, welches schmackhaft zu machen selbst dem Geschicke des Verf.'s nicht immer gelingt"[56]. Von der Kritik wurde das Buch also nur am Rand aufgenommen. Beim Publikum war es nicht wirklich beliebt; eine schnell erschienene zweite Auflage war offenbar eine Verlegerfinte und beruhte auf einer kleinen Erstauflage; diese zweite verkaufte sich schleppend und rund dreißig Jahre später wurde sie von Friedrich Fontane erworben, um damit weitere Ausgaben in seinem eigenen Verlag zu veranstalten. Immerhin rückten mehrere, selbstredend bereinigte und geglättete Ausgaben für den Schulgebrauch das Buch in den

---

[56] M.L.: Fontane, Theod., aus den Tagen der Occupation, in: Literarisches Centralblatt für Deutschland, Nr. 24, 15. Juni 1872, S. 624f., hier: S. 625.

Rang einer Pflichtlektüre und gaben ihm Verbreitung[57]. Aber war das Buch wirklich ein Kriegsbuch?

Dass Fontane sich an keiner Stelle explizit über seinen eigentlichen Reisezweck und Publikationszweck äußerte, ist schon erwähnt worden. Das hatte seinen Grund. Das Werk war auf seine Weise ein Verlegenheitswerk, es bot ein buntes zusammenhangloses Bündel von Impressionen. Nur an ganz wenigen Stellen kommen Selbstkommentare ins Spiel wie der, dass der geneigte Leser „eben so sehr auf *Kathedralen*- wie Schlachtengrund" geführt werde[58]. Diese Reihenfolge ist bezeichnend. An erster Stelle die Kunst, der Krieg steht an zweiter Stelle. Zumeist geht es um Architektur, aber auch um Plastik und Schnitzwerk, es geht um öffentliche Denkmäler, mitunter auch um Schlösser und Parks, gelegentlich auch um Malerei, vereinzelt um Musik und Theater (in St. Denis besuchte der Reisende sogar ein Vaudeville-Theater). Vor allem die Architektur bietet dem politisch und lebensweltlich konservativen Autor den willkommenen Anlass, Frankreichs einstige geschichtliche Größe dem modernen, durch unsinnige Freiheitsbestrebungen verursachten Gegenwartsverfall gegenüberzustellen. Aber Wortkunst, Literatur? Sind das eingangs des Reiseberichts sich im Eisenbahnabteil ereignende und ausführlich wiedergegebene Gespräch mit Friedrich Theodor Vischer – einem Kunsttheoretiker wie Dichter – und der Besuch am Grab Alexandre Dumas' die einzigen relevanten Verweise? Rekurrieren lediglich abgedruckte Kriegslieder und lyrische Grabinschriften auf Dichtkunst?

Ebenso wie über Architektur ist das Buch ein Werk über Literatur. Das erschließt sich, wenn man die allen Abschnitten vorangestellten rund 110 Motti betrachtet, allesamt Pretiosen aus dem Schatz von Lied, Lyrik und Dramaturgie. Die Reise wird gerahmt von literarischen Zitaten, sie wird literarisch konfiguriert, sie erfolgt im Modus von Literatur. Der Untertitel des Buchs, der eine ‚Osterreise' annonciert, und die Eingangsszene, die direkt auf „Faust" Bezug nimmt, machen das bereits deutlich: Goethe wird zitiert. Insofern lebt der journalistisch-publizistische Text von einem *literarischen* Subtext. Auch Literatur ist sein – freilich verborgenes – Thema. Wie schon zu sehen war, wurde im Text u.a. mit Verweis auf Homer und Schiller halbironisch die potentielle Kriegsgefahr thematisiert. Die Motti weisen ihn ebenfalls als potentiell literarischen aus. Es ist, als folge der Autor nicht einem Realgeschehen, sondern einem literarisch präfigurierten Skript. Die Motti stellen die Weichen: von Aufklärern wie Gotthold Ephraim Lessing und Gottfried August Bürger, von Klassikern wie Johann Wolfgang Goethe und Friedrich Schiller, von Romantikern wie Nikolaus Lenau und Ludwig Uhland, von Zeitgenossen wie George

---

[57] Vgl.: Wolfgang Rasch: Theodor Fontane. Bibliographie. Werk und Forschung, Bd. 1, Berlin 2006, S. 105f.
[58] Fontane: Aus den Tagen der Okkupation, S. 707.

Ludwig Hesekiel, Otto Roquette, Paul Heyse; das internationale Spektrum wird u.a. mit William Shakespeare und mit schottischen Autoren wie Robert Burns und Walter Scott aufgerufen, auch mit dem Nordamerikaner Henry Wadsworth Longfellow.

Franzosen sind – und das ist selbstredend kein Zufall – an keiner Stelle darunter; das soll hier zumindest am Rand erwähnt werden. Das Reisebuch ist damit auch eines einer Reise auf den Pfaden von Literatur (und auf versteckte Weise spielte auch das alsbald folgende mehrbändige Sachbuch über den französisch-deutschen Krieg mit Literatur). Zu behaupten, dass Dichtung und Wirklichkeit sich dadurch permanent durchdringen, wäre aber eine Überspitzung. Es ging Fontane nicht um eine grundsätzliche romantische Poetisierung von Welt. Allein die strukturelle Trennung von Motto und Text weist auf eine betreffende Differenz. Dennoch haben diese Motti eine Verweisfunktion. Sie verweisen – ästhetische Theorie von Welt – auf offenbar nicht zu unterschätzende poetische Wirklichkeitsfacetten. Gleichfalls verweisen sie, im Sinn einer Reminiszenz, auf eine literarische Vergangenheit des Autors, und ebenso prospektiv und hypothetisch auf eine mögliche literarisch-berufliche Zukunft. Wie sehr er dabei seinen Horizont gewollt begrenzt oder sein Horizont ein begrenzter ist, verdeutlicht eine Schlüsselszene. Fontane besucht das Grab des kürzlich verstorbenen Alexandre Dumas des Älteren, sein literarisches Werk wird bis auf eine distanzierende Einlassung nicht zum Thema („Verfasser von 100 Stücken und 300 Romanbänden"[59]). Man muss Dumas nicht schätzen und würdigen. Aber am Grab eines französischen Schriftstellers im bereisten Frankreich wäre hier die Gelegenheit gewesen, zumindest einen Seitenblick auf die moderne französische Literatur zu werfen. Das geschieht hier nicht und auch an keiner anderen Stelle des Werks. Victor Hugo, Honoré de Balzac, Gustave Flaubert, Émile Zola – sie kommen in dem historistisch überdehnten Werk nicht vor. Sie scheinen – bezeichnende Leerstelle und aus welchen Gründen auch immer – in diesen Reiseschilderungen, die immer auch Kunstschilderungen sind, nicht zu existieren. Hier ist mit den Händen zu greifen, warum Fontanes „Aus den Tagen der Occupation" ein teilweise ‚interessantes' und in weltanschaulich-politischer Hinsicht ein streckenweise verdienstvolles Buch ist, aber eben nicht mehr.

---

[59] Ebd., S. 839.

Thomas Schröder

Gebrochene Verhältnisse.
Theodor Fontanes Eheromane *Unwiederbringlich* und *Effi Briest* gegenüber Gustave Flauberts *Madame Bovary* und Lew Tolstois *Anna Karenina*

> „he was assured that, in a transcendent degree, womanly beauty, and not womanly ugliness, invited him to champion the right."
>
> Herman Melville, Pierre
>
> „our day will come"
>
> Amy Winehouse

„Die Ehe, und wesentlich die Monogamie, ist eines der absoluten Prinzipien, worauf die Sittlichkeit eines Gemeinwesens beruht", heißt es in Hegels Rechtsphilosophie.[1] Das Phänomen des Ehebruchs, von dem die Romane Flauberts, Tolstois und Fontanes handeln, stellt demnach das dialektische Gegenmoment zur Sitte der bürgerlichen Gesellschaft dar. Die Heldinnen aller drei Texte agieren gegen die Konventionalität ihrer Zeit nicht nur, indem sie ihr Eheverhältnis zerstören, sondern sie geraten auch sozial in die Rolle von Aussenseiterinnen. Und doch ist es gerade ihr unbedingter Anspruch auf dieses Andere, das sie zu faszinierenden Identifikationsfiguren der Literatur macht. Der Vereinigung von Sexualität und Vernunft in der bürgerlichen Familie, mit ihrem Anspruch der Monogamie, scheint selbst ein Ungenügen inhärent zu sein, das nicht nur ein unerfülltes Begehren, sondern auch ein intellektuelles und materielles Emanzipationsmoment in neue Vermittlungen treibt, geht es doch immer um die Einzigkeit und Einzigartigkeit der Liebe, die auch ein zentrales Motiv des Ehebruchs ist.[2]

---

[1] Georg Wilhelm Friedrich Hegel, *Grundlinien der Philosophie des Rechts oder Naturrecht und Staatswissenschaft im Grundrisse*. Mit Hegels eigenhändigen Notizen in seinem Handexemplar und den mündlichen Zusätzen, hrsg. u. eingel. v. Helmut Reichelt, § 167, Frankfurt a.M. 1972, S. 159.

[2] Hierin liegt der Unterschied zu den Studien von Peter von Matt, *Liebesverrat. Die Treulosen in der Literatur*, München 1991 und Manfred Schneider, *Liebe und Betrug. Die Sprachen des Verlangens*, München 1994. Die hier behandelten Ehebrüche interessieren nicht als Verrat oder Betrug, da sie – mit Ausnahme von *Unwiederbringlich* (das zudem einen männlichen Ehebruch behandelt) – nicht von einem

Das gesellschaftskritische Element ist an den Romanen bereits überdeutlich herausgearbeitet worden.³ Die mediokre Umgebung der Protagonistinnen wird dadurch sogar zum Hauptschuldigen eines nur mehr sekundären Fehlverhaltens der individuell Sündigen, denen somit nicht nur neutestamentlich zu verzeihen wäre.⁴ Viel brisanter ist es freilich, das erotische Glücksversprechen als Gegenkraft anzuerkennen, ohne es moralisch zu diskreditieren oder als verzeihliche Schwäche zurückzunehmen. Zugleich liegt in dieser grundsätzlichen Konstellation ein grundlegender Unterschied von Fontanes Romanen gegenüber den beiden anderen Texten. Während sowohl Flaubert wie Tolstoi den erotischen Genuss *und* das Unglück ihrer beiden weiblichen Hauptfiguren gleichermaßen ins Zentrum stellen, werden das Glück und der emanzipatorische Anspruch des Ehebruchs bei Fontane nicht thematisiert. Dies ist nicht zuletzt auf das preußisch-protestantische Umfeld seiner Werke gegenüber dem katholischen - beziehungsweise russisch-orthodoxen und christlich-utopischen Religionskontext der beiden anderen Autoren zurückzuführen.

Fontanes *Effi Briest* führt eine im wahren Sinne lieblose Welt vor, deren Heldin allenfalls als Opfer ihres kaum entwickelten Trieblebens erscheint, und deren eigene Leblosigkeit schließlich in eine ‚Krankheit zum Tode' mündet, der jede Liebesdramatik abgeht. Ironischerweise wird die so fehlende Menschlichkeit der Handlung gegen Schluss des Romans allein am Instinkt des Hundes Rollo angemahnt, dem das Sterben seiner

---

bereits gefundenen Liebesglück ausgehen. Und auch die sprachliche Brisanz, dass liebendes Sprechen immer ein betrügerisches ist (vgl. Schneider, S. 9), wird allein dadurch noch einmal radikalisiert, dass der Ausdruck des (der bürgerlichen Form nach betrügerischen) Begehrens ein doppelter (kein einfach vorgetäuschter) ist, der zugleich ein ungeliebtes Verhältnis beendet und einen neuen Anspruch auf ein Liebesglück erhebt, was nur den Selbstbetrug nicht mehr ausschließt. Der Liebesdiskurs kann sich im Ehebruch seiner eigenen Ambivalenz bewußt werden.

3   Vgl. zuletzt die die Forschung resümierende Arbeit von Carsten Rohde: *Kontingenz der Herzen. Figurationen der Liebe in der Literatur des 19. Jahrhunderts (Flaubert, Tolstoi, Fontane)*, Heidelberg 2011, die allerdings selber wenig überzeugt. Rohde entwickelt seine Interpretation im Maßstab „posttraditionaler, postmetaphysischer Gesellschaften" (S. 27), der für keinen der drei Autoren gültig ist.

4   Das neutestamentliche Lehrgleichnis von der Ehebrecherin (Joh. 8,1–11) ist für alle hier behandelten Autoren von großer Bedeutung. Am offensichtlichsten in Fontanes *L'Adultera*. Vgl. dazu Richard Faber, „... *der hebe den ersten Stein auf sie.*" *Humanität, Politik und Religion bei Theodor Fontane*, Würzburg 2012. Besondere Beachtung verdient der Sachverhalt, dass sowohl Flaubert wie Tolstoi ihre Protagonistinnen in Auflehnung gegen den patriarchalen Gestus des Verzeihens seitens ihrer Ehemänner zeigen. Vgl. Gustave Flaubert, *Madame Bovary. Mœurs de Province*, Édition Thierry Laget, Paris 2001, S. 395f. Vgl. Lew Tolstoi, *Anna Karenina*, Übers. Hermann Asemissen, Berlin 2011, S. 643.

Herrin in den Worten ihrer Mutter „tiefer gegangen (ist) als uns"[5]. Woraufhin ihr Mann ‚philosophisch' resümiert:

> „Das ist ja, was ich immer sage. Es ist nicht so viel mit uns, wie wir glauben. Da reden wir immer von Instinkt. Am Ende ist es doch das Beste."[6]

Aber nicht nur, dass dem alten Briest die Reflexionskraft zu solchen Einsichten von seiner Frau schlechterdings abgesprochen wird, gerade der Instinkt kommt in *Effi Briest* zu keinem Recht und die Schuld am unglückseligen Verlauf dieses Lebens wird vielmehr gerade von der Mutter in der fehlenden „Zucht" gesehen, was sie vor allem dem liberalen Pastor Niemeyer, aber auch wieder den ‚zweideutigen' Reden ihres Mannes ankreidet. Doppeldeutig ist vor allem jedoch das Handeln der Frau von Briest selbst, die mit der arrangierten Verheiratung der Tochter ihre persönliche Liebesgeschichte wiederaufnimmt. Im Licht ihrer eigenen Moral-, oder besser Zuchtvorstellung kann man deshalb festhalten, dass sie selbst die ungleich bewußtere und aktivere Ehebrecherin ist als ihre Tochter Effi, gilt doch für sie der biblische Anspruch, dass schon der Gedanke an das Begehren eines anderen in die Schuld verstrickt, viel mehr als für ihre Tochter. In diesem Sinne ist das Verhältnis der alten Briest zu ihrem vormals jugendlichen Liebhaber mehr als belastet, und dies ist sogar schon der minderjährigen Tochter vor ihrer unheilvollen Stellvertretung in der ihr von den Eltern auferlegten Ehe bewußt. Sie berichtet über das Vorleben ihres zukünftigen Gatten Baron von Instetten:

> „Er war ja noch viel zu jung, und als mein Papa sich einfand, der schon Ritterschaftsrat war und Hohen-Cremmen hatte, da war kein langes Besinnen mehr, und sie nahm ihn [...]."[7]

Materielle Interessen und Standesdünkel siegen über die romantische Liebe, und es überrascht von daher nur wenig, dass die Aussicht auf Reichtum und soziale Karriere auch die Entscheidung der Tochter maßgeblich bestimmt:

> „Wenn es Zärtlichkeit und Liebe nicht sein können, [...] dann bin ich für Reichtum und ein vornehmes Haus, ein g a n z vornehmes [...]."[8]

Die Motive, die Fontane bewegen, die sozialen Verhältnisse eines vollkommen unerotischen Karrierearrangements in den Mittelpunkt eines Romans zu stellen, zeigen seinen vollständig gewandelten Blick auf die Gesellschaft, liegt doch die Leistung seiner beiden Vorgänger an einem

---

[5] Theodor Fontane, *Effi Briest*, Stuttgart 2002, S. 332.
[6] Ebd.
[7] A.a.O., S. 11.
[8] A.a.O., S. 33.

dieser Position vollständig entgegengesetzten Pol. Ihnen geht es um die sexuelle Befreiung, die in erster Linie eine der Frau ist, und um den Bruch mit den sozialen Versprechungen einer sowohl von Flaubert wie Tolstoi durchschauten Mediokrität der gesellschaftlichen Fortschrittsideologie, die einen Triebverzicht postuliert, wo es um eine stetig sich verfeinernde Triebunterdrückung geht. Flaubert hatte bereits gegen Lamartines ‚Graziella' festgehalten:

> „Das sind keine menschlichen Wesen, sondern Gliederpuppen."[9]

Um daran dann anzuknüpfen:

> „Diese Liebesgeschichten, bei denen die Hauptsache derartig vom Geheimnis umgeben ist, daß man nicht weiß, woran man ist, da die geschlechtliche Vereinigung systematisch ins Dunkel verbannt wird, ebenso wie Essen, Trinken, Pissen usw."[10]

Der Augenmerk seines eigenen Romans gilt entsprechend dieser Sphäre: dem Banalen *und* seiner kleinbürgerlich träumerischen Überhöhung, womit im übrigen die Befindlichkeit von Emma *und* Charles Bovary getroffen ist, gegen dessen Geringschätzung Jean Améry zurecht Einspruch erhoben hat.[11] Flauberts Realismus insistiert allerdings selbst darauf, dass der Mensch des 19. Jahrhunderts „nichts Größeres als das Elend des Lebens selbst" findet, „von dem er sich unaufhörlich loszulösen versucht."[12]

Flaubert dupliziert hier nicht einfach die christliche Weltverneinung, wie Barbara Vinken nahezulegen versucht,[13] sondern entfaltet daraus allererst den poetischen Anspruch seines Romans, den er als vollkommenes Produkt der Moderne begreift und in diesem Sinne vor allem gegenüber Louise Colet brieflich – und das heißt hier: poetologisch und erotologisch – expliziert. Die Schönheit, die er anstrebt, ist eine durch und durch sinnliche:

---

[9] Gustave Flaubert, *Briefe*. Hrsg. u. übers. v. Helmut Scheffel, Zurüch 1980, S. 196.
[10] Ebd. Vgl. hierzu als Parallelstelle Hegels *Phänomenologie des Geistes*, die das Organ der Zeugung und des Pissens in analoger Radikalität visiert: „Die *Unwissenheit* dieses Bewußtseins, was das ist, was es sagt, ist dieselbe Verknüpfung des Hohen und Niedrigen, welche an dem Lebendigen die Natur in der Verknüpfung des Organs seiner höchsten Vollendung, des Organs der Zeugung, - und des Organs des Pissens naiv ausgedrückt." (Hamburg 1988, S. 233).
[11] Jean Améry, *Charles Bovary, Landarzt – Porträt enes einfachen Mannes*, Stuttgart 1978, der allerdings passim im Ressentiment gegenüber Flaubert verharrt, das ja auch am Anfang von Sartres Flaubert-Studie steht, ohne seinerseits zu erkennen, dass das so Kritisierte in den Flaubertschen Texten selbst aufgelöst wird.
[12] Flaubert, *Briefe*, a.a.O., S. 204.
[13] Barbara Vinken, *Flaubert. Durchkreuzte Moderne*, Frankfurt a.M. 2009.

> „Der ganze Wert meines Buches, wenn es einen hat, wird darin bestehen, daß es mir gelungen ist, auf einem Haar zu gehen, das über dem doppelten Abgrund des Lyrismus und des Vulgären gespannt ist."[14]

Doch angesichts von „so viel Schönheit (...) überfallen [ihn] Koliken des Schreckens"[15], sexuelle Ängste und Spannungen, die aber gerade die Produktivität und Intensität seines Schreibens ausmachen, denn

> „die Ausschweifung könnte (wenn sie nicht eine Lüge wäre) etwas Schönes sein, und es ist gut, wenn man sich ihr schon nicht in Wirklichkeit ergibt, doch wenigstens von ihr zu träumen."[16]

Die emanzipatorische Kraft des Sexuellen bei Flaubert ist von einer ungeheuerlichen Gewalt, die ihr Autor nur äusserst mühsam bewältigt. Dies gezeigt zu haben, ist das bleibende Verdienst von Jean-Paul Sartres Monumentalinterpretation *Der Idiot der Familie*, die nicht zufällig darauf hinarbeitet, die Fähigkeit zu erläutern, ein Werk wie *Madame Bovary* schreiben zu können. Dass die nicht liebenswerte gesellschaftliche Welt doch zugleich immer ein Moment enthält, das als Begehren in ihr wirksam ist, das als Liebe und Sexualität auf seinem Recht beharrt, ist die Entdeckung Flauberts, die Sartre analytisch als Selbstbehauptung gegenüber der das Selbstwertgefühl zerstörenden Autorität des Vaters versteht:

> „dieser Schlechtgeliebte liebt sich schlecht und wagt niemals, sich selbst zu vertrauen; er tobt in jedem Augenblick über den Kontrast zwischen seinen unermeßlichen Ambitionen und seiner lächerlichen Mittelmässigkeit."[17]

In *Madame Bovary* aber gelingt Flaubert gerade durch die Darstellung der verhaßten bürgerlichen Konventionalität deren Aufbrechung, um den ungleich vermesseneren Trieb auch des eigenen Begehrens – obgleich ästhetisch transformiert – freizusetzen:

> „Ich muß große Anstrengungen unternehmen, um mir meine Personen vorzustellen und sie sprechen zu lassen, denn sie sind mir zutiefst zuwider. Wenn ich aber etwas aus meinen Eingeweiden schreibe, geht das schnell."[18]

Es geht allerdings gerade darum, dieses individuelle Moment mit dem Allgemeinen zusammenzuführen:

---

[14] Flaubert, *Briefe*, a.a.O., S. 191.
[15] Ebd.
[16] A.a.O., S. 277.
[17] Jean-Paul Sartre, *Der Idiot der Familie. Gustave Flaubert 1821–1857*. I. Die Konstitution. Übers. v. Traugott König, Reinbek b. Hamburg 1980, S. 577.
[18] Flaubert, *Briefe*, a.a.O., S. 287.

> „Wenn man etwas aus sich heraus schreibt, kann der Satz im Wurf
> gut sein, [...] aber das Ganze fehlt, die Wiederholungen häufen
> sich, das doppelt Gesagte, die Gemeinplätze, die banalen Wendun-
> gen. Wenn man dagegen eine erdachte Sache schreibt, wie sehr
> muß sich dann alles aus der Konzeption ergeben, wie hängt noch
> das kleinste Komma vom allgemeinen Plan ab, wie sehr teilt sich
> die Aufmerksamkeit! Man darf den Horizont nicht aus den Augen
> verlieren und muß gleichzeitig auf seine Füße achten."[19]

Der Anspruch auf diese Genauigkeit entspricht der immer wieder ange-
führten stilistischen Forderung Flauberts an seinen Roman und in ihm
liegt auch seine zentrale Bedeutung für die literarische Avantgarde bis ins
20. Jahrhundert hinein. Noch das Mißverhältnis des Einzelnen gegenüber
der Totalität in das Theodor Fontane mit *Effi Briest* gerät, findet darin
seinen kritischen Orientierungspunkt.

Durch den Rekurs auf ein gesellschaftlich Allgemeines gerät bei Fontane ein verschärftes Moment individueller Unterdrückung in den Blick.
Die Anknüpfungsmomente für ein sexuelles Glück sind ungleich geringer
als für Flaubert. Und zwar nicht ausschließlich, weil seine Protagonisten
auf seine Erfüllung nicht setzen, sondern weil ein totalitärer Machtme-
chanismus dieses von vorneherein auf einer Schwundstufe hält, wie es vor
allem im Gespräch zwischen Instetten und seinem Amtskollegen Wül-
lersdorf deutlich wird:

> „Man braucht nicht glücklich zu sein, am allerwenigsten hat man
> einen Anspruch darauf, [...]."[20]

Die Selbsterniedrigung mittels eines Imperativs des Verzichtens, der mit
dem kategorischen Kants wenig zu tun hat, verunmöglicht vor allem das
Verzeihen (das bei Flaubert und Tolstoi gleichermaßen immer wieder im
Raum steht), gesteht sich aber auch keine negativen Gefühle wie den Hass
zu. Zum Duell mit dem Rivalen Crampas kommt es deshalb, weil für
Instetten gilt:

> „Also noch einmal, nichts von Hass oder dergleichen, und um eines
> Glückes willen, das mir genommen wurde, mag ich nicht Blut an
> den Händen haben; aber jenes [...] uns tyrannisierende Gesell-
> schafts-Etwas, das fragt nicht nach Charme und nicht nach Liebe
> und nicht nach Verjährung. Ich habe keine Wahl. Ich muss."[21]

Die Gesellschaft und ihre fragwürdige Moralität ist das Kriterium für das
Weltbild der Protagonisten Fontanes. Sogar dort, wo sie sich scheinbar als
religiöse Autoritäten gerieren, wie Christine Holk in *Unwiederbringlich*,

---

[19] Ebd.
[20] Fontane, *Effi Briest*, a.a.O., S. 264.
[21] A.a.O., S. 265.

ist ihr Standpunkt letztlich „rein gesellschaftlich"[22]. Der Ehebruch ist damit entschieden kein religiöses, moralisches, ja nicht einmal ein zwischenmenschliches Problem, sondern ganz im Sinne von Hegels Rechtsphilosophie ein zentraler Angriff auf die staatliche Ordnung, das Gemeinwesen.[23]

Nun ist es allerdings gerade im Maßstab der Philosophie Hegels nicht so, dass die Ehe als Konventionalität oder blosse moralische Verpflichtung von Bedeutung wäre, sondern nur als lebendiger Liebesvollzug „die Vollendung des sich selbst-erfassenden Lebens"[24] ausdrückt, und in diesem Sinne ist der Ehebruch im historischen Prozess der Durchsetzung des Bürgertums gegen den Adel eines der vielen transformierenden Elemente, die Negativität, die die nicht immer schon gelungene Vermittlung der Geschlechter zu ihrer tatsächlichen Vereinigung führt. Emma Bovarys Entwicklung ist dafür ein markantes Beispiel. Zunächst ist sie die schlichte ländliche Individualität, die das Begehren Charles Bovarys erweckt, wodurch ihr ein Verlassen der isolierten väterlichen Welt möglich wird. In ihrem neuen kleinbürgerlichen Lebenskontext verwickeln sie ihre Begehrlichkeiten dann in sexuelle Erlebnisse, die sie zunächst ganz in die objektive Rolle des Verführungsopfers rücken. Als Geliebte eines immer noch eher feudalen Provinz-Don Juans erlebt sie sozusagen die ursprüngliche Akkumulation chauvinistischer Sexualität, deren Ausgestaltung als erotisches Geniessen ihr dann persönlich in der Beziehung mit dem nun ihr unterliegenden kleinbürgerlichen Kanzlisten Leon möglich wird.[25]

---

[22] Ders., *Unwiederbringlich*. Roman. Nachwort und Anmerkungen von Sven-Aage Jørgensen, Stuttgart 2007, S. 34.
[23] Vgl. von Matt, *Liebesverrat*, a.a.O. (wie in Anm. 2), S. 142f.
[24] Hegel, *Phänomenologie des Geistes*, a.a.O. (wie in Anm. 10), S. 233.
[25] Anders stellt Rainer Warnings Aufsatz, *Flaubert und Fontane*, München 1997, die sexuelle Entwicklung von Emma Bovary dar: „Emma ist von außerordentlicher Schönheit. Aber diese Schönheit ist nicht mehr die romantischer Engelsfiguren. Sie hat einen Zeitindex, sie ist Ergebnis einer günstigen Konstellation von Veranlagung und Umständen. Sexuelle Erfüllung ist der Dünger auf dem sie erblüht *dans la plénitude de sa nature*. [...] Mit dem Liebsverrat Rodolphes beginnt der Verfall dieses Körpers, zunächst in Form psychischer Krisen, bei denen Halluzinationen und Ohnmachtsanfälle die Körperkontrolle außer Kraft setzen, bis hin zu dem breit ausgeschriebenen Todeskampf [...]." (S. 11) So wenig eine sexuelle Erfüllung in Flauberts Roman vorkommt, um so intensiver artikuliert sich das sexuelle Begehren noch angesichts der pathologischen Züge, die auf der Handlungsebene (im existentiellen und sozialen Rollenverständnis) selbstredend immer dominanter werden, die aber schon vor der Affäre mit Rodolphe Boulanger angelegt waren. Bovarys Tod ist keine Krise ihrer Sexualität, sondern der Zusammenbruch ihrer körperlichen und materiellen Subsistenz. Es verwundert von daher aber nicht, daß Warning auch an Fontanes *Effi Briest* den gesellschaftlichen Zwangscharakter dieses Zusammenbrechens ontologisiert: „Die Frau" sei bei Fontane „immer schon Opfer ihres mythischen Ursprungs." (A.a.O. S. 22).

Nicht, dass hier wirklich eine vollkommene sexuelle Beziehung gelingt, ist das Thema, sondern dass der Anspruch auf sie, die Lust, subjektiv und objektiv möglich bleibt.

Fontanes *Unwiederbringlich* kennt und thematisiert die sexuelle Intensivierung seitens der Frau in den Figuren Brigitte Hansens und Ebba von Rosenbergs anders als *Effi Briest*. Die amouröse Einstimmung auf den Ehebruch des holsteinischen Adeligen Holk erfolgt hier durch die allein gelassene Kapitänsgattin, die zugleich die Tochter seiner Kopenhagener Vermieterin ist. Durch die Kontingenz der Verhältnisse allein öffnet sich dem, in seiner pietistisch-herrnhuterisch dominierten Ehe alles Sinnliche entbehrenden Holk, unter einem gemeinsamen Dach, im Schutz der bürgerlichen Privatheit, die Leerstelle einer sexuellen Erfüllung. Deren Ausfüllung fällt dann aber dem schein-adligen Fräulein von Rosenberg ausgerechnet unter dem Dach eines königlichen Schlosses in den Schoss, das alsbald in Flammen stehen wird. Dass Fontane dieses Geniessen zu keiner Erfüllung kommen läßt, ist nun seinerseits in der historischen Unmöglichkeit (der Unwiederbringlichkeit im höheren Sinne als sie Christine von Holk existentiell andeutet[26]) begründet: Holk verfehlt die sexuelle Erfüllung ein weiteres mal, da ihn sein Begehren nicht mit seiner bürgerlichen Wunschpartnerin verbindet, sondern er auf das Versprechen einer Adeligen hereinfällt, das auf erschmeichelte Privilegien setzt und tatsächliche Wünsche mithin nicht einzulösen vermag.[27] Der Reiz allerdings, der von einem nur vorgetäuschten Begehren ausgeht, ist kein geringer und spricht für den Realismus von *Unwiederbringlich*. Während Brigitte Hansen als kühl berechnende ‚holländische Schönheit' eine natürliche Körperlichkeit ausstrahlt, die selbst im Arrangement ihrer Kleidung auf modische Accessoires zu verzichten vermag,[28] verführt die Rosenberg im

---

[26] Vgl. Fontane, *Unwiederbringlich* a.a.O., S. 29, 47 u. 263. Anhand einer Vertonung des Gedichtes *Der Kirchhof* von Wilhelm Waiblinger entwickelt sich das protestantisch existentielle Pathos des unwiederbringlich dahingehenden Lebensglücks bis in den Suizid Christine von Holks: „Die Rose welkt in Schauern, / Die uns der Frühling gibt; / Wer haßt, ist zu bedauern, / Und mehr noch fast, wer liebt."

[27] Vgl. hierzu Slavoj Zizek, *Psychoanalyse und die Philosophie des deutschen Idealismus*. Teil I: Der erhabenste aller Hysteriker. Aus dem Französ. v. Isolde Charim. Teil II: Verweilen beim Negativen. Aus dem Engl. v. Lydia Marinelli, Wien 2008, S. 127.

[28] Vgl. Fontane, a.a.O., S. 110: Holk „konnte nicht entgehen, wie berechnet alles in ihrer Haltung war, vor allem auch in ihrer Kleidung. Sie trug dasselbe Hauskostüm, das sie schon am ersten Abend getragen hatte, weit und bequem, nicht Manschetten, nicht Halskragen, aber nur deshalb nicht, weil all dergleichen die Wirkung ihrer selbst nur gemindert hätte. Denn gerade ihr Hals war von besondere Schönheit und hatte, sozusagen, einen Teint für sich. Dieselbe Berechnung zeigte sich in all und jedem. Ihre weite Schoßjacke mit losem Gürtel von gleichem Stoff schien ohne Schnitt und Form, aber auch nur, um ihre eigenen Formen desto deutlicher zu zeigen. In ihrer Gesamtdarstellung war sie das Bild einer schönen Holländerin,

höfischen Stil. Sie mythologisiert sich selbst als schöne Helena, deren Erstürmung sich – in Anspielung auf den trojanischen Krieg – nicht zehn Jahre hinziehen soll, woraufhin ihr Holl direkt verfällt.[29]

Dass dieses Gegenspiel von naturalistischer und künstlicher Erotik die psychische Dialektik der weiblichen Sexualität nur unzureichend entwickelt, zeigt demgegenüber die Komplexität der Figur Emma Bovarys und in nochmaliger Steigerung die Anna Kareninas. Die Schönheit Madame Bovarys verbindet sich zunächst durchaus mit der Zielstrebigkeit des bäuerlichen Kalküls ihrer Lebenswelt, vermag sich aber mehrfach zu wandeln. Ist die höfische Welt in ihrer Ausstrahlung für sie zunächst ein unerreichbares Wunschbild des sozialen Aufstiegs, so eignet sie sich schließlich die bürgerlichen Raffinessen der Mode, die Formen äusserer Geltungssucht an. Dass sie dies nur auf Kredit zu tun vermag und dass sie dadurch den Bankrott ihrer Familie herbeiführt, verbindet sie mit allen Hasardeuren des kapitalistischen Profits.

Flaubert beschreibt den Höhepunkt sexueller Erfahrung als Geniessen (*savourer*) „weiblicher Eleganz", die zugleich als *grâce de langage* wie als *réserve du vêtement* sich darbietet.[30] Der schwärmerische Ausdruck der Psyche seiner Protagonistin und die Spitzen ihrer Wäsche verstärken sich wechselseitig. Die intensive Verknüpfung der imaginativen Sprache des Romans mit den Realia ihrer Verführung entspricht aufs genaueste der bereits angedeuteten poetologischen Konzeption des Autors. Der intendierte Gefühlsrealismus aber ist in seiner Ermöglichung durch Frau Bovarys materielle Verschwendung auch von höchstem gesellschaftlichem Aufschluß. Er rekonstruiert das Schema der kapitalistischen und der ästhetischen Produktion als Herstellung von Fetischen, die allesamt einer zweiten Natur zugehören:

> „mais ils n'avaient sans doute jamais admiré tout cela, comme si la nature n'existait pas auparavant, ou qu'elle n'eût commencé â être belle que depuis l'assouvissance de leurs désirs."[31]

Natur wird erst schön durch die befriedigte Begierde. Die historische Transformation (poetologisch die Überwindung der Romantik) und eine scheinbare vollständige Bedürfnisbefriedigung widerspiegeln beide die ideologische Selbstapotheose bürgerlichen Denkens. Gegen dessen selbstgefällige Repräsentation durch die nur scheinbar erfolgreichen Protagonisten der Handlung – auf der finanziellen Ebene durch den Wucherer Lheureux, auf der Ebene der gesellschaftlichen Anerkennung verkörpert

---

und unwillkürlich sah Holk nach ihren Schläfen, ob er nicht die herkömmlichen Goldplatten daran entdecke."

[29] Vgl. a.a.O., S. 203–205.
[30] Flaubert, *Madame Bovary*, a.a.O., S. 350.
[31] A.a.O., S. 340.

im Apotheker Homais und als Repräsentanten der intellektuellen Autoritäten den Starmediziner Larivière – steht die unendliche Reproduktion des sexuellen Genießens durch Emma Bovary. Ruhen sowohl der pekunäre Gewinn Lheureuxs wie der therapeutische Erfolg Homais auf Betrug beziehungsweise bloßer Anmaßung, so kulminiert die Karikatur des Arztes in einer gelungenen Generalabrechnung Flauberts mit seinem Vater, wie Sartre überzeugend herausgearbeitet hat.[32] Die wissenschaftlich analytische Durchdringung der Krankheit Emmas, sei es als Hysterikerin oder als Selbstmörderin, verfehlt ihren Anspruch auf sexuelle Erfüllung gleichermaßen. Doch es ist allein Flaubert, der dieses intellektuelle Bewußtsein zu formulieren vermag, es tritt nicht als feminines Wissen selbst auf.

Anders *Anna Karenina*. Ihre Ausstrahlung beherrscht von vornherein das sexuelle und das intellektuelle Terrain der Darstellung. Ihr allererster, augenblicklicher Auftritt gegenüber ihrem geschlechtlichen Pendant Graf Wronski, der zunächst nichts geringeres ist als ein soldatesker Herrenreiter und somit dem Klischee des chauvinistischen Verführers schlechthin entspricht, ist vollständig dominant. Wronski verfällt der Karenina, wie es wenig später heißt, in einem „Ausdruck von Fassungslosigkeit und Unterwürfigkeit"[33], und das pathologische Element ist von daher nicht auf das weibliche Element des Verführungsopfers fokussiert, sondern Folge ihres emanzipatorischen Anspruchs auf das Liebes- als Lebensglück. Die pathologischen Züge, die die Karenina am Schluss der Handlung dann auch selbst entwickelt, sind dagegen Symptome ihrer sozialen Isolation und Verbannung. Zu Beginn aber tritt sie nicht nur Wronski als Inbegriff der Vollkommenheit entgegen:

> „Sie ließ ihre leuchtenden grauen, unter den dichten Wimpern dunkel wirkenden Augen einen Moment mit wohlwollendem, prüfendem Ausdruck auf seinem Gesicht ruhen, als erinnere er sie an jemand, [...]. Dieser kurze Blick hatte genügt, um Wronski die verhaltene Lebhaftigkeit wahrnehmen zu lassen, die sich in ihrem Gesicht spiegelte, die aus den leuchtenden Augen sprach und sich in dem kaum merklichen Lächeln zeigte, das ihre roten Lippen umspielte. Irgend etwas schien ihrem ganzen Wesen eigen, in solch einer Fülle, daß es gegen ihren Willen bald im Glanz der Augen, bald durch ein Lächeln zum Ausdruck kam."[34]

Es ist von daher auch alles andere als zufällig, dass sie zunächst als Schlichterin in der durch einen Seitensprung ausgelösten Ehekrise ihres Bruders vermittelt, ganz ohne die üblichen moralischen Kriterien zu bemühen:

---

[32] Vgl. Sartre, a.a.O., S. 460ff.
[33] Lew Tolstoi, *Anna Karenina*. Roman. Aus dem Russ. v. Hermann Asemissen, a.a.O. (wie in Anm. 4), S. 125.
[34] A.a.O., S. 94.

„Ich will auf niemanden einen Stein werfen."³⁵

Ebenso wird ihre verführende Auffälligkeit nicht durch Accessoires, sondern durch sie selbst erweckt:

„Ihre schlichte, natürliche und zugleich elegante, heitere und vitale Persönlichkeit"³⁶,

erweckt das Begehren mehr als

„das schwarze Kleid mit seinem reichen Spitzenbesatz" ³⁷,

das anders als bei Emma Bovary, wo körperlicher und modischer Ausdruck verschmelzen, lediglich als „Rahmen"³⁸ ihrer körperlichen Ausstrahlung fungiert.

Maßgeblich zu ihrer Wirkung trägt schließlich ihre Intellektualität bei. Deutlich wird diese zwar erst im zweiten Teil des Romans, wo die sozialreformerischen Projekte, die sie gemeinsam mit Wronski in der Isolation auf dessen Landgut entwickelt, um die zunehmende psychische Krise zu sublimieren, Perspektiven entwickeln, die Emma Bovary und noch einer Effi Briest gänzlich unbekannt sind. So ist sie kurz vor dem Ende des Romans dabei, „ein Buch zu schreiben"³⁹, und wird gerade darin ein weiteres Mal zur allseits bewunderten „Frau mit Herz"⁴⁰ (und explizit keine „Art Blaustrumpf"⁴¹). Im Zentrum aber gegen diese immer schon klischierten Geschlechtsettikettierungen, die ihr durch den Bruder zugeschrieben werden, steht bis zum Schluss ihre erotische Ausstrahlung, die sie noch ein letztes Mal gegenüber dem romantischen Sozialutopisten Lewin (der intellektuellen Gegenfigur Wronskis) zur Geltung bringt. Dieser bewundert zunächst ihr gemaltes Porträt (die Karenina als Kunstprodukt), ohne die Morbidität dieser Ebene zu ignorieren:

„Es schien nicht ein Bild zu sein, sondern eine lebende, bezaubernd schöne Frau mit lockigem schwarzen Haar, entblößten Schultern und Armen und einem leisen, versonnenen Lächeln auf ihren von einem zärtlichen Flaum bedeckten Lippen, die ihn siegesbewußt und zärtlich ansah, und ihn durch ihre Augen verwirrte. Nur deshalb schien sie nicht lebendig zu sein, weil sie schöner war, als ein lebendes Wesen sein konnte."⁴²

---

[35] A.a.O., S. 120.
[36] Ebd.
[37] Ebd.
[38] Ebd.
[39] A.a.O., S. 1044.
[40] Ebd.
[41] Ebd.
[42] A.a.O., S. 1045.

Ihr persönliches Erscheinen aber überschreitet das (männlich phantasierte) Bild ihrerseits um ein weiteres Moment:

> „Sie sah in der Wirklichkeit weniger effektvoll aus, aber dafür war der Lebenden ein neuer, besonderer Reiz eigen, der auf dem Bild nicht zum Ausdruck kam."[43]

Es ist markant, dass Tolstoi diesem „Reiz" auch im Roman keinen direkten Ausdruck gibt, so wie er auch in der Handlung keine Bedeutung mehr erlangt. Es bleibt bei der intellektuellen Begegnung zwischen Karenina und Lewin, in der das erotische Glück auf seiner Möglichkeit aber gänzlich ungebrochen verharrt:

> „In der Unterhaltung mit Anna nahm jedes Wort eine besondere Bedeutung an. Und es war so angenehm, sich mit ihr zu unterhalten, und noch angenehmer, ihr zuzuhören."[44]

Das Fazit, das Lewin aus diesem Gespräch zieht, kann als Selbstinterpretation eines Romans gelten, dessen Protagonistin dem Genauigkeitsanspruch, den Flaubert für sein Werk aufstellt, für sich allein genügt:

> „Ob er nun zuhörte oder selbst sprach, er dachte die ganze Zeit über sie, über ihr inneres Leben nach und war bemüht, ihre Empfindungen zu erraten. Und er, der sie bis dahin so scharf verurteilt hatte, kam jetzt durch einen seltsamen Gedankengang dazu, sie von jeder Schuld freizusprechen und zugleich zu bedauern, weil er fürchtete, daß Wronski sie nicht völlig verstehe."[45]

Moralischer Freispruch und intellektuelle Anerkennung vermöchten einen Weg aus der Fatalität zu weisen, in der die Aussenseiterin wie die sie ausschliessende Gesellschaft verharren.[46]

---

[43] Ebd.
[44] A.a.O., S. 1047.
[45] A.a.O., S. 1051f.
[46] Diese utopische Struktur des Romans entgeht auf ausdrückliche Weise der so anspruchsvollen Übersetzung und Interpretation des Romans, die Rosemarie Tietze vorgelegt hat: Tolstoi, *Anna Karenina*. Roman in acht Teilen, München 2012. Über die Qualität dieser ersten Neuübersetzung des Romans seit fünf Jahrzehnten kann hier insgesamt kein Urteil abgegeben werden. Der Anspruch auf die sprachlich formale Nuancierung, den sie macht, hat sich an den Zitaten, die ich verwende, nicht nachvollziehen lassen. Ihr Grundverständnis der Handlung als Parallelführung des Familienthemas: „Annas Zerstörung der Familie, Lewins Schaffung der Familie" (a.a.O., S. 1281) allerdings ist extrem schematisch und wenn sie gerade diese Striktheit nun auch an der Mikrostruktur des Textes extrapolieren möchte, so verspricht dies wenig neue oder dem avantgardistischen Stilanspruch entsprechende Einsichten.

Anna Karenina ist auch ein grosser Roman über das Rußland vor den Revolutionen des 20. Jahrhunderts. Mit grossem Recht hat deshalb Georg Lukács festgehalten:

> „*Anna Karenina* steht zu *Effi Briest* wie der Große Oktober 1917 zum deutschen November 1918."[47]

Anna Karenina aber verläßt die Bühne als eine Revolutionärin, die sich dem Gang der Zeit entgegenstellt: Sie sabotiert den Gang eines Fortschritts, der nicht der ihre sein kann, und steht für einen gesellschaftlichen Umbruch im Sinne von Walter Benjamins Geschichtsphilosophischen Thesen viel mehr noch als in dem eines traditionellen Marxismus.[48]

Nur als Veränderung aller Lebensumstände, die vor dem Sexuellen, dem nur scheinbar Privaten nicht halt macht, ja in diesem sogar ihren offensichtlichsten Anspruch auf freie Egalität erhebt, koagieren die grossen französischen und russischen Revolutionen als Veränderungspotentiale, die gegen das deutsche Verhängnis, das Fontane darstellt, Bedeutung behalten als etwas noch nicht Abgegoltenes.

---

[47] Georg Lukács, Der alte Fontane, in: *Deutsche Realisten des.19. Jahrhunderts*, Berlin 1953, S. 262–307, hier S. 307.
[48] Vgl. Walter Benjamin, *Über den Begriff der Geschichte*, in: Gesammelte Schriften Bd. I /2, hrsg. v. Rolf Tiedemann u. Hermann Schweppenhäuser, Frankfurt a.M. 1980, S. 691–703.

III

Jens Flemming

„Ich liebe sie, weil sie ritterlich und unglücklich sind". Theodor Fontane, die Polen und das Polnische

I.

Zur Einstimmung auf das thematische Feld zunächst eine Bildbeschreibung. Es handelt sich um eine Karikatur im Münchener „Simplicissimus", erschienen im Jahrgang 1912/13. Gezeichnet von Gustav Thöny, trägt das Blatt die Überschrift: „Der deutsche Ostelbier".[1] Zu sehen ist ein Herr, ausgestattet mit den üblichen Insignien eines „Junkers", gleichviel ob adlig oder bürgerlich, ein Angehöriger jener Schicht, die auch noch zu Beginn des 20. Jahrhunderts nichts von ihrem Machtwillen eingebüßt hatte. Er ist von robuster Statur, sitzt hoch zu Roß, tadellos die Haltung, elegant und zweckmäßig die Kleidung, das Monokel klemmt im Auge, die Zigarette klebt lässig im Mundwinkel. Rechts neben ihm schreitet ein vierschrötiger Mann mit Schnauzbart, einfach gewandet, devot nach oben schauend, die Mütze in der Hand. Im Hintergrund Kühe, Heustiegen, ein, zwei Tagelöhner. Noch ist offenbar Sommer, die Erntezeit naht. Der Bildlegende entnehmen wir, daß der Reiter dem Begleiter, wohl der Gutsinspektor oder doch wenigstens Vorarbeiter, eine Anweisung erteilt: „Sie engagieren einfach billige Polen! Für mich ist jeder Arbeiter fremde Nation!"

Die Pointe, die der Zeichner setzt, richtet sich gegen den Standesdünkel, gegen den Habitus und den interessenpolitischen Zynismus einer befehlsgewohnten Klasse von Großgrundbesitzern, der „Rittergutsbesitzer", denen die Bedürfnisse und Nöte der von ihnen beschäftigten „Leute" Hekuba sind. Dem zeitgenössischen Betrachter, der die ausgedehnten Debatten um die Lage der Landwirtschaft in den Kernprovinzen der preußischen Monarchie verfolgt hat, drängt sich unweigerlich die

---

[1] Simplicissimus 1896–1914. Hrsg. und eingeleitet von Richard Christ, Berlin 1972, S. 323. Ich folge hier meinem Aufsatz: Fremdheit und Ausbeutung. Großgrundbesitz, „Leutenot" und Wanderarbeiter im Wilhelminischen Deutschland, in: Heinz Reif (Hrsg.), Ostelbische Agrargesellschaft im Kaiserreich und in der Weimarer Republik. Agrarkrise - junkerliche Interessenpolitik – Modernisierungsstrategien, Berlin 1994, S. 345f. Zum Problem vgl. auch Klaus J. Bade: „Preußengänger" und „Abwehrpolitik". Ausländerbeschäftigung, Ausländerpolitik und Ausländerkontrolle auf dem Arbeitsmarkt in Preußen vor dem Ersten Weltkrieg, in: Archiv für Sozialgeschichte 24, 1984, S. 91–162 sowie Ulrich Herbert: Geschichte der Ausländerbeschäftigung in Deutschland 1880 bis 1980. Saisonarbeiter, Zwangsarbeiter, Gastarbeiter, Berlin 1986.

Assoziation auf: der typische Repräsentant des ostelbischen Junkertums handelt nach der Devise „Schutz der nationalen Arbeit" – ja, sofern damit Getreidezölle, Privilegien und allerlei Liebesgaben auf Kosten der Steuerzahler gemeint sind, aber Schutz der heimischen Arbeitskräfte – nein, sofern diese es wagen, Ansprüche anzumelden, höhere Löhne und bessere Existenzbedingungen einzufordern.

Zwar bewegt sich die Agrarwirtschaft im ersten Jahrzehnt des 20. Jahrhunderts unter der Sonne einer guten Konjunktur, leidet im Sinne des Wortes keine Not, aber sie ist konfrontiert mit gravierenden strukturellen Problemen. Eines davon wird damals mit dem etwas pejorativen Begriff „Landflucht" beschrieben. Gemeint ist damit die Massenwanderung vom Land in die Städte, namentlich in die industriellen Zentren, nach Sachsen, ins Ruhrgebiet, auch nach Berlin, das um 1900 nicht nur das Königsschloß beherbergte, sondern auch eine mächtig aufstrebende Industrie, vor allem in den modernen Branchen des Maschinenbaus und der Elektrotechnik. Für die Landwirte hatte dies zur Konsequenz, daß sie nicht mehr genügend Arbeitskräfte hatten, um in den saisonalen Spitzenzeiten Aussaat und Ernte zu besorgen. Den allenthalben beschrittenen Ausweg bot die Beschäftigung von Saisonarbeitern. Diese kamen in der Regel aus den russischen Bezirken Polens oder aus dem österreichisch-ungarischen Galizien, galten als kulturell niedrig stehend und relativ anspruchslos. Anfang der 90er Jahre, nach dem Ende der Bismarck-Ära wurden die Vorschriften, Ausländer anzuheuern, gelockert, und seither strömten Jahr für Jahr Heerscharen von Wanderarbeitern über die Grenzen. Ein dauerhaftes Aufenthaltsrecht wurde ihnen nicht zugebilligt, sie mußten das Land gegen Weihnachten verlassen, nur um einige Wochen später wieder einzureisen. Das war die sogenannte Karenzzeit, die mehr oder minder strikt einzuhalten war. Zusammen mit der mehrheitlich polnischen Bevölkerung in den Provinzen Westpreußen, Posen und dem oberschlesischen Regierungsbezirk Oppeln verstärkten die Saisonarbeiter das polnische Element in den preußischen Territorien jenseits der Elbe. Daraus erwuchsen Spannungen, Konflikte, auch mannigfach erzeugter publizistischer Lärm, der indes nicht darüber hinwegtäuschen konnte, daß Polen und Deutsche mit- und nebeneinander lebten, ja, daß die deutsche Wirtschaft, und das galt gleichermaßen für den industriellen wie für den agrarischen Sektor, ohne polnische Arbeitskräfte weder ihr Produktionstempo noch ihr Produktionsniveau aufrechterhalten konnten. Man war auf einander angewiesen, aber man begegnete einander nicht, wie man heute wohl sagen würde, auf Augenhöhe. Es waren Beziehungen zwischen Herr und Knecht, freilich bar jeder Fürsorge, die selbst um 1900 gegenüber den deutschen Arbeitern hier und da dem gutsherrlichen Paternalismus noch zu eigen war.

II.

Unmittelbar vor dem Krieg, also an dem Punkt, an dem unsere Betrachtung ihren Ausgang genommen hat, war Theodor Fontane gut ein Jahrzehnt tot. Wir wissen daher nicht, was er zu den Jubiläumsfeierlichkeiten des Jahres 1913 gesagt hätte, vermutlich hätte er sich mokiert, hätte den allenthalben anhebenden Festtrubel und die vielen Jubeltage mit Skepsis, womöglich mit kritischen Anmerkungen begleitet. Gefeiert wurde das 25-jährige Thronjubiläum Kaiser Wilhelms II., die einhundertste Wiederkehr der Völkerschlacht von Leipzig, auch der hundertste Geburtstag des 1883 in Venedig verstorbenen Richard Wagner, des Heros der deutschen Opernwelt. Denkmäler, nicht zuletzt das Völkerschlachtdenkmal, wurden eingeweiht, Festschriften wurden veröffentlicht, dickleibige Sammelbände würdigten das Deutsche Reich als Inbegriff von Prosperität, Stabilität und technologischem Fortschritt, feierten die Hohenzollerndynastie als Garanten für Deutschlands Geltung in der Welt. Der Mathematiker Karl Düsing – um nur diesen einen, ansonsten eher unbedeutenden Autor zu nennen – verbreitete sich über „Patriotismus und Erziehung", plädierte für eine energische Politik der Germanisierung, nannte Franzosen und Polen „unversöhnliche Feinde", sprach von „Verschlagenheit des Ostens" und „Falschheit des Westens", war sich sicher, daß „der Deutsche" „dem Polen" „weit überlegen" sei.[2] Das war – vermengt mit vulgarisiertem Darwinismus – die Attitüde deutscher Hybris und deutschen Herrenmenschentums, das sich berufen wähnte, von Natur und Charakter her eine hervorgehobene Rolle im Konzert der Völker zu spielen.

Daß Polen, nur mehr ein geographischer Begriff, wegen fehlender Modernität und nicht vorhandenem Willen zu modernisierender Reform am Ende des 18. Jahrhunderts zu Grunde gegangen sei, war vielen selbstverständliches Axiom. Seinen prägnantesten Ausdruck fand dies in der Rede von der „polnischen Wirtschaft", ein – wie Hubert Orłowski dargetan hat – Stereotyp von außerordentlich langer Dauer, das sich in der zweiten Hälfte des 19. Jahrhunderts verfestigte, nicht allein in „nationalistischen, sondern auch in liberalen Kreisen" anzutreffen war.[3] Ein Synonym für Unordnung, Chaos, Anarchie, Inkompetenz, Zersplitterung, Mangel an Gemeinsinn, gesellschaftlichem Zusammenhalt und Staatsfähigkeit. Kaum jemand, der nicht zu wissen glaubte, was sich dahinter verbarg. Im Wagenerschen *Staats- und Gesellschaftslexikon*, dem konservati-

---

[2] Karl Düsing: Patriotismus und Erziehung, Leipzig 1913, zit. nach Klaus Schuhmann (Hrsg.), Literaten kontra Patrioten. Das kulturelle Leipzig im Gedenkjahr 1913, Leipzig 2013, S. 44f.

[3] So Hubert Orłowski: Stereotype der „langen Dauer" und Prozesse der Nationsbildung, in: Ders. und Andreas Lawaty (Hrsg.), Deutsche und Polen. Geschichte, Kultur, Politik, München 2003, S. 275.

ven Gegenstück zum liberalen Rotteck-Welckerschen *Staatslexikon*, konnte man lesen, daß der „Pole" der „Franzose des Nordens" sei, „rasch entzündbar für alles Schöne, Große, Erhabene: Ehre, Ruhm". Namentlich „sein Heimatland" liebe er „mit Hingebung und Leidenschaft". Zu den „Nachtseiten" seiner „Rührigkeit, Reizbarkeit und Entzündlichkeit" aber gehöre es, daß „seine Gefühle so leicht" verflackerten, wie sie „entflammt" worden seien. Seine Eindrücke seien einem „jähen, fast unheimlichen Wechsel unterworfen". Die „Grenzen des Patriotentums und des Egoismus" heißt es weiter, „der Hochherzigkeit und der Blasiertheit, des Edelsinns und der Gemeinheit liegen im Charakter des Polen dicht bei einander: der Drang zur Freiheit wird zur Zügellosigkeit und Ungebundenheit, der leichte Sinn verwandelt sich in Leichtsinn". Sein Patriotismus scheue „die Arbeit und Anstrengung", seinem „romantischen Sinne" fehle „jede praktische Betätigung", sein „Vaterlandsgefühl" entbehre der „rechten Basis", nämlich „der Liebe zum Gesetz, zum Recht, zur Gerechtigkeit" ebenso wie zum Staat, zu dessen Autorität und Institutionen.[4]

In Gustav Freytags *Soll und Haben*, dem Hausbuch des deutschen Bürgertums, formuliert Kaufmann Schröter, sein Credo so: „Es gibt keine Race, welche so wenig das Zeug hat, vorwärts zu kommen und sich durch ihre Capitalien Menschlichkeit und Bildung zu erwerben als die slavische. Was die Leute dort im Müßiggang durch den Druck der rohen Masse zusammengebracht haben, vergeuden sie in phantastischen Spielereien." Sie seien unfähig, heißt es weiter, „den Stand", den bürgerlichen nämlich, „welcher Zivilisation und Fortschritt" darstelle und „einen Haufen zerstreuter Ackerbauern zu einem Staat" erhebe, „aus sich heraus zu schaffen."[5] Fontane hat dem Werk im Juli 1855 eine ausführliche Rezension gewidmet. Er schätzte das Buch, wenn auch mit der Einschränkung, es sei „kein geniales Produkt", immerhin jedoch „das Beste, was ein Nichtgenie unter Benutzung (nicht Nachahmung) großer Vorbilder zu leisten imstande" sei.[6] Es sei eine gelungene Adaption englischer Muster, lautet das Urteil: eine „erste" bedeutsame „Blüte des modernen Realismus". Zustimmend zitiert der Rezensent die polenkritischen Bemerkungen der Protagonisten, deren andere Seite nur das Lob Preußens ist. Dessen Fürsten hätten „aus dem Brei unzähliger, nichtiger Souveränitäten eine lebendige Macht" geschmiedet, „die nie wieder in Trümmer zerschlagen" werden könne. Eine Quintessenz wie diese, kommentiert Fontane, sei nicht nur „Labsal für ein deutsches und preußisches Herz", nein, sie sei „ebenso wahr" wie „schön": Denn: „Die Polenwirtschaft ist durch sich selbst dem

---

[4] Zit. nach Hubert Orłowski: „Polnische Wirtschaft". Zum deutschen Polendiskurs der Neuzeit, Wiesbaden 1996, S. 175 und 178.
[5] Zit. ebd., S. 178.
[6] Theodor Fontane an Theodor Storm, 16.6.1855, HFA, Abt. IV: Briefe, Bd. I, München 1976, S. 404.

Untergange geweiht; Preußen ist der Staat der Zukunft, weil er, solang es einen Protestantismus gibt, immer einem ‚tiefgefühlten Bedürfnis' entsprechen wird". Das Bürgertum, heißt es, Freytags Argument unterstreichend, „ist unbestritten die sicherste Stütze jedes Staates und der eigentliche Träger aller Kultur und allen Fortschritts."[7]

Für den 1862 als Konfliktminister in die Arena der Berliner Politik getretenen Bismarck waren die Polen „Reichsfeinde", von Natur, Charakter und Interesse darauf aus, den 1870/71 zusammengeschmiedeten deutschen Bundesstaat zu unterminieren. Nicht zufällig rechnete er auch die nichtpolnischen Katholiken dazu, die er unter Mobilisierung von allerlei antikatholischen Ressentiments ebenso wenig zufällig mit dem „Kulturkampf" überzog und politisch zu marginalisieren suchte. Daß auch Elsässer, Lothringer, Dänen und Sozialdemokraten in diesen Topf geworfen wurden, soll hier nicht erörtert werden. Auch die Juden, denen man nach langen Auseinandersetzungen die bürgerlichen Rechte gewährt hatte, unterlagen verschiedenen Diskriminierungen und Zurücksetzungen; Assimilation und Akkulturation stießen regelmäßig an soziale und kulturelle Grenzen. Wirklich integriert oder gar geschätzt wurden sie jedenfalls nicht. Die Worte, mit denen Fontane in seinem Roman *L'Adultera* den Kommerzienrat van der Straaten charakterisierte, wiesen über den Einzelfall hinaus: „An der Börse galt er bedingungslos, in der Gesellschaft nur bedingungsweise."[8]

Auch persönlich war Fontane nicht frei von Abneigungen: Er, der ansonsten ein feines Gespür für die Ambivalenzen und die moralischen Unzulänglichkeiten seiner Epoche hatte, schrieb im Mai 1898 an den Pädagogen Friedrich Paulsen: „Wir standen bis 48 oder vielleicht auch bis 70 unter den Anschauungen des vorigen Jahrhunderts (also der Aufklärung), hatten uns ganz ehrlich in etwas Menschenrechtliches verliebt und schwelgten in Emanzipationsideen, auf die wir noch nicht Zeit und Gelegenheit hatten, die Probe zu machen. Dies ‚die Probe machen' trägt ein neues Datum und ist sehr zu Ungunsten der Juden ausgeschlagen. Überall stören sie (viel mehr als früher), alles vermanschen sie, hindern die Betrachtung jeder Frage als solcher. [...] Es ist, trotz all seiner Begabung ein schreckliches Volk [...], ein Volk, dem von Uranfang an etwas dünkelhaft Niedriges anhaftet, mit dem sich die arische Welt nun mal nicht verträgen kann."[9] Das war ein trüber Abgesang auf Idee und Praxis der Emanzipation, aber es war kein singulärer Ausrutscher eines alten Mannes. Vergleichbares findet sich schon früher. Während einer Reise nach

---

[7] Theodor Fontane: Gustav Freytag. Soll und Haben, HFA, Aufsätze, Kritiken Erinnerungen, Bd. 1, München 1969, S. 294 und 303.
[8] L'Adultera, HFA, Abt. I, Bd. 2, München 1971, S. 7.
[9] An Friedrich Paulsen, 12.5.1898, HFA, Abt. IV, Bd. 4, Briefe 1890–1898, München 1982, S. 714.

Schlesien, die er 1872 unternahm, notierte er über Breslau, es sei eine Stadt von guter Wirkung, nur die Bevölkerung im Zentrum hinterlasse einen schlechten Eindruck: „Zu viel Juden, zu viel Unsauberkeit und Häßlichkeit." Und über den Ferienort Salzbrunn im Waldenburger Bergland hielt er fest: an sich ein „schlesisch-gemütlicher" Ort, aber doch „ungenießbar" durch die „Unmasse von Juden", die hier anzutreffen seien. „Dazu gesellen sich die Polen, wodurch es – bei allem Respekt vor diesen – für einen Deutschen nicht gerade angenehmer wird."[10]

III.

Fontane zum Polenhasser zu stempeln, ist nicht beabsichtigt. Ohnehin läßt sich hier keine Linie in auf- oder absteigender Bewegung zeichnen, eher geht es um Ambivalenzen, Widersprüche, vielleicht Wandlungen, vielleicht Rückwärtsbewegungen, deren Motivationen sich im Einzelnen nur schwer enträtseln lassen.[11] Daß der frühe Fontane sich vom späteren, und das ist der nach der Revolution von 1848, unterscheidet, ist längst ein Gemeinplatz. Das Pathos des Idealismus weicht ernüchtertem Pragmatismus, aus dem radikalen Demokraten der Vormärzjahre wird in den 50er und 60er Jahren ein Mitarbeiter des Ministeriums und dann der hochkonservativen *Neuen Preußischen Zeitung*, nach dem Signet aus der Titelseite, dem 1813 vom König gestifteten Eisernen Kreuz auch *Kreuzzeitung* genannt. Schließlich am Ende seiner Tage wird er ein entschiedener Kritiker des Preußentums und dessen führender Schicht, dem Adel, was freilich in den Jahrzehnten zuvor auch schon immer wieder einmal angeklungen war. Wollte man dies glatt ziehen und zur großen Erzählung eines in jeder Faser schlüssigen, sich in logischer Konsequenz entfaltenden Daseins anheben, unterläge man der Illusion biographischer Stringenz, was der gedanklichen Bequemlichkeit oder den Wunschbildern des Biographen zupaß kommen möchte, das tatsächliche Leben mit all seinen Windungen und Wendungen aber verfehlte.

Klischees über Völker und deren spezifische Merkmale spiegeln das Eigene im Fremden; nicht selten ist das dem Gegenüber zugeschrieben Attribut dem Wunsch entsprungen, es für sich selber in Anspruch zu nehmen. In der Erzählung *Schach von Wuthenow*, die vor der Schlacht von

---

[10] Die Reisetagebücher, hrsg. von Gotthard Erler und Christine Hehle (GBA), Berlin 2012, S. 135 und 138. Zu Fontanes antijüdischen Ressentiments im allgemeinen vgl. Richard Faber: „... der hebe den ersten Stein auf sie." Humanität, Politik und Religion bei Theodor Fontane, Würzburg 2012, S. 125–141.

[11] Vgl. dazu Hubertus Fischer: Wendepunkte. Der politische Fontane 1848 bis 1888, in: Ders., Theodor Fontane, der „Tunnel", die Revolution, Berlin 1848/49, Berlin 2009, S. 317–328.

Jena und Auerstädt spielt, gesteht die von Blatternarben gezeichnete Victoire von Carayon, daß sie die Polen liebe, und zwar mit ihrem ganzen Herzen. Gewiß, konzediert der Napoleon-Adorant und Preußenkritiker von Bülow, das sei für ein junges Mädchen nicht ungewöhnlich, schließlich seien die Polen „die besten Mazurka-Tänzer". Dies aber wird sogleich korrigiert: „Ich liebe sie", präzisiert Victoire, „weil sie ritterlich und unglücklich sind." Darum, so nun wieder Bülow, „könnte man sie beinah beneiden", denn so gewönnen sie „die Sympathie aller Damenherzen". Jedenfalls: „In Fraueneroberungen haben sie, von alter Zeit her, die glänzendste Kriegsgeschichte."[12]

Im Roman *Vor dem Sturm* tanzt auf einer Soirée im Hause Ladalinski der polnische Graf Bninski mit Kathinka, der Tochter des Gastgebers, eine Mazurka, eine Demonstration der „Kraft, Grazie, Leidenschaft", zugleich ein Zeugnis gegenseitiger Attraktion, eine erste öffentlich werdende Ahnung, daß die beiden Tänzer einander zugehörig sein werden. Lewin von Vitzewitz, der das Mädchen liebt und zuschaut, spürt den „Nebenbuhler" und dessen Überlegenheit, spürt ein „Gefühl des Zurückstehenmüssens und des Besiegtseins". Über seinen Rivalen Crampas sagt Landrat von Instetten im Eheroman *Effie Briest*: Er ist „so'n halber Pole, kein rechter Verlaß, eigentlich in nichts, am wenigsten mit Frauen. Eine Spielernatur. Er spielt nicht am Spieltisch, aber er hasardiert im Leben in einem fort, und man muß ihm auf die Finger sehen."[13] Zu allem Überfluß trägt er einen „rotblonden Sappeurbart": ein erotisches Signalement, das Fontane auch sonst einsetzt, allemal ein Merkmal von Virilität und männlicher Anziehungskraft.[14] Von ähnlichen Konnotationen lebt eine der abschätzigen Bemerkungen, mit denen Adelheid von Stechlin, die eingefleischte Märkerin und Domina des Klosters Wutz, über den Adel der Nachbarprovinzen herzieht: „Die schlesischen Herren", heißt es da, „sind alle so gut wie polnisch und leben von Jesu und haben die hübschesten Erzieherinnen; immer ganz jung, da macht es sich am leichtesten."[15]

---

[12] Schach von Wuthenow, HFA, Abt. I, Bd. 1, München 1970, S. 557f.
[13] Effi Briest, HFA, Abt. I, Bd. 4, München 1974, S. 147 und 164.
[14] Vgl. die Hinweise bei Hubertus Fischer: Büchners Bart, Fontanes Bärte. Eine Spurensuche im Büchner-Jahr, in: Wirkendes Wort 63, 2013, vor allem S. 215ff.
[15] Der Stechlin, HFA, Abt. I, Bd. 5, München 1980, S. 161. Vgl. in diesem Zusammenhang auch die eingehende Analyse der polnischen ‚Schwingungen' im Roman Cécile von Hubertus Fischer: Polnische Verwicklungen, in: Konrad Ehlich (Hrsg.), Fontane und die Fremde, Fontane und Europa, Würzburg 2002, S. 262–275.

IV.

In politischer Hinsicht wird das Polenbild in der deutschen Öffentlichkeit nach 1850 zunehmend negativ. Sie galten als Gefahr für die Einheit des Reichs, als Ferment der Dekomposition, darin den Juden nicht unähnlich. Das war zuvor nicht immer so. Der polnische Aufstand von 1830/31, den die russische Besatzungsmacht blutig niederschlug, entfachte wahre Stürme der Polenbegeisterung.[16] Tausende der besiegten polnischen Freiheitskämpfer zogen durch Deutschland, um Frankreich, das Ziel ihrer Emigration, zu erreichen. Überall wurden sie mit Jubel empfangen, bildeten sich Komitees, wurde ihnen Kost und Logis gewährt. In den liberalen Milieus der deutschen Staaten, namentlich in Sachsen und im Süden, sah man in ihnen Brüder im Geiste, die gewagt hatten, was in Deutschland erst noch gewagt werden mußte: das Joch der nachnapoleonischen Fürstenherrschaft abzuschütteln und das System der Metternichschen Restauration zu zerbrechen. In Preußen veranlaßten der Aufstand und die Tatsache, daß große Teile des polnischen Adels im preußischen Posen den Aufstand unterstützt hatten, die Regierung zu einem schärferen Kurs, der fortan das Klima zwischen den Polen und den Eliten der Monarchie bestimmte. Der kommandierende General in Posen, Carl von Grolmann, nannte 1832 den dort begüterten polnischen Adel das „böse Prinzip" der Provinz.[17] „Das Experiment eines Versöhnungskurses", urteilt Martin Broszat, „erschien rückwirkend als gefährliche, vom Adel mißbrauchte Konzession."[18]

Beim jungen Fontane hinterließen indes nicht diese Reaktionen Eindruck, sondern der Aufstand selbst rief ihn hervor. In den literarischen und essayistischen Hervorbringungen des Vormärz, zu denen Fontane beitrug, spiegelten sich die Hoffnungen, auch die Illusionen deutscher Intellektueller und Demokraten. „Kein anderer Krieg", erinnerte er sich im hohen Alter, „hat von meiner Phantasie je wieder so Besitz ergriffen wie diese Polenkämpfe".[19] Im Einklang mit den vormärzlichen Strömungen und Erwartungen, beschwört er am Beginn der 40er Jahre den Aufstand in pathetischen Wendungen: „Das ist der Freiheitskampf!", reimt er

---

[16] Vgl. u.a. Dieter Langewiesche: Humanitäre Massenbewegung und politisches Bekenntnis. Polenbegeisterung in Südwestdeutschland 1830–1832, in: Dietrich Beyrau (Hrsg.), Blick zurück ohne Zorn. Polen und Deutsche in Geschichte und Gegenwart, Tübingen 1999, S. 11–37 sowie die Beiträge in Wolfgang Michalka u.a. (Hrsg.): Polenbegeisterung. Ein Beitrag zum „Deutsch-Polnischen Jahr 2005/2006", Berlin 2005.

[17] Zit. nach Martin Broszat: Zweihundert Jahre deutsche Polenpolitik, München 1963, S. 74.

[18] Ebd., S. 73.

[19] Meine Kinderjahre, HFA, Aufsätze, Kritiken, Erinnerungen, Bd. 4, München 1973, S. 111.

im Oktober 1841: „Im Spiegelbilde/ Erblick ich Polen, deine Heldensöhne,/ Und wie er toben mag, der blutigwilde,/ Gleich Freundesworten klingen mir die Töne." In der folgenden Strophe dann träumt er sich hinein in die Vergangenheit, die zur Gegenwart wird: „Oh, trüge meine Sehnsucht mich von dannen/ Oh, könnt ich kämpfen an der Meinen Spitze,/ Sieg bräch ich uns, den Tod der Feinde Mannen,/ Ein Gottgesandter, führt ich Gottes Blitze!/ und sänk ich endlich, in die Brust getroffen,/ Zu meinen Brüdern auf der Heide nieder,/ Ich schiede freudig, dürft ich sterbend hoffen:/ Mein Blut besiegelt Polens Freiheit wieder."[20] Ebenfalls im Oktober 1841 greift Fontane das Thema erneut auf, variiert es, indem er es auf die Völkerschlacht von 1813 bezieht und in seltsamer Verkehrung der historischen Konstellationen aktualisiert. In Leipzig nämlich erinnert ein Stein an den polnischen Fürsten Joseph Poniatowski, den Feldmarschall in Napoleons Diensten, der während des Rußlandfeldzugs ein Armeekorps kommandiert hatte und im Oktober 1813 in der Elster ertrunken war. Poniatowski steigt, so imaginiert unser Dichter, aus seinem Grab, wähnend, die Entscheidungsschlacht um Polens Freiheit sei gekommen: um die Wiederkehr eines polnischen Staates, der von 1807 bis 1815 allerdings nur in Gestalt des Herzogtums Warschau als Satellitenstaat von Napoleons Gnaden existiert hatte. „Was dort unten er vernommen,/War der Donner nicht der Schlacht,/ Seine Zeit war nicht gekommen,/ Polen noch nicht aufgewacht." Enttäuscht sinkt er wieder zurück in den Fluß: „Mit mir weint der Himmel nieder,/ Wo der Polen Hoffnung ruht."[21]

Die polnische Frage ist stets auch die preußische, und die preußische ist die deutsche. Im Sommer 1848, als die Revolution allmählich der Peripetie zustrebt, räsoniert Fontane in der demokratischen *Berliner Zeitungshalle* über „Preußens Zukunft", will sagen: über Preußens Schicksal im künftigen vereinten Deutschland. Dessen, wie er formuliert, „Auferstehung" werde „schwere Opfer kosten." Das „schwerste" werde Preußen bringen, denn es werde sterben. „Jeder andere Staat kann und mag in Deutschland aufgehen; gerade Preußen muß darin untergehen", argumentiert Fontane: „Was unsere Zeit so schön charakterisiert, ist Gerechtigkeit gegen jede Nationalität. Die eigene schützen, die fremde achten, das ist Losung und Feldgeschrei. Innerhalb der Nationalitäten aber werden die Stammverschiedenheiten wieder in ihr Recht treten, und diese Rückkehr zum Natürlichen bringt Preußen um seine Existenz. Bayern, Sachsen, Schwaben, sie werden in Deutschland aufgehen, der großen deutschen Republik werden diese Namen nicht fehlen. Aber eine preußische Repu-

---

[20] Der Verbannte, in: Gedichte. Einzelpublikationen. Gedichte in Prosatexten, Gedichte aus dem Nachlaß, hrsg. von Joachim Krueger und Anita Golz (GBA), Berlin 1995, S. 33.
[21] An der Elster, in: ebd., S. 35.

blik ist eine Unmöglichkeit, Preußen muß zerfallen." Ohnehin sei dieses nur durch die Autokratie, „durch das Tau des absoluten Willens" zusammengehalten worden. Das Tau sei nun aber „mürbe" geworden: „Preußen war eine Lüge, das Licht der Wahrheit bricht an und gibt der Lüge den Tod."[22]

Von den Polen ist hier die Rede nicht. Man kann sie sich im Rahmen eines föderativen Gebildes vorstellen, aber sicher ist nicht, ob unser Autor das so gemeint hat. Sicher indes ist, daß Fontane Freiheit und Einheit, gleich anderen im Lager der Demokratie, zusammen gedacht hat. Polens Platz in einer künftigen Ordnung bleibt offen. Daß dies Fragen aufwerfen und deren Lösung Probleme bereiten würde, ließ sich nicht lange verheimlichen. Gegen polnische Ambitionen auf Autonomie, gar auf einen eigenen Staat regte sich Widerstand, und zwar nicht nur von Seiten der Reaktion, sondern auch von Seiten der demokratisch-bürgerlichen Mitte. Man könne ein unabhängiges polnisches Reich in den Grenzen von 1772, also vor den drei Teilungen, herstellen und ihm „ganz Posen, Westpreußen und Ermeland wiedergeben", entrüstete sich der konservative Haudrauf Otto von Bismarck, aber dann „würden Preußens beste Sehnen durchschnitten und Millionen Deutscher der polnischen Willkür überantwortet."[23]

Ernst Moritz Arndt sprach abschätzig von "deutschen Polennarren"[24], und in der Frankfurter Paulskirchenversammlung prognostizierte der Deputierte für das brandenburgische Niederbarnim, der Demokrat Wilhelm Jordan[25]: „Der erste Tag eines selbstständigen Polenreichs wäre der erste Tag eines Kampfes auf Tod und Leben mit uns." Daher sei die von manchem erhobene Forderung – „Gebt Polen frei, es koste, was es wolle" – kurzsichtig: „eine selbstvergessene Politik, eine Politik der Schwäche, eine Politik der Furcht, eine Politik der Feigheit." Es sei „hohe Zeit", endlich aus „jener träumerischen Selbstvergessenheit" aufzuwachsen, in der die Deutschen „für alle möglichen Nationalitäten" schwärmten, während sie selbst in „schmachvoller Unfreiheit darniedergelegen" hätten und „von aller Welt mit Füßen getreten" worden seien. Gefordert sei nun ein „gesunder Volksegoismus", um in allen Fragen „die Wohlfahrt und Ehre des Vaterlandes" in den Mittelpunkt des Denkens und Trach-

---

[22] Preußens Zukunft (31.8.1848), HFA, Aufsätze, Kritiken, Erinnerungen, Bd. 1, München 1969, S. 9.
[23] Ungedrucktes Manuskript für die „Magdeburger Zeitung" (20.4.18148), auszugsweise in Reiner Pommerin und Manuela Uhlmann (Hrsg.): Quellen zu den deutsch-polnischen Beziehungen 1815–1991, Darmstadt 2001, S. 47.
[24] Ebd., S. 56.
[25] Biographische Informationen zu Jordan bei Rüdiger Hachtmann: Berlin 1848. Eine Politik- und Gesellschaftsgeschichte der Revolution, Bonn 1997, S. 948.

tens zu rücken.[26] In seine Philippika hätte Jordan vermutlich auch Überzeugungen eingeschlossen, die damals der Föderalist und Publizist Constantin Frantz seinen Lesern nahe zu bringen suchte, dabei ähnlich formulierend wie Fontane: „Alle Ideen von Herrschaft des einen Volkes über das andere, von der Unterdrückung der Nationalitäten und dem Aufdrängen einer fremden Nationalität müssen verschwinden".[27] Nein, was hier Ende Juli 1848 im Plenum der Pauskirche geäußert wurde, war die Sprache der Machtpolitik und der Staatsräson. Wie sehr sie bereits die Köpfe ergriffen hatte, machte die Abstimmung über das künftige Schicksal des Großherzogtums Posen deutlich. Die Mehrheit der Nationalversammlung lehnte ein in diesem Zusammenhang eingebrachtes Amendement ab, die polnischen Teilungen nicht allein als „schmachvolles Unrecht" zu bezeichnen, sondern darüber hinaus die „heilige Pflicht der Deutschen" anzuerkennen, an der „Wiederherstellung eines selbständigen Polens mitzuwirken".[28]

V.

Mit dem Scheitern der Revolution verflog unwiderruflich auch die vormärzliche Poleneuphorie. Mit dem Einzug der Reaktion in die Berliner Ministerien, begann unter den Liberalen ein Prozeß des Selbstreflexion. Nicht Georg Gottfried Gervinus oder Johann Jacoby bestimmten fortan den Kammerton, sondern Ludwig August von Rochau. Dessen Zauberwort, das alsbald die Herzen und die Köpfe des deutschen Bürgertums okkupierte, lautete „Realpolitik". Nicht mehr Ideen und Prinzipien sollten die bestimmenden Faktoren der Politik sein, sondern Macht und Staatszwecke, jeweils legitimiert durch Erfolg. Politik wollte Rochau als „Erfahrungswissenschaft" verstanden wissen.[29] Nur wenn sich das Bürgertum derartige Maximen und Einsichten zu eigen mache, werde es in der

---

[26] Stenographischer Bericht über die Verhandlungen der deutschen konstituierenden Nationalversammlung zu Frankfurt am Main. Zweiter Bd., Leipzig 1848, 46. Sitzung, 25.7.1848, S. 1145.

[27] Constantin Frantz: Polen, Preußen und Deutschland. Ein Beitrag zur Reorganisation Europas, Halberstadt 1848, S. 6f.

[28] Stenographischer Bericht (wie Anm. 26): S. 1247. Zur Polendebatte in der Nationalversammlung vgl. Veit Valentin: Geschichte der deutschen Revolution von 1848–1849, Bd. 2, Frankfurt 1977, S. 126f. sowie Broszat: Polenpolitik, S. 78–85; zum Verhältnis von Öffentlichkeit und Polenfrage in Berlin siehe Hachtmann (wie Anm. 25): S. 663–667.

[29] Ludwig August von Rochau: Grundsätze der Realpolitik. Angewendet auf die staatlichen Zustände Deutschlands (1853), hrsg. und eingeleitet von Hans-Ulrich Wehler, Frankfurt 1972, der Begriff „Erfahrungswissenschaft" in Wehlers Einleitung, S. 11.

Lage sein, am politischen Leben der Nation teilzuhaben, den ihm gebührenden Platz im staatlichen Gefüge zu erobern. Das war kein Plädoyer, alles beim Alten, namentlich die Aristokratie an den Schalthebeln zu lassen, wohl aber und gewiß auch zu eigenem Nutz und Frommen sich mit den Kräften der Monarchie zu arrangieren, sich einstweilen zu bescheiden mit der Rolle des Juniorpartners, wie das gut zehn Jahre später der nationalliberale Historiker Hermann Baumgarten in den *Preußischen Jahrbüchern* empfehlen sollte.[30]

Fontanes Weg in die ‚Realpolitik' – und das war nichts anderes als die Anerkenntnis der Bedingungen, wie sie nach dem Niederwerfen der Revolution herrschten – war der Schwenk in das Lager der Konservativen. Das resultierte möglicherweise aus Erfahrungen, die er in England gesammelt hatte[31], war aber wohl nicht zuletzt der Notwendigkeit eines Broterwerbs geschuldet. Als er in das *Literarische Cabinet* im Berliner Innenministerium" eintrat, ironisierte er das mit den Worten, er habe sich „der Reaction für monatlich 30 Silberlinge verkauft".[32] Erleichtert worden sein mochte die Wendung durch eine offenbar tief sitzende Abneigung gegen bestimmte Vertreter der liberalen Bourgeoisie. Er sei „ein ehrlicher und aufrichtiger Constitutioneller", schrieb er im Mai 1852 seiner Frau aus London, aber „die Leute", die den Konstitutionalismus repräsentierten, seien ihm schwer verdaulich: „Es sind zumeist Kaufleute, Advokaten und Professoren, gewöhnlich reich, gebildet und von höchst untadeligem Lebenswandel [...]. Sie haben was Philiströses, eine spießbürgerliche kleine Sorte von Ehrgeiz und sind im Amt die hochfahrendsten unausstehlichsten Gesellen von der Welt".[33] Selbst wenn ihm ein gewisses Maß an Skepsis gegenüber den Auswüchsen eines verzopften, petrifizierten Preußentums zu eigen blieb: Als Redakteur des ‚englischen Artikels' in der *Kreuzzeitung*, für die er aus Artikeln und Meldungen der englischen

---

[30] Hermann Baumgarten: Der deutsche Liberalismus (1866), hrsg. und eingeleitet von Adolf M. Birke, Frankfurt 1974.

[31] Der Enthusiasmus der Vormärzjahre ist dabei nach 1850 einem nüchtern kritischen Bild gewichen. Vgl. Ein Sommer in London, HFA, Abt. III, Bd. 3/I, München 1975, vor allem S. 170f. Dazu Heide Streiter-Buscher: Fontane als Beobachter der englischen Politik und Kultur, in: Bernd Heidenreich und Frank-Lothar Kroll (Hrsg.), Theodor Fontane. Dichter der Deutschen Einheit, Berlin 2003, S. 105–120.

[32] Zit. nach Helmuth Nürnberger: Der frühe Fontane. Politik, Poesie, Geschichte 1840 bis 1860, Frankfurt 1975, S. 158.

[33] An Emilie Fontane, 29.5.1851, HFA, Abt. IV, Briefe, Bd. 1, München 1976, S. 250. Vgl. hierzu Hans-Christof Kraus: Theodor Fontane als politischer Journalist in der Ära Manteuffel, in: Heidenreich/Kroll (wie Anm. 31), vor allem S. 42ff. Im selben Band interpretiert Jürgen Angelow (Geschossen hat er nicht. Theodor Fontane und das Jahr 1848) die Wendung zum Konservatismus „auch als eine Rebellion gegen die satte bürgerliche Unternehmergesellschaft und deren abgeschmackte Bereicherungskultur" (S. 37).

Presse zusammen geschusterte Korrespondenzen verfertigte, heulte er mit den Wölfen, und nichts deutet darauf hin, daß er dies *contre coeur* tat.[34] Eine kleine Relativierung im Blick auf seine Anfänge nahm er sehr viel später in den „Kinderjahren" vor. „Er habe vielfach nur mit geteiltem Herzen auf der Seite der Polen" gestanden, bekannte er. „Aller Freiheitsliebe unerachtet", habe er „jederzeit ein gewisses Engagement zu Gunsten der geordneten Gewalten" in sich verspürt, „auch die russische nicht ausgeschlossen."[35] Ob dies mehr war als ein Versuch, im Alter seine Lebensbahnen ins Licht einer wenn auch nur begrenzten Kontinuität zu setzen, sei allerdings dahin gestellt.

Die *Querelles polonaises* traten mit dem Aufstand von 1863 erneut in Fontanes Blickfeld. Preußen unter dem nunmehr zum Ministerpräsidenten berufenen Bismarck unterstützte die Russen bei der Niederwerfung der Erhebung, indem es Gewehr bei Fuß stand und die Grenzen für die polnischen Insurgenten und ihre Logistik abriegelte. Diese Haltung stieß namentlich in England auf Unverständnis. Als Edward Lord Ellenborough dem im Oberhaus Ausdruck verlieh, berichtete Fontane nicht nur, sondern kommentierte auch, brachte mit einiger Schärfe seine eigene Auffassung der Dinge zu Gehör. Zunächst bekräftigte er Rußlands Recht, sich zu wehren, seine Interessen zu verteidigen. Den Vergleich mit den Befreiungskriegen von 1813, den der Lord gezogen hatte, kritisierte er als nicht sachgerecht. Das sei „halb Phrase, halb Torheit". Denn: „Die Erhebung Preußens von 1813, die Erhebung eines Volkes, das noch lebte, das noch da war, die Erhebung eines ganzen Volkes vom König bis zum Bettler, vom Greis bis zum Knaben, – sie hat nichts gemein mit diesem unseligen polnischen Aufstand". Dieser müsse schon daran scheitern, weil ihn allein die Angehörigen der Aristokratie, nicht aber die Bauern, der „zahlreichste Teil des Volkes", trügen. Die Erhebung der polnischen Nachbarn trennt unser Autor schon begrifflich von der des Jahres 1813, indem er von „Insurrection" spricht, damit ein Wort benutzend, dem ein Hauch von Unbotmäßigkeit und Illegitimität anhaftet. Und selbst wenn das ganze Volk sich daran beteiligen würde: Dem „Wiederaufbau eines Polenreiches" könne Preußen weder „ruhig" zusehen noch gar die Hand bieten. Da war er ganz Bismarckianer, dabei Argumente sich anverwandelnd, die Bismarck und seine Gesinnungsgenossen bereits 1848 ins Feld geführt hatten. „Polen wiederherstellen", so die kategorisch dahin gesagte Überzeugung, „heißt einfach das Königreich Preußen von der Landkarte strei-

---

[34] Zu Fontanes Tätigkeit als Redakteur der „Kreuzzeitung" siehe die Einführung von Heide Streiter-Buscher (Hrsg.): Theodor Fontane. Unechte Korrespondenzen 1860–65, Berlin 1996 sowie Dies.: Das journalistische Werk, in: Christian Grawe und Helmuth Nürnberger (Hrsg.), Fontane-Handbuch, Stuttgart 2000, S. 788–806.
[35] Meine Kinderjahre, HFA, Aufsätze, Kritiken, Erinnerungen, Bd. 4, München 1973, S. 111.

chen. Ohne Westpreußen, ohne Danzig, ohne die Weichsel, sind wir kein Preußen mehr." Und weiter lesen wir: „Es ist Torheit, von einem blühenden und lebensberechtigten Staate zu fordern, daß er sich selbst opfere, sich selbst zerstückele, um ein an seiner Schuld und seinen Gebrechen längst zugrunde gegangenes Gemeinwesen, wie das polnische, wieder aufrichten zu helfen."[36]

VI.

Noch einmal: Die polnische Frage ist mit Preußen eng verwoben; sie hat, wie deutlich geworden ist: politische, daneben und darüber hinaus, und das war Fontane womöglich wesentlicher, moralische Dimensionen. Vielleicht am eindrücklichsten läßt sich dies mit einem Blick auf den Roman *Vor dem Sturm* veranschaulichen.[37] Ins Auge gefaßt hatte er das Werk bereits in den 50er Jahren, hatte die Arbeit daran aber mehrfach unterbrochen und erst in den 70er Jahren abgeschlossen. Als Buch ist es 1878 erschienen, als sich in Bismarcks Politik die konservative Kehre abzuzeichnen begann, die langfristig zur Zermürbung des Liberalismus beitrug. Der Untertitel spricht von einem „Roman aus dem Winter 1812 auf 13". Die erzählte Zeit beschränkt sich auf wenige Wochen, gibt ein Panorama der preußischen Gesellschaft in der Hauptstadt wie auf dem Lande, genauer: in den Dörfern und Gütern des Oderbruchs. *Vor dem Sturm* ist in mancher Hinsicht ein Dementi eigener Auffassungen aus früheren

---

[36] Lord Ellenborough und der polnische Aufstand, 21.2.1863, in: Streiter-Buscher: Unechte Korrespondenzen, S. 284–88.

[37] Über den Roman ist in der wissenschaftlichen Literatur mehrfach gehandelt worden. Ich beschränke mich hier auf eine kursorische Nennung und verzichte auf weitere Einzelnachweise: Aus dezidierter Historiker-Perspektive Klaus Zernack: Preußen-Mythos und preußisch-deutsche Wirklichkeit, in: Ulrich Haustein u.a. (Hrsg.), Ostmitteleuropa. Berichte und Forschungen, Stuttgart 1981, S. 252–265; Barbara Widawska: Die preußisch-polnischen Familienbeziehungen in Fontanes Roman Vor dem Sturm, in: Külzer Hefte Nr. 6, 2010, S. 170–184; Wienczysław A. Niemirowski: Zum Polenthema in Theodor Fontanes „Vor dem Strum", in: Fontane Blätter 50, 1990, S. 96–102. Vgl. daneben auch die umfassender kontextualisierten Beiträge von Dietrich Sommer: Das Polenbild Fontanes als Element nationaler Selbstverständigung und –kritik, in: Weimarer Beiträge 11, 1970, S. 173–190; Walter Müller-Seidel: Fontane und Polen. Eine Betrachtung zur deutschen Literatur im Zeitalter Bismarcks, in: Jörg Thunecke (Hrsg.), Formen realistischer Erzählkunst. Festschrift für Charlotte Jolles, Nottingham 1979, S. 433–447; Werner Rieck: Polnische Thematik im Werk Theodor Fontanes, in: Fontane Blätter 62, 1996, S. 84–115 sowie die Aufsätze von Hubert Orłowski: Fontanes Polenbild, Wienczysław Niemirowski: Theodor Fontane im Lichte seiner Korrespondenz und Publizistik, in: Hugo Aust und Hubertus Fischer (Hrsg.), Fontane und Polen, Fontane in Polen, Würzburg 2008, S. 25–40 und 41–65.

Tagen, vor allem jener patriotischen Legendenmalerei, die den antinapoleonischen Feldzug zum Krieg der Deutschen, zum Krieg des Volkes gegen den Tyrannen verklären wollte, um so die enge Verbundenheit zwischen Krone und Untertanen zu beschwören. Die Realität des Jahres 1813, und das macht der Roman auf unvergleichlich subtile Art deutlich, war jedoch weit entfernt von wohlfeilen Parolen à la „Das Volk steht auf, der Sturm bricht los".

Fontane hat seinen Roman als „Vielheitsroman" verteidigen wollen. Das bezog sich gegen die Kritik einiger Rezensenten zuvorderst auf das breit angelegte Personaltableau, ließe sich aber auch auf die vielschichtigen Erzählstränge und die darin eingeschriebenen Konstellationen beziehen. Die eigentliche Thematik ist sehr preußisch, zugleich jedoch, freilich nicht ganz so intensiv: polnisch. Die Sympathie des Autors gehört den Preußen, natürlich: möchte man meinen, aber deren ‚Gegenfiguren', jeweils adlige Polen, werden nicht „ohne Respekt und Mitgefühl" gezeichnet[38]. Auch die im Roman diskutierte Frage, wer in den Bezirken diesseits und jenseits der Oder das siedlungstechnische und kulturelle Prae hatte, die slawischen Wenden oder die Germanen, bleibt ebenso unentschieden wie praktisch folgenlos. Die Argumente, welche die beiden Kontrahenten austauschen, Pastor Seidentopf und Justizrat Turgany, zwei Charaktere konträren Temperaments, werden ohne erkennbare Präferenz des Erzählers ausgebreitet, hier und da mit leichtem Augenzwinkern, ein Disput unter gelehrten Köpfen *comme il faut*, in dem manche Skurillitäten, nicht jedoch nationalistische Töne zum Vorschein kommen.

Entfaltet wird ein historisches Panorama im Stil einer, wie wir heute vielleicht sagen würden: Geschichte von unten, oder wie Fontane sagt: eines „Zeitbildes".[39] Darin eingelagert ist Familien-, Liebes- und Beziehungsgeschichte. Im Mittelpunkt stehen zwei vornehme Familien: die in der Mark alt eingesessenen Vitzewitze auf Hohen-Vietz und die in Berlin residierenden Ladalinskis. Deren Häupter, Bernd von Vitzewitz und Alexander von Ladalinski, seines Zeichens Geheimrat, planen, die beiden Familien über die Verheiratung der Kinder miteinander zu verknüpfen. Das ist gleichsam ‚von oben' konzipierte Heiratspolitik, in der Epoche um 1800 ganz und gar nichts Ungewöhnliches, wäre da nicht die unterschiedliche Herkunft, genauer: die unterschiedliche Nationalität, in der die Familien jeweils wurzeln und die sich am Ende als unüberwindliches Hindernis erweist. Die Ladalinskis nämlich sind polnisch. Ladalinski, hatte 1794 an der Seite Kosciuszkos gegen die Russen gekämpft und war nach der dritten Teilung in preußische Dienste gewechselt, hatte sich assimi-

---

[38] Formulierung bei Helmuth Nürnberger: Polen, in: Ders. und Dietmar Storch, Fontane-Lexikon. Namen-Stoffe-Zeitgeschichte, München 2007, S. 350.

[39] Tagebücher 1862–1882, 1884–1898, hrsg. von Gotthard Erler unter Mitarbeit von Therese Erler (GBA), Berlin 1995, S. 65 (1877).

liert und damit die von der Abstammung vorgezeichneten Bahnen verlassen. „In kürzester Frist", bestätigt der Erzähler, hatte er sich „in den neuen Verhältnissen zurecht gefunden. Seine mehr preußisch als polnisch angelegte Natur unterstützte ihn dabei; dem Unordentlichen und Willkürlichen abhold, fand er in dem Regierungsmechanismus, in den er jetzt eintrat, sein Ideal verkörpert."[40] Durch die Heirat seines Sohne Tubal mit Renate und seiner Tochter Kathinka mit Lewin von Vitzewitz hofft er, seine gesellschaftliche Position zu verankern, sie bodenständig zu machen, den anverwandelten Habitus eines gesinnungsfesten Preußen durch Konnubium zu beglaubigen, sich und die Familie gleichsam dauerhaft zu ‚behausen'.

Was das bedeutet, entwickelt Tubal im Gespräch mit Bernd von Vitzewitz. Er habe, sagt er, kein Recht, an den Motiven des Vaters, sich zu „expatriieren", Kritik zu üben. „Segen" jedoch habe dieser Schritt nicht gebracht: „Unser Name ist polnisch, und unsere Vergangenheit, und zum besten Teil auch unser Besitz, so weit wir ihn vor der Konfiskation (durch die Russen) gerettet haben. Und nun sind wir Preußen! Der Vater mit einer Art von Fanatismus, Kathinka mit abgewandtem, ich mit zugewandtem Sinn, aber doch immer nur mit einer Liebe, die mehr aus der Betrachtung als aus dem Blute stammt. Und wie wir nicht recht ein Vaterland haben, so haben wir auch nicht recht ein Haus, eine Familie."[41] Als Kontrastfigur fungiert Graf Bninski, ein „Pole vom Wirbel bis zur Zeh."[42] Dieser, der am Ende Kathinka aus ihrer Familie herausreißt, auf seine Güter in Polen entführt und zur Frau nimmt, äußert offen oder verdeckt sein Unverständnis über die von Ladalinski getroffenen Entscheidungen. Auf die Nachricht von der eigenmächtigen Kapitulation Yorks, der das preußische Kontingent in der napoleonischen Rußlandarmee befehligt, reagiert er enttäuscht: „Und das nennen sie Treue hierlandes!"[43] Aber auch im Geheimrat befehden sich in diesem Moment, wie der Erzähler mitteilt, „polnisches Blut und preußische Doktrin wie Feuer und Wasser".[44] Bninski ergeht sich auf einer Gesellschaft im Hause Ladalinski in Sarkasmen, ironisiert das, was er die „Eigentümlichkeiten deutscher Nation" nennt: „Immer- ein feierliches in Eid- und Pflichtnehmen, dazu dann ein entsprechendes Symbol".[45] Den Entschluß des Alten, die Fäden zu seiner polnischen Heimat zu kappen, gar zum Protestantismus zu konvertieren, überhaupt sich jenem Preußen anheimzugeben, daß Polen „um

---

[40] Vor dem Sturm, 3. u. 4. Bd., hrsg. von Christine Hehle (GBA), Berlin 2011, S. 39.
[41] Ebd., 1. u. 2. Bd., S. 282.
[42] Ebd., S. 193 (so die Charakterisierung durch Tante Amelie, Gräfin von Pudagla, gegenüber Lewin).
[43] Ebd., 3. u. 4. Bd., S. 81.
[44] Ebd., S. 82.
[45] Ebd., S. 182f.

dreißig Silberlinge verschachert" habe[46], ist ihm „ein Rätsel und ein Widerspruch". Denn, so wundert er sich: Ladalinski habe einen „Überschuß an jenem Edelsinn, dessen gänzliches Fehlen" in Preußen ihm, Bninski, diesen Staat „so widerwärtig" mache. Hier herrsche nichts als „der Vorteil, der Dünkel, die großen Worte".[47] In den Entwürfen aus dem Jahre 1866 hat Fontane diese Haltung als „vornehme Abneigung gegen den preußischen Pfennigstaat" charakterisiert[48], was – nebenbei – den Auffassungen des Autors damals wie späterhin nicht allzu fern war.

Aus solchen und anderen Bemerkungen läßt sich schließen, daß es Fontane um etwas ging, das in unserer heutigen Sprache und Vorstellungswelt vermutlich Identität heißen würde, und zwar individuelle wie kollektive. Die zwei Komponenten gehören zueinander, das eine ist ohne das andere nicht zu denken. Identität ist Treue zu sich selbst und zur jeweiligen Nation, zum Vaterland, in unserem Fall zu Preußen oder zu Polen. Beides gleichzeitig haben zu wollen, ist – so die Botschaft des Romans – zum Scheitern verurteilt. „Eine Treue kann die andere ausschließen", gibt Tubal dem Grafen Bninski zu bedenken.[49] Und es ist kein Zufall, daß Ladalinski, als sein Sohn in der Aktion zur Befreiung Lewins aus französischer Gefangenschaft vor den Mauern Küstrins ums Leben kommt, den Leichnam nach Polen überführt, um ihn auf der angestammten Besitzung in Bjalanovo zu beerdigen. Das ist ein Symbol der Versöhnung mit den Wurzeln, was sich schon vor dem Sarg in der Hohen-Vietzer Dorfkirche angedeutet hatte. Das „alte katholische Gefühl" nämlich erfaßte ihn wieder, berichtet der Erzähler, wie es sich „erst in Kathinka und dann zuletzt in Tubal geregt hatte".[50]

Es ist das Motiv der Treue, das den gesamten Roman durchwirkt. Zur Sprache wird es gleich am Anfang gebracht mit Schilderungen aus der Familiengeschichte derer von Vitzewitz, dem Verrat des Matthias von Vitzewitz, der sich im Dreißigjährigen Krieg den kaiserlichen Truppen angeschlossen hatte und in kaiserliche Dienst übergewechselt war. Seine Rückkehr auf das väterliche Gut ist, obwohl er den daheimgebliebenen Bruder Anselm im Duell ersticht, Heimkehr und Buße, Versöhnung mit den Ursprüngen, aus denen er kommt und derer der Mensch sich nicht entschlagen kann und soll. Es überzieht vielleicht die Interpretation nicht, wenn ich sage, daß dieses Schicksal, gewiß nicht eins zu eins, aber doch dem Sinn nach, gleichsam in der Manier des mittelalterlichen Topos von Figur und Erfüllung, das der Ladalinkis und des Grafen Bninski antizipiert.

---

[46] Ebd., S. 214.
[47] Ebd., S. 212.
[48] Ebd., 1. u. 2. Bd., S. 443 (Anhang: Überlieferung).
[49] Ebd., 3. u. 4. Bd., S. 83.
[50] Ebd., S. 475.

VII.

Ein letztes Wort zum preußischen Charakter des Romans. Es nimmt die Heirat Lewins mit Marie zum Anlaß, mit einem Mädchen aus dem Volk, einem Waisenkind unbestimmter Herkunft, aufgenommen vom Dorfschulzen Kniehase und erzogen im Hause Vitzewitz. Bedenken wegen der nicht standesgemäßen Verbindung läßt der Vater nicht gelten, darin bestärkt durch Generalmajor von Bamme, einen hoch betagten friderizianischen Troupier. Es sei „nichts mit den zweierlei Menschen", pflichtet dieser seinem Gesprächspartner Bernd von Vitzewitz bei. Solche Einsicht sei mit dem „Westwind" herübergeweht. Er, Bamme, mache sich nichts aus „den Franzosen", diesen „Windbeuteln", und auch mit „Brüderlichkeit" und „Freiheit" werde es „nicht viel werden", aber das, was sie „dazwischen gestellt" hätten: Damit habe es etwas auf sich. Und das sei nichts anderes als der Grundsatz: „Mensch ist Mensch." Er „perhorresziere" das „ganze Vettern- und Muhmenprinzip", wenn es ums „Heiraten und Fortpflanzen" gehe, und überhaupt, mit dem „alten Schlendrian", mit Vorurteilen und Standesdünkel müsse aufgeräumt werden.[51]

So präsentiert sich schon hier das, was Fontane später in seinem letzten Roman mit Andacht und Liebe an der Figur des alten Stechlin exemplifizieren wird: der Adel, wie er sein sollte, aber – wie er in der gesellschaftlichen Realität des Kaiserreichs beim Erscheinen der beiden Bücher noch längst nicht war: weder 1878 noch 1899.

---

[51] Ebd., S. 490f.

Iulia-Karin Patrut und Franziska Schößler

Labor Österreich-Ungarn: Nation und imaginäre Fremdheit in Fontanes Roman *Graf Petöfy*

Theodor Fontane schreibt mit *Graf Petöfy* seine eigene Version von *Der Mann von funfzig Jahren*, versetzt die Handlung, eine Ehe zwischen einer sehr viel jüngeren Frau und einem älteren Mann, in seine unmittelbare Gegenwart und lässt das Verhältnis, anders als in Goethes fragmentarischer Erzählung aus den *Wanderjahren*, zumindest auf den ersten Blick mit einer Entsagung und tödlich enden. Zusammen mit dieser ungleichen Beziehung verhandelt der Historiker Fontane die Zäsuren 1848, 1867 und 1871, alles drei Chiffren der Nation, wobei 1848 mit dem Scheitern der ungarischen Staatsgründung verbunden ist, 1867 für die Gründung der Doppelmonarchie als Zugeständnis an die ungarische Nation und 1871 für die preußisch-deutsche Reichsgründung steht. Das letztgenannte Datum gerät eher indirekt in den Blick, beispielsweise über fast unmerkliche Hinweise auf das Platzen der Spekulationsblase 1873, wenn also von „Krachzeiten" (38) die Rede ist.[1] Der „Krach" der Gründerjahre ist in Berlin und Wien besonders spürbar, führt zu nachhaltigen, monopolisierenden Umverteilungen der Vermögen und damit zu sozialer Mobilität; zudem leitet er die „große Depression" ein, die die Forschung allerdings eher als mentalitätsgeschichtliches Phänomen denn als realgeschichtliche Misere auffasst.[2]

Diese zeitlichen Zäsuren werden nicht, wie in den bekannteren Romanen Fontanes, innerhalb des preußischen Raums verhandelt, sondern der Autor entwirft Landschaften und Orte, die er kaum aus eigener Anschauung kannte – dieser Umstand wurde dem Realisten zuweilen vorgeworfen. Es ist jedoch davon auszugehen, dass auch das realistische Glacis seiner Berlinromane Inszenierung ist oder umgekehrt: dass trotz der intimen Kenntnis von Gegenden mit und an Stereotypisierungen gearbeitet wird. Fontane treibt (vielleicht auch deshalb) ein komplexes Spiel mit seiner Unkenntnis der ungarischen Landschaft: Zwar fordern die Figuren wiederholt dazu auf, sich mit der ‚Wirklichkeit' der ihnen unvertrauten Gegend zu konfrontieren, Fontane montiert jedoch an mehreren Stellen

---

[1] Die Angaben in Klammern beziehen sich auf folgende Ausgabe: Theodor Fontane: Graf Petöfy. Roman. Große Brandenburgische Ausgabe, Bd. 7: Das erzählerische Werk, hg. v. Petra Kabus, Berlin 1999.

[2] Vgl. dazu Franziska Schößler: Börsenfieber und Kaufrausch: Ökonomie, Judentum und Weiblichkeit bei Theodor Fontane, Heinrich Mann, Thomas Mann, Arthur Schnitzler und Émile Zola, Bielefeld 2009, u.a. S. 39.

erlesene, ,preußisch-kultivierte' Gegenden in seine Schilderung Ungarns ein. Das Schloss am Plattensee mit seinen abfallenden Felsen beispielsweise ist dem Schloss Ilsenburg nachgebildet, so dass der Weg von Franziska Franz nach Ungarn zurück in die bekannten Bildwelten Preußens führt.

Graf Petöfy ist damit auch ein interkultureller Roman, in dem preußische, österreichische und ungarische Selbst- und Fremdentwürfe sowie Fremddarstellungen von Roma ein Wechselspiel von Spiegelungen und Projektionen, von Dichotomisierungen und Hybridisierungen eingehen. Im Folgenden wird der Hypothese nachgegangen, dass Fontane auch in diesem Roman eine Kritik an Preußen formuliert, wenn er den spektakulären Untergang einer Vernunftehe vorführt – in dem wenige Jahre zuvor erschienenen Gesellschaftsroman *L'Adultera* zerbricht die Zweckehe zwischen Van der Straaten und Melanie de Caparoux ebenfalls,[3] um der Stimme des Herzens Platz zu machen. Darüber hinaus formuliert *Graf Petöfy* einen umfassenden Einspruch gegen die Idee der Nation als Einheit, als homogenisierende Schutzdichtung[4] und als Diskurs imaginärer Gemeinschaften,[5] der Unterschiede zu nivellieren versucht. Bei Fontane dominieren die Mischungen und Maskeraden, die nationale Zugehörigkeiten als Inszenierung ausstellen. Diese Hybridisierungen nehmen jedoch zu, je weiter sich der Text in den ,Osten' bewegt, so dass fraglich wird, inwiefern Fontane ein traditionsreiches Stereotyp bedient, das den ,Osten', den ,wilden Balkan', als nicht-identisch und theatral konstruiert. Der Osten firmiert damit zwar als ideales Medium einer Kritik an der Idee der homogenen Nation; gleichwohl lässt sich in Fontanes Text eine Art „Preußenzentrismus"[6] ausmachen, wenn die Einwohner der Monarchie als ebenso unstet wie theatralisch erscheinen; die in *Graf Petöfy* zentral

---

[3] Dirk Mende hält über den sich abzeichnenden Zusammenhang von Ökonomie und Intimität in der Ehe fest: „Die Tauschwerte in diesem Ehehandel realisieren sich für van der Straaten und Melanie verschieden, ornamental wie ökonomisch. Für den Bourgeois van der Straaten liegt Melanies Tauschwert im Kapital ihrer Schönheit und ihrer Jugendlichkeit wie in ihrem Adelstitel und der damit verquickten Erhöhung seiner gesellschaftlichen Position. Für die verarmte Melanie de Caparoux liegt der Tauschwert van der Straatens in dessen Vermögen, dem Freikauf der vom Vater hinterlassenen Schulden sowie der Fortsetzung eines verwöhnten Lebens." Dirk Mende: Frauenleben. Bemerkungen zu Fontanes *L'Adultera* nebst Exkursen zu *Cécile* und *Effi Briest*, in: Hugo Aust (Hg.): Fontane aus heutiger Sicht. Analysen und Interpretationen seines Werks. Zehn Beiträge, München 1980, S. 183–213, S. 187.

[4] Elisabeth Bronfen, Marius Benjamin, Therese Steffen (Hg.): Hybride Kulturen. Beiträge zur anglo-amerikanischen Multikulturalismusdebatte, Tübingen 1997.

[5] Benedict Anderson: Kulturelle Wurzeln, in: ebd., S. 31–58.

[6] Roland Berbig: Theodor Fontane im literarischen Leben. Zeitungen und Zeitschriften, Verlage und Vereine, Berlin 2000, S. 152.

behandelten ‚Zigeuner'-Figuren bilden den Kulminationspunkt dieser Zuschreibungen.

Das Personal: Oppositorische Struktur und das Sujet der Assimilation

Fontanes Text gleicht, auf den Spuren von Goethes *Wahlverwandtschaften*, einem Experiment, einem Reagenzglas, in dem auf den ersten Blick oppositorische Merkmale (der Figuren) aufeinandertreffen und in ihrer Reaktionsweise beobachtet werden – die Kritik störte sich auch an diesem Schematismus. Dem alten Aristokraten Petöfy, einem Ungarn, steht eine norddeutsche junge Frau gegenüber, eine Schauspielerin und Pastorentochter. Religion, Alter, Geschlecht, Herkunft, Nation, Einkommen, all das unterscheidet sich, wie die Figuren selbst wiederholt anmerken. Es scheint, als wolle Fontane in einer Zeit, die sich durch eine forcierte Nationalisierung auszeichnet, noch einmal andere (zum Teil anachronistische) Distinktionslinien aufrufen, um sie in ihrer Validität und ihrem Zusammenspiel zu prüfen. Bei näherem Hinsehen erweisen sich jedoch viele der Grenzziehungen als durchlässig, wie die Konversion der preußischen Pastorentochter Franziska Franz zum Katholizismus, ihr Eintritt in den ungarischen Adelsstand und der Übergang von Schloss Arpa in den Besitz der jungen Frau dokumentieren. Religion, Klasse und ‚Kultur' erweisen sich mithin als uneindeutig und verhandelbar; Fontanes Schematismus ermöglicht es, Ambiguitäten und Metamorphosen effektvoll zu gestalten: Ungarn wird durch die Übernahme des Schlosses preußisch eingefärbt, während die Preußin Franz beschließt, sich ihrem neuen Umfeld zu assimilieren. „[...] ich kann hier nicht wirken als eine Fremde. Was dieser Leute Sinnen und Trachten ausmacht, muß auch *mein* Sinnen und Trachten ausmachen; wir müssen eins sein in diesen Dingen, sonst geht es nicht" (223, Hervorhebung im Original). Diese gelungene Assimilation bzw. Konversion, wie sie in Fontanes Werk wiederholt verhandelt wird,[7] spitzt sich zum ‚Eins-sein' der Migrantin Franz mit ihrem neuen

---

[7] Konversion und Assimilation sind in Fontanes Texten grundlegende Themen, wohl auch aufgrund seines Interesses an ausgegrenzten Figuren, und sie werden facettenreich diskutiert. Franziska Franz zum Beispiel bezeichnet sich selbst als „weißes Blatt" (85): Sie sei nicht österreichisch und nicht habsburgerisch und könne deshalb ungrisch werden. Die alte Gräfin, die die Religion als basales Differenzkriterium vertritt, warnt hingegen vor der Assimilation, vor der Anpassung an eine Nation. Man solle das Volk und die Sprache nicht aufgeben, „bloß um einer andern in gleicher Selbstsucht und Selbstgerechtigkeit befangenen Nationalität willen" (163). Sie lehnt die Nation als Differenzkriterium ab und setzt die transnationale Religion dagegen. Fontane selbst hat sich in dieser Debatte ebenfalls (nicht gerade rühmlich) positioniert; er geht, so hat Michael Fleischer materialreich ausgeführt,

Umfeld zu, wobei der Text ironisch auf dem Nicht-Identischen Ungarns insistiert. Der Altersunterschied zwischen Franziska und dem Grafen kann hingegen nicht überwunden werden; ihm kommt eine für den Handlungsverlauf entscheidende Rolle zu, wohl auch deshalb, weil er Symbol für den unaufhaltsamen Zeitenwandel ist. Fontanes Experiment lässt also die Historizität von Differenzen erfahrbar werden.

Neben ihrer oppositorischen Anlage lassen sich die Figuren als minorisierte beschreiben. Sie sind an den ‚Rändern' der Mehrheitsgesellschaft angesiedelt, für die Fontanes Texte wie beispielsweise *Cécile* ein besonderes Interesse hegen; auch in *L'Adultera* treffen marginalisierte Figuren aufeinander, der jüdische Bankier Van der Straaten, der in der Berliner Gesellschaft wenig geachtet ist,[8] und Melanie, die ‚Schwarze', aus einem dubiosen schweizerischen Adelsgeschlecht. In *Graf Petöfy* tritt entsprechend eine Schauspielerin auf, die zwar in den Umkreis der illustren Diven der Zeit wie Clara Ziegler und Charlotte Wolter gerückt wird (die ihrerseits mit dem Grafen Karl O'Sullivan de Graß verheiratet war). Gleichwohl hat die Schauspielerei auch um die Jahrhundertwende, wie beispielsweise in dem Tagebuch Helene Scharfensteins, in Heinrich Manns Drama und Erzählung *Die Schauspielerin* oder auch in Arthur Schnitzlers Drama *Freiwild* deutlich wird, einen überaus fragwürdigen sozialen Status. Schauspielerinnen gelten, so zeigt sich auch an der Figur Phemis, als Objekt des Begehrens und werden nicht selten in die Nähe der Prostitution gerückt (unter anderem aufgrund des selbst zu finanzierenden Kleiderluxus).[9] Die Konversion von Franziska Franz wird allein deshalb plausibel, weil ihr – obgleich sie selbst Schauspielerin ist – die von Fontane bekannte Ablehnung des Theaters in den Mund gelegt wird.[10]

Auch der Graf Petöfy fühlt sich nach 1849, nach der mehrfach genannten Schlacht vor Arad, als Ausgegrenzter und Unterworfener. Sein ungarischer Nationalismus ist Resultat dieser Schlacht, nach der ihm die

---

    bereits in frühen Jahren davon aus, dass allein die vollständige Assimilation die so genannte „Judenfrage" löse und dass vorbehaltlose Anpassung an die herrschenden Praktiken der Mehrheitsgesellschaft mit Fug und Recht einzufordern sei; Michael Fleischer: „Kommen Sie, Cohn". Fontane und die „Judenfrage", Berlin 1998, S. 86.

8 Humbert Settler betont, dass kein ersichtlicher Anlass bestehe, warum der Protagonist als Jude gestaltet sei, und liest die Figur, zumindest flüchtig, im Kontext der Antisemitismus-Debatte der Zeit; Humbert Settler: *L'Adultera* – Fontanes Ehebruchsgestaltung – auch im europäischen Vergleich, Flensburg 2001, S. 17f.

9 Vgl. dazu Malte Möhrmann: Die Herren zahlen die Kostüme. Mädchen vom Theater am Rande der Prostitution, in: Renate Möhrmann (Hg.): Die Schauspielerin – Eine Kulturgeschichte, Frankfurt a.M. 2000, S. 292–317.

10 Vgl. John Osborne: *Graf Petöfy*: Eine Separatvorstellung, in: Fontane Blätter 80 (2005), S. 70–91. Die Protagonistin erweist sich mit ihren Causerien als Pendant des Autors, wie ihre Initialen und ihr androgyn-tautologischer Name ebenfalls andeuten.

Anerkennung Wiens als Zentrum der österreichischen Monarchie unmöglich wird. Der Name Petöfy spielt dabei auf den ungarischen Revolutionshelden Alexander Petöfy an, dessen politische Gedichte, insbesondere sein *Nationallied*, auch in Deutschland rezipiert wurden – etwa von Bettine von Arnim, die Anteil an dem Kampf um die ungarische Nation nahm und eine Ode mit dem Titel *Petöfy dem Sonnengott* verfasste, die 1851 im „Deutschen Museum" erschien.[11] Der Tod Alexander Petöfys (ungarisch: Sándor Petöfi) 1849 in der Schlacht bei Sighişoara stand auch außerhalb der Grenzen des Kaiserreichs wie kaum ein anderes Ereignis für den unüberbrückbaren Bruch zwischen ‚Österreich' und ‚Ungarn'. Vor diesem Hintergrund gewinnt die widersprüchliche Selbstverortung des Grafen Petöfy an Plastizität – zumal wenn bedacht wird, dass Alexander Petöfy nicht nur im Namen des Volkes den ungarischen und deutschen Adel bekämpfte (Fontane nennt seinen Roman ironischerweise *Graf Petöfy*), sondern auch, dass er als Sohn slowakischer Eltern zur Ikone des ‚Ungarischen' wurde.

Fontanes Petöfy beschwört mit ebenso viel Begeisterung wie Nostalgie die Phase vor 1848, also den österreichischen Vielvölkerstaat (vor Alexander Petöfy), und verklärt diesen zum friedlichen Nebeneinander der Ethnien: „Unser altes Oesterreich war so bunt, wie's auch heute noch ist, aber die Farben vertrugen sich unter einander. Ein Jeder hing mit Leib und Leben am Kaiserhaus, und weil das Kaiserhaus gut wienerisch war und wir Alle mit, so wunderte sich Keiner darüber, daß die ganze bunte Landkarte von Wien aus regiert wurde." (131) Damit freilich entwirft er ein verzerrtes Idealbild, denn das deutschsprachige Blickregime auf die Völker der Monarchie (zu denen die Ungarn zählten) war auch vor 1848 von uneingestandenen Asymmetrien und Abwertungen geprägt, während sich das ‚deutsch' imaginierte Zentrum als ethnisch neutral verstand.[12] Statt der ‚Einheit in der Vielfalt', die Petöfy beschwört, entwirft das Zentrum Wien eine Erzählung, wonach die ‚bunten', ‚orientalischen' Peripherien zivilisiert und beherrscht werden sollten.[13] Die Reiseberichte österreichischer Beamter aus Galizien beispielsweise lassen sehr deutlich werden, dass Diffamierungen (insbesondere der galizianischen Juden) auf

---

[11] Vgl. Ulrike Landfester: Selbstsorge als Staatskunst. Bettine von Arnims politisches Werk, Würzburg 2000, S. 354 und 356.

[12] Iulia-Karin Patrut: Wissen und Selbstentwurf. Das ‚unmarkierte Deutsche' im Europa des langen 19. Jahrhunderts, in: Gabriele Dürbeck, Axel Dunker (Hg.): Postkoloniale Germanistik. Bestandsaufnahme, theoretische Perspektiven, Lektüren, Bielefeld 2014, S. 223–270.

[13] Iulia-Karin Patrut: Binneneuropäischer orientalistischer Diskurs und seine Verschiebungen: ‚Zigeuner', Juden und Deutsche im 19. Jahrhundert, in: Anna Babka, Axel Dunker (Hg.): Postkoloniale Lektüren, Bielefeld 2013, S. 213–257.

der Tagesordnung standen.[14] Was sich jedoch aus Graf Petöfys verklärender Beschreibung der früheren Monarchie ablesen lässt, ist der Umstand, dass das Imperium Österreich (anders als die Nation) Mechanismen der Inklusion von Fremden kannte, die nicht auf biologistisch aufgefasster Ethnizität basierten, sondern sich im Bereich der Zugehörigkeitsrechte an religiösen und kulturellen Differenzen ausrichteten – Fontane hingegen schreibt in einer Phase, in der die Ethnien im Kontext des dominanten Nationalgedankens bevorzugt biologisch definiert werden und sich die Staatsbürgerschaft vereinheitlicht. Dieses Imperium Österreich mit seinen flexibleren Inklusions- und Exklusionsregeln scheint, so die Diagnose des Romans, mit dem ungarisch-österreichischen Krieg verschwunden zu sein. Der Graf ist damit topographisch exiliert und auch sein Alter weist ihn einer anderen Zeit zu, deren Untergang durch seinen Selbstmord besiegelt wird.

Rationalitäts- als Modernitätskritik und ‚Zigeuner'-Romantik

Fontane entwirft ein komplexes System von Eigenschaften, die verräumlicht und mit einem Zeitindex versehen werden – der Adelige verkörpert das alte Imperium, während Franziska Franz für die Moderne, für die neue Zeit steht; Fontane hat sein Vorbild für diese Figur, die Hofschauspielerin Johanna Buska, als Inbegriff der Moderne bezeichnet.[15] Damit meint er zunächst einen Schauspielstil, der für das Historische nicht geeignet ist, sich also durch seinen Gegenwartsbezug auszeichnet. Beschreibt er Buska jedoch zugleich als Aschenbrödel – auch sein Vorbild heiratete in höhere Kreise ein –, so bezeichnet „modern" hier durchaus die als bedrohlich wahrgenommene soziale Mobilität, die die gesellschaftlichen Schichten durchlässig werden lässt und für die Phase nach 1871 bzw. 1873 symptomatisch ist.

---

[14] Vgl. dazu Ritchie Robertson: „Das ist nun einmahl slawische Sitte!". Die Bewohner Galiziens in Reiseberichten des späten 18. Jahrhunderts, in: Paula Giersch, Florian Krobb, Franziska Schößler (Hg.): Galizien im Diskurs. Inklusion, Exklusion, Repräsentation, Frankfurt a.M. 2012, S. 41–56.

[15] Theodor Fontane: *Graf Petöfy*. Sämtliche Romane, Erzählungen, Gedichte, Bd. 9, hg. v. Walter Keitel, Helmut Nürnberger, München 1970, S. 195; Theodor Fontane: Werke, Schriften und Briefe, Abt. III, 2 (Erinnerungen, Ausgewählte Aufsätze und Kritiken), München 1970, S. 31 und 34. Tatsächlich gibt es, unter anderem in Heinrich Manns Texten wie dem Roman *Im Schlaraffenland*, immer wieder Hinweise darauf, dass die Schauspielerin als in besonderem Maße sozial mobil wahrgenommen wird (auch durch ihr Rollenspiel) und dass ihre Mesalliancen die gesellschaftlichen Schichten erodieren lassen; sie kann ‚alles' werden.

Diese neue Zeit ist unter anderem durch einen dominanter werdenden ökonomischen Diskurs gekennzeichnet,[16] der in die Sprache und Pläne der Figuren einzudringen beginnt. Gleich zu Beginn von *Petöfy* wird der Selbstmord des verdienstvollen österreichischen Generals und Politikers Ludwig Karl Wilhelm Freiherr von Gablenz erwähnt. Sein Selbstmord am 28. Januar 1874 – zu diesem Zeitpunkt spielt der Roman – war eine Folge der Wirtschaftskatastrophe von 1873.[17] Der Graf beklagt zudem an anderer Stelle ausdrücklich, dass das Kaufmännische zunehmend in der Sprache präsent sei (21f.). Franziska Franz beschreibt sich ganz analog (wie später Mathilde Möhring, zumindest im ersten Teil der gleichnamigen Erzählung) als passionslose Frau: „Ich bilde mir wenigstens ein, überlegend und beinahe berechnend zu sein, eine nüchterne norddeutsche Natur. Und wenn sich mir meine Wünsche erfüllen, so werd' ich eine Kaufmannsfrau" (21) (um später eines besseren belehrt zu werden). Die Ehe der beiden Figuren basiert entsprechend nicht auf Gefühlen, sondern auf der Hoffnung des gesellschaftlichen Aufstiegs, der den Ausstieg aus dem missliebigen Schauspielerberuf ermöglicht, und der Hoffnung auf Unterhaltung, auf Causerie, die die Altersdepression zu vertreiben verspricht. Diese Vernunftehe – Fontane spricht von einem Pakt, einem Vertrag und einer Rechnung, die nicht aufgeht[18] – hat auch in *Graf Petöfy* keine Zukunft. Der Schluss des Romans formuliert ein radikales Dementi des Eheprojekts, das dem Rationalismus und dem Vernunftethos der Zeit zu entsprechen scheint.

Fontane schreibt also sein zentrales Thema, die Kritik an der Auszehrung des Gefühls unter anderem durch die Praxis der Zivilehe – Herz[19] und Glück sind *die* Chiffren seiner Texte –, innerhalb des österreichischen Settings fort, ebenso die ekstatische Entdeckung des Gefühls, die hier für die eher sentimentalen Partien des Romans sorgt und in Hinblick auf Interkulturalität in hohem Maße aussagekräftig ist. Denn das ‚innere

---

[16] Eue-Choon Park beschreibt sowohl die Bedeutung des Ökonomischen im 19. Jahrhundert als auch Fontanes Warnungen vor dem kapitalistischen Gewinnsystem und der „Geldsackmentalität" des Bürgers; Eue-Choon Park: Fontanes Zeitromane. Zur Kritik der Gründerzeit, Frankfurt a.M. 1997, S. 61f. Besonders in den Briefen an Friedländer spricht Fontane vom Fluch des Mammon; ebd., S. 64.

[17] Katharina Mommsen: *Graf Petöfy* und *Arabella*, in: dies. (Hg.): Hofmannsthal und Fontane, Frankfurt a.M. 1986, S. 55–78, S. 65.

[18] Brief an Emilie Fontane vom 15. Juni 1883, in: Theodor Fontane: Briefe in zwei Bänden, Bd. 2, hg. v. Gotthard Erler, Berlin 1968, S. 104f.

[19] Vgl. dazu Carola Blod-Reigl: „.... der Stimme meines Herzens rückhaltlos gehorchen ...". Zum Sinnesdiskurs in Theodor Fontanes *Cécile*, in: Horst Brunner, Claudia Händl, Ernst Hellgardt, Monika Schulz (Hg.): Helle döne schöne. Versammelte Arbeiten zur älteren und neueren deutschen Literatur, Göppingen 1999, S. 403–431, S. 412f.

‚Feuer' der Leidenschaft wird, einer topischen Gleichsetzung gemäß, ausgerechnet durch die ‚Zigeuner'-Figuren katalytisch hervorgerufen.[20]

Dass Franziska nach einer ebenso langen wie von Langeweile und Pflegetätigkeiten geprägten Spätsommerzeit auf Schloss Arpa im Begriff ist, die protestantische Rationalität zugunsten einer leidenschaftlichen Affäre aufzugeben, kündigt noch vor dem Kindsraub ein „Feuerauge" (159) auf dem See an – jenem See, in dem beide wenig später beinahe ertrinken. Es ist die Laterne des Schiffs, mit dem der junge Graf Egon eintrifft. Damit beginnt eine abenteuerliche Reise zwischen Vexierbildern und trügerischen Eindrücken. Nachdem Franziska und Egon der Spur der von der ‚Zigeunerin' geraubten Marischka gefolgt sind und das Mädchen anhand eines sichtbar arrangierten Zeichens wiedergefunden haben, setzen sie den Weg „lieber in der einmal eingeschlagenen Richtung" (182) fort und verlaufen sich ein zweites Mal im Wald, weil sie meinen, ein Lagerfeuer gesehen, einen hitzigen Streit gehört und ein zweites geraubtes Kind gefunden zu haben. Auch dieses Feuer erweist sich als Trugbild, die beiden verpassen das letzte Dampfschiff zum Schloss. Zumindest einer der beiden Schiffer, die die Abenteurer dann doch über den See bringen, entspricht der Ikonographie von ‚Zigeunern', wenn von seinem „wollhaarigen Mohrenkopf" (187) die Rede ist – ein Merkmal, das in ethnographischen ‚Zigeuner'-Darstellungen der Zeit häufig Erwähnung findet.

Den neuen Weg des Gefühls, den Franziska einschlägt, zeichnen also ‚Zigeuner' vor, und er ist so zweischneidig wie die damit verbundene Symbolik der Farbe Rot und des Feuers. Im „romantischen" Gefühl (186) (versinnbildlicht in der leidenschaftlichen Freude Toldys über das Wiederfinden seines Kindes) meint Franziska ihr ‚eigentliches' Wesen gefunden zu haben, und während der Überfahrt, schon von Müdigkeit – und der Selbstaufgabe – übermannt, wünscht sie nichts anderes, als dass das ungarisch-‚zigeunerische' Lied nie aufhören möge, während „nur die Sterne" „über ihnen" „glühten" (187) und Egon ihr einen rettenden marianisch-blauen Schleier um die Stirn legt. Der Roman entgeht allein durch seine Selbstreflexivität dem Abgleiten in vertraute Liebesklischees, indem er etwa Egon eine Klage über jene Trivialitäten des „Sentimentale[n]" (42) anstimmen lässt, denen er wenig später selbst verfällt.

Fontane greift ganz offenkundig einige Stereotype des langlebigen Zigeuner-Diskurses auf (zum Teil perspektiviert), beispielsweise den Topos von den kunstbegabten ‚Zigeunern', der in der ersten Hälfte des 19. Jahrhunderts in den Texten von Achim von Arnim, Clemens Bren-

---

[20] Dieser Zusammenhang deutet sich in dem einzigen Accessoire der ‚Zigeunerin' an, welches Marischka (auch eine ‚Maria'), also die Tochter des Schlossdieners Poldy, geraubt haben soll: einem roten Tuch um den Kopf.

tano, Nikolaus Lenau und Eduard Mörike greifbar ist,[21] sowie die Einschätzung, dass ‚Zigeuner' aufgrund ihrer räumlichen Mobilität auch sozial nicht zuzuordnen seien. Betont bereits Miguel de Cervantes Saavedra über seine Figur Preciosa die Nähe der ‚Zigeuner' zum Adel,[22] so entsteht durch die Verbindung von adligen und ‚zigeunerischen' Genealogien Ungewissheit über den eigentlichen Status der ‚Zigeuner', die sowohl der höchsten als auch der niedrigsten gesellschaftlichen Rangstufe zugehörig sein können. Ebenfalls Cervantes führt das Motiv der Würde der ‚Zigeuner' ein, die – obgleich sie notgedrungen manchmal stehlen und betrügen – innere Aufrichtigkeit und einen privilegierten intuitiven Zugang zur Natur besitzen. Diese Eigenschaften, die auch im deutschsprachigen Raum rezipiert und verschiedentlich umgestaltet werden, verdichten sich in der Zeit um 1800 zum ‚Charakteradel' und führen in Verbindung mit der supponierten Kunstbegabung, den (zugeschriebenen) seherischen Fähigkeiten und der Herkunft aus den alten Hochkulturen Ägyptens[23] oder Indiens dazu, dass ‚Zigeuner'-Darstellungen zu Figurationen des Hybriden werden, zum Unbestimmten, das sich zum Höchsten oder zum Niedrigsten wandeln kann, zum Erhabenen oder zum gemeinen Betrug. Sie repräsentieren Figurationen der Durchlässigkeit und der Wandelbar-

---

[21] Vgl. dazu Stefani Kugler: Kunst-Zigeuner. Konstruktionen des ‚Zigeuners' in der deutschen Literatur der ersten Hälfte des 19. Jahrhunderts, Trier 2004. ‚Zigeuner' werden vielfach als Künstler visioniert, als Vertreter einer antibürgerlichen Bohemien-Kultur und fungieren damit als Reflexionsfiguren der künstlerischen Entwürfe der Mehrheitsgesellschaft.

[22] Zu diesem Topos gehört ein von ‚Zigeunern' geraubtes oder ein versehentlich vertauschtes adliges Kind, das bei ‚Zigeunern' aufwächst und schließlich meist in seine adlige Familie zurückfindet, wobei die Identität letztlich ambig bleibt – so auch in Cervantes *La gitanilla;* Miguel de Cervantes Saavedra: Das Zigeunermädchen, in: ders.: Gesamtausgabe in vier Bänden. Bd. I, hg. v. Anton M. Rothbauer, Frankfurt a.M. 1997, S. 93–176. [Ders.: Novela de la gitanilla, in: Miguel de Cervantes: Novelas Ejemplares, hg. v. Jorge García Lopez, Barcelona 2001, S. 27–208.]

[23] Die ‚Ägypten-Hypothese' kommt bereits in den Chroniken des 16. Jahrhunderts auf, wird 1783/1787 von Grellmann widerlegt, aber bis ins 19. Jahrhundert in der Literatur tradiert und ausgestaltet, prominent etwa in Achim von Arnims *Isabella von Ägypten oder Kaiser Karl des V. erste Jugendliebe,* wo eine Liebesbeziehung zwischen dem deutschen Kaiser und einer (ägyptischen) ‚Zigeunerin' dargestellt wird, aus der ein Sohn hervorgeht. Seit Grellmann gilt die Herkunft der ‚Zigeuner' aus Indien als erwiesen, aufgrund der engen Verwandtschaft der Sprache Romanes mit dem Sanskrit; Heinrich Moritz Gottlieb Grellmann: Historischer Versuch über die Zigeuner betreffend die Lebensart und Verfassung, Sitten und Schicksale dieses Volks seit seiner Erscheinung in Europa und dessen Ursprung. Zweite, viel veränderte und vermehrte Auflage, Göttingen 1787. Beispiele für Chroniken und frühneuzeitliche Abhandlungen, in denen von der ägyptischen Herkunft der ‚Zigeuner' berichtet wird, finden sich bei Nikolaus Cisner oder Johannes Stumpf. Vgl. Reimer Gronemeyer (Hg.): Zigeuner im Spiegel früher Chroniken und Abhandlungen. Quellen vom 15. bis 18. Jahrhundert, Gießen 1987, S. 29, 33.

keit und stehen – insbesondere, wenn sie als Schauspieler dargestellt werden – prototypisch für Menschen, die verschiedene Rollen annehmen und verkörpern können. In Fontanes *Petöfy* sind sie daher in mehrfacher Hinsicht interessant: Sie sind Figuren, die in noch sehr viel eklatanterer Weise als die Protagonistin gegen die Grenze zwischen Adel und ‚Volk' verstoßen – schon dem ‚Zigeuner'-Mädchen Preciosa gelingt schließlich die Heirat mit einem Adligen. Als hybride, wandelbare Figuren, deren Herkunft und Zugehörigkeit zumindest im Halbdunkel liegen, können sie einen imaginären Fluchtpunkt aller Vermischungen und labilen Verortungsexperimente im ‚Labor Österreich' darstellen. Fungieren ‚Zigeuner' als prototypische Grenzfiguren der deutschen Nation,[24] da sie aufgrund ihrer Staatenlosigkeit, dem unterstellten Nomadisieren und der Religionslosigkeit die Negation derjenigen Inklusionsbedingungen verkörpern, die den kollektiven Selbstentwurf des ‚Deutschen' bestimmen, so ist ihre Funktion im Kontext der österreichischen Vielvölker-Monarchie aufgrund der hohen inneren Heterogenität noch brisanter. In ihnen kulminieren diejenigen Eigenschaften, die den ‚Osten' insgesamt auszuzeichnen scheinen: die Mischungen, die soziale und räumliche Mobilität, das Schauspielerische bzw. die Theatralität und die Kunst allgemein.

Franziska Franz und Franz Liszt

In den Diskursen des 19. Jahrhunderts, die Fontane allein aufgrund ihrer großen Popularität gekannt haben muss, wird insbesondere am Beispiel der Musik der ‚Zigeuner' intensiv diskutiert, ob sie genuiner, ‚authentischer' Ausdruck der Natur sei oder bloße Nachahmung der Musik anderer Völker, bei denen sich die ‚Zigeuner' gerade aufhalten – als Argument wird der große Unterschied zwischen der Flamenco-Musik der Gitanos in Andalusien und der ungarisch-zigeunerischen Musik angeführt. Darüber hinaus wird die Möglichkeit eines eigenen ‚zigeunerischen' Volkscharakters erwogen, der in ihrer Kunst zum Ausdruck käme. Insgesamt gilt die ‚zigeunerische' Kunst als Prüfstein der Unterscheidung von ‚Wahrem' und ‚Unechtem', die zeitgenössisch auch auf das Theater und den Schauspieler-Beruf bezogen wurde.

All diese Fragen erörtert der berühmte Komponist Franz Liszt in einer während der zweiten Hälfte des 19. Jahrhunderts berühmten Abhandlung über *Die Zigeuner und ihre Musik in Ungarn*.[25] Die Mono-

---

[24] Iulia-Karin Patrut: ‚Zigeuner' als Grenzfigur des deutschen Selbstentwurfs, in: Geschichte und Gesellschaft 39 (2013), 3, S. 286–305.

[25] Die Erstausgabe *Des bohéminens et de leur musique en Hongrie* erschien 1859 in Paris. Während der zweiten Hälfte des 19. Jahrhunderts gab es zahlreiche Übersetzungen und Neuauflagen im deutschsprachigen Raum, in Großbritannien und in

graphie greift auf Herders Volks- sowie Klimatheorien und deren Implikationen für Kunst (verstanden als Ausdruck eines Volkscharakters) zurück und referiert aus Hegels Vorlesungen über die Ästhetik insbesondere das Kapitel „Das Epos als einheitsvolle Totalität", um vor diesem Hintergrund auf über 300 Seiten die Musik der ‚Zigeuner' in Ungarn kontrastierend mit der Musik der Juden und anderer Völker (einschließlich der Deutschen) zu diskutieren. Angesichts der vielschichtigen Bezüge zwischen den ‚Zigeuner'-Figuren und den Kernfragen des Textes wäre es denkbar, dass Fontane Liszts Abhandlung oder zumindest eine der Rezensionen kannte.[26]

Der Komponist ist für *Graf Petöfy* in mehreren Hinsichten wichtig;[27] er wird zum einen namentlich erwähnt, sein Vorname Franz ist darüber hinaus identisch mit dem ohnehin anspielungsreichen Nachnamen Franziskas. Liszt verkehrte als Bürgerlicher (der sich noch dazu von ‚zigeunerischer Musik' durchdrungen gab) in adligen Kreisen, er ging eine eheähnliche Partnerschaft mit der sechs Jahre älteren Adligen Marie d'Agoult ein, die sich seinetwegen scheiden ließ, um sich zehn Jahre später von ihr zu trennen und schließlich zu versuchen, Fürstin Caroline von Sayn-Wittgenstein zu heiraten. In Reaktion darauf, dass die Scheidung nicht erwirkt werden konnte, pilgerte Liszt nach Rom, um von Papst Pius die niederen Weihen zu erhalten; auf diese zeitgenössisch populäre Begebenheit aus dem ohnehin öffentlich vieldiskutierten Leben Liszts spielt Fontane an, wenn von der „heiligen Berührung" durch den Papst die Rede ist (11). Für die Bedeutung Liszts spricht auch das emphatische Bekenntnis zum Katholizismus, das Adams Schwester Judith ebenso genehm ist wie die Konversion Franziskas. In dem stark öffentlich (und auf der Bühne) ausagierten Leben des Star-Komponisten und Virtuosen Liszt ging es ebenfalls um sozialen Aufstieg und die Zugehörigkeit zu adligen Kreisen, die allerdings, anders als im Falle Franziskas, nicht ‚amtlich' wurde[28] – umso auffälliger ist das utopische Moment im Gelingen des Aufstiegs von

---

Ungarn. Zitiert wird hier nach der Ausgabe Franz Liszt: Gesammelte Schriften, hg. v. Lina Ramann, Bd. 6: Die Zigeuner und ihre Musik in Ungarn, Leipzig 1883.

[26] Es ist bekannt, dass Fontane Interesse für Liszt zeigte und ihn mehrfach und meist bewundernd in seiner Korrespondenz erwähnte, so etwa in Briefen an seine Mutter, in denen er Liszts konsequenten Aufstieg pries. Brief Fontanes an seine Mutter vom 3. April 1868, in: Theodor Fontane: Werke, Schriften und Briefe, Abt. III (Erinnerungen, Ausgewählte Schriften und Kritiken), hg. v. Walter Keitel, Band 5: Zur deutschen Geschichte, Kunst und Kunstgeschichte, München 1962, S. 930.

[27] Die Erwähnung von Liszt in *Graf Petöfy* weist auf die ‚Zigeuner' voraus, die als Violinisten auf Schloss Arpa mit den Ungarn wetteifern – so wie Franz Liszt mit seinen „Ungarischen Rhapsodien" bekannt geworden war, deren ‚zigeunerische' Motive er selbst immer wieder hervorhob.

[28] Liszts halbadlige Tochter Cosima, geschiedene von Bülow, heiratete 1870 Richard Wagner (nachdem sie bereits drei gemeinsame Kinder hatten).

Fontanes Protagonistin. Fontane spielt also mit der Biographie Franziskas möglicherweise auch auf jene Franz Liszts an: Während dem ‚Magyaren' Franz Liszt in den deutschen und französischen Metropolen die Inklusion in den Adel nicht gelingt, und während er den Großteil seines Lebens trotz seiner Berühmtheit den Lebenserwerb für sich und seine Kinder mit Bühnenauftritten bestreitet, wird Franziska zur Gräfin. Liszt (dessen Vater ebenfalls Adam hieß) stimmt zudem mit Adam Petöfy darin überein, dass er zwischen ‚Magyarischem' und ‚Deutsch-Österreichischem' gespalten ist; obgleich seine Eltern Ungarn waren, sprach Franz Liszt kaum Ungarisch.

Diese offenkundig hybriden Verhältnisse stehen im Gegensatz zu der von Liszt angestrebten Bestimmung der Kunst auf der Grundlage von Volkscharakteren. Interessant sind insbesondere die Passagen, in denen Liszt beteuert, die Ungarn würden vielleicht „irgend einem verlorenen Zweig der indischen Rassen angehören"[29] und sich in der Wahrnehmung von Kunst und Musik mit den ‚Zigeunern' ergänzen. Den ‚Zigeunern' gelänge der perfekte Ausdruck der Natur und des Gefühls der Einsamkeit (worin sie Franziskas Faszination für die Verse über des „Mädchens Einsamkeit" (26) entsprechen). Die Ungarn verstünden es dagegen, diese intuitive Kunst der ‚Zigeuner' zu reflektieren und zu ordnen, zu notieren und zu systematisieren (worin sie mit Franziskas ‚preußischen' Anteilen übereinstimmen). Schließlich ist sogar eine Synthese der ungarischen und ‚zigeunerischen' Musik möglich – eine Vorstellung, die der Rivalität zwischen dem ungarischen Rhapsoden Toldy und dem ‚Zigeuner'-König Hanka nahe kommt, denn beide spielen offenkundig gleichermaßen virtuos, jedoch zum Verwechseln ähnlich. ‚Zigeuner' standen „in so beständigem und vertrautem Verkehr mit den Magyaren", dass sich ihre „Gefühle auf diese Weise gegenseitig durchdringen konnten, durch einen Proceß, der viele Generationen zu seiner Vollziehung brauchte" und den Liszt mit der Langsamkeit der Verschmelzung von „rothe[m] Blut" und „blaue[m] Blut"[30] vergleicht. Die Interferenzen mit der Ausdrucks- und Identitätsproblematik Franziskas, aber auch mit dem Ringen um klare Zugehörigkeiten in dem offenkundig hybriden ‚Labor Österreich' in Fontanes Roman sind offenkundig.

Graf Petöfy greift einige weitere Topoi des ‚zigeunerhaften' Lebens auf – insbesondere diese Passagen (wie der Verlust der Tochter) werden als komödiantische inszeniert und dem Gelächter preisgegeben. Das scheinbare Interesse der „Zigeuner" (147) an fremden Kindern zum Beispiel wird mit sexuellem Begehren assoziiert, aber auch mit der Vermischung und ‚Verunreinigung' von Völkern und ihren Genealogien sowie

---

[29] Franz Liszt: Gesammelte Schriften, hg. v. Lina Ramann, Bd. 6: Die Zigeuner und ihre Musik in Ungarn, Leipzig 1883, S. 305.
[30] Ebd., S. 304 (alle Zitate in diesem Satz).

mit Triebhaftigkeit.[31] Der ungarische Familienverbund scheint ‚zu groß' zu sein; Toldy besitzt zwölf Kinder und ein Kommentar dazu lautet: „Je mehr Magyar, je mehr Freiheit" (113). Fontanes ‚Zigeuner' sind zudem, wie in anderen literarischen Darstellungen, nach einem aristokratischen System organisiert: „der alte Zigeunerkönig Hanka" regiert „von hier aus seinen meist auf der Wanderschaft begriffenen, ziemlich zahlreichen Clan" (118). Und das Betrügerische wird zur kollektiven Eigenschaft entindividualisierter Gestalten, wenn es heißt: „[Franziska:] ‚Ein paar sahen aus wie Zigeuner'. [Hannah:] ‚Und sind es auch, und sind eigentlich Alle wie Zigeuner oder Mäusefallenhändler. Alle schlank und braun und langes Haar und gutmütig und lachen immer. Aber ich trau' Keinem nicht. Wutsch, ist ein Löffel weg. Es ist Alles wie in einer Verschwörung'" (113) – ein paranoider Impuls der strengen Protestantin. Die Zuschreibungen werden zwar vielfach perspektiviert, gleichwohl bestätigt beispielsweise der Schluss des Romans die Gleichsetzung von Ungarn/‚Zigeunern' und Herz. Die Roma-Gemeinschaft und die Ungarn werden als Inbegriff der Herzlichkeit aufgefasst und wohl auch deshalb in einem ‚restringierten' Sprachcode präsentiert.

Der Roman rückt das Schloss in Ungarn, das von Zigeunern umgeben ist, zudem in den Kontext des Orientalischen, das die imaginäre Fremdheit verstärkt. Der Esssaal des Schlosses am Plattensee stammt von „der Türken- oder der Prinz Eugen-Zeit her" (114), von der ein direkter Weg in die ahistorische Urzeit zu führen scheint, wenn Franziska und Hannah kurze Zeit später die Wildnis und das Weinlaub im Hof besichtigen. Auch die Protagonistin selbst wird kurz vor ihrer leidenschaftlichen Affäre mit dem Grafen (die hier wie in *Schach von Wutenow* in einer Aposiopese verschwindet) durch ein auffälliges modisches Accessoire dem Orientalischen zugeordnet: Sie trägt zum Empfang des jungen Grafen einen „schwarz und weiß gestreifte[n] Burnus" (166), in dem sie der alte Graf besonders gerne sieht. „Die Kapuze mit der Quaste daran und mehr noch der seidenglänzende Stoff, der im Winde bauschte, kleideten sie in der That vorzüglich." (166f.) Sie ist mit einem weiten Kapuzenmantel bekleidet, der aus dem Afrikanischen stammt (der diffuse Begriff des

---

[31] Die Phantasie sexueller ‚Entartung' wird im rassistischen Diskurs des ausgehenden 19. Jahrhunderts vollständig auf ‚minderwertige Rassen' übertragen. Den Schwarzen, „aber gleich danach auch den Juden, wurde eine exzessive Sexualität nachgesagt, zusammen mit einer sogenannt weiblichen Sinnlichkeit, die Liebe in Wollust verwandele." George L. Mosse: Nationalismus und Sexualität. Bürgerliche Moral und sexuelle Normen, München, Wien 1985, S. 49. Vgl. insbesondere Kapitel 7: Rasse und Sexualität. Die Rolle des Außenseiters, in: ebd., S. 170f. Entsprechend stellt Ungarn den Ort des Sündenfalls dar, einen „Blumenurwald", den der zitierte Zola'sche Roman *La faute de l'Abbé Mouret* als „Paradoux" bezeichnet (65).

,Orients'[32] umfasst noch in der Literatur des frühen 20. Jahrhunderts diesen Kontinent, wie beispielsweise in Thomas Manns Erzählung *Mario und der Zauberer* deutlich wird) und auf das nomadische Leben verweist, das die junge Migrantin führt.

Interessant ist vor diesem Hintergrund die Darstellung der Hauptstadt Wien, die vornehmlich als Theaterstadt konzipiert ist. Plastisch wird sie allem voran an ihrer Peripherie, im Sommerbad und dort hinter den Kulissen eines Zirkus. Die Sommerfrischler besuchen „einen vollkommenen Wurstelprater" (50), um sich einmal „wieder wienerisch" (50) zu fühlen, und besichtigen Genrebilder wie waschende und nähende Frauen (ein verstellter Blick auf eine andere Schicht). Auch eine exotisierte Wahrsagerin hat hier ihren Auftritt, wenn Phemi der Ansicht ist, der Rabe gehöre zu einer Wahrsagerin und dass „die vorhin gesehene schwarze Frau mit dem Kind an der Brust aller Wahrscheinlichkeit nach die Lenormand dieses Kreises gewesen sei. Sie habe durchaus auch die Requisiten dazu gehabt: einen stechenden Blick und einen falschen Scheitel. Und das Dritte sei eben dieser Rabe" (51). Der Zirkus[33] beherbergt ‚fahrendes Volk' und ist mit „Wohnungswagen" (51) ausgestattet – ein Motiv, das auch der ‚Zigeuner'-Topos kennt. Die ‚Zigeuner' sind also nicht allein in Ungarn, sondern auch im ‚deutschen' Wien zu Hause, und zwar nicht als reisende Roma aus Ungarn, sondern sie gehören selbstverständlich zur einheimischen ‚Wurstelprater'-Kultur. Ungarn ist nicht das ganz Andere Wiens, sondern dessen Pendant, damit aber Wien das ganze Andere Preußens.

Die Unmöglichkeit der Nation

Ungarn/Wien ist in Fontanes Roman in vielerlei Hinsicht ein Projektionsraum, in dem sich Heterogenes, Hybrides und Verdrängtes versammelt, (topisch) Zigeunerisches und Orientalisches. Nichts will sich in dem exotischen Ungarn so recht der Ordnung eines modernen Staates fügen, es mangelt an Homogenität und Eintracht. Die Grundlagen gemeinsamer kultureller Selbstverortung fehlen, und frühere Fundamente werden offenbar bedenkenlos verworfen. Ein Hiatus zieht sich selbst durch die adligen Familien, die als Elite des k.u.k.-Staats dargestellt werden. Über die drei Geschwister Petöfy heißt es, sie „waren alle Drei rabiat ungrisch, und die beiden jungen Gräfinnen am meisten" (16); zwei von ihnen ändern jedoch bald ihre ‚imagined community' und ihren Selbst-

---

[32] Vgl. Andrea Polaschegg: Der andere Orientalismus. Regeln deutsch-morgenländischer Imagination im 19. Jahrhundert, Berlin 2005, S. 63–101, insb. S. 78f.
[33] Der Zirkus bildet eine populär-abgewertete Form des Theaters; jedenfalls äußert sich Franziska Franz dementsprechend (63).

entwurf, ohne dadurch in Identitätskrisen zu geraten: „Als dann aber die Gräfin Judith den alten Gundolskirchen und die Gräfin Eveline den schönen Asperg heirathete, den Vater von dem jungen Grafen, da war es mit dem Rabiatischen und dem Ungrischen vorbei. ›Nix mehr Magyar.‹ Und Beide wurden gut steyrisch." (16)

Dies führt unter anderem dazu, dass Egon, der Neffe und einzige Erbe des alten Grafen Petöfy, das ungarische Schloss Arpa in steierischer Tracht und mit Gamsbart am Hut besucht, in einer Kleidung also, die die mehrheitlich ungarische Bevölkerung in der Region um den Plattensee verabscheut und für den Inbegriff des Feindlichen, Übergriffigen hält – dagegen hatte man 1848 angekämpft.[34] Der Onkel verlangt, dass Egon wenigstens für die Dauer seines Aufenthalts im Schloss „einen Reiherbusch oder eine Adlerfeder" (169) an seinen Hut heftet und damit ungarische Gesinnung dokumentiert – nicht zuletzt weil der benachbarte Graf Pejevic „den Doppelmagyaren spielt" (169) und ihm alles andere übel nehmen würde. Es geht also nicht darum, ungarisch zu ‚sein', sondern es zu ‚spielen', es nach Außen zu verkörpern. ‚Nationale Identität' muss in der k.u.k.-Monarchie, so lässt sich schließen, Theater bzw. eine Farce bleiben – ein Umstand, der jedoch allein Franziska bekannt zu sein scheint. Sie weiß aufgrund ihrer Theatererfahrungen um das Spiel mit Identitäten und ist durch ihre Migration gezwungen, die Gepflogenheiten der Monarchie zu übernehmen und damit in gewissem Sinne die Maskeraden der Nation zur Kenntlichkeit zu entstellen.

So sehr die Figuren eine homogene magyarische Nation zu beschwören versuchen, so sehr erweist sich diese in der Lebensführung und im impliziten Alltagswissen der Protagonisten als Trugbild – gemessen an den Verhältnissen in Deutschland. Im Heimatort Franziskas herrschen scheinbar sehr viel eindeutigere Verhältnisse, denn die Auslandsvertretungen sind als kontrollierbare architektonische Miniaturen präsent; die Häuser sind „[o]ft so niedrig, daß man die Hand auf's Dach legen kann. Aber immer frisch geweißt. Und auf dem hohen Dache, das meist dreimal höher ist als das eigentliche Haus, auf diesem Dach erhebt sich ein Giebel und auf dem Giebel eine Flaggenstange, daran ein langes schmales Band oder auch eine sich bauschende Flagge weht. Und keine Flagge dieselbe; denn in jedem dieser Häuser hat ein anderes Land seinen Sitz und seinen Schutz, und während über dem einen der österreichische Doppeladler flattert, flattert über dem andern der türkische Halbmond oder der chinesische Drache." (75f.) In der preußischen Hafenstadt an der Odermündung ist das Fremde, darunter auch der österreichische Doppeladler, in

---

[34] Dieser ‚germanisierte' Neffe, der infolge des Sinneswandels seiner Mutter zum Anhänger des österreichischen Teils der Monarchie geworden ist und den alten Grafen anfangs als ‚Erbonkel' sieht, wird in der Erbfolge durch Franziska verdrängt.

den gnomischen Spielzeug-Häusern gebannt, deren Flaggen die Staaten bzw. Nationen eindeutig ausweisen. Dennoch könnte die Darstellung der österreichisch-ungarischen Heterogenität auch als experimentelle Zuspitzung jener Probleme verstanden werden, die mit der Idee der deutschen Nation einhergingen; die gnomischen Häuser können auch ein Reflex preußischer Grandiositätsfantasien sein. Ganz anders sind die Verhältnisse in der Doppelmonarchie, in der tatsächlich rund 20 Volksgruppen lebten – die teilweise 1848 wie die Ungarn, allerdings weniger erfolgreich als diese, um die Anerkennung als Nation gekämpft hatten. Allerdings widerspricht die norddeutsche Hafenstadt bei genauem Blick ebenfalls dem Pathos nationaler Homogenität, wenn dort aufgrund der engen ökonomischen Beziehungen Schotten und Iren zusammen leben, deren Kinder an der Odermündung aufwachsen.

Während hier wirtschaftliche Vernetzungen für die Mischung verantwortlich sind, tragen in der k.u.k.-Monarchie die Regeln adliger Heirat dazu bei. Die Mutter des Grafen Petöfy war, wie sich bei der Besichtigung der Ahnengalerie im Turm des Schlosses Arpa erweist, eine Engländerin namens Arabella Sussex, eine „Rotblondine mit einem Rembrandthut und einer Straußenfeder darauf" (121), die – wie später Franziska Franz – auf Schloss Arpad einzieht, sich allerdings nicht durchsetzen kann; sie stirbt in jungen Jahren. Ihr Porträt zeigt eine vitale, junge Frau, deren rötliche Haarfarbe das Motiv der Leidenschaft und die Affinität zum ‚Ungarischen' aufruft. Erst Franziska Franz ist in der Lage, diese Affinität in eine lebbare Ordnung zu überführen.

Weibliche Enttraumatisierung und die Bündnisse der Minorisierten

Zu der Versuchsanordnung Fontanes, die die Figuren psychologisiert und im Sinne Sigmund Freuds mit Kindheitstraumata ausstattet,[35] gehört eine tiefgreifende Angst Franziskas, die ‚in der Fremde' besondere Nahrung findet und bezeichnenderweise durch Literatur initiiert und verstärkt wird. Zu den beiden einschlägigen Begegnungen mit Ungarn, die vor dem eigentlichen Kontakt liegen, zählt eine Moritat, die vom Tod einer jungen Frau im Wald handelt. Aufgerufen wird so die Wildheit, das Unzivilisierte Ungarns, das zusätzlich mit drakonisch-tödlichen Strafen (bei Ehebruch) und patriarchaler Macht assoziiert ist. Franziska muss, folgt man der psychologisierenden Argumentationslinie des Textes, ihre Ur-Angst überwinden, um in dem patriarchalischen Ungarn als Ort ihrer Ängste und

---

[35] Vgl. Kai Kaufmann: Plaudern oder verstehen? Theodor Fontanes Roman *Graf Petöfy*, in: Germanisch-Romanische Monatsschrift 48 (1998), 1, S. 61–89.

männlicher Gewalt bestehen und schließlich die Herrschaft über das Schloss Arpa übernehmen zu können. In diesem Zusammenhang fällt auf, dass die Protagonistin die Anlage zur ‚Wildheit', vor der sie sich fürchtet, in sich selbst trägt, wie ihre Affizierbarkeit durch die ‚Zigeuner' und ihr ‚Feuer' zeigt, zudem die Bereitschaft, an eine übernatürliche Welt zu glauben. An einer Stelle heißt es, allerdings perspektiviert durch Hannah, die die Gespensterfurcht ihrer Freundin kritisiert: „Und Du willst eine Protestantin sein und eine Pastorstochter? Nein, das hat mir mein Vater selig mit dem Stock ausgetrieben. Und ich dank' es ihm noch. Das ist so für Wilde. So wie hier" (105f.). Patriarchale Gewalt und Wildheit werden gekoppelt; Franziska erhebt jedoch gegen den Topos der Wildheit Einspruch und tut damit kund, dass ‚ihr Ungarn' im Zeichen der Entwicklungsfähigkeit steht, selbstverständlich ebenfalls ein Topos der Minorisierung, der Infantilisierung des Anderen. Zugleich gibt die Aussage der Freundin preis, dass männliche Gewalt auch dem preußischen Erziehungssystem zugrunde liegt.

Die Ballade, die Franziska Franz an späterer Stelle hört, handelt ebenfalls von der Zerstörung des Weiblichen durch den Mann, von der Verbrennung einer Frau (117). Was Fontane in *Effi Briest* durch das zitierte Heine'sche Gedicht über den Gott Vizlipuzli erreicht, dass nämlich das weibliche Schicksal mexikanischen Opferungen analogisiert wird, das evoziert er in *Graf Petöfy* durch die Balladen und Moritaten, die Ungarn exotisieren und bestialisieren – die patriarchale Gewalt, die in Ungarn präsent zu sein scheint, wird jedoch auch in Preußen lokalisiert. In Ungarn begegnet die Protagonistin also ihren Traumata, erlebt das Verdrängte wie auch die Leidenschaft und schließt neue, bezeichnenderweise weibliche Bündnisse. Die Migration nach Ungarn und der soziale Aufstieg Franziskas tragen Züge eines weiblichen Bildungsromans, im Zuge dessen die Protagonistin lernt, innere und äußere Hürden zu überwinden. Dazu gehört auch, dass sie die patriarchalen Erzählstoffe, die sie aus ihrer Kindheit kennt, resignifiziert und damit Ungarn nicht mehr als bedrohlichen Raum auffasst, sondern als einen, der sich durchaus ordnen und gestalten lässt. Eine wichtige Rolle spielt dabei die ungarische Volksballade Barcsai,[36] die für Franziska Erinnerungen an die grausampatriarchalischen Erzählstoffe weckt und von einem Grafen erzählt, der seine ehebrecherische Frau verbrennt. Fontane lässt seine Protagonistin diese Ballade, die zunächst der alte Hausdiener Toldy mit seinen Kindern in einem beeindruckenden mehrstimmigen Arrangement singt, aus dem Ungarischen übersetzen. Obgleich Franziska von der Verbrennung der ehebrecherischen Frau so erschüttert ist, dass sie davor zurückschreckt,

---

[36] Fontane kannte die Ballade *Barcsai*. Erste Hinweise darauf finden sich bei Robert Gragger: Ungarische Einflüsse auf Theodor Fontane, in: Ungarische Rundschau für historische und soziale Wissenschaften 1 (1912), S. 220–224.

ihrem Gatten eine scherzhafte Aufführung des Stoffes darzubieten, bedeutet die Übersetzung des Stoffes doch eine Aneignung und Resignifizierung im Zeichen des eigenen Subjekt-Seins. Ähnliches lässt sich ausgehend von Lenaus Gedicht *Nach Süden*[37] konstatieren, das Franziska aus ihrer Kindheit kennt. Die Verse „*Hörbar rauscht die Zeit vorüber / An des Mädchens Einsamkeit*" (26, Hervorhebung im Original) empfindet Franziska zunächst als bedrohlich – nicht zufällig hat sie in ihrer Erinnerung zwei weitere Verse ‚eingedunkelt' („Dunkler wird der Tag und trüber" (26) statt „Lauter wogt der Bach und trüber"). Am Ende überwindet Franziska jedoch den Schauder, der für sie vor allem von den letzten beiden Versen ausgeht. Indem sie nicht der Perspektive der Lenau'schen Verse unterliegt und sich nicht mehr, wie in ihrer Kindheit, phantasmatisch als ‚weibliches Opfer' imaginiert, unterscheidet sie sich von Petöfys aus englischem Adel stammender und jung verstorbener Mutter, welche „die ganze großbritannische Lyrik um eines einzigen Lenau'schen Gedichtes willen hingebe[n]" (27) würde, wie der Graf beteuert. Auch die Moritat von der Frau, die im ungarischen Wald zum Opfer eines Übergriffs wird, bezieht Franziska nicht mehr auf sich, und dies geht offenkundig einher mit den weiblichen Allianzen, in denen sie sich verortet.

Die weiblichen Bündnisse, die sich auffällig häufen, stehen quer zu den patriarchalischen Strukturen, die Preußen, Österreich, Ungarn und die ‚Zigeuner' unter König Hanka prägen. Die Gräfinnen Judith und Franziska Petöfy sowie Hannah, die Tochter des Totengräbers aus dem norddeutschen Städtchen an der Odermündung, halten trotz aller alten und neuen Differenzen zusammen (auch jener, die sich infolge der Konversion zwischen Hannah und Franziska ergeben). Franziska steht bezeichnenderweise zwischen zwei Frauen, die ihr beide das Leben gerettet haben. Hannah hatte sie mit dem Grabscheit ihres Vaters, des Küsters und Totengräbers Stedingk, gegen Willy Thompson verteidigt, den Sohn eines reichen Reeders, der sie als Strafe dafür, dass sie ihn angeblich während eines Spiels verraten und der Demütigung preisgegeben haben soll, in ein frisch ausgehobenes Grab im Kirchhof werfen will. Das Bündnis zwischen Hannah und Franziska wird durch das Blut des „Tyrannen" (96) Willy „besiegelt" (157), und das zerbrechliche „mondscheinene[ ]" (156) Mädchen Hannah hinterlässt in seinem Gesicht eine Narbe. Der Besuch des vom Soldatendasein gezeichneten und in seiner Lebensführung gescheiterten Willy am Theater unterstreicht die Überlegenheit Franziskas gegenüber ihrem früheren Peiniger. Darüber hinaus will Judith Franziska mit ihren Gebeten, die von der Muttergottes erhört worden sein sollen, vor dem Tod durch Ertrinken im Strudel des Sees gerettet haben. Ihr

---

[37] Das Gedicht entstand 1826/27; Nikolaus Lenau: Werke und Briefe. Historisch-kritische Gesamtausgabe, Bd. I, hg. v. Helmut Brandt, Wien 1995, S. 85.

Bündnis besiegelt das Marienbild, dem sich Franziska anvertraut. Dieser Allianz scheint ein utopisches Moment innezuwohnen; in jedem Falle geht es mit Aufbruch und Neuanfang einher, wie die Reparatur der zweiten Glocke zeigt, die erklingt, als Franziska die Herrschaft auf Schloss Arpa übernimmt – und dies in Zeiten der Krise und der politischen Anspannung.

Der patriarchalisch-exotische Raum wird also resignifiziert und in eine ‚gute Ordnung' überführt. Die Protagonistin zieht sich in einen geschlossenen Kreis von Frauen auf das Schloss zurück, das in ihren Besitz übergangen ist – das „Eigenthum" (222) wird ausdrücklich erwähnt (als Signum der modernen Zeit, die die Besitzordnung nachhaltig in Turbulenzen versetzt). Diesen rein weiblichen Kosmos, der in den *Buddenbrooks* das Ende der Genealogie, der Fruchtbarkeit und der Produktivität markiert, überwölbt bei Fontane die Ikone ‚Maria'. Die Protagonistin hat den Aufstieg geschafft und wird als Migrantin in Ungarn leben, dem Ort des Herzens und des Gefühls, in den sie eine Dosis preußischer Ordnung einbringt. Allerdings wird dieses Projekt einer Synthese durch die Doppelnatur der Protagonistin, durch das Schwankende, das im letzten Dialog betont wird, zu einem offenen erklärt.

Schluss

Der Roman Fontanes entwirft also Bündnisse und Allianzen zwischen minorisierten Gruppen und Figuren, zwischen Ungarn bzw. ‚Zigeunern', die gemäß der topischen Tradition gezeichnet sind, und (preußischen) Frauen – ein doppeltes, gegenseitiges Erziehungsprojekt, dem freilich die Asymmetrien der Änderung eingeschrieben bleiben. In *L'Adultera* tut sich analog ein jüdischer Protagonist mit einer Adeligen aus der Schweiz zusammen, die an einen schwarzen Freiheitskämpfer erinnert;[38] das Happy End in der Metropole Berlin muss jedoch gegen Widrigkeiten durchgesetzt werden. In *Petöfy* wählt Fontane für seine weibliche Emanzipationsgeschichte[39] ein ihm ungekanntes, fremdes Land jenseits Preußens und entwirft eine Art (ökonomisch erfolgreiches) Matriarchat in der Fremde. Was er dabei nachhaltig in Frage stellt, ist das Phantasma einer homogenen Nation – überall (im Norden Deutschlands allerdings in geringerem

---

[38] Melanie wird mit dem Bild der „Mohrenwäsche" assoziiert und beruft sich auf den schwarzen Freiheitskämpfer Toussaint L'Ouverture (vgl. dazu Mende, Frauenleben, S. 204), der u.a. durch autodidaktische Bildung zum Revolutionär wurde. Und sie trägt das Stigma der Andersheit bereits in ihrem Namen: Melanie heißt „die Schwarze".

[39] Mende liest *L'Adultera* ebenfalls als Geschichte weiblicher Emanzipation durch Arbeit; ebd. S. 189f.

Maße) herrschen Mischungen, Migration und Reisen. In *Graf Petöfy* illustriert er diesen Einspruch gegen die Nation jedoch ausgerechnet im Kontext eines Imperiums (als Anderes der Nation) und legt so den imaginären Charakter einer jeden Gemeinschaft offen. Das anfänglich dichotome Schema der Figuren und gesellschaftlichen Schranken geht in hybride Verhältnisse über, in denen Interkulturalität kulturgenerierend ist und ein dynamisches Tableau der Konstruktion und Dekonstruktion von Differenzen entfaltet. Gefragt sind individuelle Strategien der Selbstverortung, die (anders als es der Graf vermag) die Durchlässigkeit ständischer, religiöser und kultureller Differenzen nutzen – wie seinerzeit der aus Ungarn stammende Komponist, Virtuose und Ethnograph Franz Liszt, den Fontane in seinen Roman *Graf Petöfy* eingewoben hat. Die ‚Zigeuner' (mit denen sich Liszt musikalisch wie ethnographisch befasst hat) verkörpern – recht stereotyp – die grundsätzliche Option der Grenzüberschreitung und Vermischung, noch dazu in einem außergeschichtlichen Sinne: Weder ihr Adel, noch ihre ‚zigeunerisch-ungarische' Musik sind ‚identisch', alles scheint Mimikry oder Doppelgängertum, wie im angekündigten Wettstreit zwischen dem ‚Zigeuner'-König Hanka (dessen Name an Hannikel, den 1787 hingerichteten Anführer einer berüchtigten Räuberbande, erinnert) und dem Ungarn Toldy. Die eigene Geschichte osteuropäischer Roma thematisiert der Text nicht, oder allenfalls indirekt über die Anspielungen auf Franz Liszts *Über die Zigeuner und ihre Musik in Ungarn*.

Norbert Mecklenburg

Zwischen Redevielfalt und Ressentiment.
Die ‚dritte Konfession' in Fontanes *Mathilde Möhring*

Das vergangene halbe Jahrhundert, die letzten fünfzehn Jahre ausgenommen, war eine Zeit, in der man Theodor Fontane einerseits als den überragenden deutschen Erzähler seiner Epoche zu würdigen gelernt, andererseits seinen Antisemitismus geradezu systematisch zu verdrängen versucht hat.[1] Durch einzelne Pionierarbeiten, allen voran das umfassende, gewissenhafte Buch von Michael Fleischer,[2] ist dies inzwischen nicht mehr möglich, ohne das Prinzip intellektueller und philologischer Redlichkeit zu verraten. Nicht mehr möglich ist es, sich, am Stand der internationalen Antisemitismus-Forschung vorbei, einen Antisemitismus-Begriff zurechtzumachen, unter den Fontane dann nicht fällt; sein judenfeindliches Ressentiment kleinzureden durch vage Formeln wie ‚Zeitgeist' oder ‚Stimmung der Zeit', als wären *alle* Deutschen davon angesteckt gewesen und als könnte man Fontanes Äußerungen nicht als Positionsnahmen auf dem antisemitischen Diskursfeld genau verorten; diese Äußerungen als ‚völkerpsychologische' Denkmode oder als exemplarische Kapitalismus- und Bourgeoisie-Kritik zu verwässern; Anti- und Philosemitisches bei Fontane so zusammenzurechnen, dass nur eine ungreifbare ‚Ambivalenz' herauskommt. Gleichfalls nicht mehr möglich ist es schließlich, gegen den antisemitischen *Autor* sein literarisches *Werk* auszuspielen, das davon völlig frei sei. Diese Behauptung ist falsch.[3] Es gibt inzwischen zwar noch nicht viele, aber genug hieb- und stichfeste Gegenbeweise.[4]

---

[1] Exemplarisch für diese Tendenz: Walter Müller-Seidel: Theodor Fontane. Soziale Romankunst in Deutschland, 2. Aufl., Stuttgart 1980; zu *Mathilde Möhring*: S. 319–331.

[2] Michael Fleischer: „Kommen Sie, Cohn." Fontane und die „Judenfrage", Berlin 1998. – Für eine bisher leider nicht zustande gekommene Neuausgabe habe ich ein Geleitwort geschrieben: Norbert Mecklenburg: Die Zeit der Apologetik ist vorbei, in: literaturkritik.de 11/2009; http://www.literaturkritik.de/public/rezension.php?rez_id=13566

[3] Falsch ist also auch Folgendes: „Im Werk des Schriftstellers, Journalisten und Kritikers sucht man vergebens nach antisemitisch gezeichneten Figuren oder deutlichen Äußerungen der Judenfeindschaft." Handbuch des Antisemitismus, hg. v. Wolfgang Benz, Berlin 2010, Bd. 2, S. 240.

[4] Ein Überblick: Hans Otto Horch: Theodor Fontane, die Juden und der Antisemitismus, in: Fontane-Handbuch, hg. v. Christian Grawe und Helmuth Nürnberger, Stuttgart 2000, S. 281–305. Zwei Beispiele: Norbert Mecklenburg: „Ums Goldne Kalb sie tanzen und morden". Philo- und antisemitische Gedichte des alten Fon-

Immer noch bleibt da viel zu tun, gerade in Hinblick auf diesen letzten Punkt, das Romanwerk. Ich selbst habe einen Weg zu gehen versucht, auf dem man Fontanes bewundernswerte Erzählkunst würdigen kann, ohne dabei vor seinem Antisemitismus die Augen zu verschließen. Als Wegweiser hat mir dabei u.a. der große russische Romanforscher Michail Bachtin mit seinem Leitbegriff der Vielstimmigkeit, Polyphonie oder Redevielfalt gedient.[5] Er half mir zu erkennen, dass Fontanes Romane vor allem aufgrund dieser Vielstimmigkeit manchmal weiser sind als ihr Autor, auch und gerade in Hinblick auf den Umgang mit Juden und Antisemitismus. Mit diesem Ansatz sehe ich mich allerdings aus zwei Richtungen missverstanden. Aus der einen kommt schiefe Kritik, aus der anderen schiefe Zustimmung. Diese finde ich dort, wo ich für die Ansicht in Anspruch genommen werde, Fontanes antisemitisches Ressentiment bleibe für seine Romane weitgehend irrelevant, da in ihnen Antisemitismen nur als Figurenrede vorkämen und somit im Ganzen des Erzählwerks relativiert und aufgehoben würden. Das ist leider zu schön, um wahr zu sein, und also in Gefahr, neo-apologetisch, d.h. *nachdem* der Antisemitismus Fontanes hinreichend nachgewiesen ist, missverstanden zu werden. Denn die Fontanesche Kunst des In-der-Schwebe-Lassens, des ironischen Spiels mit Andeutungen, Zuschreibungen, Vorurteilen, Stereotypen, Zitaten und Konnotationen vermag nicht *alle* vom Autor ausgehenden antisemitischen Impulse zu brechen, ungreifbar zu machen oder nur auf die Ebene von Figurenbewusstsein und -rede einzuschränken.[6] Gelegentlich kann in seinen Romanen auch das Ressentiment *gegen* die Redevielfalt durchschlagen. – Schiefe *Kritik* dagegen finde ich dort, wo umgekehrt auch mein Ansatz als apologetisch verdächtigt werden könnte: Wenn man sich auf Fontanes „ästhetische Formspiele" kapriziere, verstelle man den Blick für seinen auch im Erzählwerk artikulierten Antisemitismus.[7] Aber die Romankunst der Vielstimmigkeit ist weitaus mehr als ästhetisches Formspiel. Sensible und gerechte Kritik hieße, diese Kunst angemessen zu würdigen, ohne dort wegzusehen, wo sie nicht ausreicht, Vorurteile zu brechen.

Diesen Weg behutsamen Beobachtens des Fontaneschen Erzählens zwischen Redevielfalt und Ressentiment möchte ich erneut einschlagen.

---

tane, in: WW 26 (2000), S. 358–381; ders.: „Nein, Frau Imme, diesmal war es mehr." Über eine Leerstelle im *Stechlin*, in: Fontane Blätter 88/2009, S. 90–103.

[5] Norbert Mecklenburg: Theodor. Fontane. Romankunst der Vielstimmigkeit, Frankfurt am Main 1998.

[6] So argumentiert Eva Lezzi im sonst sensiblen, schlüssigen und innovativen Fontane-Kapitel ihres Buches: „Liebe ist meine Religion!" Eros und Ehe zwischen Juden und Christen in der Literatur des 19. Jahrhunderts, Göttingen 2013.

[7] Franziska Schößler: Konstellatives Lesen, in: Herbert Uerlings/Iulia-Karin Patrut (Hg.): Postkolonialismus und Kanon, Bielefeld 2012, S. 135–153; hier S. 144.

Ich versuche hier also gar nicht erst, die vielen Fragen zu klären, die für mich bei dem Thema ‚Fontanes Antisemitismus im Spiegel seines Romanwerks' bisher offen geblieben sind. Dafür nur zwei Beispiele:[8] Warum wird in *Effi Briest* Hinterpommern breit porträtiert, aber ohne das, was zur erzählten Zeit in aller Munde und auch Fontane gut bekannt war: der Synagogenbrand-Prozess von Neustettin und sein antisemitisches Umfeld?[9] Warum ist im *Stechlin* nicht dem so überaus sympathisch gezeichneten Landpastor Lorenzen, sondern dem unsympathischen Kirchenfunktionär Koseleger die wahrhaft liberale Weisheit in den Mund gelegt: das, was Dubslav als typisch jüdischen „Pferdefuß" empfindet, habe „mit der Rasse viel, viel weniger zu schaffen, als mit dem jeweiligen Beruf"?[10] Diese Frage zieht für mich einen ganzen Rattenschwanz weiterer Fragen zu der angeblichen Lichtgestalt des Pastors Lorenzen nach sich, dessen Äußerungen zwar je nach Gesprächspartner chamäleonhaft schillern, deren Kernbestand aber, vom Christlich-Sozialen bis zur christlichen Nächstenliebe,[11] mehr mit der Tradition des *christlichen* Antisemitismus verbunden sein könnte, als es *Stechlin*-Lesern und Lorenzen-Liebhabern lieb sein kann. Was immer Fontane mit einem ‚veredelten Stoeckertum' Lorenzens „gemeint haben mag: ein christlich-soziales Programm ohne Antisemitismus gewiß nicht".[12]

Diese und viele andere Fragen zum Problemfeld Juden und ‚Judenfrage' in Fontanes Erzählwerk sollen hier offen bleiben. Im Folgenden möchte ich mich stattdessen diesem Feld nicht abstrakt und allgemein, vielmehr konkret am Beispiel eines einzelnen Romans, *Mathilde Möhring*, nähern. Das allgemeine, auf den Antisemitismus zielende Thema ‚Zwischen Redevielfalt und Ressentiment' konkretisiert sich dabei in der

---

[8] Vgl. Mecklenburg: Theodor Fontane, S. 34–40, 92–97.
[9] Fleischer: „Kommen Sie Cohn", 120.
[10] Theodor Fontane: Große Brandenburger Ausgabe, Bd. 17, S. 384. – Im Folgenden werden Nachweise zu dieser Ausgabe mit vorangestellter Sigle GBA, Band- und Seitenzahl dem Text in Klammern eingefügt.
[11] Zur gleichen Zeit, in der sich Fontanes Antisemitismus verhärtete, wurde die Formel der ‚christlichen Nächstenliebe' als „antisemitischer Kampfbegriff eingesetzt". Martin Leutzsch: Nächstenliebe als Antisemitismus? In: Ekkehard W. Stegemann / Klaus Wengst (Hg.): „Eine Grenze hast Du gesetzt". Edna Brocke zum 60. Geburtstag, Stuttgart 2003, S. 77–95; hier S. 82.
[12] Peter Goldammer: Nietzschekult – Antisemitismus – und eine späte Rezension des Romans *Vor dem Sturm*, in: Fontane-Blätter 56/1993, S. 48–62; hier S. 60f. – Die neueste Studie über den *Stechlin* und die Lorenzen-Figur, so differenziert sie sich gibt, drückt sich systematisch an diesem Komplex vorbei: Rolf Zuberbühler: Pastor Lorenzen und der christliche Sozialismus, in: Hanna Delf von Wolzogen / Hubertus Fischer (Hg.): in: Religion als Relikt? Christliche Traditionen im Werk Fontanes, Würzburg 2006, S. 135–156; vgl. auch ders.: Theodor Fontanes *Der Stechlin*, Berlin 2012, S. 386–425, 430–440, 492–495.

Frage, was es mit der ‚dritten Konfession' auf sich hat, die in dem Roman auffällig oft angesprochen wird.

Mathilde Möhring[13] ist eines der späten Meisterwerke des Erzählers Fontane, obwohl unvollendet, genauer: ohne den letzten Schliff. Denn es gibt nur kleine Mängel an der Textoberfläche, z.B. stilistische oder inhaltliche Unstimmigkeiten, Wiederholungen usw. Aber in der erzählerischen Ausgestaltung, den berühmten „Finessen" Fontanes, und in der gedanklichen Konzeption ist das Werk völlig ausgereift, eine „im wesentlichen fertiggestellte Arbeit".[14] Ich habe das am Beispiel einer markanten Nebenfigur des Romans, der Runtschen, herauszuarbeiten versucht, die ich von anderen Interpreten sträflich vernachlässigt fand, obwohl an dieser Figur die Erzählkunst Fontanes als Zusammenwirken von Diagnostik und Ethik, von Gesellschaftlichem und Menschlichem besonders eindrucksvoll und vor allem humorvoll zum Vorschein kommt.[15] Gerade die vielen nicht redigierten Wiederholungen im *Mathilde Möhring*-Text lassen die Konzeption, das erzählerische und gedankliche Gerüst, deutlich, fast zu deutlich erkennen. Außerdem hat es etwas Erfrischendes, wie sich der Erzähler der Sprache seiner kleinbürgerlichen Figuren manchmal wohl unbekümmerter als in einer endgültigen Druckfassung anschließt: mit Wörtern wie „zerkloppt", „angefisselt" u.ä.

Ein Kleinbürgerroman – das ist die auffälligste Besonderheit von *Mathilde Möhring*, verglichen mit den übrigen vier Romanen der Spätzeit Fontanes, die alle Adelsromane sind. In Hinblick auf Juden und Antisemitismus jedoch ist dieser den anderen Romanen ganz ähnlich: Juden kommen nur als Nebenfiguren vor, die ‚Judenfrage' wird in den vielen Gesprächen allenfalls angedeutet, der Erzähler bedient sich einerseits antisemitischer Klischees, bettet das andererseits in die soziale Redevielfalt ein. Darum eignet sich dieser relativ kurze Roman, ähnlich wie *Die Poggenpuhls*,[16] sehr gut dazu, den allgemeinen Doppelbefund exemplarisch auszuarbeiten: Fontanes Antisemitismus schlägt nicht nur in seinen Briefen, sondern leider auch in seinem Romanwerk immer wieder durch; aber zugleich entfaltet seine polyphone, anspielungsreiche Erzählkunst in Hinblick auf Juden und ‚Judenfrage' einen offenen Horizont, in dessen Rah-

---

[13] Theodor Fontane: Mathilde Möhring, hg. v. Gabriele Radecke, Berlin 2008 (Große Brandenburger Ausgabe. Das erzählerische Werk, Bd. 20). – Nachweise zu dieser Ausgabe der *Mathilde Möhring* stehen im Text in Klammern nur mit Seitenzahlen, nötigenfalls mit vorangestellter Sigle GBA und Bandzahl.
[14] Hugo Aust: *Mathilde Möhring*. Die Kunst des Rechnens, in: Interpretationen. Fontanes Novellen und Romane, hg. v., Christian Grawe, Stuttgart 1991, S. 275–295; hier S. 275.
[15] Mecklenburg: Theodor Fontane, S. 216–227.
[16] Vgl. dazu Lezzi: „Liebe ist meine Religion!" S. 293–303.

men aufmerksame, kritische Leser ohne weiteres auch anders Position beziehen können, als es der Autor vermutlich getan hat.

Mathilde Möhring, die nicht gerade hübsche, aber aufgeweckte 23jährige Tochter einer armen Buchhalterwitwe, angelt sich ihren Zimmerherrn, den gut aussehenden, nur etwas antriebsarmen Jurastudenten Hugo Großmann, trainiert ihren Verlobten dann erfolgreich für das Referendar-Examen und findet für ihn sogar noch eine Bürgermeisterstelle in einer westpreußischen Kleinstadt, wohin das Paar nach der Hochzeit übersiedelt. Auch dort in Woldenstein betreibt Mathilde ihr Coaching weiter, ja steigert es noch, um Erfolg und Karriere ihres Mannes zu sichern: Sie ist es, die dem einfallslosen Jungbürgermeister die notwendigen Ideen liefert, die ihn als Stadtoberhaupt allseits beliebt machen sollen. Dafür gibt sie ihm eine ebenso gut gemeinte wie ungereimte Mischung aus konservativen und liberalen Parolen ein. Das verärgert jedoch die wichtigste Person in ihrem Karriere-Pokerspiel, den adligen und natürlich konservativen Landrat von Schmuckern (oder wie er sonst heißen sollte). Darum steigert sie noch einmal ihre Strategie: Sie lanciert einen Zeitungsartikel, in dem der Landrat in den Himmel gelobt wird. Den Gipfel erreicht sie bei der Silvesterfeier, auf der sie ihrem Tanzpartner von Schmuckern so sehr um den Bart schmiert, dass nunmehr auch sein Herz für das Bürgermeisterpaar gewonnen ist. Leider erkältet sich Hugo just an diesem Abend, dem Höhepunkt seiner bisherigen Karriere, und infolge Verschlimmerung durch Lungenentzündung und Schwindsucht stirbt er zu Ostern. Mathilde vollzieht nach diesem krassen Wendepunkt eine innere Läuterung. Zu ihrer Mutter nach Berlin zurückgekehrt, nimmt sie ihr vorheriges Leben wieder auf und bildet sich erfolgreich als Lehrerin aus.

Die gedankliche Konzeption des Romans ist eigentlich nicht schwer zu erkennen. Mit einem Satz gesagt: „Hochmut kommt vorm Fall", wie Mutter Möhring ihre Tochter warnt (65), moderner ausgedrückt: Reduktion von Leben auf Karriereplanung. Das ist hier nicht so sehr *sozial* gemeint, im Sinne der Maxime Fontanes für einen seiner Söhne: „Verbleib innerhalb der eigenen Sphäre",[17] sondern mehr *ethisch*: Lass um eines Aufstiegs willen nicht deine Menschlichkeit verkümmern! Umso mehr nimmt wunder, dass Forscher, die sich mit *Mathilde Möhring* näher befasst haben, dieser klaren Botschaft ausweichen – vielleicht weil sie ihnen peinlich, allzu erbaulich vorkommt? Sie erkennen zwar richtig, dass dieser Roman Fontanes wie kein anderer ein zentrales Thema der wilhelminischen Gesellschaft beleuchtet: soziale Aufstiegswünsche und Abstiegsängste, hier nicht nur, aber vor allem an Tochter und Mutter Möhring personifi-

---

[17] Brief an Theodor Fontane vom 15.03. 86, in: Theodor Fontane: Briefe, Hanser-Ausgabe, Bd. 3, Nr. 434. Im Folgenden werden Briefe aus dieser Ausgabe mit vorangestellter Sigle: HA Br, Bandzahl und Briefnummer nachgewiesen.

ziert. Aber diese Interpreten machen dabei zwei gravierende Fehler: Erstens nehmen sie an Fontanes Erzählprogramm, das eben Diagnostik und Ethik umschließt, nur die diagnostische Seite wahr, die Darstellung von schichtenspezifischem Statusdenken, besonders bei Mathilde als „Vertreterin kleinbürgerlicher Werte",[18] nicht jedoch die ethische Seite: Fontanes Kritik an eben diesem Denken, die er nicht nur, aber auch an der Selbstkritik Mathildes demonstriert, etwas hochgestochen gesagt: an ihrer Katharsis oder, christlicher, ihrer Metanoia, ihrer ethischen Sinnesänderung, ihrem Vorsatz, das Berechnende nicht mehr vorherrschen und das Mitmenschliche mehr zum Zuge kommen zu lassen (117f.).

Der zweite Fehler besteht darin, dass Interpreten der Titelfigur entweder charakterliche Inkonsistenz unterstellen oder sie statisch auf den einen Charakterzug des Berechnens festschreiben, der in der Tat Mathildes ganzes Projekt bestimmt.[19] Dabei übersehen sie jedoch die ethische Dimension, Mathildes Umdenken nach dem großen Fall. An dieser Erzählintention gehen leider auch diejenigen Studien jüngeren und jüngsten Datums vorbei, die den Roman unter dem Geschlechter-Aspekt betrachten. Entweder loben sie den Roman für seinen Ausblick auf eine berufstätige, nicht von einem Mann abhängige Frau, oder sie tadeln gerade umgekehrt Mathildes Rückzug aus allzu ‚männlichem' Karrierismus auf bescheidene ‚Weiblichkeit'.[20]

Diese wenigen allgemeinen Hinweise auf den ganzen Roman müssen genügen, um den Rahmen zu liefern, im dem die Frage zu beantworten ist, wie Fontane hier mit Juden und Antisemitismus umgeht. Die Frage ist immer noch wenig beliebt, auch wenn man es nicht mehr wie jener Forscher macht, der, um Fontanes Antisemitismus um jeden Preis zu ignorieren, darum auch die ganze Woldenstein-Aktion ignoriert hat, in der Mathildes soziale Aufstiegs-Intrige gipfelt.[21] Die seitherige Antwort anderer Forscher auf die Antisemitismus-Frage lautet: Wie in mehreren seiner Romane hat sich der Autor auch in *Mathilde Möhring* typischer Klischees literarischer Judendarstellung bedient, und zwar mit durchaus antisemitischem Effekt.

---

[18] Eda Sagarra: Mathilde Möhring, in: Grawe/Nürnberger: Fontane-Handbuch, S. 679–689; hier S. 686.
[19] Aust: *Mathilde Möhring*, S. 278–288. – Aust eifert erfolgreich Walter Müller-Seidel darin nach, über Nervenpunkte des Werks wissens- und wortreich hinwegzugehen: über Mathildes ethische Umkehr, über die Schlüsselfigur der Runtschen und eben auch wieder über den jüdischen Problemkomplex: Der „bleibt noch zu prüfen" (S. 290), heißt es ebenso bequem wie unbefriedigend.
[20] Franka Marquardt: ‚Race', ‚class' und ‚gender' in Theodor Fontanes *Mathilde Möhring*, in: DVjs 86 (2012), S. 310–327; hier S. 324f.
[21] Müller-Seidel: Theodor Fontane, S. 322, 328.

Woldenstein ist eine erfundene Kleinstadt in Westpreußen, dem Namen nach Kreuzung aus Woldenberg (bei Küstrin) und Allenstein (129), auf der Landkarte sicher in der Gegend von Thorn, Kulm, Briesen zu denken, aber mit seinen bloß 3500 Einwohnern noch viel kleiner, also etwa wie Gollub an der Drewenz oder wie Schönsee. In westpreußischen Städten gab es, je nachdem, ob man nur deutsche Staatsbürger oder auch Zugewanderte zählt, ca. 5–10% Juden. In Woldenstein wären das also immerhin zwischen 175 und 350 Menschen. Dort aber repräsentiert das Handelsbürgertum und zugleich das Judentum – erzählerisch wie statistisch extrem reduziert – allein die Firma Silberstein & Isenthal, zu der das Bürgermeisterpaar von Anfang an gute Beziehungen knüpft. Hat Fontane diese Figuren „nur mit leichtem Spott gezeichnet"[22] oder in ihrer „karikierenden Zeichnung [...] alle Vorurteile gegenüber dem aufstrebenden Judentum" gebündelt?[23] Egal wie man den Akzent setzt, es bedarf genauerer Klärung, worauf Spott und Karikatur hier zielen.

Überraschendes bietet die Herausgeberin der verdienstvollen neuen historisch-kritischen *Mathilde Möhring*-Edition: Gabriele Radecke glaubt Hugo Großmann selbst als gut ‚versteckten' Juden nachweisen zu können, der aus einer deutsch-bürgerlich assimilierten und zum Christentum übergetretenen Familie stamme und seine jüdische Vergangenheit verdrängt habe. Diese ‚Enttarnung' versucht sie mit einer ganzen Reihe von Argumenten zu erhärten, von Hugos schwarzem, krausem Vollbart und breitkrempigem Hut bis zu seinen Speisevorlieben (140–145). Aber weder sind diese Argumente, prüft man sie einzeln, triftig genug, noch geht sie auf oft naheliegende Gegenargumente ein, z.B. die Unwahrscheinlichkeit eines jüdischen Bürgermeisters (Vater und Sohn Großmann) in einer preußischen Stadt zwischen 1860 und 1890. Selbst getaufte Juden waren von staatlichen Verwaltungsämtern ausgeschlossen.[24] So wurde z.B. im westpreußischen Gollub ein jüdischer Bürgermeister von oben verhindert.[25] Vor allem aber passt die Hypothese, Hugo sei jüdischer Herkunft, überhaupt nicht zu dem ganzen Roman und seinen leitenden Konzepten. Eine „neue Dimension der Textinterpretation"[26] sehe ich mit dieser ‚Neuigkeit' jedenfalls nicht eröffnet.

---

22 Fleischer: „Kommen Sie, Cohn", S. 279.
23 Horch: Theodor Fontane, die Juden und der Antisemitismus, S. 302.
24 Ernest Hamburger: Juden im öffentlichen Leben Deutschlands, Tübingen 1968. – Ein getaufter jüdischer Landrat in Thorn, nur aufgrund von Protektion durch seinen Verwandten Bismarck (S. 71), und ein gleichfalls getaufter jüdischer Bürgermeister in Hamburg (S. 81) waren große Ausnahmen.
25 Henning Albrecht: Antiliberalismus und Antisemitismus. Hermann Wagener und die preußischen Sozialkonservativen 1855–1873, Paderborn 2010, S. 101.
26 Gabriele Radecke: Hugo Großmann und der Prozess jüdischer Verbürgerlichung. Eine textgenetische Lektüre von Theodor Fontanes Nachlassroman *Mathilde Möhring*, in: Storm-Blätter aus Heiligenstadt 16 (2011), S. 71–84; hier S. 71.

Allenfalls könnte man Fontane die Absicht unterstellen, in Hinblick auf Hugos auffällige, liberale Judenfreundlichkeit als Bürgermeister in Woldenstein den Leser ein wenig zu vexieren: mit einer irreführenden und letztlich zu verneinenden Frage, ob Hugo womöglich selber jüdischer Abstammung sein könnte. Ähnlich wollte der Autor eine solche Leserfrage vielleicht auch bei der Figur des Apothekers Alonzo Gieshübler in *Effi Briest* nicht ganz ausschließen, ohne ihr jedoch Gewicht zu geben.[27] Dieser antwortet auf Effis Spekulation, sein Vorname lasse auf eine schwarzäugige Andalusierin als Mutter schließen: „Ganz wie Sie vermuten" (GBA 15,73). Das könnte ein Leser als Bestätigung und zugleich als Ausweichen verstehen – Gieshüblers Mutter vielleicht eine sephardische Jüdin? ‚Judenriecherei' war ja bei Fontane und seinen antisemitischen Gesinnungsfreunden ein beliebtes Gesellschaftsspiel.

Wichtiger jedoch ist eben Hugos Juden*freundlichkeit*, die mit einer gewissen Juden*ähnlichkeit* symbolisch unterstrichen sein mag. Sie bringt er bereits in seiner Ansprache bei der Amtseinsetzung dezent zum Ausdruck, so dass sich Silberstein einige Zeit darauf zu einem bombastischen Loblied auf den neuen Bürgermeisters versteigt: „Ist er nicht wie Nathan? Ist er nicht der Mann, der die 3 Ringe hat? Ist er nicht gerecht und sieht doch aus wie ein Apostel [?]" (95) Und sein Kompagnon Isenthal könnte auch über Hugo sagen, was er über Mathilde sagt, allerdings in Hinblick auf ihre geradezu ‚jüdische' Cleverness, die ihrem Mann jedoch abgeht: „sie hat was von unsre Leut." (100) Damit hat Isenthal in der Tat „einen verborgenen Nerv des Romans getroffen".[28] Denn Mathilde rechnet ‚wie die Juden', sie redet ‚wie die Juden': „das werden wir kriegen auf Heller und Pfennig" (113), und sie hat auch den gleichen ebenso geltungssüchtigen wie schlechten Geschmack ‚wie die Juden'. Möchte sie doch das Hochzeitsgeschenk von Frau Schmädicke, die rosafarbene Ampel, trotz deren Berliner „Schick", durch eine noch schickere aus „Rubinglas" ersetzen (100f.), ganz genau so eine also, wie sie kurz zuvor Silberstein seiner Tochter Rebecca zur Hochzeit versprochen hat: „Rebecca, wenn er kommt (ich sage nicht wer), dann sollst du haben die Ampel, und nicht Rosa sollst du haben, du sollst sie haben in Rubin" (94f.). Eine sprechende Finesse des Erzählers!

Bei seiner kritischen Beleuchtung und ethischen Verurteilung des hemmungslosen Aufstiegswillens Mathildes bedient sich Fontane also jenes auch sonst bei ihm und anderen Antisemiten gängigen Denkmusters, das Ethisches und Ethnisches demagogisch vermengt: Alles auf den

---

[27] Itta Shedletzky: „Des Juden Waffe". Wilhelm Wolfsohns literarisches Werk im Kontext der deutsch-jüdischen Literatur des 19. Jahrhunderts, in: Theodor Fontane und Wilhelm Wolfsohn – eine interkulturelle Beziehung, hg. v. Hanna Delf von Wolzogen und I.S., Tübingen 2006, S. 389–414; hier S. 412ff.

[28] Marquardt: ‚Race', ‚class' und ‚gender', S. 321.

eigenen Vorteil hin zu berechnen, ist einerseits moralisch verurteilenswert, andererseits ‚typisch jüdisch'; alle Menschen können diesem Laster verfallen, besonders in der modernen, kapitalistischen Gesellschaft, die Juden frönen ihm jedoch ‚von Natur aus', so auch die Firma Silberstein & Isenthal. Dieses klar antisemitische Arrangement des Erzählers Fontane wird verharmlost und zugleich verzerrt, wenn man darin nur mit „detailfreudiger Genauigkeit einen charakteristischen gesellschaftlichen Prozeß präzise" nachgezeichnet sieht und wenn man die beiden jüdischen Familien in Woldenstein einer „gesellschaftlichen Dynamik ostdeutscher Juden" vom Hausierer zum Ladenbesitzer zuordnet.[29]

Denn die augenscheinlich *assimilierten* Familien Silberstein und Isenthal sind, wie auch sonst die meisten Juden in den preußischen Ostprovinzen, auch die Blumenthals in Fontanes Roman *Die Poggenpuhls*,[30] keineswegs orthodoxe polnische ‚Ostjuden', vielmehr wohletablierte deutsche Bürger. Dies hatte im Berliner Antisemitismusstreit von 1879/80 Ludwig Bamberger gegen Heinrich von Treitschke mit Recht geltend gemacht.[31] Die Juden in Westpreußen waren schon seit 1812 weitgehend emanzipiert und zählten sich, wie die in den anderen Ostprovinzen auch, ganz überwiegend zum Deutschtum. Fontane verwischt als Erzähler diesen Sachverhalt allerdings dadurch, dass er unbekümmert mit Klischees hantiert, z.B. ‚Judensprache' oder ‚Familiensinn', die eher auf Ostjuden als auf bürgerlich assimilierte verweisen. Vielleicht hat das damit zu tun, dass der Autor als die sozusagen ‚jüdischsten' und darum unsympathischsten Juden die Ostjuden ansah, die er schon seit seinen Jahren als konservativer Journalist der Unruhestiftung namentlich in der Provinz Posen verdächtigt hatte.[32]

Was selbst die neueren und neuesten Studien über *Mathilde Möhring*, die das Thema ‚Juden' aufgreifen, ebenso übersehen haben wie die ethische Botschaft des Romans, ist ein sehr interessanter, für die späten Romane Fontanes typischer Aspekt von gesellschaftlicher Redevielfalt: die Inszenierung des *religiösen* Diskursfeldes. Sie steht in diesem Roman unter dem Stichwort, ja geradezu dem Motto: „dritte Confession" (97). Um die Intentionen und Effekte dieser erzählerischen Inszenierung angemessen erfassen zu können, muss man sich zunächst Mathildes Aktivitäten in Woldenstein genauer vergegenwärtigen.

Den Umzug von Berlin in ein kleines westpreußisches Nest, also in eine ehemals polnische preußische Ostprovinz wie die benachbarte, aus

---

[29] Sagarra: *Mathilde Möhring*, S. 689.
[30] Lezzi: „Liebe ist meine Religion!" S. 298f.
[31] Walter Boehlich (Hg.): Der Berliner Antisemitismusstreit, Frankfurt am Main 1988, S. 164f.
[32] Fleischer: „Kommen Sie, Cohn", S. 49.

der Hugo stammt – dem Städtchen Owinsk bei Posen –, hat Mathilde von vornherein als erste Stufe einer Karriereleiter geplant: Wir „müssen uns lieb Kind machen. Woldenstein ist jetzt die Karte, darauf wir setzen müssen." (89) Genau dem entspricht Hugos Antrittsrede über die „Kraft des preußischen Staates in den östlichen Provinzen" und das „Festhalten an den alten preußischen Tugenden", wofür er Beifall erhält, „denn Woldenstein wählte konservativ". Aber weil Hugo, diesmal ebenso clever wie seine Frau oder eher aufgrund eines Anstoßes ihrerseits, „das spöttische Lächeln" einer kleinen Gruppe seiner Zuhörer sieht, fügt er schnell noch ein typisch liberales Lob des Königs als „Hort der Verfassung" hinzu (90).

Das kommt bei dieser Gruppe so gut an, dass die Firma Silberstein & Isenthal ein abendliches Ständchen organisiert. Dieses wird nun allerdings von den Konservativen boykottiert, „aber nicht aus Demonstration gegen Hugo, sondern nur aus Demonstration gegen die fortschrittliche Firma", d.h. gegen die örtlichen Juden, die – wie damals überwiegend auch die in ganz Deutschland – der Fortschrittspartei zuneigen, die seit 1884 in der linksliberalen Deutschen Freisinnigen Partei aufgegangen war. Warum aber muss diese Gruppe von Zuhörern Hugos Lob der „alten preußischen Tugenden" mit einem *spöttischen Lächeln* begleiten? Als Gruppe der *Liberalen* könnte sie sich doch über diese ihr vielleicht allzu konservativ klingende „patriotische Wendung" einfach enttäuscht oder verärgert zeigen. Warum spöttisch? Die Antwort ist klar: *Juden* sind ‚von Natur aus' Spötter, und selbst assimilierte neigen notorisch dazu, deutsche und christliche Tugenden zu bespötteln. Manon von Poggenpuhl vermutet diesen ‚jüdischen' Ton, den sie von ihren Besuchen bei Bartensteins in Berlin kennt, auch im Hause der Blumenthals im westpreußischen Thorn (GBA 16, 85). So werden ihn ebenso die Isenthals und Silbersteins an sich haben.

Auch die weiteren „Ideen", die materiellen und ideellen Projekte, die Mathilde Hugo einimpft, sind am politisch riskanten Modell eines konservativ-liberalen Kompromisses orientiert. Das Projekt Straßenbau ist kein Problem. Aber das Projekt Garnison darf nicht zu groß geplant werden, denn für ein ganzes Regiment ist Woldenstein „zu sehr Nest und Silberstein und Isenthal können es nicht 'rausreißen und Rebecca Silberstein auch nicht. Übrigens ist es eine hübsche Person. Aber doch nicht zum Heirathen. Und für sonst ist sie zu streng" (93), also – wie Thilde hier durchaus antisemitisch urteilt – kein Umgang für heirats- oder liebschaftsfreudige junge Offiziere. Dass Rebeccas Vater jedoch seinerseits „gegen das Militär" ist, wird sich schon geben, denn mit der Garnison blühen Gewerbe und Handel auf, Woldenstein wird eine richtige Stadt, und das bringt am Ende auch der jüdischen Firma mehr Profit.

Dass Rebecca „nicht zum Heiraten" sei, darin, wie in anderem, hat sich Mathilde geirrt. Das zeigt der letzte Satz des Romans: „Rebecca hat sich verheirathet."(125) Sie *wurde* also nicht verheiratet, was allenfalls innerhalb der Minderheit hätte geschehen können, sondern sie hat ihren Mann frei gewählt – ob einen jüdischen oder einen christlichen, bleibt offen (Papa Silbersteins ominöses „ich sage nicht wer" lässt auf einen christlichen schließen); es muss ja nicht gerade ein preußischer Offizier sein. Was übrigens den *Namen* ‚Rebecca Silberstein' betrifft, so vermutet Gabriele Radecke, Fontane habe ein Gedicht gekannt, in dem genau dieser Name die zentrale Rolle spielt (372). Es ist ein ebenso anrührendes wie anspruchsloses kleines Gedicht:

Kinderscene

Morgen zum Geburtstagsfeste
Lädt sich Käthchen kleine Gäste:
Anni Hoffmann, Suse Beyer,
Minchen Walther, Doris Schreyer,
Evchen Müller, Elsa Strauch –
„Kommt denn das Rebekkchen auch?" –
„Was? Rebekka Silberstein?!
Juden lad' ich niemals ein.
Gabst du in der Schul' nicht Acht,
Daß sie Jesum todt gemacht?" –
„Unser Lehrer meint das, ja;
Doch es sagt mir die Mama
(Und die weiß doch vielerlei):
Silberstein's war'n nicht dabei!"
[...]

Hat Fontane das Gedicht, wenn überhaupt, vor oder während der Ausarbeitung von *Mathilde Möhring* gelesen, und hat das die Namenwahl für die Judentochter in Woldenstein mitbestimmt, so denke ich mir, er habe bei der Lektüre zustimmend geschmunzelt. Denn bei all seiner Abneigung gegen die Juden – diesem infamen *christlichen* Antisemitismus, der gerade zu seiner Zeit, besonders im Katholizismus, wieder demagogisch hochgekocht wurde, stand er hoffentlich fern. Leider gibt es auch Indizien gegen diese Hoffnung wie sein allzu langes Festhalten an dem Gedicht *Die Jüdin* oder seine hämische Witzelei über den Ritualmordprozess von Tisza-Eszlar. Hat er das Gedicht jedoch erst später gelesen, so wünsche ich mir, er habe sich ein klein wenig dafür geschämt, dass er Mathilde in den Mund gelegt hat, Rebecca Silberstein sei zwar hübsch, aber doch nicht zum Heiraten.

Das dritte Projekt, das Mathilde ihrem Mann eingibt, um seinen und ihren Aufstieg zu fördern, ist in Gegensatz zu den beiden anderen, Straßenbau und Garnison, ein ausgesprochen ideelles. Sie hat es offenbar hinter den Kulissen vorangetrieben, denn als Leser erkennen wir es erst an seinen Früchten. Die erste Frucht ist Silbersteins teilweise schon zitierte komisch übertriebene Hymne auf Hugo als einen zweiten Nathan den Weisen. „Und seine Frau Gemahlin, eine sehr gebildete Frau, hat gesprochen von der Dreieinigkeit und der Papst in Rom und Luther und Moses die müßten aufgehn in Einem. Und dies sei Preußen." (95) Erstaunlich! Diese Thilde hat ja nicht einmal zu ihrer eigenen Herkunftsreligion eine innere Beziehung: Auf Luther beruft sie sich, ebenso komisch wie rührend, nur in Erinnerung an ihr tapferes Vorlesen anstößiger Bibelstellen im Konfirmandenunterricht: „Sie habe früher bei Pastor Messerschmidt aus der Bibel vorlesen müssen. Da wären mitunter furchtbare Worte gekommen und sie denke noch mitunter mit Schrecken daran zurück. Aber immer wenn sie gemerkt hätte ‚jetzt kommt es' dann habe sie sich zusammengenommen und die Worte ganz klar und deutlich und mit aller Betonung ausgesprochen. Wie Luther." (44) Und Kirche zählt sie nur zum bürgerlichen „Schick", z.B. als kirchliche Trauung. In Woldenstein aber hat sich diese Thilde offenbar zu einer Religionsphilosophin und -politikerin gemausert – egal was der halbgebildete Bildungsverehrer Silberstein, der Hugos „Initiative" bewundert (95), aus ihren Äußerungen beim Weitersagen gemacht haben mag.

Unüberhörbar ironisiert, ja karikiert Fontane diese „Humanitätsphraseologie",[33] d.h. diese Verbrämung von Eigeninteresse durch wohlklingende Phrasen. Von Hugo dem Gerechten als Nachfolger von Nathan dem Weisen, der Titelfigur in Lessings ‚Evangelium der Toleranz', das die deutschen Juden überaus verehrten, der alte Fontane aber verachtete, und den drei Ringen, welche die drei gleichberechtigten Religionen Judentum, Christentum und Islam symbolisieren, springt Silberstein schwindelerregend zur „Dreieinigkeit", nicht etwa von Gott Vater, Sohn und Heiligem Geist, sondern von Papst, Luther und Moses. Die müssten, wie Mathilde gesagt haben soll, eine „Einheit" werden, wobei allerdings, wie Silberstein, sich selbst entlarvend, schlau hinzufügt, Moses „die Priorität" habe. Hugo hat Mathildes etwas windschiefe Religionsphilosophie, die Vermengung der monotheistischen Religionen bei Lessing mit den christlichen Konfessionen, offenbar übernommen, denn er stößt genau damit beim Landrat auf Reserve, der „weder von der ‚Initiative', die sein eignes Licht in den Schatten stellte, sonderlich erbaut war, noch von Hugo's Nathanschaft und seiner Gleichberechtigung der drei Confessionen".

Wird daraufhin der Bürgermeister von Herrn und Frau Landrat einstweilen ‚geschnitten', so hat Frau Bürgermeister jedoch insgeheim mit einem anderen Projekt den Boden zur Versöhnung gelockert, nämlich mit

---

[33] Horch: Theodor Fontane, die Juden und der Antisemitismus S. 302.

dem schon erwähnten, von ihr selbst collagierten und redigierten Zeitungsartikel, der schamlos Propaganda für Wiederwahl des Landrats als Reichstagskandidat macht, indem er ihn und sein Haus, das sogar „Anziehung auf das Polenthum" ausübe, in den Himmel lobt. Der preußische Konservatismus des Herrn von Schmuckern sei in Wahrheit „schönste Humanität", die auch „der Fortschritt" – also die Liberalen – zu würdigen wüsste, sein Adel sei einer, der „die Zeit begreift und auf Exclusivität verzichtet", und Frau Landrat habe „einen Krippenverein gegründet", zu dem – vermutlich durch verschwiegene diplomatische Vermittlung von Frau Bürgermeister – „auch die dritte Confession beigesteuert" habe (97f.). So wird denn am Weihnachtsabend „für die armen Kinder aller Confessionen" aufgebaut, „wobei Thilde, die Landräthin u. Rebecca Silberstein die Leitung" übernehmen (101). Diese schöne „Dreieinigkeit" setzt sich sogar noch bei der Beerdigung Hugos fort, an der nicht nur „viel Adel aus der Nähe" teilnimmt, sondern auch „die ganze Bürgerschaft einschließlich der dritten Confession". Nach der Grabrede des evangelischen Pfarrers spricht auch Silberstein, und zwar so gut, „daß selbst Pastor Lämmel zufrieden" ist und ihm sogar die Hand drückt (112f.).

Wie ist das mit der „dritten Confession" bzw. den „drei Confessionen" zu verstehen und zu beurteilen? Diese Formel war dem Autor offenbar so wichtig, dass er mit ihr, durch mehrmalige Wiederholung, wie mit dem Zaunpfahl winkt. Viele heutige Leser werden Mathildes Woldensteiner Versöhnungsprojekt Sympathie entgegenbringen, mit guten Gründen, denn es geht dabei offenbar um Integration, Anerkennung und Beteiligung von Minderheiten – eine Aufgabe, der wir uns ja auch in unserer Gesellschaft gewachsen zeigen müssen. Mathilde Möhring als Leitfigur multikultureller Politik? Dem ist, von der vermutlichen Autorintention her, entgegenzuhalten: Mathildes ‚Religionspolitik' ist vor allem ein markanter Schritt im Rahmen der ganzen Romankonstruktion, also der ironischen und satirischen Darstellung eines verstiegenen Karriereprojekts. In diesem Rahmen nimmt sich somit auch die Idee einer „Dreieinigkeit" der Konfessionen verstiegen aus. Sie wird vom Erzähler also *kritisch* beleuchtet.

Um diese Interpretation zu prüfen, muss man fragen, wie die Formel von der ‚dritten Konfession' im Text verwendet wird: neutral, zustimmend oder eben kritisch. Meine These ist, dass diese Formel nicht zu Sprache und Denken des Autor-Erzählers gehört, sondern dass er sie immer nur in gedachte Gänsefüßchen setzt. Sie ist somit eines der typischen *Diskurszitate*, von denen es in Fontanes Romanen wimmelt und die zu ihrer Redevielfalt beitragen. Diskurse sind Systeme gesellschaftlich normierten Redens. Unter einem Diskurszitat verstehe ich, wenn Elemente eines Diskurses in einem Text so auftreten, dass ein informierter Leser sie als solche erkennen kann, d.h. er erkennt die Wendung oder

Formel als charakteristisch für einen bestimmten Diskurs und denkt sich diesen bei der Lektüre hinzu.[34]

Genau in diesem Sinne – so meine These – funktioniert in *Mathilde Möhring* die Rede von der ‚dritten Konfession'. Die Formel selbst bezeichnet traditionell in der Regel neben katholischer und lutherischer die reformierte Kirche, im religiösen Sprachgebrauch darüber hinaus *ironisch distanzierend* die Gruppe(n) der Nichtchristen, seien das Freidenker, Atheisten, seien es Juden. Als umschreibende Benennung der *Juden* gehört diese Formel nicht zu Fontanes Sprache und Denken, sondern der Erzähler zitiert sie nur, und zwar „immer etwas abschätzig",[35] und markiert mit ihr zugleich einen bestimmten gesellschaftlichen Diskurs.

Welche Gruppe aber sprach zu Fontanes Zeit so oder hätte so sprechen können? Natürlich niemals die Konservativen, die damals fast durch die Bank Antisemiten waren und die Juden sozial, ethnisch, national oder sogar rassistisch definierten; aber auch nicht die Liberalen, die von den Juden Assimilation, nach Möglichkeit auch Übertritt zum Christentum erwarteten; ebensowenig die orthodoxen Juden; sondern *allein* die liberalen, emanzipierten und kulturell assimilierten Juden. In der Tradition der Haskala und im Bemühen um Gleichstellung verstanden sie unter jüdischer Religion weniger, wie die Orthodoxen, das Gesetz als vielmehr den Glauben, das Bekenntnis, die Konfession.[36]

So gründeten sie 1893, also zur Zeit der Entstehung des Romans, den „Centralverein deutscher Staatsbürger jüdischen Glaubens" (CV).[37] Der Name war Programm: Nach Auffassung des CV unterschieden sich die Juden von anderen Deutschen nur durch ihr religiöses Bekenntnis; sie bildeten als Deutsche ‚mosaischer Konfession' neben Protestanten und Katholiken sozusagen die ‚dritte Konfession'. Allerdings wurde diese an sich griffige Formel selbst, soweit ich sehe, lieber vermieden, um nicht Anstoß zu erregen. Sie fungierte als „typisch verschleiernde [...] Anspielung auf das Judentum".[38] Fontane mag sie als *ironische* Wendung aus judenfeindlicher Presse oder Konversation aufgegriffen und als *ernsthafte* seinen Figuren in den Mund gelegt haben. Somit redet und agiert Mathilde in ihrer zwar berechnenden, aber zugleich naiv-ahnungslosen Verstiegenheit liberaler als die Liberalen, also wieder quasi-jüdisch. Sie „hat was von unsre Leut" – auch in diesem religionspolitischen Sinne. Wenn aber der Erzähler ihre Formel von der ‚dritten Konfession' mehrmals auf-

---

[34] Mecklenburg: Theodor Fontane, S. 89f.
[35] Fleischer: „Kommen Sie, Cohn", S. 278.
[36] So z.B. der Königsberger Rabbiner Joseph Levin Saalschütz: Zur Versöhnung der Confessionen oder Judenthum und Christenthum, in ihrem Streit und Einklang, Königsberg 1844.
[37] Avraham Barkai: „Wehr dich!" Der Centralverein, München 2002.
[38] Fritz Stern: Fünf Deutschland und ein Leben, München 2007, S. 62.

nimmt, so identifiziert er sich gerade nicht mit ihr, sondern ironisiert sie – mit Hilfe des von Bachtin so genannten ‚zweistimmigen Wortes', das Fontane so gern als ‚Finesse' verwendet: Die Stimme des Erzählers ‚begleitet' ironisch die Stimme der Figur. Das heißt verallgemeinert: In *Mathilde Möhring* wird zwar Redevielfalt inszeniert, aber in diesem Punkt eben leider nicht im Sinne einer wirklichen Vielstimmigkeit, sondern zum Zweck einer offenen oder versteckten Vermittlung von Ressentiment gegen die Juden und ihre liberalen Fürsprecher.

Diese Interpretation lässt sich dadurch erhärten, dass man erstens die historische Entwicklung der Juden im deutschen Kaiserreich und in Preußen, zweitens Fontanes Stellung dazu rekapituliert. Zunächst zum ersten Punkt: Hugos Stichwort „Verfassung" in seiner Woldensteiner Antrittsrede verweist auf die rechtliche Gleichstellung der Juden durch ein Gesetz von 1869 bzw. – als Reichsgesetz – von 1871 zur „Gleichberechtigung der Konfessionen in bürgerlicher und staatsbürgerlicher Beziehung". Dieses Gesetz stellte das Judentum mit den anderen „Konfessionen" gleich und hob Rechtsbeschränkungen für Juden „aus Verschiedenheit des religiösen Bekenntnisses" auf. Es bewegte sich somit auf der Linie der Paulskirchen-Verfassung von 1848, die in § 16 zu den Grundrechten des deutschen Volkes auch die Gleichberechtigung aller religiösen Bekenntnisse gezählt hatte. Dieser Grundsatz wurde im § 44 des Berliner Vertrages von 1878 darüber hinaus auch als völkerrechtlich verbindlich erklärt. Jedoch blieben im deutschen Kaiserreich die einzigen, welche auf praktische Umsetzung dieser emanzipatorischen Rechtsgrundlage drängten, die Juden selbst, so auch der CV, der sich ausdrücklich auf diese liberale Tradition berief. Konservative Kräfte dagegen betrieben zunehmend deren Revision, und die Liberalen forderten nach der nationalliberalen Wende der 80er Jahre von den Juden Integration in Form einer deutschen und christlichen Assimilation. Während faktisch das Judentum im Kaiserreich *rechts*geschichtlich (Staatskirchenrecht) allmählich zur „dritten Konfession" wurde,[39] war *mentalitäts*geschichtlich für Anerkennung einer solchen kein Raum.[40]

Im Gegenzug dazu haben bekannte Vertreter des deutschen Judentums immer wieder im Sinne der Verfassung von 1871 votiert, namentlich im Berliner Antisemitismusstreit: so Heinrich Graetz,[41] Ludwig Bamberger[42] oder Fontanes Freund Moritz Lazarus, der glasklar und konsequent für ‚Verfassungspatriotismus' und kulturellen Pluralismus eintrat: Die wahre Kultur liege in der Mannigfaltigkeit, und die Juden seien als Staats-

---

[39] Michael Demel: Gebrochene Normalität, Tübingen 2011, S. 120f.
[40] Wolfgang Heinrichs: Das Judenbild im Protestantismus des deutschen Kaiserreichs, Köln 2000, S. 692.
[41] Boehlich: Antisemitismusstreit, S. 53.
[42] Ebd., S. 162f.

bürger genauso Deutsche wie die Christen. „Jede Nationalität umfaßt heute mehrere Religionen, wie jede Religion mehrere Nationalitäten."[43] Gegen Lazarus jedoch behauptete Treitschke, der Wortführer eines akademischen, nationalliberalen Antisemitismus: Die Deutschen seien unzweifelhaft „ein christliches Volk", das Judentum dagegen die Religion eines „uns ursprünglich fremden Stammes"; Lazarus beachte nicht „den Unterschied von Religion und Confession; er denkt sich die Begriffe: katholisch, protestantisch, jüdisch als coordinirt".[44] Somit trifft diese Kritik Treitschkes an Lazarus haargenau auch die Rede der Großmanns und ihrer jüdischen Freunde in Woldenstein von einer ‚dritten Konfession'. Auch sie haben den Unterschied von Religion und Konfession offenbar nicht beachtet oder gezielt nivelliert.

Damit komme ich zum zweiten Punkt: Fontanes Stellung zur ‚Judenfrage'. Der Autor stand dazu und wahrscheinlich auch in Hinblick auf diesen Punkt des ‚Konfessionellen' auf der Seite Treitschkes und in Gegensatz zu Lazarus. An jüdischer Religion war er zeitlebens völlig desinteressiert. Während die christliche Religion mit ihren konfessionellen Varianten[45] im Werk des Nicht-mehr-Christen Fontane dennoch „allgegenwärtig" ist, „fehlt eine Darstellung jüdischer Religiosität völlig, obwohl es Fontane an Gelegenheit zu Beobachtungen nicht gemangelt haben dürfte und sein Werk zahlreiche jüdische Figuren aufweist".[46] So sind jüdische Figuren in seinem Erzählwerk nie religiös, immer nur „soziokulturell konnotiert".[47] Wie kommt das? Weil er religiöse Juden mit Ostjuden assoziierte, gegen die sein Ressentiment besonders stark war? Weil er dem allgemein christlichen Vorurteil der ‚Überholtheit' der jüdischen Religion unterlag? Wenn bei ihm von Altem Testament oder Alttestamentlichem die Rede ist, so meint das entweder in diesem Sinne ‚Überholtes', oder das ist ein antisemitischer Tarnausdruck für Jüdisches, oder es ist allenfalls gut für einen Witz, z.B.: Lammbraten „hat so viel Alttestamentarisches, so was Ur- und Erzväterliches" (GBA 19, 57).

Gewiss, Fontane war insofern Erbe von Aufklärung und Humanismus, als ihm wie überhaupt Dogmatismus und Doktrinarismus auch jeder religiöse Konfessionalismus im Sinne einer Anmaßung von Rechtgläubigkeit zuwider war.[48] Allein, wenn man in ihm einen späten Humanisten im erasmischen Geist sieht, einer ‚dritten Kraft' zwischen konfessionellen Fronten, dann sollte man dabei nicht übersehen, dass er mit der *Christ-*

---

[43] Moritz Lazarus: Was heißt national? Ein Vortrag, Berlin 1880, S. 25.
[44] Boehlich: Antisemitismusstreit, S. 88f.
[45] Richard Faber: „... der hebe den ersten Stein auf sie." Humanität, Politik und Religion bei Theodor Fontane, Würzburg 2012.
[46] Delf von Wolzogen / Fischer (Hg.): Religion als Relikt? Einleitung, S. 7.
[47] Ebd., S. 12.
[48] Faber: „... der werfe den ersten Stein auf sie", S. 23–27.

lichkeit des erasmischen Humanismus auch etwas von deren *Antisemitismus* geerbt haben könnte, denn Erasmus war – wie sein Gegenspieler Luther – entschiedener christlicher Antisemit. Kann man Fontane gar einen „Pan-Ökumenismus" zuschreiben – was ich ein wenig bezweifle –, dann muss man jedoch zugleich auf „seinen, diesen schmerzlich einschränkenden Antisemitismus" hinweisen.[49]

An diesem, nicht an seinem aufgeklärten Universalismus liegt es, dass er den Anspruch liberaler deutscher Juden, als Konfession anerkannt zu werden, vermutlich zurückwies und jüdische Figuren in seinem Romanwerk, die er entsprechend reden lässt, genau dadurch ironisch beleuchtet: so in *Mathilde Möhring* die Firma Silberstein & Isenthal oder in den *Poggenpuhls* die Familie Bartenstein. Bei denen sagt man immer: „das ‚Konfessionelle' (sie wählen gern solche sonderbar verschränkten Ausdrücke)" (GBA 16, 86), sagt Manon von Poggenpuhl und markiert damit natürlich, scheinbar nur kopfschüttelnd über das ‚Sonderbare', die mit ihr befreundeten Bartensteins als assimiliert jüdisch, eben weil sie ‚konfessionell' sagen, wenn sie ‚jüdisch' meinen. Die Formel der ‚dritten Konfession' lehnte der Antisemit Fontane zweifellos als Anmaßung ab, stellte er doch deren rechtliche Grundlage, die Gleichberechtigung, in Frage.

Diese sah er symbolisch in Lessings *Nathan* „mit seinem Evangelium der Aufklärung und religiösen Gleichberechtigung" repräsentiert,[50] das er als historisch überholt ablehnte, als eine „Afterweisheit des vorigen Jahrhunderts",[51] die sich im „Jahrhundert der offenbarsten Judenherrschaft"[52] als bankrott erwiesen habe. Entsprechend konnte Fontane, so sehr er für *inner*christliche Liberalität war, für ein *inter*religiöses, christlich-jüdisches Versöhnungs- oder sogar Vereinigungsdenken natürlich nichts übrig haben. Ein solches hatte, vielleicht auf der Linie David Friedländers, sein Jugendfreund Wilhelm Wolfsohn vertreten.[53] Später hat es Ludwig Bamberger hoffnungsvoll artikuliert: „Seitdem die Confessionen angefangen haben zu lernen, daß es im Hause Gottes der Wohnungen viele gibt, ist die religiöse Antipathie bestimmt, zu verschwinden".[54] Und geradezu überschwänglich propagiert dieses Denken, nämlich als „Dreieinigkeit" von Papst, Luther und Moses, Mathilde Großmann bzw. ihr Verehrer Sil-

---

[49] Ebd., S. 49.
[50] Theodor Fontane: Wanderungen durch die Mark Brandenburg. Dörfer und Flecken im Lande Ruppin, hg. von Gotthard Erler, 2. Aufl., Berlin 1992, S. 568.
[51] Brief an Emilie vom 12.08.83, HA Br 3, Nr. 254.
[52] Brief an Arthur Deetz vom 18.11.80; nach Goldammer: Nietzschekult, S. 57.
[53] Theodor Fontane: Autobiographische Schriften, hg. von Gotthard Erler, Peter Goldammer und Joachim Krueger, Berlin 1982, Bd. 2, S. 93.
[54] Boehlich: Antisemitismusstreit, S. 163.

berstein, der sich damit, wie andere, reale „Silbersteine", in Fontanes Sicht natürlich als „fortschrittlich verrannt" zeigt.[55]

Das macht: Fontane wurde in den 90er Jahren ein Konservativer mit bald liberalen, bald (konservativ-)revolutionären Anwandlungen. Sein Antisemitismus aber geriet dabei „immer prinzipienfester",[56] verhärteter und leider auch immer rassistischer. Seine Leitbegriffe wurden christlich, deutsch, national.[57] Nicht auf anderen, aber auf dem antisemitischen Diskursfeld rückte er nahe an die Sozialkonservativen heran, die, wie sein Kreuzzeitungs-Bekannter Hermann Wagener, den er zeitlebens als politisch weitblickend schätzte, schon vor den Gründerjahren antisemitisch im modernen Sinne waren, dabei christliche und rassistische Denkmuster kombinierten[58] und den politischen Liberalismus sowie die negativen Seiten des Kapitalismus: ‚Egoismus', ‚Materialismus', ‚Mammonismus', in den Juden verkörpert sahen.[59] Konnte der Autor 1892 noch auf „Stillhalten" setzen und darauf, „sich mit der allmäligen Christianisirung zufrieden zu geben",[60] so wurde er in seinen letzten Jahren immer gereizter gegenüber nicht total assimilierungswilligen Juden,[61] aber zugleich traute er, auch darin ganz auf der Linie der Sozialkonservativen,[62] einem Erfolg der Assimilierung gar nicht mehr.

Der liberale Philosoph Friedrich Paulsen hatte in einem Buch die Juden aufgefordert, ihre jüdische Eigenart im Sinne einer vollständigen, also auch religiösen Assimilierung aufzugeben,[63] und diese Forderung gegenüber seinen jüdischen Kritikern in einem Zeitungsaufsatz noch verschärft. Fontane aber war auch das noch nicht genug: In seinem berüchtigten Brief an Paulsen erklärte er im Jahr seines Todes, die Probe der „Emanzipationsideen" sei „zu Ungunsten der Juden ausgeschlagen", denn mittlerweile habe sich leider die „Unausreichendheit des Taufwassers" erwiesen. Auch restlos assimilierte Juden blieben ein „schreckliches Volk", mit dem sich „die arische Welt nun mal nicht vertragen kann". Selbst ein seit drei Generationen deutsch und christlich ganz assimilierter Jude wie sein Freund Georg Friedlaender bleibe unweigerlich ein typi-

---

[55] Brief an Friedlaender vom 10.04.93, HA Br 4, Nr. 262.
[56] Fleischer: „Kommen Sie, Cohn", S. 295.
[57] Ebd., S. 226.
[58] Julius H. Schoeps: Christlicher Staat und jüdische Gleichberechtigung, in: Konservatismus – eine Gefahr für die Freiheit? Hg. von Eike Hennig und Richard Saage, München 1983, S. 38–54.
[59] Albrecht: Antiliberalismus, S. 11, 124, 143.
[60] Brief an Friedlaender vom 09.11.92, HA Br 4, Nr. 241.
[61] Fleischer: „Kommen Sie, Cohn", S. 242.
[62] Albrecht: Antiliberalismus, S. 178.
[63] Fleischer: „Kommen Sie, Cohn", S. 209.

scher „Stockjude" und könne „die jüdische Gesinnung" nicht loswerden.[64] Das ist zweifellos rassistischer Antisemitismus pur!

Vor diesem düsteren Hintergrund gesehen, kann die Frage, ob die Darstellung der ‚dritten Konfession' in *Mathilde Möhring* mehr von Redevielfalt oder mehr von Ressentiment geprägt sei, nicht mehr offenbleiben. Das Diskurszitat ist beißend satirisch gemeint: Das schreckliche Volk will sich eben mit allen Mitteln, selbst mit dieser lächerlichen Formel, Gleichberechtigung ermogeln. Dieser kritische Befund lässt sich dadurch sowohl erhärten als auch differenzieren, dass man noch ein zweites Diskurszitat abtastet, das der Romantext enthält. Die geradezu schamlose Gipfelleistung von Mathildes karriereorientierter Aktivität in Woldenstein besteht, wie schon erwähnt, in ihren politischen Schmeicheleien gegenüber dem Landrat beim Silvestertanz. Bevor sie dabei die Redekunst Bismarcks als persönliche Erfrischung durch „Eisenquelle" und „Stahlbad" anpreist, weiß sie auch den Landrat selbst als Redner zu würdigen: Sie zitiert nach dem Reichstagsbericht in der Morgenzeitung einen markanten Satz aus einer kurzen Rede von ihm „über die Simultanschulfrage" (102).

Was mag Herr von Schmuckern als Mitglied der konservativen Partei dazu ausgeführt haben? Worum handelt es sich überhaupt? Um diese „Simultanschulfrage" drehte sich im deutschen Kaiserreich ein markanter politischer Diskurs. Auf dessen Feld wurden sehr heftige Kontroversen ausgefochten. Auch berührte er sich mit dem Diskurs über die ‚Judenfrage'. Simultanschulen wurden unter den Volksschulen, in Unterscheidung vom damaligen Normaltyp der Konfessionsschule, Gemeinschaftsschulen genannt, d.h. Schulen, in denen Schüler verschiedener Konfessionen zusammen unterrichtet wurden. Die Idee der Simultanschule, also der Entkonfessionalisierung der Schule, ist ein Kind der Aufklärung und der französischen Revolution. In Deutschland wurde sie nach der Reichsgründung zuerst 1876 in Baden realisiert, dann auch in anderen Ländern, jedoch mit wenig Erfolg (unter 10 % der Volksschulen); denn die konservativen Widerstände beider Konfessionen blieben zu groß.

Besonders gilt das für die Katholiken in der Zeit des ‚Kulturkampfes'. Bismarcks Schulpolitik war dabei eng mit der ‚Polenfrage' verbunden, d.h. mit dem Ziel einer Germanisierung der ehemals polnischen preußischen Ostprovinzen. Er erließ 1872 ein antipolnisches und damit auch antikatholisches Schulaufsicht-Gesetz und ließ in diesen Gebieten mehr Simultanschulen mit Deutsch als Schulsprache einrichten.[65] Damit wurde die Idee der Simultanschule nicht mehr im Geist der Aufklärung, sondern des deutschen Nationalismus verstanden. In den 1880er Jahren jedoch er-

---

[64] Brief an Friedrich Paulsen vom 12.05.98, HA Br 4, Nr. 818.
[65] Handbuch der deutschen Bildungsgeschichte, Bd. IV: 1870–1918, hg. v. Christa Berg, München 1991, S. 184ff.

folgte in der Schulpolitik eine reaktionäre Tendenzwende und Entliberalisierung.[66] Und 1892 versuchte ein klerikal-konservativer Kultusminister im preußischen Abgeordnetenhaus sogar ein Schulgesetz durchzusetzen, das die Simultanschulen wieder ganz abschaffen sollte.

Das provozierte jedoch einen so heftigen Entrüstungssturm bei der Opposition, beim liberalen Bürgertum, bei Hochschullehrern, darunter auch Mommsen und Treitschke, dass der Kaiser schließlich eigenmächtig das Gesetz kassierte. Die Konservativen dagegen, an der Spitze die Kreuzzeitung, denunzierten in hemmungsloser Agitation als Drahtzieher vor allem die Juden. Die ganze Partei vollzog einen radikalen Rechtsruck und brachte sich auf die Linie des Stoeckerschen christlich-sozialen Antisemitismus.[67] So wurde die Simultanschule zu einem Symbol des gehassten Liberalismus. Die deutschen Juden dagegen, die ganz überwiegend (80 %) reformiert, also nicht orthodox waren und von denen nur der geringste Teil (14 %) jüdische Volksschulen besucht hatte, waren natürlich *für* die Simultanschule.

Was also mag der Landrat als Abgeordneter der Konservativen im Reichstag dazu ausgeführt haben, so dass Mathilde es zitieren kann, und wann geschah das? Geht man von den Indizien im Roman für die erzählte Zeit aus, d.h. Oktober 1888 bis Oktober 1890, dann hat Schmuckern seine Rede in der Sitzungsperiode vor der Reichstagswahl vom 20. Februar 1890 gehalten, einen Monat vor Bismarcks Entlassung, die im Text angedeutet wird (111). Nun wurde im Reichstag aber in der Regel nicht über preußische Innenpolitik debattiert. Immerhin mag der Landrat ein kurzes Statement eingeflochten haben, stockkonservativ, also *gegen* die Simultanschule, oder auf der Bismarcklinie *für* sie im Sinne der Germanisierungspolitik in den Ostprovinzen.

Im zweiten Fall würde es gut passen, dass Mathilde daran ein Loblied auf Bismarck anschließt und dass die Simultanschule als liberales Symbol natürlich auch bei den fortschrittlichen jüdischen Freunden des Bürgermeisterpaars hochgehalten wird. Geht man dagegen davon aus, dass Fontane das Diskurszitat „Simultanschulfrage" erst bei der Bearbeitung des Romans im Frühjahr 1896 eingefügt hat, dann bezieht es sich zweifellos, wenn auch, wie bei anderen Motiven (146), chronologisch nicht stimmt, auf die erwähnte heftige Debatte vier Jahre zuvor im preußischen Landtag eben über die „Simultanschulfrage". Dann hätte der Landrat als Vertreter der Konservativen auch im Reichstag mit Sicherheit *gegen* die Simultanschule plädiert, und Mathilde muss bei ihrer Zitierschmeichelei besonders

---

[66] Hans-Ulrich Wehler: Deutsche Gesellschaftsgeschichte, Bd. 3, München 1995, S. 924–934.

[67] Dagmar Bussiek: „Mit Gott für König und Vaterland!" Die Neue Preußische Zeitung (Kreuzzeitung) 1848–1892, Münster 2002, S. 325–332.

akrobatisch vorgehen – und auch gewissenlos gegenüber ihren liberalen Freunden.

Oder sollte Schmuckern sich, da er parlamentarischer Vertreter einer *Ostprovinz* war, deren besonderen Verhältnissen entsprechend als Konservativen von der milderen Observanz gegeben haben? Dort waren die Simultanschulen ja Teil einer deutsch-nationalistischen, antipolnischen Kulturpolitik, bei der Konservative und Liberale, auch die deutschen Juden, an einem Strang zogen. In Königsberg, wo die „Hartungsche Zeitung", ein ehrwürdig altes liberales Blatt, herauskam, in dem bemerkenswerterweise ausgerechnet Mathildes Lobeshymne auf den konservativen Landrat in Woldenstein abgedruckt ist, verbeugte sich im gleichen Jahr, als Fontane seinen Roman überarbeitete, bei einer Synagogen-Einweihung der Zweite Bürgermeister Karl Brinkmann auf grundliberale Weise – er gehörte zur Freisinnigen Partei – vor den jüdischen Bürgern der Stadt, bezog sich in seiner Rede wiederholt auf Lessings *Nathan* und erklärte: „Hier in Königsberg leben die Bekenner aller Religionen und aller Konfessionen in Frieden und Eintracht neben- und miteinander."[68] Er war zweifellos eine markantere ‚Nathan-Figur' als Hugo Großmann.

Wie aber mag der Autor, der das Diskurszitat gezielt in den Text eingebaut hat, selber über die „Simultanschulfrage" gedacht haben? Da er in Bildungs- und Religionsfragen grundliberal eingestellt war, sollte man meinen, dass er gewiss nicht der reaktionären, antimodernen Linie der Kreuzzeitung folgte. Aber in *diesem* Punkt vielleicht doch? Konnte der Sieg liberaler Vernunft bei dem Schulkonflikt von 1892 wie den Antisemitismus der Konservativen, den z.B. Hermann Wagener seit je vertrat,[69] auch den seinen angefacht haben? ‚Fortschrittlich verrannte Silbersteine' als Drahtzieher? Schließt die ironische, ja satirische Beleuchtung, unter die der Erzähler das Großmannsche konfessionelle Versöhnungsprojekt der „Dreieinigkeit" stellt, nicht automatisch auch das liberale Symbol der Simultanschule ein? Ich muss diese Fragen hier offen lassen. Vielleicht wollte sie sogar der Autor offen halten: Vielleicht wollte er auch hier, wie an anderen Stellen seiner Romane, der Redevielfalt gegenüber dem Ressentiment Vorrang geben – zugunsten eines mündigen Lesers, der sich sein eigenes Urteil bilden mag.

---

[68] Vgl. Joseph Rosenthal: Die gottesdienstlichen Einrichtungen in der Jüdischen Gemeinde zu Königsberg i.Pr., Königsberg 1921, S. 26; Stefanie Schüler-Springorum: Die jüdische Minderheit in Königsberg/Preußen, 1871–1945, Göttingen 1996, S. 94.

[69] So gibt es zwar in dem von Wagener herausgegebenen *Staats- und Gesellschafts-Lexikon* keinen gesonderten Eintrag „Simultanschule", aber im Artikel über „Schule" (Bd. 18, Berlin 1865, S. 492, 497) herrscht die Grundauffassung, Schule und Kirche gehörten – gegen alles „Geschrei nach Emanzipation" – zusammen, also eine klare Ablehnung der Simultanschule.

Dass er auch in *Mathilde Möhring* der Redevielfalt, dem ebenso offenen wie ironischen Spiel mit verschiedenen Ansichten, einen hohen Rang eingeräumt hat, wird für mich an einer exemplarischen Stelle besonders gut greifbar, die einen für diesen Meister der Erzählkunst so einnehmen kann, dass man in Versuchung kommen mag, seine antisemitischen Ausrutscher hinzunehmen, allerdings ohne sie zu verleugnen oder kleinzureden. Diese Stelle findet sich am Ende der schon ausgiebig kommentierten zentralen Passage, die von Mathildes bzw. Silbersteins Tirade über die „Gleichberechtigung" oder sogar „Dreieinigkeit" der „drei Confessionen" und von den vorerst ungünstigen Folgen berichtet, die darin bestehen, dass sich Herr und Frau von Schmuckern gegenüber Hugo betont reserviert verhalten: „Es kamen Begegnungen vor, in denen Hugo ‚geschnitten' wurde, besonders auch von der Frau Landräthin, die Tänzerin erst in Agram und dann in Wien gewesen war und sich die Festigung des Christlich Germanischen zur Lebensaufgabe gestellt hatte." (95)

Es wäre humorlos, den Humor dieser Textstelle, dieser scheinbar völlig überflüssigen Herkunftsangabe, umständlich zu beweisen. Sie spricht für sich – und gegen die elitäre Hochnäsigkeit des Landratspaars. Ein *Herr* Landrat, der – wenn auch stark „angefisselt" – die Kleinbürgerin Mathilde, die ihm kurz zuvor politische Schmeicheleien eingeträufelt hat, deshalb gleich „für eine geborene", also Adlige hält: „Donnerwetter, da merkt man was, Muck, Race, Schick." (102) Und eine *Frau* Landrätin, Ehefrau eines preußischen Adligen, die selbst jedoch „Tänzerin erst in Agram[70] und dann in Wien gewesen war", also eine Kroatin aus der österreichisch-südslawischen Grenzwelt und aus der Wiener Halbwelt, und *ausgerechnet die* – so steht es ebenso deutlich wie unausgesprochen zwischen den Zeilen – muss sich nun auf „Festigung des Christlich Germanischen" kaprizieren?

Aber Halt! Ehe wir als Leser über diese Dame süffisant den Kopf schütteln: Wenig später erfahren wir, dass sie, wenn nicht als Initiatorin, so doch wohl als Ehrenvorsitzende des „Krippenvereins" die Leitung der weihnachtlichen Schenkaktion für die Kinder der Armen immerhin mit Mathilde und Rebecca teilt (101) – vielleicht, weil sie eigener Herkunft aus armen Verhältnissen eingedenk ist, vielleicht aber auch, weil sie nicht nur eine Ideologie im Kopf, sondern auch ein Herz im Leib hat, also das, worauf sich Mathilde erst wieder besinnt, nachdem sie ihren Karriere-Hochflug und -Tiefsturz hinter sich hat. Solange man solche Textstellen und die Finessen des Erzählspiels Fontanes mit Redevielfalt nicht überliest, sondern sie mit gutem Grund bewundert, darf man auch die Gelas-

---

[70] Ursprünglich stand nur Wien da; Fontane hat Agram/Zagreb sicher hinzugefügt, um die Unwahrscheinlichkeit einer ‚christlich-*germanischen*' Herkunft noch größer zu machen (260).

senheit aufbringen, andere zu ertragen, an denen sein Ressentiment offen oder versteckt zum Ausdruck kommt.